Das Buch

Zeitzeugen wie er sind inzwischen rar. Denn er gehört heute zu den wenigen lebenden Deutschen, die in den Streitkräften der Antihitlerkoalition an der Befreiung Europas teilnahmen. Und das an exponierter Stelle bei der letzten großen Schlacht in Berlin.
Die Erfahrungen des Krieges wie aber auch die Erlebnisse vor 1941 und nach 1945 haben ihn geprägt. Alle seine hier ausgebreiteten Erinnerungen stehen in einem erkennbaren Zusammenhang zu den politischen Wandlungen in jenen Jahren. In den 60er und 70er Jahren gehörte er zu den engagierten Persönlichkeiten, die die Politik aus den Schützengräben des Kalten Krieges holten. In unterschiedlichen Funktionen und in verschiedenen internationalen Gremien legten sie den Grundstein für eine Konferenz über Sicherheit und Zusammenarbeit, deren Schlußdokument 1975 in Helsinki von 35 Staatsmännern unterzeichnet wurde.
Doernberg kehrte in den 80er Jahren dorthin zurück.
Seine Autobiographie erinnert nicht nur an das vorige Jahrhundert: Es sind vor allem die Aufzeichnungen eines Europäers mit DDR-Hintergrund, der mit seinem Lebenswerk die Weichen für eine friedliche Zukunft unseres Kontinents stellen half.

Der Autor

Stefan Doernberg, Jahrgang 1924, geboren und aufgewachsen in Berlin in einer jüdischen Familie. Emigration in die Sowjetunion 1935, Besuch der Karl-Liebknecht-Schule in Moskau. Später Opfer Stalinscher Massenrepressalien. Am Tage des deutschen Überfalls, am 22. Juni 1941, meldet er sich freiwillig an die Front. Als Leutnant der Roten Armee dolmetschte er 1945 u. a. die Kapitulationsverhandlungen in Berlin. Nach dem Krieg zunächst Tätigkeit in der Sowjetischen Militäradministration in Mecklenburg und Thüringen, danach Journalist bei der »Täglichen Rundschau« in Berlin. 1951 Abschluß des Geschichtsstudiums an der Moskauer Lomonossow-Universität. 1959 Promotion in Berlin. 1962 Professur und Direktor des Deutschen Instituts für Zeitgeschichte, seit 1977 Direktor des Instituts für internationale Beziehungen in Potsdam-Babelsberg. Von 1983 bis 1987 Botschafter der DDR in Finnland. 1989 Emeritierung als Hochschullehrer. Seit 1971 auch als Generalsekretär und von 1987 bis 1991 in Berlin als Präsident des Komitees für europäische Sicherheit und Zusammenarbeit tätig.

Stefan Doernberg

Fronteinsatz

Erinnerungen eines Rotarmisten, Historikers und Botschafters

edition ost

ISBN 3-360-01052-3

Verlagsgesellschaft mbH
Rosa-Luxemburg-Straße 39,
10178 Berlin

Titel: Peperoni Werbeagentur, Berlin
Druck und Bindung:
Salzland Druck Staßfurt

Die Bücher der edition ost erscheinen in der Eulenspiegel Verlagsgruppe.
www.edition-ost.de

Vorwort

Als Zeitzeuge des 20. Jahrhunderts war ich stets um eine eigene Sicht bemüht, dabei auch ein Zweifler. Als Soldat im Krieg und dann als Journalist steckte ich schon in den Schuhen eines Zeithistorikers, als Historiker blieb ich Soldat – diesmal noch mehr an der Friedensfront, auch als Aktivist der Volksdiplomatie. Als offizieller Diplomat und Botschafter knüpfte ich an vorige Tätigkeiten an. Deshalb hatte ich Verständnis für den Buchtitel, den mir der Verlag vorschlug.

Zunächst hatte ich die Aufzeichnungen über meine Vita mit dem Titel »Ein Deutscher auf dem Weg nach Deutschland« versehen. Der Grund: Es sind Erinnerungen an eine doppelte Heimkehr mit einschneidenden Umstellungen. Viel später folgte ein dritter Bruch, als es zur lange erwünschten, aber ganz anders erstrebten und erwarteten staatlichen deutschen Einheit kam. Diesmal war es eher eine Rückkehr in eine schon miterlebte Vergangenheit, wenn auch in eine modifizierte. Die Weisen der Antike hatten schon recht, daß niemand zweimal seinen Fuß in das gleiche Flußwasser setzen kann. Alles in unserer Welt fließt und verändert sich. Im Geschichtsablauf bringt jede Restauration alter Zustände zudem auch stets neue Herausforderungen und neue Erkenntnisse mit sich. Sie dürfen aber die Erinnerungen, auch die an frühere Bewertungen, nicht verdrängen.

Der zunächst gewählte Titel traf es vielleicht nicht. Ich war eben nicht nur unterwegs als Heimkehrer, sondern stets als aufmerksamer Zeitzeuge, Analytiker und auch als bewußter Teilnehmer eines harten Ringens. In keinem anderen Jahrhundert waren die Fronten unversöhnlicher Auseinandersetzung so ausgeprägt wie im 20. Jahrhundert.

Nicht nur auf der Flucht vor der faschistischen Barbarei oder nach meiner freiwilligen Einreihung in die Rote Armee und damit in den größten Befreiungskrieg der Geschichte, auch später als Journalist und Zeithistoriker, als aktiver Teilnehmer der Friedensbewegung und als Diplomat betrachtete ich mich im ständigen Fronteinsatz. Deshalb stimmte ich dem vorgeschlagenen neuen Titel zu.

Im Vordergrund sollen nicht so sehr meine persönlichen Erlebnisse stehen, obwohl auch sie das Bild von diesem interessanten wie besonders widersprüchlichen Jahrhundert ergänzen können. Der britische Historiker Eric Hobsbawm nannte es das Zeitalter der Extreme und zugleich das »Kurze 20. Jahrhundert«, da es nur etwa 75 Jahre gedauert habe – vom imperialistischen Weltkrieg und der sozialistischen Oktoberrevolution bis zum Ende der Sowjetunion. Eben dieses Jahrhundert mit seinen heißen und kalten Kriegen, seinen politischen wie anderen Umwälzungen habe ich aufmerksam verfolgt und analysiert, war auch bestrebt, es nach Kräften mitzugestalten. Die Erlebnisse des furchtbaren Zweiten Weltkriegs haben mich dabei tief geprägt. Sie hatten meine Entscheidung bekräftigt, daß einer dauerhaften Sicherung des Friedens alles untergeordnet werden müßte und daß dies ohne eine wirkliche gesellschaftliche Erneuerung der Welt, ganz besonders Deutschlands, nicht denkbar sein könnte.

Ein Geschichtsbild speist sich aus unterschiedlichen Quellen: aus unumstößlichen Fakten, ihrer Bewertung in zeitnah entstandenen Veröffentlichungen und später erschlossenen Archiven, nicht zuletzt aus der Wiedergabe von Bewertungen unmittelbarer Zeitzeugen. Sie können erheblich zum Verständnis beitragen, wie ein Geschichtsverlauf aufgenommen wurde, warum er unterstützt wurde oder auf Widerstand stieß. Es sollten aber Zeugnisse von wirklichen Zeitzeugen sein und möglichst von solchen, die sich schon zum jeweiligen Zeitpunkt des Geschehens für politische Entwicklungen und auch ihr Umfeld und ihre Ursachen interessiert haben. Versuche, die eigene Politik nachträglich zu rechtfertigen oder gar zu beschönigen oder sich einem neuen Zeitgeist anzupassen und diesen durch »sensationelle« Enthüllungen zu bedienen, tragen natürlich nicht zu einem realen Geschichtsbild bei, auch nicht dazu, Lehren aus der Vergangenheit für die Gegenwart und die Zukunft zu ziehen.

Ich war bestrebt, den Ablauf und wichtige Ereignisse des verflossenen und noch immer nachwirkenden Jahrhunderts so darzustellen, wie ich sie zum Zeitpunkt ihres Stattfindens wahrnahm. Das konnte nicht ganz gelingen. Neue Bewertungen modifizieren unweigerlich die Erinnerungen an die Vergangenheit, können auch den Weg in die Zukunft mitunter stärker versperren als nostalgische Betrachtungen. Vor beiden Gefahren sei gewarnt. Deshalb, vor allem zur notwendigen Abrundung meiner Sicht auf die Geschichte, habe ich an einigen Stellen – ich hoffe nicht zu oft - zusätzliche Einfügungen eingeschaltet, diese durch Kursivsatz auf der jeweiligen Seite deutlich hervorgehoben. Ich hielt das dort für zweckmäßig, wo ich den Erinnerungen an die Vergangenheit eine kritische Note hinzufügen wollte, die aus späteren Erkenntnissen hinzukam. So dürfte mein Bild des 20. Jahrhunderts präziser werden.

Meine Erinnerungen sind – wie die aller Autobiographen – subjektiv und von meiner Weltanschauung geprägt. Diese hat sich nicht gewandelt, wurde allenfalls durch neue Erkenntnisse und Überlegungen ergänzt. Mein Weltbild wurde durch viele Faktoren gespeist. Seine tieferen Wurzeln kommen aus meinem Elternhaus. Prägend war deren Hinwendung zur humanistischen Idee des Sozialismus. Das war ein Bruch der eigenen Wurzeln. Auch in meinem Leben hat es Brüche und tiefe Einschnitte gegeben. Sie waren anderer Art. Am nachhaltigsten war die Begegnung mit der Sowjetunion als Kind politischer Emigranten. Es war für mich die Begegnung mit einer ganz neuen Welt, mit unvergeßlichen Erlebnissen – mit schönen, die bei mir die Hoffnung auf eine bessere Zukunft weckten, aber auch mit schmerzvollen, deren ganze Tragik ich erst viel später begreifen sollte. Das Asyl, das unserer Familie gewährt wurde, ersparte mir wie meinen Eltern das grausame Schicksal der meisten näheren wie ferneren Verwandten. Unauslöschliche Spuren hinterließ bei mir der von Deutschland entfesselte Vernichtungskrieg. Er führte zu bleibenden Erkenntnissen.

Ich kehrte 1945 als Offizier der Roten Armee nach Deutschland heim. Es waren nicht sehr viele Deutsche, die als Angehörige der Streitkräfte der Antihitlerkoalition am Befreiungskampf gegen den Faschismus teilnahmen. Doch es hat sie gegeben. Vor allem in britischer und französischer Uniform, weniger in sowjetischer und noch weniger in amerikanischer. Sie alle wollten ihren bescheidenen Beitrag zur Befreiung der europäischen Völker vor der ihnen drohenden Vernichtung, zu einem möglichst baldigen Ende des furchtbaren Krieges leisten. Doch sie fühlten sich auch als Deutsche – selbst jene, die im »Dritten Reich« nicht als Arier und damit nicht als Deutsche betrachtet, damit doppelt verfolgt wurden.[1]

Meine Entscheidung, mich am 22. Juni 1941, dem Tag des deutschen Überfalls auf die Sowjetunion, freiwillig zur Roten Armee zu melden, war zwar spontan, jedoch lange vorbereitet.

Und es sollte nicht der einzige Fronteinsatz im Bemühen um eine bessere Zukunft bleiben.

Stefan Doernberg
Berlin, im Januar 2004

Prägende Jugendjahre

Kindheit in Deutschland

An das Haus in Berlin-Wilmersdorf unweit des Kurfürstendamms, wo ich am 21. Juni 1924 auf diese Welt kam, kann ich mich nicht erinnern. Es wurde im Krieg durch Bomben völlig zerstört. Aus Erzählungen weiß ich nur, daß unsere Wohnung geräumig war und einen großen und sonnigen Balkon hatte. Auf diesem soll ich meine ersten Monate zugebracht haben.

Auf Wunsch meiner Mutter wurden in meiner Geburtsurkunde zwei Vornamen eingetragen: Stefan und Ariel. Für den zweiten lieferte Anatole France die Vorlage. In seinem Roman »Aufruhr der Engel« war der Engel Ariel ein Revolutionär. 1921 war dem französischen Autor der Literaturnobelpreis zuerkannt worden. Der Nobelpreisträger begrüßte später ausdrücklich die Sozialistische Oktoberrevolution. Sollte ich nach dem Wunsch der Mutter gleichfalls ein Aufrührer und Erneuerer der Welt werden, oder hatte ihr der Engel Ariel nur durch sein Wesen gefallen? Eine Antwort auf diese Frage habe ich von ihr nie erhalten.

Als Kind rief man mich meist Ariel oder Ari.

Der eigentliche Rufname Stefan setzte sich erst später durch. Damit gab es Stefan sr. und Stefan jr. (Mein Enkel heißt ebenfalls Stefan. Meine Tochter versicherte mir gegenüber, diesen Namen ausschließlich zu Ehren ihres Großvaters gewählt zu haben. Das fand meine volle Zustimmung. Er hatte es mit seinem vorbildlichen und so gar nicht leichten Leben verdient.)

An meine ersten Lebensjahre, als wir in Wilmersdorf wohnten, habe ich natürlich keine Erinnerungen. Aus den Erzählungen der Eltern, vor allem der Mutter, weiß ich nur, daß der Vater als Ingenieur in einem AEG-Betrieb arbeitete und die Familie über ein ausreichendes Einkommen verfügte. Die Ersparnisse waren jedoch durch die Inflation wie bei vielen verloren gegangen. Das hatte Folgen. Nicht zuletzt den Umzug nach Steglitz. Die Wohnung in der Holsteinischen Straße war zwar nicht so schön wie die aufgegebene, aber billiger. Sie lag in einem ruhigen Viertel.

Anfang 1929 verlor Vater, wie damals so viele, seine Arbeit. Von der recht bescheidenen Erwerbslosenunterstützung konnten wir kaum leben. Die Großeltern aus Kolberg sandten regelmäßig Pakete. Der Inhalt war immer gleich: ein Stück Rindfleisch, eine Stange Wurst und ein Dutzend Eier. Hinzu kamen oft noch Mehl, Reis und einige andere Lebensmittel sowie Strümpfe und Textilien. Der Großvater brachte das Päckchen zu einem bestimmten Zeitpunkt zur Post in Kolberg, so daß es bereits am nächsten Tag bei uns in Berlin eintraf. Dadurch vermied er, daß die Lebensmittel verdarben.

Meine Eltern entstammten beide bürgerlichen Familien. Es waren weitgehend assimilierte deutsche Juden. Sie folgten den überlieferten Bräuchen des Judentums und verhielten sich wie normale deutsche Staatsbürger oder, genauer gesagt, wie Untertanen des jeweiligen Fürstenhauses.

Meine Mutter entstammte einer Familie mit dem deutschen Namen Brandenburg. Sie war in Pommern als Rosel 1891 geboren worden. Ihre Vater besaß in Kolberg, einer Hafenstadt an der Ostsee, die zugleich ein gut besuchter Badeort war, ein Geschäft, in welchem er vornehmlich Textilien verkaufte. Mit meiner fünf Jahre älteren Schwester verbrachte ich oft die Sommermonate bei den Großeltern. In der Stadt waren die Brandenburgs geachtet. Die Wirtschaftskrise Ende der 20er Jahre wirkte sich auf den Umsatz ihres Geschäfts negativ aus. Die Großeltern mußten nach den Worten meiner Mutter sich daher einschränken. Als sie noch Kind war, so erzählte sie, wäre die Familie zwar nicht reich, aber doch wohlhabend gewesen.

Rosel Brandenburg ging als junges Mädchen nach Berlin und arbeitete dort als Bürokraft. Dort lernte sie meinen späteren Vater Stefan Doernberg kennen. Er stammte aus Hessen. Der Großvater besaß in Eschwege eine Textilfabrik und starb, als sein Sohn Stefan acht Jahre alt war. Die Fabrik übernahm der älteste Sohn Otto. Daß sich schon die Großeltern als Deutsche und nicht vornehmlich als Juden verstanden, erkannte man schon an ihren Namen. Die Brandenburgs hießen Heinrich und Auguste, die Doernbergs Adolf und Frieda. Auch für ihre Kinder wählten sie deutsche Namen.

Die Familie meines Vaters hinterließ in unserer Familie in Berlin kaum Spuren. Meine Schwester besuchte Großmutter Frieda in Eschwege nur ein einziges Mal, war aber von dem Aufenthalt dort nach meiner Erinnerung nicht sonderlich beeindruckt. Ich bekam die Großmutter nur kurz zu Gesicht, als sie bereits in einem Altersheim in Frankfurt am Main lebte. Das war 1934. Sie blieb mir fremd. Auch zu Vaters Brüdern und anderen näheren Verwandten gab es kaum Verbindungen.

Die Gründe erfuhr ich von meiner Mutter erst nach dem Krieg. Mein Vater galt in seiner hessischen Familie als Außenseiter. 1905 war er als Student an der Technischen Hochschule in Berlin der SPD beigetreten. 1917 bekannte sich der Vater als damaliger Frontsoldat zur USPD und wurde einige Jahre später, nach der Vereinigung von USPD und KPD, Mitglied der Kommunistischen Partei Deutschlands. Seine Hinwendung zur Arbeiterbewegung nahm in den Jahren der tiefen Wirtschaftskrise und der wachsenden faschistischen Gefahr weiter zu.

Unsere kargen Mahlzeiten wie die bescheidenen Kleidungsstücke erschienen mir in meinen Kinderjahren als Regel, nicht als Ausnahme. So lebten viele, die ich kannte. Es gab natürlich auch unter meinen Klassenkameraden reiche, aber mit diesen pflegte unsereiner kaum Umgang. Neidgefühle waren mir fremd, zumindest kann ich mich nicht an solche erinnern. Wahrscheinlich trug auch meine Erziehung dazu bei. Die Eltern brachten uns Kindern nachdrücklich bei, daß sich die Würde eines Menschen, um einen heute strapazierten Begriff zu gebrauchen, nicht nach Geld und Vermögen richtete.

Die Pappkartons, in denen die Großeltern die Lebensmittel sandten, verwandelte ich in Autobusse. Ich spielte mit hölzernen Wäscheklammern und einem Stoffhündchen (»Buschi«), das ich als Vierjähriger geschenkt bekommen hatte. »Buschi« begleitete mich bis in die Sowjetunion und kehrte mit meiner Mutter Ende 1945 nach Deutschland zurück. Mich berührte es sehr, daß Mutter gerade dieses Stoffhündchen in all den schweren Tagen aufbewahrt hatte. Wahrscheinlich war es für sie ein Talisman, ein besonderes Andenken an ihren Sohn, von dem sie nicht wissen konnte, ob sie ihn je wiedersehen würde. Leider ging dieses teure Familienandenken bei einem späteren Umzug verloren.

Die Erwerbslosigkeit des Vaters hatte allerdings auch positive Auswirkungen. Vater wanderte mit uns Kindern durch die Stadt und zeigte uns Museen, Plätze und Denkmale. Im Sommer machten wir auch Ausflüge. In Staaken erlebten wir beispielsweise die Ankunft des Zeppelin. Mit der Mutter besuchten wir Wertheim am Potsdamer Platz, Karstadt in Neukölln, wo mich die Rolltreppe beeindruckte, und das teure Kaufhaus KaDeWe am Wittenbergplatz. Gekauft wurde ganz selten etwas. Es waren Spaziergänge, bei denen sich die Mutter wohl an bessere Zeiten erinnern wollte.

Zwei Monate vor meinem 6. Geburtstag, Ostern 1930, wurde ich in die Montessori-Schule in Dahlem aufgenommen. Sie galt als eine progressive pädagogische Einrichtung, in der Heranwachsende zu selbständigem Denken und kollektivem Handeln, zu einem bewußten Pflichtgefühl gegenüber der Schule und den anderen Klassenkameraden erzogen wurden. Die Schüler reinigten die Unterrichtsräume selbst und waren auch für den Garten verantwortlich. Sehr beliebt war unsere Lehrerin Frau Dörr, die sich auch bei Gartenarbeiten und Schulausflügen um uns kümmerte. Einmal gab es eine Klassenfahrt in den Harz.

In die Schule mußte ich mit der »Elektrischen« fahren, wie damals die Straßenbahnen in Berlin genannt wurden. Ich bekam eine Schülerkarte mit Bild und war stolz darauf, diese dem Schaffner als selbständiger Fahrgast vorzeigen zu können.

In der zweiten oder dritten Klasse begann ich eine Vorliebe für Mathematik und Geschichte zu entwickeln, die die Lehrer förderten. In meinem Besitz befindet sich noch eine »Weltgeschichte«, die ich damals verfaßte. In kindlicher Sprache und Schrift, mit vielen Schreibfehlern, notierte ich meine Sicht auf die Entstehung des Menschen über das Altertum, Kolumbus und Napoleon bis zum 20. Jahrhundert. Die ersten zwölf Kapitel trugen folgende Titel: 1. Wie der Mensch entstanden ist; 2. Wie der Mensch sich entwickelte; 3. Christus; 4. Der Kalender; 5. Ägypten; 6. Babylonien; 7. Griechenland; 8. Das Römische Reich; 9. Amerika wird entdeckt; 10. Napoleon I.; 11. Napoleon III. ; 12. Die Staaten werden Deutschland.

Dem 20. Jahrhundert waren die letzten vier Kapitel gewidmet: 13. Der Weltkrieg; 14. Sowjetrußland; 15. Italien wird faschistisch; 16. Deutschland.

Das 14. Kapitel lautete so: »Im Jahre 1917 hörten die Russen den Weltkrieg auf und es kam eine Revolution, die zum Bürgerkrieg wurde. Der Zar wurde beim Bürgerkrieg totgeschlagen und die Zarin floh zu den anderen Ländern. Die Arbeiter und Soldaten siegten und es gab einen Aufbau, der heute noch nicht zu Ende ist.«

Das letzte Kapitel war noch kürzer. »Und noch was geschah nach dem Weltkrieg. Der Kaiser Wilhelm II. verließ Deutschland und hier kam eine Revolution. Die hörte bald auf und es kam eine Inflation.« Soweit meine kindliche Sicht auf den Anfang des 20. Jahrhunderts.

Inwieweit mein Geschichtsbild durch die Schule und ihre recht fortschrittlichen Lehrer geprägt war, vermag ich nicht zu sagen. Mein Elternhaus, insbesondere mein Vater, aber auch meine ältere Schwester, hatten sicher großen Einfluß. Von ihnen erhielt ich populär geschriebene Bücher und andere Schriften, die ich zumindest in Grundzügen verstehen konnte.

Mein Vater nahm mich auch zu einigen Veranstaltungen mit, die in der damaligen politisch brisanten Zeit einen tiefen Eindruck hinterließen. Zu Vaters Parteizelle in Steglitz gehörte auch Wilhelm Pieck, der unweit von uns in der Schadowstraße und später in der Peschkestraße wohnte. Bei einer Veranstaltung sah ich ihn. Mein Vater sprach von ihm mit hoher Achtung, was er sonst selten tat, da er damals wie auch später jegliche Lobhudelei deutlich mißbilligte, auch gegenüber ansonsten von ihm geachteten Autoritäten.

Einmal, 1932, begleiteten meine ältere Schwester und ich Vater zu einer Veranstaltung, auf der Ernst Thälmann sprach. Es war möglicherweise im Lustgarten und wohl eine Kundgebung vor den Präsidentenwahlen. Der KPD-Vorsitzende trat gegen Hindenburg und Hitler an und bekam über 5 Millionen Stimmen. Es siegte Generalfeldmarschall Hindenburg. Einige Monate später, am 30. Januar 1933, berief er Hitler zum Reichskanzler Die an Litfaßsäulen angebrachte Losung der KPD »Wer Hindenburg wählt, wählt Hitler!« hatte sich bestätigt. Der Nachsatz »Wer Hitler wählt, wählt den Krieg« dann leider auch. In unserer Familie galt schon Hindenburg als Sinnbild der Reaktion und des Militarismus.

Meine Schwester Eva, die die Karl-Marx-Schule in Neukölln besuchte, nahm mich mehrmals zum Verteilen von Flugblättern und zum Treffen ihrer Pioniergruppe mit. Wir sangen gemeinsam. Besonders gefiel mir das Solidaritätslied von Brecht und darin die Mahnung »Vorwärts, nie vergessen: Wessen Straße ist die Straße, wessen Welt ist die Welt«. Ich meinte, daß diese Frage schon recht bald im Sinne dieses Lieds entschieden werden würde. Nicht weniger beeindruckte mich das Einheitsfrontlied.

Die letzten Monate der Weimarer Republik hinterließen auch bei uns Kindern bleibende Eindrücke. In Berlin prallten vermutlich stärker als anderenorts die politischen Auffassungen aufeinander. Die Atmosphäre war aufgeladen. Die Eltern der Montessori-Schüler waren Kommunisten und Sozialdemokraten, Deutschnationale und Nationalsozialisten.

Mit kindlicher Naivität und überzogenem Selbstbewußtsein stritten wir 1932 über die drei oder vier Wahlkämpfe. Wir diskutierten den Verkehrsarbeiterstreik, den Angehörige der BVG eine Woche lang führten. Bei Auseinandersetzungen zwischen Streikenden und Streik-

Im Kindergarten (im linken Fenster Dritter von links), 1929

brechern war ich auf der Seite der Streikenden. Von dieser Auseinandersetzung schien uns der heiße Atem der Revolution auszugehen. Natürlich besaß er ihn nicht.

Von meinen Schulkameraden traf ich nur Dieter Kruschke wieder. Der Sohn eines Sozialdemokraten hatte den Krieg überlebt, war der SED beigetreten und stellte sich mir als ein höherer Offizier der Volkspolizei in Berlin vor. Wir trafen uns wiederholt. Ende der 70er Jahre starb er, viel zu früh.

Im Spätsommer 1932 schenkte mir Vater ein Abzeichen mit der Aufschrift »Antifaschistische Aktion«. Darauf waren zwei rote Fahnen zu sehen. Die eine trug Hammer und Sichel, die andere drei Pfeile. Die eine gehörte der KPD, die andere der SPD. Es war nach einer Rede von Ernst Thälmann geprägt worden, in der dieser zu einer Aktionseinheit der beiden Arbeiterparteien gegen die drohende faschistische Gefahr aufgerufen hatte. Ich gab das Abzeichen Eva Franzen, einer Mitschülerin, in die ich in kindlicher Art verliebt war. Wir sollten, so meinte ich, auch eine »Aktionseinheit« bilden. Sie nahm das Geschenk dankbar an.

Am nächsten Tag gab sie es mir zurück. Der Vater, Beamter und in der SPD, hätte ihr verboten, es zu besitzen, geschweige denn zu tragen. Kommunistische Propaganda dulde er nicht. Sie solle auch jeden weiteren Umgang mit mir unterlassen. Damit war unsere Freundschaft aus politischen Gründen zu Ende, ehe sie richtig begonnen hatte.

Im Wahlkampf gab es sehr viele Plakate mit interessanten Losungen. Zum Beispiel »Klasse gegen Klasse!«. Ich verstand diese Parole nicht. Was hatten Klassenschlachten in der Schule mit Wahlen zu tun? Meine Schwester, klärte mich auf. Es gebe Reiche und Arme, Bürgerliche und Proletarier – Arbeiter, Angestellte und Erwerbslose. Das seien zwei Klassen, die sich gegenüberstünden. Daß es erkennbare Unterschiede zwischen diesen gab, beobachtete ich selbst in unserer Familie. Ich hatte einen Fabrikbesitzer zum Onkel und betuchte Händler, die den Umgang mit uns mieden. Einmal kam der ältere Bruder meines Vaters zu uns und schenkte uns Kindern jeweils 5 Mark. Wir empfanden das mehr als ein demütigendes Almosen und reichten das Geld an die Mutter weiter.

Vater versuchte, mit Gelegenheitsarbeiten wenigstens etwas zu verdienen. Mal stellte er irgendwelche Tabletten gegen Magenbeschwerden her. Ein andermal fertigte er Schilder oder akquirierte Aufträge für einen Elektriker. Sehr oft wanderte er untätig durch die Stadt, um irgendeine Erwerbstätigkeit zu erhaschen. Zuweilen begleitete ich ihn. Ich erinnere mich der Besuche verschiedener Probierstände, wo ich umsonst Pudding oder anderes zu essen bekam. Einmal waren wir bei Aschinger, einem Lokal, in dem Brötchen kostenlos gereicht wurden. Vater trank Bier, ich konnte mehrere Schrippen verputzen.

1933 änderte sich in Deutschland alles schlagartig. Die Errichtung der faschistischen Diktatur hatte ich nicht erwartet, in meinem kindlichen Glauben erwartete ich eine Revolution. Leider hatten auch viele Erwachsene, darunter Politiker, die Zeichen der Zeit nicht richtig gedeutet.

Bei den Nazis stand der Vater schon lange auf der Liste jener, die als erste brutal verfolgt werden sollten: Er war Kommunist, Funktionär des Berliner Erwerbslosenausschusses, noch dazu Jude. Schon vor 1933 wurde er wiederholt auch auf offener Straße zusammengeschlagen. Im März 1933 verschleppte man ihn in die Prinz-Albrecht-Straße, eine der berüchtigten Folterhöhlen. Er hatte das Glück, daß er in das Polizeikrankenhaus verlegt wurde. So entging er vermutlich dem Schicksal anderer, die für Jahre in Konzentrationslagern eingesperrt wurden. Mehr noch, es gelang ihm, aus dem Polizeikrankenhaus zu entkommen und nach Paris zu emigrieren. Dort traf er im Frühjahr 1933 ein.

Die Machtübernahme der Nazipartei griff massiv auch in mein Leben ein, die Zäsur hinterließ für immer ihre Spuren. Ich wurde nach der Verhaftung des Vaters Zeuge einer äußerst brutalen Hausdurchsuchung. Ich fürchtete, die SA-Leute (sie fungierten als Hilfspolizei) würden auch die Mutter verschleppen. Der dabei erlittene nervliche Schock führte zu einem fast völligen Haarausfall. Nur zeitweise kamen die Haare wieder zurück. Medizinisch nannte man das *Alopecia areata.* Ich wurde zu einem interessanten Fall – zunächst in der Berliner Charité und später in Moskauer Kliniken.

Am 1. April 1933 wurden die jüdischen Geschäfte boykottiert. Angriffe auf Juden gingen jedoch weiter. Auf dem Schulweg verprügelten mich später wiederholt »Pimpfe«, wie die Mitglieder der Hitlerjugend sich nannten. Sie schlugen mich, weil ich Jude war – obgleich ich mich doch als Deutscher, wenn auch jüdischer Herkunft, begriff. So kam ich mir zunehmend fremd in dem Land vor, das von den

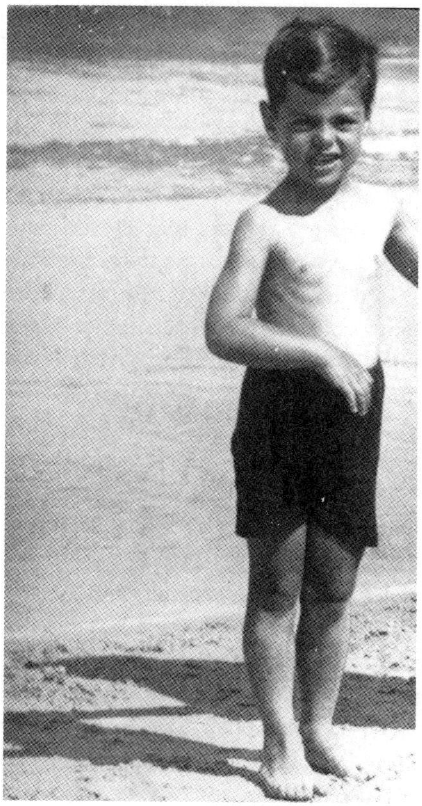

Am Ostseestrand bei Kolberg – Sommerferien bei den Großeltern Brandenburg, 1930

Nazis beherrscht wurde, ich aber weiter als meine Heimat betrachtete.

Nach der Verhaftung des Vaters mußten wir unsere Wohnung in Berlin-Steglitz aufgeben. Wir fanden Unterstützung bei der – inzwischen illegalen – Roten Hilfe. Sie war in den 20er Jahren gebildet worden, um Solidarität mit politischen Opfern und ihren Angehörigen weltweit zu üben. Wir zogen in eine kleine Nebenstraße des Kurfürstendamms am westlichen Rand Charlottenburgs. Die Straßen und Häuser waren gepflegter als in unserem Steglitzer Kiez. Wir wohnten allerdings im sogenannten Gartenhaus, wie hier die Hinterhäuser ein wenig beschönigend genannt wurden. Die Wohnung war kleiner und dunkel, das Tageslicht drang kaum ein. Dafür war die Miete niedriger.

Unweit von hier dehnte sich das vornehmste Viertel der Reichshauptstadt, wenn man einmal vom Grunewald absah. Die eleganten Geschäfte am Kurfürstendamm beeindruckten mich sehr.

Bereits vor dem Umzug hatte ich die Schule wechseln müssen. Die Montessori-Schulen waren von den Nazis sofort geschlossen worden, da ihre Unterrichtsprinzipien nicht den völkischen und autoritären Vorstellungen der »neuen Zeit« entsprachen. Die Karl-Marx-Schule in Neukölln, die meine Schwester besuchte, durfte erst recht nicht weiter bestehen. So kamen Eva und ich in eine weltliche jüdische Schule, denn Mutter hielt es für nicht hinnehmbar, uns den Schikanen in einer nazistisch verseuchten Schule auszusetzen.

Die neue Schule war nur mit der S-Bahn zu erreichen. Sie befand sich zunächst in Moabit, später neben dem Reichskanzlerplatz unweit des Funkturms. Das Niveau des Unterrichts lag weit unter dem, das wir beide gewohnt waren. Meine Schwester merkte das in besonderer Weise, aber auch ich dachte mit Sehnsucht an die Montessori-Schule und ihre Lehrer.

In der neuen Schule gab es zwar keinen Religionsunterricht, aber im Geschichtsunterricht erfuhren wir einiges Interessantes über die Geschichte des alten jüdischen Staates. Ich fand schnell Freunde, doch vieles blieb ungewohnt. Es gab einige gläubige Juden, und ich wurde erstmals mit zionistischen Anschauungen konfrontiert. Bisher hatte ich kaum etwas über Palästina gehört. Deutschland war meine Heimat – jetzt hörte ich von Mitschülern, daß sich ihre Eltern mit dem Gedanken trügen, in das »Land der Väter« zu gehen.

In der Schule lernten Kinder von reichen, sogar sehr reichen, und von ärmeren Juden. Daraus ergaben sich neben vielen spezifischen

Gemeinsamkeiten die gleichen Differenzen wie an anderen Schulen. Da die Schule eine Art Mischung zwischen einer Volksschule und einer Realschule darstellte, waren die Unterschiede noch deutlicher.

Die Tochter einer reichen Geschäftsfrau lud ihre Mitschüler zum Geburtstag ein. Die Feier fand in der großen Wohnung am Kurfürstendamm statt. Mich beeindruckte nicht so sehr, daß es in der Wohnung etwa zehn Zimmer gab, sondern die Tatsache zweier Toiletten. So merkwürdig sind manchmal bleibende Eindrücke bei Kindern. Zum Abendbrot gab es mit Eiern und etwas rotem Kaviar belegte Brote. Die Körnchen auf den Schnitten konnte man kaum entdecken, und sie schmeckten mir auch nicht besonders. Später jedoch meinte ich, daß mir dieser Nachmittag einen tieferen Einblick in den »gewöhnlichen Kapitalismus« geboten habe.

Durch Vermittlung der Schulleitung kam ich gemeinsam mit meiner Schwester in ein von den jüdischen Gemeinden und anderen Organisationen unterhaltenes Kindersanatorium in Bad Dürrheim. Die Ärzte meinten, das Schwarzwaldklima könne sich vielleicht positiv auf meinen Haarausfall auswirken.

Im Sanatorium mußten alle Jungen stets eine Kopfbedeckung tragen. So verlangte es der strenge jüdische Glauben. Ich hielt mich an diese religiöse Vorschrift, bestand jedoch darauf, bei den Sonnenbädern in der bergigen Luft keine Mütze aufzubehalten.

Die Schwestern konnten mich nicht vom Gegenteil überzeugen und riefen nach dem Rabbiner. Auch er bestand auf die Einhaltung der Gebote.

»Wenn ich hier zur Heilung bin, dann kann es Gott nur recht sein, diese von ihm gewünschte Heilung zu unterstützen. Er ist doch gütig und will mir nicht schaden«, antwortete ich altklug. Der Rabbiner nickte salomonisch.

Ich war stolz auf meine Schlauheit, bei den Juden nennt man das Chuzpeh.

Geholfen hat mir der Aufenthalt im Schwarzwald leider nicht. Die Krankheit war doch ernster, als wir damals annahmen. Zeit meines Lebens blieb ich von ihr gezeichnet.

Auf dem Rückweg besuchten meine Schwester und ich unsere Großmutter in Frankfurt am Main. Als wohlhabende Witwe eines Textilfabrikanten lebte sie bis zu ihrem Tod in einem Altenheim. Sie empfing uns nicht sehr freundlich. Zu ihrem Sohn, unserem Vater, hatte sie schon seit Jahrzehnten keinen Kontakt mehr.

Bei den Großeltern in Kolberg fühlten wir uns nach wie vor geborgen, obwohl gerade in dieser konservativen Kleinstadt die Nazis noch auffälliger als in Berlin ihr Unwesen trieben. Das im Stadtzentrum gelegene Geschäft des Großvaters unterlag mehr und mehr einem von den Behörden gesteuerten Boykott. Die Großeltern mußten 1935 ihr Geschäft aufgeben und zogen nach Berlin, in ein bescheidenes Altersheim unweit des Alexanderplatzes.

In Deutschland hatte sich natürlich weitaus mehr verändert, als ich damals wahrnahm. Ich fühlte mich jedoch unwohl und verunsichert. Mich bedrückten der offene Rassismus, nicht weniger der Hang zum Militarismus. Aber was da eigentlich vor aller Augen geschah, wurde mir erst sehr viel später bewußt.

Deshalb hier eine Einfügung aus heutiger Sicht, die weitgehend jener entspricht, zu der ich unmittelbar vor dem Zweiten Weltkrieg, noch mehr nach meinen Geschichtsstudien in den 40er und 50er Jahren gelangte. *Für die Machtübertragung an die NSDAP, die Errichtung der faschistischen Diktatur in Deutschland 1933, gab es vielfältige Ursachen. Entscheidend bleibt die Feststellung, daß dieses barbarische Regime des Massenterrors gegen die eigene Bevölkerung und gegen andere Völker, mit seiner detaillierten Planung und Entfesselung des Krieges im Schoß der kapitalistischen Ordnung entstand. Nicht als Gegenstück oder Versuch zur Überwindung der Gebrechen und Verbrechen dieser Ordnung, sondern als Instrument zu ihrer Stabilisierung, vor allem aber zur Durchsetzung einer globalen Hegemonie des deutschen Großkapitals, zunächst zur Errichtung einer deutschgeprägten »Neuordnung Europas«.*

War der Faschismus, ob in Deutschland oder in anderen Ländern, eine Ausgeburt des Kapitalismus in dessen imperialistischem Stadium, wie er sich weltweit im 20. Jahrhundert herausgebildet hatte, so entsprach er durchaus nicht den Interessen der ganzen Bourgeoisie oder aller politischen Eliten. Die faschistische Diktatur trat an die Stelle der parlamentarischen Demokratie. Diese aber war die bewährteste Form der Herrschaft des Großkapitals, durch die sie in »rechtsstaatlicher« Form verschleiert werden konnte. Die Übergabe entscheidender Machtpositionen an die abenteuerliche Hitlerpartei ergab sich aus einer allgemeinen Krise des Kapitalismus, die sich in der ersten Hälfte des 20. Jahrhunderts immer mehr ausprägte. Die finanziellen Förderer wie die Nutznießer des Faschismus waren die am meist aggressiven und reaktionären Kreise des Großkapitals. Sie betrachteten den Faschismus als brauchbares Instrument zur Durchsetzung ihrer expansionistischen Absichten, zur Niederhaltung jeglicher demokratischen Opposition wie

Mit Schwester Eva, 1935

auch zur demagogischen Irreführung der Volksmassen, die gegen die sozialen Gebrechen und Verbrechen in den kapitalistischen Ländern aufbegehrten. Dabei erwies sich, daß es am leichtesten gelang, breite Schichten aus allen Kreisen mit nationalistischen Losungen und rassistischer Hetze zu instrumentalisieren und auf neue Kriegsabenteuer einzuschwören. Wie gefährlich gerade Nationalismus und blinder Patriotismus sind, beweist die ganze Geschichte des 20. Jahrhunderts, macht auch das 21. Jahrhundert immer noch leider deutlich. Es ist eine probate Methode, die noch heute vielerorts funktioniert und in ihrer Gefährlichkeit nicht unterschätzt werden sollte.

Seit Vaters Verhaftung im Frühjahr 1933 waren wir auf uns allein gestellt. Nicht nur die Ungewißheit, ob wir unseren Vater wiedersehen würden, bedrückte uns. Mutter mußte die Existenz der Familie sichern und war ständig auf der Suche nach Gelegenheitsarbeiten. Wir litten trotz solidarischer Hilfe Not.

Im Sommer 1935 erreichte uns die Nachricht, daß der Vater Frankreich habe verlassen müssen. Allerdings schien unklar, wohin er gehen würde. Mutter nannte uns verschiedene Länder. Sobald er ein neues Asylland gefunden habe, würden wir ihm dorthin folgen.

Meine Schwester Eva blätterte im Atlas und besorgte sich Prospekte für Schiffsreisen nach Südamerika und Südafrika. Mit besonderem Interesse studierten wir in den Reklameheften die herrlichen Speiseangebote an Bord, mußten jedoch feststellen, daß diese Reisen für uns wohl nicht bezahlbar waren.

Später erfuhr ich, daß die Mutter absichtlich unsere Phantasie hatte ins Kraut schießen lassen, um unseren Weggang nicht zu gefährden. Sie wußte längst, daß das Ziel Moskau hieß. Denn dort hielt sich der Vater bereits sei Mai auf.

Das aber durften die Nazibehörden nicht wissen.

Erlebnis Sowjetunion

Erst im August klärte uns Mutter zu unserer Freude auf, wohin die Reise gehen sollte. Wir fuhren mit der Bahn, stiegen irgendwo in Polen um und passierten dann bei Negoreloje, unweit von Minsk, die sowjetische Grenze. Über den Eisenbahnschienen schwang sich ein großer Torbogen. Darauf stand in verschiedenen Sprachen, auch deutsch, die mir als Elfjährigem bereits bekannte Losung »Proletarier aller Länder, vereinigt euch!«

Eva machte mich auf den Marx-Spruch aufmerksam und erklärte mir, daß wir jetzt das Tor in die neue Welt passierten. Auf dem Grenzbahnhof stiegen wir in einen Zug nach Moskau um. Wir erhielten Platz in einem Schlafwagen und Talons für den Speisewagen. In Moskau erwarteten uns Vertreter der Roten Hilfe (MOPR) und brachten uns in ein geräumiges altes Haus, das gar nicht so weit vom Kreml lag. Offenkundig war unsere Reise gut vorbereitet worden. Es verging auch nicht viel Zeit, bis der Vater erschien und uns nach der langen Trennung in die Arme schloß. Man hatte ihn im Rundfunkbetrieb, in welchem er als Ingenieur tätig war, über unsere Ankunft informiert und sofort von der Arbeit freigestellt.

Moskau war so ganz anders als Berlin. Es unterschied sich nicht nur durch seine Architektur. Es gab viele Holzhäuser, weitaus weniger Geschäfte und nicht so einen dichten Verkehr. Das sollte sich in den nächsten Jahren deutlich ändern. Obgleich ich kein Wort Russisch sprach, fühlte ich mich vom ersten Augenblick an nicht fremd. Die Menschen um uns herum waren freundlich und begegneten uns mit Sympathie. Gleichwohl blieb selbst mir als Kind nicht verborgen, daß ihr Leben sehr bescheiden war. Die Wohnverhältnisse waren bedrückend, oft teilten sich mehrere Familien eine Wohnung. Auch uns konnte keine eigene Wohnung in Aussicht gestellt werden. Wir kamen auf einem Wochenendgrundstück unter. Die Datscha lag etwa 25 Kilometer vor Moskau. Dort genossen wir die Gastfreundschaft eines polnischen Ehepaares, das mein Vater kennengelernt hatte. Mit Beginn des Herbstes wollten die Tennenbaums wieder in ihre Stadtwohnung ziehen. Die beiden Polen hatten sich schon vor 1917 der Partei Lenins angeschlossen und von der Genossenschaft der »alten Bolschewiki« das Wochenendgrundstück erhalten.

Mit den Eltern besuchte ich sie mehrmals in Moskau. Sie wohnten bescheiden in einem alten Haus. Beide sprachen sehr gut deutsch, sie waren für mich dennoch die ersten Russen, die ich kennenlernte. Sie plauderten mit mir nicht nur über die vielen unbekannten Dinge, die ich in dieser noch fremden Stadt auffand. Immer wieder kamen sie auch auf die Oktoberrevolution und die Jahre danach zu sprechen. Besonders bei Edda Tennenbaum, die bedeutend jünger als ihr Mann war, hörte ich ihren Enthusiasmus für Lenin und seine Ideen heraus. Umso mehr war mir später ihre Verhaftung unverständlich.

Edda T. kehrte mit der Befreiung Polens nach Warschau zurück. Hermann Kant hat ihr sein Buch »Der Aufenthalt« gewidmet. Wie er mir erzählte, verdankte er ihr in besonderer Weise sein rigoroses Umdenken in der Kriegsgefangenschaft. Einfühlsam begleitete sie seinen Weg zum überzeugten Antifaschisten und Sozialisten.

Das einfach möblierte Häuschen der Tennenbaums, in dem wir untergekommen waren, besaß Stromanschluß. Das Wasser mußten wir jedoch von einem Brunnen holen, und geheizt wurde mit von uns geschlagenem Holz. Zudem mußten fast alle Lebensmittel in Moskau eingekauft werden. Das war meist für Eva und mich eine zusätzliche Aufgabe, bevor wir – in der Regel zu unterschiedlicher Zeit – die Rückfahrt von der Schule antraten.

Das Einleben in die neuen Verhältnisse wurde beträchtlich dadurch erleichtert, daß wir die deutschsprachige Karl-Liebknecht- Schule besuchten. Der Unterricht fand in allen Fächern in deutscher Sprache statt. Die Lehrprogramme und Schulbücher glichen jenen, die Grundlage des Unterrichts in der Autonomen Republik der Wolgadeutschen waren. Zusätzlich wurde Russisch-Unterricht erteilt. Ich kam in eine spezielle Gruppe für Russisch-Anfänger und konnte mich nach einem Jahr schon gut verständigen. Bei meinen Eltern, die mehr Probleme beim Erlernen der Fremdsprache hatten, fungierte ich bald als Dolmetscher. Gleichwohl hatte ich bis zum Abitur mit der russischen Sprache zu kämpfen.

In Berlin war ich Ostern 1935 in die 6. Klasse versetzt worden. In Moskau wurde ich jedoch in die 4. Klasse gesteckt. Begründet wurde das mit meinem Alter. Es hieß, in der Sowjetunion würden die Kinder erst mit acht und nicht wie in Deutschland bereits mit sechs Jahren eingeschult werden. Dafür seien die Lehrprogramme intensiver. Ich fühlte mich trotzdem unterfordert und bestand hartnäckig auf eine Versetzung in die 5. Klasse. Der Bitte wurde schließlich nachgegeben. Bald allerdings spürte ich, daß mir die Bewältigung des Stoffes in Mathematik, Biologie, Geographie und deutscher Literatur weitaus schwerer fiel als in Berlin. Die Warnungen waren also berechtigt gewesen. Erst zum Ende des Schuljahrs gelang es mir, durchweg gute Noten zu erreichen.

Insgesamt gefiel mir der Unterricht gut. Ich fand ihn interessanter als in Deutschland, wir Schüler wurden stärker gefordert. Das Verhältnis zwischen Lehrern und Schülern war auch spürbar anders. Ich würde es als kameradschaftlich bezeichnen. Wir Schüler waren keine Objekte, die geformt wurden. Unsere Eigenverantwortung war gefragt, wir durften am Abblauf des Unterrichts mitwirken und diesen mitbestimmen.

Die Karl-Liebknecht-Schule bot viele Möglichkeiten, daß wir Emigrantenkinder uns in die neue Umgebung rasch einleben konnten. Wir besuchten gemeinsam Theateraufführungen, gingen ins Kino, lernten unterschiedliche Seiten der Kultur und der Geschichte kennen. Auffällig war, daß in Moskau Kinder generell zuvorkommend behandelt wurden. In den überfüllten Straßenbahnen oder in der modernen Metro, deren erste Linie gerade in Betrieb genommen worden war, ließ man uns vor, als seien Kinder etwas Besonderes. Es deutete nichts darauf hin, daß es in diesem Land eine Spaltung in Hoch- und Niedriggestellte, in Reiche und Arme gebe. Angesehene Wissenschaftler und höhere Funktionäre wohnten in einem Haus mit Arbeitern und kleinen Angestellten. Das war anders als in Deutschland. Ich hatte den Eindruck, in einem recht modernen Land zu sein, in dem Freiheit, Gleichheit und Solidarität herrschten.

In Deutschland hatte ich krasse Unterschiede zwischen Reichen und Armen erlebt, die sich in ihren Wohnungen, ihrer Kleidung, selbst in den Frühstückspaketen der Schulkameraden mitteilten. Auch an der jüdischen Schule waren diese deutlichen Klassenunterschiede nicht zu übersehen gewesen. Hier war so etwas fremd. Und das gefiel mir sehr.

Im Herbst 1935 wurde ich – zusammen mit anderen Schülern der

Karl-Liebknecht-Schule – nach einem Vorgespräch in die Pionierorganisation aufgenommen. Der gehörten die meisten Schüler zwischen 11 bis 15 Jahren an. Eine spätere Aufnahme in den kommunistischen Jugendverband, den Komsomol, war schon komplizierter, da gute Leistungen im Unterricht oder in der Produktion sowie eine klare politische Einstellung zwingend nötig waren. Unsere Aufnahme in die Reihen der Jungpioniere fand in feierlichem Rahmen statt. Gastredner war Fritz Platten, ein ehemaliger Sozialdemokrat aus der Schweiz. Er hatte im Frühjahr 1917 die Heimkehr Lenins aus dem Exil nach Rußland organisiert. Der einstige Kampfgefährte der russischen Revolutionäre schilderte lebhaft und plastisch die Eisenbahnfahrt im verplombten Waggon von Zürich quer durch Deutschland nach Saßnitz. Von dort ging es über Schweden und Finnland nach Petrograd, wo Lenin begeistert empfangen worden war.

Platten sprach mit viel Wärme und Anerkennung von Lenin und dessen Frau Nadeshda Krupskaja. Es berührte mich sehr, was und wie er erzählte. Diese lebhafte Geschichtsstunde wurde für mich zum Schlüsselerlebnis. Sie bestimmte wesentlich meine Sicht auf die Oktoberrevolution und auf Lenin. Kaum mehr als fünf Jahre wirkte er an der Spitze des ersten sozialistischen Staates. Er hinterließ als Staatsmann und als Theoretiker jedoch ein Erbe, das weitreichende Impulse setzte. Deshalb halte ich ihn unverändert für den bedeutendsten Politiker des 20. Jahrhunderts. Zielstrebig und bescheiden handelte er stets als kritisch denkender Marxist und als selbstkritischer Revolutionär. Wie kaum ein anderer verdient er auch nach heutigen Erkenntnissen höchste Achtung. Zur Ikone durfte man ihn aber nicht machen!

Ich las alsbald deutschsprachige Bücher sowjetischer Autoren, die in einem speziellen Moskauer Verlag oder in Engels, der Hauptstadt der Autonomen Republik der Wolgadeutschen, verlegt worden waren. Mich fesselten vor allem Texte über die Oktoberrevolution, den Bürgerkrieg und die ersten Aufbaujahre. Ich holte sie mir aus der gutbestückten Schulbücherei.

Sicher, alle diese Veröffentlichungen besaßen oft einen Hang zur Glorifizierung. Doch weltfremd waren sie nicht, konnten es auch nicht sein. Damals lebten ja noch sehr viele Zeitzeugen der revolutionären Ereignisse, auch jener zehn Tage, die 1917 nach den Worten von John Reed die Welt erschütterten. Das ausgezeichnete Buch dieses amerikanischen Publizisten las ich erst einige Jahre später. Die Lektüre ließ bleibende Spuren in meinem Bewußtsein.

Die Liebknecht-Schule besuchten vor allem Kinder deutscher und österreichischer Emigranten. (Es gab jedoch auch Russen. Deren Eltern wünschten, daß ihre Kinder perfekt die deutsche Sprache erlernten.) So ging der Bezug zu unserer Heimat nie verloren. Außerdem vermittelten unsere Eltern das Gefühl, daß der Aufenthalt in Moskau nur provisorisch sei. Sobald in Deutschland andere politische Verhältnisse herrschten, würden wir sofort die Koffer packen.

Die Hoffnung auf baldige Rückkehr wurde bei vielen von illusionären Vorstellungen gespeist. Der Faschismus werde gewiß bald von einer inneren Erhebung weggefegt, hieß es. Manche glaubten sogar, daß der Sturz des Faschismus den Beginn einer sozialistischen Weltrevolution einleiten könnte.

Der Glaube an die Verwirklichung dieser Vision stand zwar im Widerspruch zu den Beschlüssen des VII. Weltkongresses der Komintern, über die selbst in der Schule gesprochen wurde. Sie orientierten auf eine breite antifaschistische Volksfront, die demokratische Verhältnisse herstellen und einen neuen Weltkrieg verhindern sollte. Die Hoffnung auf eine innere Erhebung in Deutschland stand im Gegensatz zu dem, was über das Terrorsystem des Faschismus, die Wirkungen seiner Demagogie und die Bereitschaft der Mehrheit des deutschen Volkes, den Verführern zu folgen, schon bekannt war. Das Deutsche Reich betrieb ein Hochrüstungsprogramm und brach internationale Verträge. Die sogenannten »Nürnberger Gesetze« 1935 begründeten vor den Augen der Welt eine rassistische Ausgrenzungspolitik. Die Vorbereitungen auf einen Krieg waren nicht zu übersehen.

Heute wissen wir, wie sträflich leichtsinnig die Entwicklung in Deutschland vom Ausland aus betrachtet wurde. Der Faschismus wurde, das sollte bald schmerzlich offenbar werden, von allen Regierungen – einschließlich der sowjetischen – massiv unterschätzt.

Im Spätsommer 1936 starb meine Schwester Eva kurz vor ihrem 17. Geburtstag an einer schweren Ruhrerkrankung. Wir wohnten noch immer in einem Moskauer Vorort, diesmal zur Untermiete unter nicht sehr hygienischen Bedingungen. Zunächst hatten sich meine Eltern infiziert, dann sprang der Virus über. Mich rettete vielleicht der Umstand, daß ich mit der Karl-Liebknecht-Schule im Sommerlager weilte. Als ich nach Moskau zurückkehrte, lag Eva im Hospital. Mit der Mutter besuchte ich sie. Ich erkannte sie kaum wieder, die Krankheit hatte sie schwer gezeichnet. Beim nächsten Besuch, so schien es uns, sah sie erheblich besser aus – wir wähnten sie auf dem

Eva Doernberg, 1936 – wenige Monate vor ihrem Tode

Weg der Genesung. Der Eindruck war trügerisch. In der darauffolgenden Nacht verstarb Eva.

Die Urne mit Evas Asche wurde in der Mauer des nahe des Don-Klosters gelegenen Krematoriums, gleich links neben dem Eingangstor, beigesetzt. Nach russischem Brauch wurde die Platte davor mit ihrem Bild versehen. Auch weit über 60 Jahre nach ihrem Tod fand ich beides unversehrt in Moskau vor.

Der Tod der älteren Schwester traf mich tief. Sie besaß bei mir eine Autorität, die selbst die der Eltern übertraf. Sie hatte mich politisch beeinflußt, eigentlich auch erzogen. Ich fühlte mich nun einsam und allein. Hinzu kam, daß die Rote Hilfe meine Eltern nach überstandener Ruhr und Evas Tod zu einer längeren Kur auf die Krim schickte. Ich wurde von guten Freunden aufgenommen, wohnte jetzt in Moskau und hatte es nicht mehr so weit zur Schule.

In jener Zeit richteten sich die Augen der Welt auf Spanien. Dort hatten bei demokratischen Wahlen linke Kräfte eine parlamentarische Mehrheit errungen. Sozialisten und bürgerliche Republikaner bildeten eine Regierung, die auch von den Kommunisten unterstützt wurde. Das war gegen den politischen Trend in Europa, wo sich zunehmend faschistische und profaschistische Regimes etabliert hatten. Darum überraschte es kaum, als reaktionäre Militärs in Spanien die Volksfrontregierung in Madrid zu stürzen versuchten. Die Folge war ein drei Jahre währender Bürgerkrieg, der von außen direkt oder indirekt unterstützt wurde. Die Franco-Putschisten bekamen militärische Unterstützung durch Hitler-Deutschland und Mussolini-Italien, Großbritannien und dann auch Frankreich hielten sich durch eine verlogene Nichteinmischungspolitik aus dem Konflikt angeblich heraus. In Wirklichkeit unternahmen sie nichts gegen die militärische Intervention der Achsenmächte, versuchten dagegen jede ausländische Hilfe für die Verteidiger der Republik zu verhindern.

In Moskau fanden große Solidaritätskundgebungen für das spanische Volk statt. Dann erfuhren wir, daß Antifaschisten aus vielen Ländern nach Spanien gingen. Sie bildeten Internationale Brigaden und kämpften dort an der Seite der republikanischen Armee gegen die Franco-Faschisten und die ausländischen Aggressoren. Zu den Freiwilligen gehörten auch etliche Väter von Schülern aus unserer Schule. Aufmerksam verfolgten wir die Entwicklung in Spanien. Wir freuten uns über jeden Erfolg der Verteidiger der Republik. Uns war bewußt, daß jenseits der Pyrenäen nicht nur die Freiheit der neuen spanischen Demokratie verteidigt wurde. Wir ahnten mehr, als wir es wußten, daß dieser Krieg das Vorspiel für einen noch weitaus größeren sein könnte. Die Unverfrorenheit, mit der sich Deutschland und Italien – das bereits seit dem Vorjahr Krieg in Abessinien führte – in diese Auseinandersetzung einmischten, ließ vieles ahnen.

Seit Herbst 1936 kamen spanische Waisenkinder in die Sowjetunion. Sie wurden sehr herzlich von der Bevölkerung empfangen. Auch an der Karl-Liebknecht-Schule gab es Treffen mit ihnen. Später folgten viele Erwachsene nach und erhielten Asyl. Die Sympathie für die Spanier war unter den Menschen des Sowjetlandes besonders groß. Sie waren in ihren Augen die ersten, die dem Faschismus mit der Waffe in der Hand widerstanden hatten. Der Solidarität mit den deutschen Antifaschisten war das nicht abträglich. Nach wie vor blieb Ernst Thälmann Symbol des Kampfes gegen die faschistische Barbarei. Viele Betriebe und Straßen wurden nach ihm benannt. Daran ändert sich auch nichts in der Zukunft, selbst während und nach dem

Die Eltern (stehend 3. und 4. von links) auf der Krim zur Kur, 1936

Krieg rangierte er ganz vorn in der Reihe der Ehrennamen ausländischer Politiker.

Nach der Rückkehr der Eltern von ihrer Kur auf der Krim fanden auch sie Unterkunft bei der befreundeten Familie, die schon mich aufgenommen hatte. Sie hatte unlängst eine modern eingerichtete Wohnung in einem Haus bezogen, das von einer Genossenschaft erbaut worden war. Diese hieß bezeichnenderweise »Weltoktober«. Im Haus wohnten Emigranten aus verschiedenen Ländern sowie Spezialisten und Arbeiter, die bereits vor 1933 gekommen waren. Wir wohnten nur zur Untermiete, zahlten aber nichts oder kaum etwas.

Nunmehr konnten wir stärker als bisher am kulturellen Leben in der Hauptstadt teilnehmen. Ich engagierte mich in einigen Arbeitsgemeinschaften der Karl-Liebknecht-Schule und besuchte den Klub ausländischer Arbeiter, in dem es auch Sektionen für Kinder und Jugendliche gab. Dort hörte ich antifaschistische Lieder, so das Lied der Moorsoldaten, das mich sehr berührte. In Erinnerung geblieben ist auch der Film »Kämpfer«, der von Emigranten in Moskau gedreht worden war. Darin wirkten deutsche Schauspieler mit.

Mit anderen Schülern besuchte ich Konzerte und Theateraufführungen. Den Eltern hatte es das Jüdische Theater ganz besonders angetan. Die Stücke waren in jiddischer Sprache, die dem Mittelhochdeutschen ähnelte. Die Tatsache, daß das Theater staatlich gefördert wurde, nahmen meine Eltern als Beleg, daß in der Sowjetunion Juden wie alle anderen Völkerschaften gleichberechtigt behandelt und nicht diskriminiert wurden.

Sie waren wie viele Moskauer – und nicht nur Juden – fasziniert von Solomon Michoels als König Lear. Dem Schauspieler lag die Theatergemeinde zu Füßen, er wurde gefeiert und geliebt. Später, während des Großen Vaterländischen Krieges, gehörte er zur Leitung des Antifaschistischen Jüdischen Komitees. 1948 kam er unter nie ganz aufgeklärten Umständen bei einem Autounfall ums Leben. Obgleich seine Beisetzung ein Staatsakt war, blieb dann sein Name bis zum Tod Stalins in der Öffentlichkeit ungenannt.

Ende 1936 trafen wir in Moskau Lion Feuchtwanger. Wir besuchten ihn im Hotel »Metropol«, das in der Nähe des Bolschoi Theaters gelegen war. Es galt damals als das beste Moskauer Hotel. Feuchtwanger war ein Verwandter meines Vaters. Ich war stolz darauf, einen der größten deutschen Schriftsteller in unserer Familie zu haben.

Feuchtwanger reiste durchs Land und berichtete uns von seinen Eindrücken, die er gewonnen hatte. Ihn beeindruckte vor allem das große Interesse der Menschen an der Literatur wie an der Kultur überhaupt und ihr fester Glauben an eine bessere Zukunft.

Er wirkte auf mich sehr bescheiden und freundlich. Schließlich schenkte er mir sein Buch »Die Geschwister Oppenheim«. Das war, wie wir heute wissen, eines der ersten antifaschistischen Werke, die nach 1933 erschienen. Nach dem Krieg wurde es unter dem Titel »Die Geschwister Oppermann« neu aufgelegt. Ich las den Roman mit großem Interesse. Noch mehr gefiel mir später sein historischer Roman »Der falsche Nero«, den ich als eine überzeugende Bloßstellung Hitlers empfand.

In Moskau führte Feuchtwanger viele Gespräche, darunter auch eines mit Stalin. Nach seiner Rückkehr nach Paris schrieb er »Moskau 1937«. Darin äußerte er Verständnis für die Verfolgungen und

Repressionen in der Sowjetunion und rechtfertigte die Moskauer Prozesse, in denen angebliche Agenten imperialistischer Geheimdienste verurteilt wurden.

Bereits beim Erscheinen dieser Schrift gab es heftige Reaktionen und Unmutsbekundungen, obwohl damals Feuchtwangers Position keineswegs eine vereinzelte war. Sie wurde von nicht wenigen innerhalb und außerhalb der Sowjetunion geteilt. Die Mächtigen der kapitalistischen Welt, nicht nur die Faschisten, standen doch geschlossen gegen das einzige sozialistische Land.

Die Kritik an Feuchtwanger ist bis heute nicht verstummt. Dabei halte ich es für ungerecht, ihm vorzuhalten, daß er 1937 das, was man erst viel später über den Stalinschen Terror erfuhr, nicht gewußt hätte und folglich unberücksichtigt ließ. Feuchtwanger war nicht klüger, als es die meisten damals waren. Ihm wird zudem vorgeworfen, er sei Stalin auf den Leim gegangen.

Gegen all das möchte ich ihn ausdrücklich verteidigen. Ein Beleg dürfte auch das folgende Zitat sein. In einem Tagebucheintrag vom 2. Februar 1937 vermerkte Georgi Dimitroff – damals Generalsekretär der Komintern – über sein Gespräch mit Feuchtwanger: »Den stärksten Eindruck machten auf ihn: a) die Ausbildung und der Wissensdurst der Jugend, b) der Plan zum Aufbau von Moskau.

Über den Prozeß: 1) Diversionsakte, Spionage, Terror sind bewiesen. 2) Bewiesen ist ebenfalls, daß Trotzki inspiriert und geführt hat. 3) Die Übereinkunft von Trotzki mit Heß und den Japanern ist nur durch die Selbstbezichtigungen der Angeklagten belegt. – Es gibt keinerlei Beweise! 4) Daß Radek und Sokolnikow nicht zum Tode verurteilt wurden, wird im Ausland als Beweis gewertet werden, daß sie absichtlich solche Aussagen gemacht haben, um ihr Leben zu retten. 5) Belastend ist der Eindruck, den die unflätige Beschimpfung der Angeklagten hervorruft. Das seien Feinde, die es verdienten, vernichtet zu werden. Aber sie haben nicht aus persönlichem Interesse gehandelt und hätten nicht als ›Schufte, Feiglinge, Reptilien‹ usw. bezeichnet werden dürfen. 6) Warum solch ein Lärm um den Prozeß. – Unklar.

In der Bevölkerung ist eine Atmosphäre außerordentlicher Unruhe entstanden, gegenseitige Verdächtigungen, Denunziationen usw. Der Trotzkismus ist tot, wozu eine solche Kampagne?«

Dimitroff vermerkte weiter, daß Feuchtwanger eine Broschüre mit Tatsachenmaterial über die Errungenschaften der UdSSR vorbereite, wobei auch die Mängel nicht verschwiegen werden sollten.

Diese Aufzeichnung von Dimitroff ist bemerkenswert, weil sie nicht nur den Kenntnisstand Feuchtwangers widerspiegelt, sondern auch die damalige Denkweise Dimitroffs.

Der Generalsekretär der Kommunistischen Internationale konnte seine Bedenken nicht offen artikulieren, wenn er nicht Gefahr laufen wollte, selbst Opfer zu werden. Deshalb vermutlich wählte er diese Form der Mitteilung: Er formulierte *seine* Zweifel und Bedenken als die Feuchtwangers. Beide waren sich zugleich in ihrer Grundhaltung weitgehend einig. Bei aller notwendigen Kritik an der Innenpolitik Moskaus: Es gab weltweit nur eine Sowjetunion – und deshalb mußte sie gegenüber allen Angriffen zunächst verteidigt werden.

Unsere eigene Situation war nicht eben rosig. Aussicht auf eigene vier Wände bestand in absehbarer Zeit weiter nicht. Daher nahm Vater das Angebot an, nach Tadshikistan zu gehen. In der Nähe der Hauptstadt, die Stalinabad hieß und seit den 50er Jahren wieder ihren alten Namen Dushanbe trägt, wurde ein neues Wasserkraftwerk gebaut. Für die Inbetriebnahme brauchte man Ingenieure.

Ich verabschiedete mich Ende 1936 von meinen Kameraden an der Karl-Liebknecht-Schule in Moskau. Fast sechs Tage dauerte die Bahnfahrt. Ich merkte, in welch großes Land wir gekommen waren.

In Tadshikistan wohnten wir in einer Siedlung, die an einem reißenden Fluß am Fuße des hohen Pamirgebirges lag. Die ganze Umgebung war wild und romantisch. Die Hauptstadt der Republik war zwar klein, aber neben alten Lehmhütten gab es inzwischen nicht wenige moderne neue Häuser. Die Russisch-Schule, die ich fortan besuchte, unterrichtete auch Tadshikisch. Weil aber meine Russischkenntnisse noch ziemlich mäßig waren, hatte man ein Einsehen und erließ mir diese zweite Sprache.

Wir sollten zwölf Monate in Mittelasien bleiben. Die Zeit war – ungeachtet der vielen neuen Eindrücke – für uns nicht leicht. Die meisten Tadshikinnen, vor allem ältere Frauen, trugen einen undurchsichtigen Schleier, Männer Turbane. So etwas hatte ich bis dahin noch nie gesehen. In den Dörfern sprach man kaum Russisch, und auch in der Hauptstadt hatte mancher Mühe damit. Trotzdem gingen die Menschen freundlich miteinander um. Es herrschte Aufbaustimmung. Die kleine Republik überwand für jeden sichtbar ihre bisherige Rückständigkeit als Kolonie des Zarenreiches, entwickelte sich in einem schnelleren Tempo als das zentrale Rußland. Erstmalig entstand eine eigene Intelligenz, blühte die nationale Kultur auf. Weder im Betrieb des Vaters noch in der Schule, auf dem Basar oder auf den

Straßen bemerkte ich Streitigkeiten zwischen Russen und Tadshiken, Ukrainern, Juden oder Usbeken. Schon gar nicht ethnische Konflikte, wie sie Jahrzehnte später aufbrechen sollten.

Ende 1937 kehrten wir nach Moskau zurück. Diesmal fanden wir Aufnahme bei einer befreundeten Familie aus der Tschechoslowakei. Sie bewohnte eine Dreiraumwohnung im mir schon vertrauten »Weltoktober« und trat uns ein Zimmer zur Untermiete ab. Gemeinsam mit dem Sohn der Familie Petras besuchte ich eine russische Schule.

Zunächst fühlte ich mich sehr wohl in der Hauptstadt. Das alles in allem doch recht einfache Leben in Mittelasien lag hinter uns. Moskau bot eben mehr an Erlebnissen. Doch bald merkte ich: Das Moskau, das ich verlassen hatte, gab es nicht mehr. Das ganze Klima hatte sich verändert. Es war rauher und kälter geworden. Menschen verschwanden unverhofft. Auch der Vater unserer Vermieter wurde eines Nachts verhaftet. Überall steckten angeblich Spione des Imperialismus und heimliche Feinde des sozialistischen Aufbaus. Man forderte von allen revolutionäre Wachsamkeit.

Auch wenn jeder spürte, daß die Kriegsgefahr in Europa zugenommen hatte und dies nicht ohne innenpolitische Folgen bleiben konnte, verstand ich nicht, weshalb gute Bekannte unserer Familie plötzlich als Agenten beschuldigt und Eltern von Klassenkameraden verhaftet wurden. Ich deutete das als überzogene Wachsamkeit angesichts der Kriegsgefahr. Wahrscheinlich geschahen auch Irrtümer der Sicherheitsorgane, die bestimmt bald korrigiert werden würden. Nur: Korrekturen gab es selten.

Unvorstellbare Tragik

Anfang 1938 fuhr mein Vater in den Ural, wo ihm eine Arbeit als Ingenieur angeboten worden war. Schon bald erhielten wir Post von ihm. Er teilte mit, daß er in der nächsten Woche eine geräumige Betriebswohnung erhalten werde. Dann könnten wir nachkommen.

Wir warteten vergeblich auf einen neuen Brief. Da er ausblieb, wandte sich meine Mutter an die dortige Betriebsleitung. Ihr Schreiben blieb ebenso unbeantwortet wie alle anderen Nachforschungen ins Leere liefen. Vater blieb verschwunden. In uns wucherte die Furcht, auch Vater könnte verhaftet worden sein. Erst Monate später erreichte uns ein Kassiber, den Vater aus dem Gefängnis in Swerdlowsk hatte schmuggeln lassen.

Mutter erkundigte sich wiederholt bei verschiedenen Stellen, erhielt aber nicht einmal die Bestätigung für die Verhaftung, die wir als willkürlich betrachteten. Ein Paket und etwas Geld konnten wir jedoch bei einer zentralen Stelle abgeben. Später erfuhren wir vom Vater, daß er beides erhalten hatte. Ansonst gab es keine Nachricht, keine Verbindung. Im Frühsommer überraschte uns der lakonische Bescheid der Ausländerbehörde, daß unsere Aufenthaltserlaubnis abgelaufen sei und nicht mehr verlängert werde. Wir sollten umgehend die Sowjetunion verlassen.

Eine Begründung für unsere Ausweisung erhielten wir nicht.

Mutter sprach umgehend bei der Roten Hilfe vor, die sich um die Asylanten kümmerte. Dann war sie zusammen mit mir bei Wilhelm Pieck und Georgi Dimitroff. Ohne Ausnahme hörten sie sich alles geduldig an, bekundeten auch ihr Mitgefühl, meinten mit Bedauern jedoch, in der Sache selbst nichts unternehmen zu können.

Die Situation schien ausweglos. Die Frist verstrich, wir hielten uns illegal in Moskau auf. Tagsüber waren wir bei Freunden, die Nächte verbrachten wir in einem Waldstück.

Irgendwie gelang es meiner Mutter, einen Termin im Besucherbüro von Kalinin zu bekommen. Seit Lenins Zeiten war er nach der Verfassung das Staatsoberhaupt der Sowjetunion. Auch jetzt übte er als Vorsitzender des Präsidiums des Obersten Sowjets im juristischen Sinne die Funktion des höchsten Repräsentanten der UdSSR aus. Kalinin kam aus bäuerlichen Verhältnissen und war wegen seines unkonventionellen Umgangs mit den Menschen und aufgrund seiner Bescheidenheit im Volk sehr beliebt.

Ich begleitete meine Mutter, um als Dolmetscher zu fungieren.

Michail Kalinin hörte sichtlich betroffen unsere Geschichte an. Mutter erklärte ihm, daß für uns eine Rückkehr ins faschistische Deutschland nicht infrage käme. Als Kommunisten, noch dazu als Juden, müßten wir mit Verfolgung rechnen. Vaters Verhaftung wäre sicher nur ein Irrtum. Er würde sich bestimmt bald aufklären.

Kalinin äußerte Verständnis für unsere prekäre Lage. Er würde sich um eine Überprüfung der Ausweisung bemühen. Wir sollten in einer Woche wieder vorsprechen. Dabei wußte er, daß wir uns weiterhin illegal in Moskau aufhalten würden. Nicht einmal daran konnte das Staatsoberhaupt etwas ändern. Zumindest unterschwellig spürte ich seine Machtlosigkeit. (Viele Jahre später erfuhr ich, daß auch Kalinins Ehefrau bis Kriegsende zu den Opfern der Repressionen gehörte. Dadurch hatte Stalin selbst Kalinin in seiner Hand.)

Nach einer Woche erhielten wir vom Bürovorsteher des Staatsoberhauptes den Bescheid, daß unsere Aufenthaltsberechtigung verlängert werden würde. Diese Zusage wurde von der Miliz an die Auflage gebunden, daß wir uns nicht in Moskau aufhalten dürften, sondern nur an einen neuen Ort, der mindestens 101 Kilometer von der Hauptstadt entfernt läge. Diese Art von Verbannung betraf damals viele Angehörige von Verhafteten. Manche mußten sehr viel weiter fortgehen, andere – etwa die mit uns befreundete Familie, bei der wir bisher gewohnt hatten – konnten in ihrer Wohnung bleiben. Ein Erklärungsmuster gab es dafür nicht.

Die Rote Hilfe vermittelte der Mutter eine Arbeit in einer Textilfabrik in einer kleinen Siedlung. Dort aber gab es keine Schule mit Abiturstufe. Mit gleicher Leidenschaft, mit der sie um die Verlängerung unserer Aufenthaltserlaubnis gekämpft hatte, bemühte sich die Mutter nun um die Fortsetzung meiner Ausbildung. Diesmal führte uns der Weg zu Nadeshda Konstantinowna Krupskaja. Lenins Witwe war Vize-Volkskommissarin für Bildungswesen. Die fast 70jährige empfing uns in ihrem Büro. Sie wirkte müde und abgespannt. Trotz der grauen Haare sah sie aber doch so aus, wie ich sie von älteren Fotos kannte.

Auch sie hörte aufmerksam zu, schüttelte hin und wieder den Kopf, was aber wohl nicht an meiner Übersetzung lag, und erklärte schließlich, sie halte manches in der Sowjetunion für unerklärbar. Es gebe auch Fehler, die sie nicht billige und auch nicht entschuldigen könne. Das hatte ich bisher von niemanden so gehört. Und jetzt sagte es die frühere Kampfgefährtin Lenins. Zunächst bezog ich ihre Worte nur auf unseren speziellen Fall. Später begriff ich sowohl die Dimension ihrer Einschätzung wie auch die Ohnmacht dieser Frau.

Nadeshda Krupskaja versprach zu helfen. Sie half auch. Ich wurde im Emigrantenheim der Roten Hilfe untergebracht. Ich war damit zwar von der Mutter getrennt, konnte aber meine Schule in Moskau weiter besuchen. Dazu mußte ich jetzt durch ganz Moskau fahren. Trotzdem unterschied sich mein Leben nicht so sehr von dem anderer Schüler. Aus den Bibliotheken der Schule wie des Heims entlieh ich mir Bücher. Auch für Kinobesuche fand ich Zeit. Mein großes Interesse fanden historische und antifaschistische Filme, darunter der nach dem Bühnenstück von Friedrich Wolf in Moskau gedrehte einprägsame Streifen »Professor Mamlock«. Er prangerte die Diskriminierung und Verfolgung der Juden im »Dritten Reich« an und fand ein nachhaltiges Echo beim sowjetischen Publikum.

Der Besuch bei Lenins Witwe hatte sich für mich somit wie eine Sternstunde erwiesen. Um so betroffener war ich, als ich wenige Monate später die Nachricht von ihrem Tod vernahm. Sie löste im ganzen Land tiefe und aufrichtige Trauer aus.

Im Emigrantenheim lebten politische Asylanten aus vielen Ländern. Ich stieß auf Verständnis und Solidarität bei der Leitung, noch mehr bei den Angestellten und anderen Heimbewohnern. Manche hatten ja ähnlich harte Schicksale.

In der russischen Schule wußten nicht nur die Lehrer über meine Situation Bescheid. Ich spürte weder Mißtrauen noch Ausgrenzung, aber dennoch eine gewisse Distanz. Die überschäumende Herzlichkeit und Wärme, die noch vor kurzem politische Emigranten in Moskau umfangen hatte, war verschwunden. Zumindest spürte man gegenüber Deutschen Argwohn. Trotzdem gab es Mitleid mit den Angehörigen der Verhafteten und Bemühungen, ihr Schicksal zu erleichtern. Nach meinem allgemeinen Eindruck gab es eine merkwürdige Mischung von Mitleid mit den Opfern und Zustimmung zur Verhaftungswelle, die als berechtigt angesehen wurde. Die Presse schrieb von der Kriegsgefahr, die über Europa und ganz besonders über der Sowjetunion schwebte. Möglicherweise trug das zur Rechtfertigung und zur Akzeptanz der innenpolitischen Vorgänge bei.

Dennoch war die Kriegsgefahr keine Erfindung Moskaus.

Österreich war »heim ins Reich« geholt und die Tschechoslowakei mit Unterstützung von Großbritannien und Frankreich durch Hitler zerschlagen worden. Im Frühjahr 1939 rollten deutsche Panzer nach Prag. In Fernost weitete Japan die Aggression gegen China aus, verstieg sich zu einer blutigen Provokation an der sowjetischen Grenze, die viele Tage anhielt. Dann mußte die Rote Armee in der Mongolei japanische Invasoren mehrere Wochen lang zurückschlagen. Die faschistischen Mächte hatten auf einen Eroberungsfeldzug gesetzt.

Die Westmächte schienen den Expansionsdrang Hitlers nicht nur zu dulden. Als Antikommunisten suchten sie ihn nach Osten zu lenken, damit sich in einem Krieg die Sowjetunion und die faschistischen Staaten gegenseitig schwächten. Das in München im Oktober 1938 abgeschlossene Komplott machte das deutlich.

Daraus wuchs Billigung oder zumindest partielle Rechtfertigung der Massenverhaftungen, die man als vorübergehend ansah. Da spätere Verhaftungswellen nicht diese Dimension besaßen, überlagerten die schrecklichen Erinnerungen an den nachfolgenden Krieg die Erfahrungen der Vorkriegszeit, sie wurden gleichsam als Mißgeschick, als Betriebsunfall verdrängt. Erst sehr viel später begann man sich damit auseinanderzusetzen.

Im Juni 1939 erreichte uns gänzlich unerwartet ein Telegramm aus Swerdlowsk. Darin teilte uns Vater mit, er käme nach Moskau. Die Nachricht war an eine befreundete Familie gerichtet. Denn so wie er plötzlich aus unserem Blickfeld verschwunden war, waren wir es auch für ihn. Vater wußte nicht, wo wir uns befanden.

Er kam nach Moskau zurück, wir fielen uns freudig in die Arme. Die schlimme Tragödie war überstanden. Der Vater wurde umgehend wieder in die KPD aufgenommen, die ihn zuvor auf entsprechende Weisung ausgeschlossen hatte. Pieck erklärte ihm, er sei voll rehabilitiert, und es täte ihm leid, daß nur wenige aus der Haft entlassen seien, doch er hoffe darauf, daß auch andere Fehlentscheidungen korrigiert werden würden.

Vater erhielt auch sogleich Arbeit als Ingenieur in einem großen Werkzeugmaschinenbetrieb in Moskau. Mutter durfte nach Moskau zurückkehren. Für unsere Familie begann ein neues Leben. Ich war – noch als Sohn eines »Volksfeindes« – Mitglied des Jugendverbands geworden. Die Kreisleitung des Komsomol hatte die von der Schulgruppe beschlossene Aufnahme erst nach längerer Diskussion bestätigt, obwohl offiziell der Grundsatz galt »Der Sohn trägt keine Verantwortung für den Vater«. Die Schulgruppe des Komsomol wählte mich später in eine leitende Funktion, worauf ich damals nicht ohne Grund stolz war.

Die Rückkehr meines Vaters bestärkte mich in meinem Glauben, daß es sich bei den Repressionen um Überreaktionen einzelner lokaler Funktionäre handelte. Ich meinte, daß am Ural bei einigen die Signalglocken geläutet haben mußten, als ein deutscher Ingenieur, der vielleicht ein Spion war, bei ihnen auftauchte. Auch Vater hielt dies für den möglichen Grund seiner Verhaftung, die dann aber niemand als Fehler zugeben wollte.

Der Vater kam nur deshalb frei, weil Berija als Volkskommissar für Inneres und Staatssicherheit Jeshow nachgefolgt war, in dessen Amtszeit die Repressalien einen solchen Massencharakter annahmen. Das dürfte selbst Stalin ungeheuerlich erschienen sein, obwohl er, wie heute aus den Akten bekannt, die Hauptverantwortung für diese schlimmen Verbrechen trug. Es wurden jedoch nur einige Tausend Menschen aus der Untersuchungshaft entlassen, kaum jemand aus den Lagern. Berija bewies später, daß er ein noch brutalerer Verbrecher als sein Vorgänger war.

Seit bald 50 Jahren sind Hintergründe und Ausmaß der Verbrechen Stalins und seiner Gefolgschaft aufgedeckt. Vieles ist jedoch noch immer nicht erforscht. Die tieferen Ursachen dieser schlimmen Deformationen des Sozialismus, seiner humanistischen Grundidee, sowie die Motive und begleitenden Umstände, die eine widerstandslose Hinnehmung, ja Billigung der Terrorwelle durch die Öffentlichkeit ermöglichten, müssen weiter analysiert werden. Zur Geschichte der Sowjetunion in den 30er Jahren gehören jedoch nicht nur die Massenrepressalien, von denen in unterschiedlicher Weise Millionen Menschen betroffen waren. Zur gleichen Zeit und trotz dieser schlimmen Entartungen durchlebte die Sowjetunion einen vom Volk getragenen gewaltigen Aufschwung. Das Land erzielte Beachtliches beim Aufbau einer von Ausbeutung und Profitgier freien Gesellschaft, bewies sich so als Pionier des Menschheitsfortschritts. So schuf die UdSSR die Voraussetzungen, im Krieg entscheidend zur Rettung der menschlichen Zivilisation vor dem Absturz in die faschistische Barbarei beizutragen.

Ausgangspunkt war die Oktoberrevolution, in meinem Verständnis das wichtigste Ereignis des 20. Jahrhunderts. Sie galt als ein Vorbild für künftige Entwicklungen, gleichsam als Grundmodell einer sozialistischen Revolution, zumindest in Europa. Wegen ihrer besonderen Ausgangsbedingungen, dann aber aus mehr subjektiv beeinflußten Faktoren, konnte sie es jedoch nicht wirklich sein. Jedes Land mußte seinen eigenen Weg finden. Bei entwickelten Industriestaaten konnte es nicht der gleiche sein wie bei dem noch halbfeudalen Rußland. Dennoch hatte Rußland ein Beispiel gegeben. Mit der ersten erfolgreichen sozialistischen Revolution wirkte es wie ein Leuchtturm. Freiheit, Gleichheit und Brüderlichkeit, dazu soziale Gerechtigkeit, Solidarität und Internationalismus waren für die Bürger der UdSSR keine leeren Begriffe oder demagogische Wahlversprechen. Sie galten als wichtige Lebenswerte, nach denen sich sehr viele richteten. Zugleich gab es weiterhin Erscheinungen des Eogismus, eine Kluft zwischen Wort und Tat, auch Machtmißbrauch auf verschiedenen Ebenen.

Das Land war mit seinem recht unterentwickelten Sozialismus von einer echten Volksherrschaft, einer realen Demokratie noch weit entfernt. Ohne sie ist Sozialismus aber unmöglich. Nicht wenige Ideen von Marx, Engels und Lenin wurden falsch ausgelegt. Es wurde nicht genügend bedacht, was es bedeutete, daß die sozialistische Revolution zunächst nur in einem, zudem vormals so rückständigen Land gesiegt hatte.

Das bedeutete nämlich auch, daß die neue Gesellschaft in einen Wettstreit mit Ländern eintrat, in denen die bürgerlichen Revolutionen des

18. und 19. Jahrhunderts und in ihrem Gefolge der wirtschaftliche Fortschritt zu einem höheren Produktions- und Lebensstand geführt hatten. Auch zu mehr individueller Freiheit als im zaristischen Rußland, der Ausgangsbasis der Sowjetunion. Das erforderte gewaltige Anstrengungen, um eine höhere Arbeitsproduktivität als Beweis für die Überlegenheit eines Gesellschaftssystems zu erzielen. Die Zukunftsfähigkeit der neuen Gesellschaft mußte sowohl durch die Abschaffung der Ausbeutung des Menschen als nicht minder durch neue Lebenswerte, durch weitgehende demokratische Rechte, die im Einklang mit solidarischen Pflichten stehen, sichtbar unter Beweis gestellt werden.

Die Oktoberrevolution selbst, der Aufstand in Petrograd, hatte nur ganz wenige Opfer gefordert. Sie blieb damit eine der unblutigsten Umwälzungen in der Geschichte. Doch der von den Kräften der Restauration, nicht zuletzt Monarchisten, mit Hilfe von 14 Interventionsmächten des Auslands entfesselte Bürgerkrieg führte zu Millionen Toten, zu einer beiderseitigen Brutalität, die noch lange nachwirkte.

Die Massenrepressalien in der zweiten Hälfte der 30er Jahre standen zu den Grundwerten der Oktoberrevolution im eklatanten Gegensatz. Sie haben der Idee des Sozialismus einen furchtbaren Schaden zugefügt, sie bleiben ein Schandfleck. Bis heute gibt es keine schlüssigen Zahlen. Terroropfer wurden fast alle führenden Teilnehmer der Oktoberrevolution und Mitglieder der ersten Sowjetregierungen. Dem Terror unterlagen die leitenden Funktionäre der Partei, des Staatsapparates und anderer Bereiche.

Als Urheber der Massenrepressalien ging es Stalin primär um die Festigung seiner Machtpositionen. Das war verbunden mit dem Ehrgeiz, auch physisch alleiniger Deuter der Oktoberrevolution, ihrer Vorgeschichte und der ersten Jahre der Sowjetmacht zu sein.

Die Massenrepressalien dürften so eine Tarnung gewesen sein, um die Verfolgung der alten Bolschewiki, der früheren Kampfgefährten Lenins wie überhaupt all jener, die sich dem Machtmißbrauch Stalins entgegenstellen konnten und im Volke angesehen waren, glaubhafter erscheinen zu lassen.

Zu den Opfern gehörten viele Kommunisten, die als politische Emigranten in der Sowjetunion Asyl gefunden hatten. Die internationale Dimension der Deformationen reichte tiefer und weiter, als ursprünglich vermutet wurde.

Die konkrete historische Situation hat die Deformationen zweifellos befördert. Der erste sozialistische Staat wurde nicht nur als eine »belagerte Festung« angesehen, sondern war auch eine. Damit gab es echte

Gründe für eine erhöhte Wachsamkeit. Dennoch lagen die eigentlichen Gründe für die Massenrepressalien und erst recht für die unbeschreibliche Brutalität des GULag-Systems nicht in äußeren Faktoren.

Die Wirkungen des subjektiven Faktors auf den Geschichtsverlauf darf man weder über- noch unterbewerten. Stalin war in vieler Hinsicht ein bedeutender Staatsmann, der nicht nur in der Außenpolitik ein hohes Verständnis für die Herausforderungen bewies, denen sich die Sowjetunion gegenübersah. Er orientierte seine Politik durchaus an den Lebensinteressen der Menschen, für deren bessere Befriedigung er sich im Rahmen der Möglichkeiten einsetzte.

Aber er war eben auch ein Paranoiker und wirkte in seiner panischen Angst vor Umtrieben wie ein Geistesgestörter. Das zeigte sich wellenartig, mit Unterbrechungen, besonders etwa in den Jahren 1937/38 und unmittelbar vor seinem Tod. Nur ganz allmählich sickerte diese Erkenntnis durch.

Stalins Autorität beruhte bis zu seinem Lebensende nicht auf der Furcht vor seiner Macht, nicht auf dem von ihm angeordneten brutalen Terror, sondern primär auf seinen Leistungen als Staatsmann, den tatsächlichen wie noch mehr den ihm zugeschriebenen. Durch sein Auftreten in der Öffentlichkeit und einen bescheidenen Lebensstil, der mit dem heutiger Staatsmänner nicht zu vergleichen ist, stärkte er sein Ansehen. Nicht zuletzt daraus speiste sich die irrtümliche Auffassung, daß Stalin keine Schuld an der Verfolgung Unschuldiger habe. Es starben Kommunisten mit dem Ruf »Es lebe Stalin!« auf den Lippen, obwohl doch dieser die Hauptverantwortung für ihren tragischen Tod trug.

Ganz gewiß wäre der Fortschritt für das Land und die Menschheit größer gewesen, hätte es nicht diese Verbrechen und Deformationen gegeben, die durch nichts zu rechtfertigen sind.

Abitur in Moskau

Da ich im Emigrantenheim von der Roten Hilfe betreut wurde, hatte ich von ihr auch einen Ferienscheck für ein Sommerlager im Nordkaukasus erhalten. Ich war sehr erfreut. Doch nach der erhofften, wenngleich überraschenden Rückkehr des Vaters wollte ich ihm zunächst behilflich sein. Seine Wiedereingliederung ins normale Leben gestaltete sich jedoch unkompliziert. Er erhielt zusammen mit meiner Mutter sogar die Möglichkeit, kostenlos einen Monat in einem Sanatorium in der Nähe von Moskau zu verbringen. Deshalb entschied er, daß ich doch im Juli das Angebot für den Aufenthalt im

Der Komsomolze Stefan Doernberg, 1939

Nordkaukasus annehmen solle. Bereut habe ich es nicht. Es waren sehr schöne Wochen, die Kaukasier erwiesen uns ausländischen Kindern und den russischen Pionieren, die mit uns aus Moskau angereist waren, eine überschwengliche Gastfreundschaft.

Die Rückkehr nach Moskau fiel mit der Unterzeichnung des sowjetisch-deutschen Nichtangriffspaktes am 23. August 1939 zusammen. Niemand hatte damit gerechnet. Mehrheitlich wurde er als erzwungene Flucht nach vorn begriffen. Großbritannien und Frankreich hatten Vereinbarungen zur gemeinsamen Abwehr einer drohenden deutschen Aggression abgelehnt. Polen lehnte einen Beistandspakt mit dem Nachbarn ab. Die Sowjetunion mußte die ihr drohende Isolierung verhindern. Sie durfte sich nicht in einen Krieg hineinziehen lassen und mußte sich zumindest eine Atempause sichern.

Mit dem deutschen Überfall auf Polen begann bereits eine Woche später der Zweite Weltkrieg. Das Opfer erhielt von den Westmächten keine Unterstützung. Sie erklärten Deutschland nur formal den Krieg, den sie später selbst als »komischen Krieg« bezeichneten. Es fiel ja kein Schuß, während Polen verblutete.

Als sich die Niederlage Polens abzeichnete, hatte die Rote Armee den östlichen Teil Polens besetzt. Dieser Einmarsch wurde in Moskau als Befreiung der westlichen Gebiete der Ukraine und Belorußlands bezeichnet, die 1920 von Polen annektiert worden waren.

Die Bezeichnung »Freundschaftsvertrag« für ein Ende September abgeschlossenes weiteres Abkommen mit Berlin rief dagegen nach meiner Erinnerung bei vielen völliges Unverständnis hervor. Das durfte nicht einmal als nebenrangiges Zugeständnis oder Ausrutscher sowjetischer Diplomaten gelten. Hitler und das faschistische Deutschland blieben jener Feind, der die Freiheit und den Frieden des Sowjetvolkes am meisten bedrohte. Zumal die Wehrmacht jetzt unmittelbar an der sowjetischen Grenze stand.

Heute gibt es eine Bewertung des deutsch-sowjetischen Nichtangriffspakts von 1939, die sich grundsätzlich von jener unterscheidet, wie sie allgemein damals bestand. Eine neue Bewertung ist schon deshalb berechtigt, da erst seit etwa zehn Jahren der authentische Beweis für die Existenz des als Anlage zum Nichtangriffspakt abgeschlossenen Geheimabkommens vorgelegt wurde. Auch vordem schien klar, daß es eine Vereinbarung gegeben haben mußte, mit der sich die deutsche Regierung verpflichtet hatte, mit ihren Truppen lediglich bis zu einer bestimmten Demarkationslinie vorzustoßen.

Dieses Geheimabkommen verstieß gegen gültiges Völkerrecht.

Es war aber insofern gerechtfertigt, weil die Gefahr eines Überfalls auf die Sowjetunion, möglicherweise sogar eines Mehrfrontenkrieges, real bestand. Die Direktive für einen deutschen Angriff auf Polen war seit dem Frühjahr 1939 unter der Codebezeichnung »Plan Weiß« präzis ausgearbeitet worden. Sie sollte auch ohne Abschluß eines Nichtangriffspaktes mit Moskau umgesetzt werden.

Von den Westmächten konnte die Sowjetunion 1939 keine Unterstützung erwarten. Je weiter westwärts die Grenzen lagen, um so nützlicher dürfte das für eine Abwehr einer Aggression sein.

1941 bestätigte sich das nur zum Teil. Die von Deutschland zuge-

standene Stationierung sowjetischer Truppen in den drei baltischen Staaten erwies sich bei der Abwehr der deutschen Aggression ebenfalls nur als bedingt nützlich, doch hatte auch sie Einfluß auf den Kriegsverlauf.

Stalin nutzte den Pakt aber auch zu Zielen, die ich als imperiale bezeichne. Er strebte nach einer Wiederherstellung der Grenzen von 1914, der Einflußsphären des Russischen Reichs zur Zarenzeit, wenn er dieses Ziel auch mit dem Gewinn einer besseren strategischen Position für die spätere Abwehr einer deutschen Aggression verband, die auch er nach heute publizierten Archivdokumenten für unausbleiblich hielt. So sollte die Wertung des Pakts weiterhin differenziert bleiben..

Unverständlich war für mich im Spätherbst 1939 der Krieg gegen Finnland. Es hatte zuvor Verhandlungen über einen Gebietsaustausch nordwestlich von Leningrad gegeben. Diese scheiterten. Dann hieß es, finnische Truppen hätten Ende November 1939 die Grenze verletzt, daraufhin wäre die Rote Armee zur Offensive übergegangen.

Die Nachricht erschien nicht sehr glaubwürdig. Warum sollte Finnland einen Krieg gegen seinen großen Nachbarn provozieren?

Vielleicht steckte dahinter eine Provokation anderer Mächte, um die UdSSR in einen größeren Krieg hineinzuziehen?

Die Zweifel an der sowjetischen Darstellung wuchsen, als sich bereits zwei Tage nach Kriegsbeginn in einer kleinen finnischen Grenzstadt eine »Volksregierung« konstituierte, die umgehend einen Beistandspakt mit der UdSSR abschloß. Als Ministerpräsident firmierte der Finne Otto Kuussinen, der bislang im Exekutivkomitee der Kommunistischen Internationale (EKKI) in Moskau tätig war.

Der Krieg verlief nicht so, wie er offenbar geplant worden war. Die Offensive der Roten Armee kam bald hinter der Grenze ins Stocken. Erklären konnte ich mir das nicht, glaubte ich doch an die Stärke der Roten Armee. Nach opferreichen Kämpfen wurde dann im März 1940 ein Friedensvertrag geschlossen. Er sah unter anderem vor, daß die westlich von Leningrad gelegene Stadt Vyborg an die UdSSR ging. Die Stadt wurde dennoch im Sturmangriff genommen, was weitere sinnlose Opfer forderte. Gerade das war für mich unverständlich.

Es war seitens der UdSSR ein ungerechter Angriffskrieg.

Die Auswirkungen des Krieges zeigten sich überall in den Geschäften. Selbst in der Hauptstadt wurden die Lebensmittel knapp. Ich stellte mich nachts gegen 4 Uhr an, um nach einigen Stunden Wartezeit etwas Butter zu bekommen. Es ging das Gerücht, die Verknappung sei künstlich und eine geplante Aktion, weil man die Preise anheben wolle. Das geschah dann auch und war verbunden mit

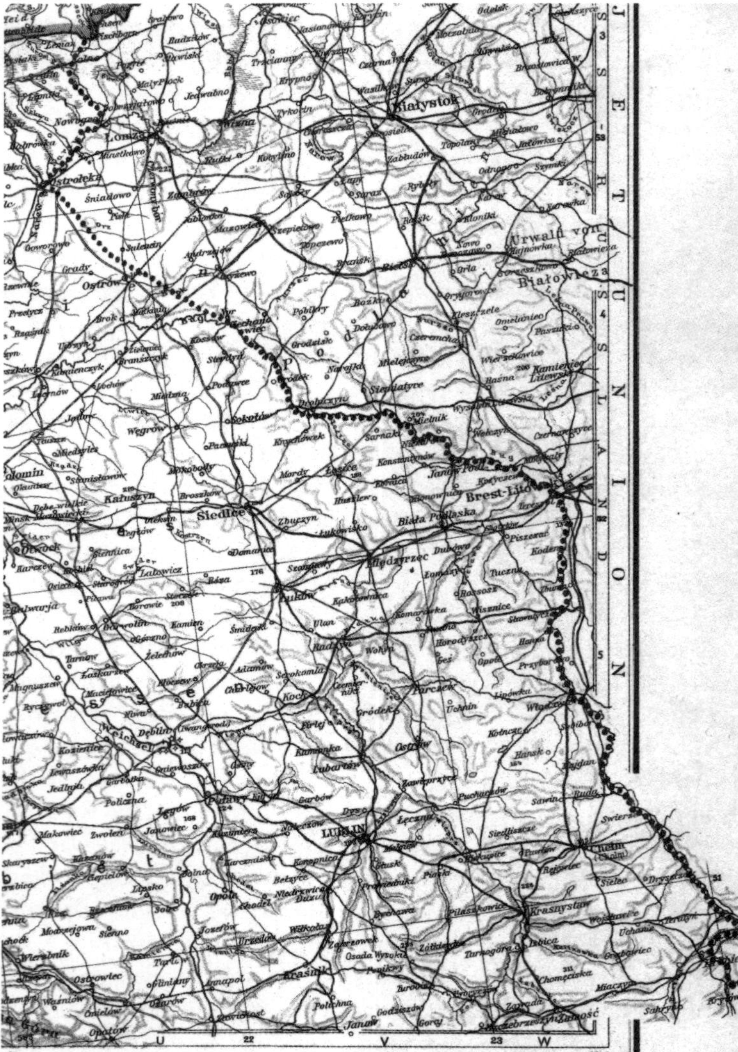

Karte mit der Demarkationslinie – hier als »Deutsch-russische Interessengrenze« bezeichnet, veröffentlicht im »Großen Weltatlas« des Bibliographischen Instituts Leipzig, 1940.
Die gepunktete Linie von der Grenze Ostpreußens im Norden über Brest bis an die ungarische Grenze im Süden erschien auch auf sowjetischen Karten als Vorkriegsgrenze der UdSSR.

einem Dekret über die Verlängerung der allgemeinen Arbeitszeit. Begründet wurde es in der mündlichen Propaganda mit der Notwendigkeit, die Verteidigungsbereitschaft des Landes zu stärken. Die meisten Menschen hofften weiter, daß es gelingen würde, den großen Krieg zu verhindern oder zumindest die *friedliche Atempause* – ein Begriff, der damals sehr geläufig war – auf Jahre zu strecken. Das war auch meine Vorstellung von der näheren Zukunft.

In diesem Glauben bereitete ich mich auf das Abitur vor. Danach wollte ich ein Ingenieurstudium aufnehmen. Ich schwankte noch zwischen Flugzeug- und Schiffbau.

Zur Vorbereitung auf das Studium nahm ich nach dem Unterricht an der Tätigkeit verschiedener Arbeitsgruppen teil, in denen unter sachkundiger Anleitung Grundfragen des Flugzeug- und des Schiffbaus wie auch des Flugwesens und des Dienstes in der Flotte behandelt wurden. Es wurde kein Hehl daraus gemacht, daß die Zirkelteilnehmer zugleich auf einen Dienst in der Kriegsmarine oder in den Luftstreitkräften vorbereitet würden.

Die Zeit vor dem Abitur ist mir gut in Erinnerung. Gerade jene Jahre, als ich nicht mehr Kind und noch nicht erwachsen war und mit der Ungeduld eines jungen Menschen neue Erkenntnisse aufnahm, formten zunehmend meine Lebenshaltung und Weltanschauung. Die Sowjetunion, ihre Kultur, ihre Geschichte, auch die Lebensart, die Gewohnheiten und Bräuche der Menschen wirkten auf mich stark ein. Ich begriff dieses Land als meine zweite Heimat, fühlte mich mit dem sozialistischen Staat mehr verbunden als mit Deutschland, jenem Staat, in dem ich geboren worden war, aber aus dem ich hatte fliehen müssen.

In der Rückschau erscheinen die Jahre zwischen 1939 und 1941 als die glücklichsten meiner Jugendzeit. Wir waren wieder eine Familie, auch wenn Vater, Mutter und ich nicht hinter einer Tür wohnten. Zwar lebten wir in einem Haus, aber eben nicht zusammen. Meine Eltern waren Untermieter bei der Familie Petras – ich schlief auf dem Sofa in der Küche der Familie Alexander, die sich die Wohnung mit einer weiteren deutschen Emigrantin teilte. Gertrud Alexander war eine Freundin von Clara Zetkin. Sie und ihre Tochter Susanne hatten mich schon betreut, als ich im Heim der Roten Hilfe lebte. Abends, wenn sicher war, daß die Küche nicht mehr benutzt wurde, schlich ich mich hinter den Vorhang und streckte mich auf der Couch aus.

Gertrud Alexander blieb nach dem Krieg in Moskau. Sie entwickelte sich zu einer Expertin für bildende Kunst und Literatur und publizierte darüber. Ihre Tochter Susanne arbeitete als Kinderärztin in Moskau und sorgte sich sehr warmherzig um ihre Mutter. Die Verbindung riß nie ab. Sie besuchten uns in Berlin, wir sie.

Abgesehen von den prekären Wohnbedingungen führte unsere Familie ein normales Leben, das sich nicht von dem der Moskauer unterschied. Ich las viele Bücher, deutsche wie russischsprachige, Belletristik und politische Schriften, darunter einige Arbeiten von Marx und Engels sowie von Lenin, auch Teile aus Stalins Buch »Grundlagen des Leninismus« und aus dem damals erschienenen »Kurzen Lehrgang der Geschichte der KPdSU(B)«. Noch größer aber war meine Vorliebe für Romane der Klassik und andere schöngeistige Literatur. Die Bücher entlieh ich in Bibliotheken. Die Literatur fesselte mich nicht nur wegen der Themen. Sie half mir, besser in die russische Sprache einzudringen und – meine Muttersprache nicht zu verlernen.

Die Rückkehr nach Deutschland schien mir in weite Ferne gerückt. Leider verstärkte sich der Eindruck, daß das faschistische Regime fest etabliert war und von der Mehrheit der Bevölkerung getragen wurde, die selbst den Krieg enthusiastisch zu unterstützen schien. Das war auch die Meinung der Eltern wie anderer, die einen besseren Überblick hatten als ich. Nazideutschland hatte mit seinen Blitzkriegen bereits fast ganz Europa besetzt. Von einem Widerstandskampf in Deutschland war kaum etwas zu hören.

Deshalb überraschte es mich, als ich eine Einladung von der Exilleitung der KPD in Moskau zu einer Veranstaltungsreihe erhielt. Unter den etwa hundert meist jüngeren Deutschen sah ich viele ehemalige Schüler der Karl-Liebknecht-Schule. Alle freuten sich über das Wiedersehen. Walter Ulbricht, Anton Ackermann, Otto Winzer und andere referierten über die Situation in Deutschland und die Traditionen der Arbeiterbewegung. Meine Zweifel hinsichtlich einer baldigen Rückkehr nach Deutschland blieben – wenngleich diese aus mir unverständlichen Gründen von den Rednern in Aussicht gestellt wurde.

Nach dem deutschen Überfall auf Jugoslawien im April 1941 mehrte sich die Sorge, daß der Krieg nähergerückt sei. Trotzdem nahm ich nicht an, daß Hitler einen Zweifrontenkrieg riskieren würde. Großbritannien konnte sich weiterhin auf die Unterstützung der nicht kriegführenden USA verlassen. Vor allem aber vertraute ich auf die Stärke der Roten Armee, die ich wie viele andere weitaus überschätzte.

1418 Tage und Nächte des Schreckens

Krieg!

Am 21. Juni 1941, einem Samstag, feierte ich mit Schulfreunden meinen 17. Geburtstag. Wir gingen in den nahegelegenen Gorki-Park an der Moskwa. Wir unterhielten uns über unsere Pläne. Der eine wollte Ingenieur, der andere Architekt, ein dritter Geologe und jemand Philosoph werden. Mein Freund Wolodja Sementschow hatte schon einen positiven Bescheid auf seine Bewerbung als Militärflieger in der Tasche. (Er sollte dann der einzige sein, der nicht an der Front die Schrecken des Krieges erlebte!) Erst weit nach Mitternacht, als der neue Morgen schon dämmerte, legte ich mich schlafen. Ich stand beim Aufwachen noch unter dem Eindruck des Geburtstages, den ich als einen der schönsten empfand. Er war es wohl auch. Schon bald sollte mein Studium beginnen, damit der Eintritt in das Leben eines Erwachsenen.

Im Rundfunk wurde gemeldet, daß 12 Uhr Molotow, der zweitwichtigste Mann in der sowjetischen Führung, eine Ansprache halten werde. Über zehn Jahre lang war er Regierungschef gewesen, bis Stalin im Mai 1941 diesen Posten selbst übernahm. Nunmehr war Molotow sein Stellvertreter und Volkskommissar für Auswärtige Angelegenheiten. Vermutlich würde es in seiner Rede um die Außenpolitik gehen, dachte ich.

Eine Woche zuvor hatte die offizielle Nachrichtenagentur TASS eine Erklärung veröffentlicht, die auf viele beruhigend wirkte. In ihr wurden alle Gerüchte ausländischer Zeitungen als absurd bezeichnet, die eine bevorstehende Zuspitzung der deutsch-sowjetischen Beziehungen voraussagten. Nach Auffassung der UdSSR, hieß es in der Erklärung, halte sich Deutschland genauso strikt an die Bedingungen des Nichtangriffspakts wie die Sowjetunion. Befürchtungen eines bevorstehenden Konflikts seien grundlos, die Verlegung deutscher Truppen stehe nicht mit den deutsch-sowjetischen Beziehungen im Zusammenhang.

Diese Erklärung klang zwar etwas merkwürdig, doch damals hatte ich noch nicht die Erfahrung, daß ein Dementi oft eine verklausulierte Bestätigung einer unangenehmen Nachricht bedeuten konnte.

Ich hielt eher einen Waffenstillstand zwischen Deutschland und Großbritannien für möglich, den Molotow vielleicht kommentieren wollte. Hitlers Stellvertreter Rudolf Heß war unlängst unter mysteriösen Umständen nach Schottland geflogen. Über die Motive und Folgen der Mission wurde überall spekuliert.

Gegen Mittag begann Molotow zu reden. Seine Erregung war sofort deutlich zu spüren. Deutschland habe vorm Morgengrauen ohne Kriegserklärung die UdSSR überfallen und viele Städte bombardiert.

Diese Hiobsbotschaft hatte ich nicht erwartet.

Ich eilte sofort zum Wehrkommando unseres Stadtbezirks. Dort wartete bereits eine lange Schlange jüngerer wie älterer Männer, die sich – wie ich eben auch – unaufgefordert zum Fronteinsatz meldeten. Mein Entschluß kam spontan. Ich hielt es für selbstverständlich, das Land, welches mich aufgenommen hatte und darum von mir als Heimat begriffen wurde, gegen seinen Feind zu verteidigen.

Unterschwellig verband ich mit diesem Schritt auch den Gedanken, als Freiwilliger in der Roten Armee schneller in eine von der faschistischen Barbarei befreite deutsche Heimat zurückkehren zu können. Daß der Krieg gegen den Aggressor mit dessen baldigen Niederlage enden würde, stand für mich außer Frage.

Bereits eine Woche nach meinem 17. Geburtstag befand ich mich auf dem Weg ins Frontgebiet. Ich gehörte einer vom Moskauer Jugendverband aufgestellten Brigade von Freiwilligen an. Wir sollten die Pioniertruppen der Armee beim Errichten von Befestigungsanlagen unterstützen. Wir wurden in Güterwagen verfrachtet, dann bereits südlich von Smolensk zum Aussteigen aufgefordert. Von dort ging es in einem zweitägigen Fußmarsch unter sengender Sonne bis zu jener alten Heerstraße, auf der sich 1812 Napoleon in panischer Flucht zurückgezogen hatte. Die deutsche Wehrmacht wollte sie als Rollbahn nach Moskau nutzen.

Wir wähnten die Front Hunderte Kilometer weiter westlich. Was sollten hier Panzersperren?

Die Wirklichkeit rollte rascher heran, als wir ahnten. Schon nach wenigen Tagen zogen Flüchtlingstrecks und nach ihnen zurückflutende Soldaten an uns vorbei. Flugzeuge mit dem schwarzen Balkenkreuz donnerten über uns hinweg und feuerten mit Bordwaffen auf alles, was sich bewegte. Tag und Nacht gruben wir mit unseren

Schaufeln. Die Gräben wurden tiefer und anschließend befestigt. Immer wieder mußten wir uns flach auf die Erde werfen, wenn deutsche Flieger uns ins Visier nahmen. Erstmals in meinem Leben sah ich Schwerverwundete und Tote. Sie waren nicht anonym – es waren Komsomolzen, meine Moskauer Kameraden.

Wenn die Deutschen nicht schossen, warfen sie Flugblätter ab.

Wir lasen sie und quittierten sie mit Gelächter. Nicht nur wegen der Fehler. »Macht mit den jüdisch-bolschewistischen Kommissaren Schluß!«, wurde darin in holprigem Russisch gefordert, und: »Der Führer bringt euch die Freiheit von der jüdisch-bolschewistischen Zwangsherrschaft«. Was bildeten sich die Faschisten ein?

An einem Augustmorgen fanden wir andere Flugblätter, diesmal mit einem deutschen Text. Es handelte sich um sowjetische Flugblätter, die uns der Wind zugetrieben hatte. Darin wurden die deutschen Soldaten aufgerufen, Hitler zu stürzen oder zur Roten Armee überzulaufen. »Warum kämpft ihr deutsche Arbeiter für die Faschisten und das Großkapital?«, wurde gefragt. »Euer Feind ist nicht die sozialistische Sowjetunion, sondern Hitler!«

Die Wirkung dieser Flugblätter auf die deutschen Landser war nicht größer wie die der deutschen Flugschriften bei den sowjetischen Soldaten.

Einer aus unserer Gruppe lief täglich in das nächstgelegene Dorf, um dort unsere Post aufzugeben und einiges im Geschäft oder auf dem Markt einzukaufen. Diese Aufgabe ging reihum, ich hatte sie auch schon erledigt. Eines Tages aber wurde ich dabei von einem Soldaten angehalten. Er verlangte meinen Ausweis zu sehen und stutzte. Dort stand als Geburtsort »Berlin« und in der üblichen Rubrik der Nationalität »Deutscher«.

Zunächst wehrte ich mich mit der Bemerkung, erstens gehöre ich zu einer in diesem Raum eingesetzten Brigade des Jugendverbandes, und zweitens würde doch ein deutscher Fallschirmjäger – die Furcht vor diesen war besonders groß – sicher nicht ein Papier besitzen, welches ihn als in Berlin gebürtigen Deutschen auswiese.

Der Soldat lud als Erwiderung nur sein Gewehr durch, befahl mir mit erhobenen Händen schweigend weiterzugehen. Wenig später erreichten wir den Befehlsstand eines Bataillons. Der Major telefonierte mit dem Stab unserer Brigade und erhielt die Bestätigung, daß ich dieser angehöre und alles seine Ordnung habe.

Der Major entschuldigte sich nicht bei mir. Zu viel Wachsamkeit sei immer noch besser als zu wenig, erklärte er, belobigte sogar den

Rotarmisten. Der Vorfall hätte in der damaligen Situation auch anders ausgehen können. Die Front näherte sich zusehend. Artillerie bezog bereits ihre Stellungen.

Nur wenige Wochen konnte die Front hier gehalten werden, dann durchbrachen die deutschen Panzer auch unsere Verteidigungsanlagen.

Unsere Brigade kehrte Ende August nach Moskau zurück. Die inzwischen frontnahe Stadt hatte sich sehr verändert. Nachts ertönten die Sirenen. Die Bombenangriffe erzielten jedoch kaum Wirkung, weniger jedenfalls als noch im Juli. Die sowjetische Luftabwehr war spürbar besser geworden.

Vater schlug mir vor, zunächst auf das Studium zu verzichten und stattdessen in seinem Betrieb zu arbeiten. Das tat ich. Doch bald schon wurde ein größerer Teil des Betriebs evakuiert. So kam unsere Familie in einen Ort westlich des Urals.

In ihm befand sich eine ältere Maschinenfabrik, die innerhalb kurzer Zeit zu einem Rüstungsbetrieb umgebaut wurde. Auch Anlagen der Moskauer Werkzeugmaschinenfabrik wurden dazu umgerüstet. Sehr schnell begann die Produktion von Munition unterschiedlichen Kalibers. Die tägliche Arbeitszeit betrug wie überall jetzt im Krieg elf Stunden, auch nachts. Arbeitsfreie Tage waren selten.

Ein aus Leningrad evakuierter hochqualifizierter älterer Arbeiter bildete mich im Schnellverfahren zum Elektroschweißer aus.

Im Betrieb arbeiteten vornehmlich Männer, die wegen ihres Alters nicht mehr zum Wehrdienst eingezogen wurden, Frauen und Jugendliche. Viele hatten noch nie in einem Industriebetrieb gearbeitet. Doch sie waren motiviert, weil sie wußten, wie wichtig ihre Arbeit war. Klagen hörte ich nicht.

Vater, Mutter und ich wohnten zur Untermiete bei einer Frau, deren Mann zu Beginn des Krieges eingezogen worden war. Sie nahm uns freundlich auf, obgleich wir Deutsche waren.

Die Lebensmittel waren rationiert, aber ausreichend vorhanden. Die Preise auf dem Markt, wo die Bauern aus der Umgegend ihre Waren anboten, stiegen allerdings fast täglich. Viel konnte die Mutter dort nicht einkaufen. Doch sie bot mitunter unsere wenigen Habseligkeiten zum Verkauf an, um zusätzlich Lebensmittel zu erwerben.

Selbst kleine Betriebe, die vor dem Krieg Waren des täglichen Gebrauchs hergestellt oder Reparaturarbeiten ausgeführt hatten, produzierten jetzt für die Front. Andere wurden geschlossen und ihre Arbeiter und Angestellten an Rüstungsbetriebe vermittelt.

Mit dem Freund Wolodja Sementschow am Vorabend des Krieges

Auch unser Betrieb nahm solche umgeleiteten Werktätigen auf. Sie lernten an für sie ungewohnten Maschinen zu arbeiten, von denen viele aus den westlichen Teilen des Landes, oft im Bombenhagel, abgebaut und nicht immer sachkundig in den Osten transportiert worden waren. Es dauerte stets einige Zeit, ehe die Produktion ins Laufen kam.

Mitte Dezember 1941 – die Abwehrschlacht vor Moskau war bereits entbrannt – erhielt unsere Familie die lakonische Anweisung, daß wir in ein Dorf umziehen sollten, das etwa 50 Kilometer entfernt lag. Mit uns wurden weitere Ausländer, nicht nur Deutsche, dahin verbracht.

Das war eine Art von Internierung, genauer gesagt: von Verbannung.

Im Dorf gab es weder Wasserleitungen noch elektrischen Strom. Wir wurden in einem verlassenen Haus einquartiert. Meinem Vater und mir wurde Arbeit in der Dorfschmiede zugewiesen. Im Wald fällten wir Bäume, um zu Heizmaterial zu kommen. Die Arbeit war ungewohnt, und wir stellten uns auch nicht sonderlich geschickt an. Im Dorf lebten nur noch wenige Männer, da die Wehrpflichtigen bereits eingezogen waren. Der Kolchos hatte wenigstens die Auflage erhalten, uns mit den notwendigsten Lebensmitteln zu versorgen.

Erstmals trug ich Bastschuhe und Fußlappen. Ich hätte nie geglaubt, daß dieses »Schuhwerk« selbst grimmiger sibirischer Kälte trotzen würde.

Unsere Verbannung endete überraschend schon nach wenigen Wochen. Bei fast 50 Grad Kälte kehrten wir an unseren bisherigen Wohnort und den alten Arbeitsplatz zurück.

Meine Arbeitskameraden begrüßten unsere Rückkehr aufrichtig. Wahrscheinlich sei eine im Kriege denkbare Fehlentscheidung örtlicher Behörden korrigiert worden, hieß es. Ich nahm das gleiche an.

Erneut bemühte ich mich um einen Fronteinsatz. Ich richtete ein entsprechendes Gesuch an das fast 100 km entfernte Kreiswehrkommando.

Im Januar 1942 erhielt ich die Aufforderung, mich mit meinen Papieren und kleinem Gepäck im Kommando einzufinden. Die Nachricht löste Freude und Befriedigung aus. Ich erschien zum Termin und erhielt Anweisung, nach Nishnij Tagil zu fahren. Die Stadt lag im Nordural, an der Grenze zu Sibirien. Dort sollte ich mich bei einer Dienststelle mit Feldpostnummer melden.

Man übergab mir eine Fahrkarte und einen versiegelten Brief, den ich in der Dienststelle abgeben sollte.

Allerdings handelte es sich nicht, wie ich angenommen hatte, um eine Ausbildungseinheit.

Es war ein Internierungslager für Sowjetdeutsche, das offiziell als Einheit einer sogenannten Arbeitsarmee bezeichnet wurde und den Sicherheitsorganen des NKWD von Berija unterstand. Zumeist traf ich dort Nachfahren jener deutschen Einwanderer, die die russische Zarin Katharina II. ins Land geholt hatte. Sie waren in die sowjetische Gesellschaft integriert und lebten mehrheitlich in der Autonomen Republik der Wolgadeutschen. Unter diesen gab es nicht wenige Kommunisten, die sich beim sozialistischen Aufbau engagiert hatten. Ihre zwangsweise Umsiedlung und Internierung tief im Osten der Sowjetunion wurde als Präventivmaßnahme bezeichnet – obgleich viele dieser deutschstämmigen Sowjetbürger gegen die Hitlerwehrmacht kämpfen wollten. Manche waren auch zunächst an der Front, wurden dann in diesem Arbeitslager interniert, weil man angeblich befürchtete, daß sie auf die faschistische Seite wechseln könnten. Wir wurden also wie mutmaßliche Feinde der Sowjetunion behandelt. Dafür gab es keinen Grund.

Die Stimmung in den Baracken war, verständlicherweise, nicht gut. Die meisten Internierten wünschten aufrichtig einen baldigen Sieg der Sowjetunion. Damit verbanden sie auch die Hoffnung, zu ihren Familien und in ihre alte Heimat an der Wolga zurückkehren zu können. Ihre Deportation und Unterbringung in einem Arbeitslager wurde, natürlich, als ungerecht empfunden, aber von vielen als kriegsbedingt hingenommen.

Ich teilte sowohl Verständnis als auch Unmut. Die Internierung politischer Asylanten war ein grober Fehler, der korrigiert werden mußte. In diesem Sinne schrieb ich an Wilhelm Pieck und Georgi Dimitroff. Den Brief sandte ich nach Moskau. Eine Antwort erhielt ich nicht. Wahrscheinlich hatte mein Brief die Empfänger nicht erreicht, glaubte ich.

So begann ich mich mit dem Gedanken vertraut zu machen, am Rand von Sibirien bis zum Kriegsende bleiben zu müssen. Auch das nahm ich mit einer gewissen Gelassenheit hin, weil ich den Sieg nahe wähnte. Stalin hatte ja in seinem Tagesbefehl zum 1. Mai die Weisung ausgegeben, den Krieg noch 1942 siegreich zu beenden.

Ich konnte mir nicht vorstellen, daß dies nur leere Worte zur Aufmunterung seien. Möglicherweise rechnete er auch mit einer von den Alliierten vage versprochenen zweiten Front in Westeuropa.

Im Sommer rückte die Wehrmacht jedoch bis zur Wolga vor.

Im mit Stacheldraht umzäunten Lager waren wir in großen Baracken untergebracht. Auf doppelstöckigen Holzpritschen schliefen in jeder weit über einhundert Männer. Die sanitären Anlagen waren mehr als primitiv. Zweimal oder auch dreimal im Monat gab es sogenannte Badetage, an denen man sich in einem Holzverschlag duschen konnte. Danach erfolgte die Entlausung. Die Arbeitszeit betrug täglich bis zu zwölf Stunden.

Ich wurde zunächst bei Erdarbeiten eingesetzt, die sehr anstrengend waren. Mit Spitzhacken und anderem einfachen Gerät wühlten wir den tiefgefrorenen Boden um. Eine Sinnfälligkeit dieser Arbeit konnte ich nicht erkennen.

Wir entluden im strengen Winter wie später im Sommer Kohlezüge. Auch nachts wurde gearbeitet, denn es sollte sehr schnell ein wichtiger Rüstungsbetrieb errichtet werden, wie man uns sagte.

Die Bedingungen waren hart, die Rationen knapp, obwohl sie sich nicht wesentlich von denen unterschieden, die auf Lebensmittelkarten »draußen« zugeteilt werden konnten.

Regelmäßig trafen weitere Gruppen im Lager ein. Es wuchs unablässig. Ausgang gab es nicht. Meine Eltern schrieben mir regelmäßig. Ich durfte ihre Briefe beantworten. Anderen durfte ich nicht mehr schreiben. Auch wenn wir aus den Zeitungen den Kriegsverlauf verfolgten, wähnten ich mich einsam und isoliert.

Völlig unverhofft wurde ich an einem warmen Junitag 1942 zum Chef des Lagers gerufen. Es war ein General, sein Name klang sehr jüdisch. Er eröffnete mir, daß aus Moskau die Anweisung zu meiner Entlassung gekommen sei. Ich könnte ohne Verzug in meinen früheren Betrieb und zur Familie zurückkehren. Er entschuldigte sich sogar für die Internierung. Sie sei eine Fehlentscheidung gewesen. Doch im Krieg komme so etwas leider vor.

Ich bekam eine Freifahrkarte und auch Geld.

Natürlich war ich überfroh. Es war, wie ich schon immer ahnte, alles nur ein großer Irrtum gewesen. So dachte ich damals.

Die Wiedereinstellung im alten Betrieb erfolgte problemlos. Meine Familie war nicht minder glücklich, den verlorenen Sohn wieder bei sich zu wissen.

Zwei, drei Wochen später traf ein Telegramm ein. Die Leitung der Komintern forderte mich auf, umgehend nach Ufa zu kommen. In der Hauptstadt Baschkiriens arbeitete seit dem Spätherbst 1941 der Apparat der Kommunistischen Internationale, was ich bis dahin nicht wußte. Vielleicht hatte Wilhelm Pieck deshalb nicht meinen Brief erhalten? Er hatte ihn jedoch bekommen, wie ich Jahrzehnte später erfuhr, und auch meine Freilassung aus dem Internierungslager erwirkt. Von einem Moskauer Archiv bekam ich die Kopie meines Briefes und der Petitionen Piecks und Dimitroffs an die Führung des NKWD, mich freizulassen.

In Ufa hingegen wurde mir ohne weitere Erklärung lediglich mitgeteilt, daß mich die Exilleitung der KPD an die Parteischule der Komintern delegiert habe und ich mich unverzüglich dorthin begeben sollte. Mit einem Flußdampfer fuhr ich in das über 50 Kilometer von Ufa entfernt gelegene Kuschnarenkowo.

Unter den Lehrgangsteilnehmern waren nicht wenige, die entweder selbst interniert gewesen oder deren Eltern vor dem Krieg als »Volksfeinde« oder »Agenten« verurteilt worden waren.

Zu unseren Lehrern gehörte Bernhard Koenen, der in der Sowjetunion den Parteinamen Stafford trug. Auch er war 1938 verhaftet worden. Seine Frau Frieda war in einem kleinen Nebengebäude des Emigrantenheims in Moskau zurückgeblieben. Sie half mir seinerzeit, als ich auf mich allein gestellt war.

Wilhelm Pieck hatte sich auch für Koenen eingesetzt, wie ich ebenfalls erst später erfuhr. Ich stieß bei meinen Recherchen auf ein Schreiben Piecks an Dimitroff aus dem Jahre 1940, in dem dieser auf die Umstände der Freilassung einging. Er, Pieck, habe auf Anforderung der Untersuchungsrichter eine positive Beurteilung geschrieben. Diese habe zum erhofften Resultat geführt. Zugleich bedauerte Pieck jedoch, daß dies nur eine Ausnahme sei, »während viele andere Genossen, für die wir uns ebenfalls voll verbürgen, im Gefängnis bleiben oder in den Lagern früher oder schneller zugrunde gehen«.

Weiter hieß es dort: »Im übrigen beziehe ich mich auf den Brief, den ich Dir in dieser Angelegenheit schon schrieb und worin ich Dich bat, zu überlegen, ob Du nicht – gestützt auf mein Ersuchen – mit den Genossen im Politbüro *(der KPdSU – d. A.)* wegen einer Aussprache über diese ganze Angelegenheit reden solltest [...] Je mehr diese Aussprache hinausgeschoben wird, um so schwieriger gestalten sich die Fragen, von denen viele unserer Genossen und ihre Familien auf das schwerste betroffen werden, ohne daß diese Maßnahmen im Interesse der Sicherheit des Sowjetstaates liegen.«[2]

Ein deutlicher Brief, der auch die Hilflosigkeit des KPD-Vorsitzenden bezeugt.

Die von ihm verlangte Aussprache fand nie statt.

Der Einjahres-Lehrgang erfolgte in einem geräumigen Herrenhaus. Das Anwesen in Kuschnarenkowo hatte vor der Revolution einem Großgrundbesitzer gehört. Leiter unserer Gruppe war Paul Wandel, Parteiname Klaßner, eine Lehrerin war Lene Berg, damals Fischer.

Auch die Kursanten trugen Decknamen. Was insofern albern war, weil wir uns meist von früher kannten und Fremde nicht zugegen waren, denen wir unsere wahre Identität hätten verbergen müssen. Marianne Weinert, Jan Vogeler, Wolfgang Leonhard und Markus Wolf kannte ich von der Karl-Liebknecht-Schule.

Zunächst war auch Robert Dahlem unter uns. Mit dem Sohn von Franz Dahlem war ich seit 1935 sehr eng befreundet. Er mußte uns verlassen, weil es hieß, sein Vater habe in Frankreich Verrat begangen. Dahlem hatte der Führung der KPD angehört. Er war, wie wir später erfuhren, von den Franzosen verhaftet und an die Gestapo ausgeliefert worden. Im Mai 1945, erst bei Kriegsende, kam er aus dem KZ Mauthausen in Österreich frei. Die Anschuldigungen erwiesen sich als haltlos. Er wurde wieder Mitglied des ZK der KPD.

Robert erlitt aber einen tiefen psychischen Schock, als man ihn der Schule verwies. Davon sollte er sich nie wieder erholen.

Trotz der verordneten Konspiration erfuhr ich, daß sich an der Schule auch die Tochter von Dolores Ibarruri, der hoch angesehenen Vorsitzenden der Kommunistischen Partei Spaniens (»La Passionaria«), und der Sohn des jugoslawischen Partisanengenerals Tito befanden.

Alles in allem war der Lehrgang nützlich. Ich erwarb Kenntnisse, die meinen Horizont weiteten und meine sozialistische Überzeugung stärkten, wenn die Vorträge und Seminare auch dem damaligen Zeitgeist entsprachen und damit nicht frei vom verbreiteten Dogmatismus waren.

Ich erfuhr viel über die deutsche Geschichte, insbesondere über die der Arbeiterbewegung. Erstmals hatte ich die Möglichkeit, Arbeiten von Marx, Engels und Lenin gründlich zu studieren. Ich las auch deutsche Schriftsteller, deren Bücher ich in der reichhaltigen Bibliothek der Schule fand. Wir wurden in der Anfertigung illegaler Flugblätter und anderen Erfahrungen der konspirativen Arbeit unterrichtet. Hinzu kam eine militärische Ausbildung, zu der das Abspringen mit dem Fallschirm gehörte. Der politische Unterricht stand jedoch im Mittelpunkt, damit wir später an der Bildung einer breiten Volksfront, auf die sich auch eine Koalitionsregierung stützen sollte, mitwirken könnten.

Das Ziel des Lehrgangs war klar definiert: Wir sollten im antifaschistischen Kampf und beim Aufbau eines neuen, demokratischen Deutschlands eingesetzt werden.

Wo und wie das geschehen sollte, sagte uns jedoch niemand.

Erneuter Fronteinsatz

Im August 1943 kehrte ich mit anderen Absolventen nach Moskau zurück. Einige sollten die Arbeit des im Juli in Krasnogorsk gegründeten Nationalkomitees »Freies Deutschland« (NKFD) unterstützen, anderen, darunter mir, wurde vorgeschlagen, als Soldat ins Feldheer der Roten Armee zu gehen. Mit Freude stimmte ich zu.

Endlich sollte mein wiederholt erklärter Wunsch in Erfüllung gehen. Es erfolgten mehrere Vorgespräche in der Politischen Hauptverwaltung der Roten Armee, in der 7. Hauptabteilung, die offiziell als spezielle Einheit »für die Arbeit unter den Truppen und der Bevölkerung des Gegners« bezeichnet wurde. In allen Frontgruppen, in den Armeen und Divisionen der Roten Armee gab es eine 7. Abteilung oder deren Beauftragte.

In der amerikanischen und britischen Armee existierten, wie ich später erfuhr, ähnliche Strukturen. Sie hießen nicht weniger treffend *Abteilungen für psychologische Kriegführung.*

Im wesentlichen versuchten die 7. Abteilungen mit Hilfe von Flugblättern und direkt an der Frontlinie über Lautsprechersendungen Soldaten und Offiziere der Wehrmacht zur Einstellung der Kampfhandlungen und möglichst zum Überlaufen zu bewegen. Die Propaganda konzentrierte sich auf die Entlarvung des verbrecherischen Charakters des von Hitler entfesselten Krieges und auf den Nachweis, daß Deutschland den Krieg verlieren werde und darum dem Land eine nationale Katastrophe drohe.

Die Wirkung dieser Propaganda entsprach leider nur selten unseren Erwartungen. Der Krieg mit seinen furchtbaren Opfern und Zerstörungen sollte noch lange dauern. Doch nutzlos war die Aufklärungsarbeit trotzdem nicht.

Viele Flugblätter wurden in Moskau verfaßt und gedruckt und von den 7. Abteilungen an der Front aus Flugzeugen abgeworfen oder auf andere Weise verbreitet. Die Texte schrieben oft deutsche Schriftsteller, die in der Sowjetunion Asyl gefunden hatten. Zu den Autoren zählten Johannes R. Becher, Erich Weinert, Friedrich Wolf und Alfred Kurella.

Im gesamten Verlauf des Krieges kämpften nur wenige Deutsche in der Uniform der Roten Armee an der Front. Inzwischen weiß ich, daß es gegen Ende des Krieges allenfalls 30 bis 40 waren.

Ich wurde an die Südwestfront kommandiert. Ihr Stab stand in der Ostukraine. In der dortigen 7. Abteilung befanden sich schon Hanna Bauer (später Podymachina), Gregor Kurella und Tanja Seehof. Ich kannte sie von der Karl-Liebknecht-Schule in Moskau.

Es gab dort auch eine antifaschistischen Frontschule, an der Leo Stern (Parteiname Schneider) unterrichtete.

Ich blieb nicht lange dort. Man versetzte mich zur 8. Gardearmee. Diese hatte als 62. Armee unter dem Kommando von General Wassili Tschuikow 1942 den letzten schmalen Streifen an der Wolga in Stalingrad verteidigt. Die Verteidigung der Stadt an der Wolga und schließlich die Vernichtung der deutschen 6. Armee leitete, wie bald offenbar wurde, die Wende im Zweiten Weltkrieg ein. Meine neuen Frontkameraden waren sichtlich stolz, daran mitgewirkt zu haben. Sie beschrieben oftmals so genau die damalige Situation in der Stadt, daß ich dreißig Jahre später bei einem touristischen Besuch an der Wolga fast als Fremdenführer tätig sein konnte.

Mit der 8. Gardearmee führte mich der schwere und unvergeßliche Weg des Krieges durch die Ukraine, Belorußland und Polen bis in meine Geburtsstadt Berlin. Ich war der Jüngste in der 7. Abteilung und brachte es bis zum Leutnant. Das Verhältnis zu den sowjetischen Offizieren war kameradschaftlich. Es gab aber auch solche im Umfeld unserer Abteilung, die mir als Deutschem mißtrauten und Distanz erkennen ließen.

Zu meinen Aufgaben gehörte es, Flugblätter zu verfassen, ihren Druck zu überwachen und notwendige Korrekturen vorzunehmen. Unsere Felddruckerei war auf einem LKW installiert. Die Drucker sprachen kein Deutsch, setzten aber exakt den Text so, wie er von mir zuvor auf der Schreibmaschine getippt worden war. Damit auch die Fehler, die ich dann korrigieren mußte.

Daneben gab es Einsätze mit dem Lautsprecherwagen an der vordersten Linie. Die Sendungen waren bis drei Kilometer weit zu hören. In der Regel begannen wir mit dem Abspielen einer Schallplatte – deutsche Volkslieder oder Schlager, die bei den deutschen Soldaten besonders beliebt waren. Russische Musik setzten wir so gut wie nie ein. Danach wurden aktuelle Nachrichten sowie politische Appelle verlesen. Zu meinen Obliegenheiten gehörte es, die Texte zu entwerfen oder ins Deutsche zu übersetzen. Oft sprach ich auch selbst.

Selten gelang uns ein Einsatz ohne Feindbeschuß. Sobald wir geortet waren, schlugen die Granaten ein. Wir hatten mitunter Verletzte und sogar Tote zu beklagen.

Im Frühsommer 1944 erreichte unsere Armee westlich von Odessa die Grenze der Sowjetunion. Der Krieg büßte aber nicht an Härte ein und forderte weiter viele Opfer. Militärisch war die Wehrmacht noch immer voll intakt.

Unsere Gardearmee wurde in den Raum von Brest verlegt. Es war ein offenes Geheimnis, daß die Stalingrader Gardisten, wie man Tschuikows Armee nannte, nunmehr in der Hauptkampfrichtung am Vormarsch auf Berlin teilnehmen sollten. Als gerade die Verlegung des Armeestabes nur Stunden bevorstand, ereignete sich ein bezeichnendes Ereignis.

Am 6. Juni stürmte Major Popow von unserer 7. Abteilung in die Offizierskantine des Armeestabes und rief, er habe soeben aus einer Sendung des britischen Rundfunks vernommen, daß ein anglo-amerikanisches Expeditionscorps in der Normandie gelandet sei.

Da Popow als unermüdlicher Anekdotenerzähler bekannt war, winkten alle mehr oder minder belustigt ab: Kaum einer glaubte noch

1941, im ersten Kriegswinter

an die zweite Front. »Dein Witz hat doch einen langen Bart!«, schallte ihm entgegen.

Erst als das sowjetische Oberkommando die Landung an der französischen Kanalküste bestätigte, glaubte man die gute Nachricht.

Die skeptische Haltung der anderen Offiziere kam nicht zufällig. Man quittierte an der Front mit Dankbarkeit, daß mehr und mehr leistungsfähige amerikanische LKW und geländegängige Jeeps eintrafen. Dadurch erhöhte sich spürbar die Mobilität der kämpfenden Truppen und des Nachschubs. Uniformen aus gutem englischen Stoff sowie Lebensmittellieferungen aus den USA fanden dankbare Abnehmer, wenn auch die Butter meist ranzig und nur zum Kochen geeignet war. Gerade dieser zusätzliche Nachschub wurde vom Soldatenmund »zweite Front« getauft. Darin schwang spürbar

Unmut über nicht eingehaltene Versprechungen. Roosevelt und Churchill hatten ja seit 1942 zugesichert, die Sowjetunion durch eine zweite Front in Westeuropa zu entlasten. Doch nichts war geschehen, das OKW verlegte darum sogar weitere deutsche Truppen von Frankreich an die Ostfront.

Die Erfolge der westlichen Alliierten in Nordafrika und später in Italien hatten, genau wie die Lieferungen an die Sowjetunion, keine geringe Bedeutung und trugen zur Festigung der Antihitlerkoalition bei. Sie waren sogar wichtiger, als es uns an der Front damals schien. Doch die Annahme war begründet, daß die Hauptlast bei der Abwehr des faschistischen Aggressors unvermindert auf der Roten Armee läge. Notfalls schaffte sie es eben allein, die Hitlerwehrmacht zu besiegen und die europäischen Völker zu befreien, glaubten wir.

Als sich Popows Nachricht über die Eröffnung einer richtigen Zweiten Front bestätigte, noch mehr, als Paris kaum zwei Monate später befreit wurde, wuchs die Gewissheit, daß es bis zum gemeinsamen Sieg der Armeen der Antihitlerkoalition nicht mehr weit sein könnte. Zugleich wuchs das Vertrauen in die Alliierten. Das war gepaart mit der Hoffnung, daß das Bündnis nach dem Krieg bleiben und es allen zum Nutzen sein würde.

Bei meinen Einsätzen in der Ukraine wie auch danach hatte ich beständig engen Kontakt zu den Frontbevollmächtigten des Nationalkomitees »Freies Deutschland« und deren Beauftragten. Sie sorgten dafür, daß die Dokumente des NKFD in die Hände der Soldaten und Offiziere der Wehrmacht gelangten. Ihre Arbeit glich weitgehend der unseren: Sie verfaßten Flugblätter und wandten sich mit unseren Lautsprecherwagen an ihre Landsleute.

Als ersten Bevollmächtigten des Nationalkomitees lernte ich Oberleutnant Eberhard Charisius kennen. Er war in den ersten Kriegstagen in sowjetische Gefangenschaft geraten, nachdem sein Flugzeug in der Nähe von Kiew vom ukrainischen Himmel geholt worden war. Als einer der ersten deutschen Offiziere brach er öffentlich mit Hitler und dem faschistischen Regime. Schon an der Stalingrader Front hatte er zu den eingekesselten Offizieren und Soldaten der Wehrmacht gesprochen. Charisius stammte aus konservativem Haus und leugnete seine frühere Treue zum NS-Regime keineswegs. Doch der Krieg und seine Verbrechen hatten ihn zum Anti-Nazi werden lassen. Mir imponierte seine Leidenschaft, mit der er gegen die Verblendung seiner ehemaligen Kameraden stritt, wie er versuchte, ihnen die Augen zu öffnen. Ich gewann die Einsicht, daß es beim Aufbau eines neuen und demokratischen Deutschland mehr Enthusiasten geben würde, als ich bisher aus der Haltung und dem blinden Gehorsam vieler meiner Landsleute, nicht zuletzt aus Gesprächen mit Kriegsgefangenen, gefolgert hatte.

Später lernte ich Unteroffizier Matthäus Klein und Leutnant Ernst Kehler kennen, ebenfalls Gründungsmitglieder des Nationalkomitees. Sie kamen als Bevollmächtigte in die Heeresgruppe von Marschall Shukow. (Im Mai 1945 ging Matthäus Klein in die Leitung des Berliner Rundfunks, Ernst Kehler in den Berliner Magistrat.)

In der 8. Gardearmee war als Beauftragter des Nationalkomitees zunächst Leutnant Herbert Möller, ihm folgte Oberleutnant Xaver Pöllmann. Sie trugen – wie alle Vertreter des Nationalkomitees – ihre deutsche Uniform ohne den faschistischen Adler, dafür mit schwarz-weiß-roter Armbinde. Die kaiserlichen Farben waren bei der Gründung des Nationalkomitees nach längeren Debatten den Farben der Weimarer Republik vorgezogen worden. Die Mehrheit der Offiziere lehnte das Schwarz-Rot-Gold ab. Die Kommunisten im Nationalkomitee stimmten dem zu – wahrscheinlich auch deshalb, weil manchem die Farben der Weimarer Republik noch immer suspekt erschienen.

Die Frontbevollmächtigten sorgten dafür, daß die wöchentlich erscheinende Zeitung »Freies Deutschland« durch die Frontlinie gelangte. In der Zeitung kamen Vertreter unterschiedlicher Herkunft zu Wort. Grundtenor war der gemeinsame Kampf gegen das Hitlerregime, um dem Krieg möglichst bald ein Ende zu bereiten. Deutschland sollte als demokratischer und friedliebender Staat wiedererstehen. Über das politische System und die Wirtschaftsordnung sollte das deutsche Volk später selbst bestimmen.

In dieser Haltung widerspiegelte sich die pluralistische Zusammensetzung der Bewegung »Freies Deutschland«, die gerade in dieser Hinsicht die breiteste Koalition der deutschen Widerstandsbewegung darstellte.

Ein Erfolg war leider auch ihr nicht vergönnt.

Bis zu uns drangen mitunter Gerüchte durch, daß noch effektivere Aktionen geplant seien. Genaueres wußte ich nicht. Vielleicht handelte es sich auch nur um Hoffnungen der Frontbevollmächtigten.

Sehr lange nach dem Krieg wurde im Archiv eine bemerkenswerte Initiative von General Seydlitz entdeckt. Er hatte als Vizepräsident des Nationalkomitees und Vorsitzender des Bundes Deutscher Offiziere am 22. September 1943 und am 4. Februar 1944 die sowjetische Führung ersucht, die Aufstellung eines Korps aus deutschen Freiwilligen zu erlauben. Er richtete an Stalin die Bitte, Offizieren und Soldaten der Wehrmacht, die dies wünschten, die Möglichkeit zu geben, mit der Waffe in der Hand ihren Beitrag zur Zerschlagung des Hitlerregimes und zur Beendigung des Krieges zu leisten. General Seydlitz warb für ein Korps mit etwa 40.000 Mann, darunter sieben Generalen und 1.650 Offizieren. Zunächst schlug er vor, dieses nicht an der Front, sondern erst »bei der Machtergreifung einer neuen Regierung in Deutschland« zu deren Verteidigung einzusetzen.

In einem zweiten Memorandum faßte er die Aufgaben weiter. Er plädierte für eine deutsche Befreiungsarmee, die bereits bei der Entstehung eines neuen und friedliebenden Deutschland mitwirken sollte. Dazu gehöre der »Einsatz für den Kampf gegen Hitler an der Front, sobald dafür die politischen und psychologischen Voraussetzungen geschaffen sind, damit weitere große deutsche Truppenverbände bereit sind, sich der deutschen Befreiungsarmee anzuschließen«. Als weitere Aufgabe benannte Seydlitz die »Unterstützung aller gegen Hitler kämpfenden Kräfte für den Fall der sich auflösenden Wehrmacht und der Gefahr des Ausbruchs eines Bürgerkrieges«.

Die Vorstellungen von General Seydlitz entsprachen seiner Sicht von der Lage und sollten als Ausdruck einer patriotischen und antifaschistischen Einstellung bewertet werden.

Eine »Seydlitz-Armee« kam jedoch nie zustande, nicht einmal in Ansätzen. Über die Gründe kann man nur spekulieren. Eine Zustimmung zum Antrag von Seydlitz hätte weder den Vereinbarungen und gemeinsamen Absichten der Staaten der Antihitlerkoalition noch den Intentionen der Sowjetunion entsprochen.

Dennoch scheint die Mär von dieser »Armee« bis zum heutigen Tage unausrottbar. Obgleich es nachweisbar nie bewaffnete Einheiten gab, die sich aus deutschen Kriegsgefangenen rekrutierten und an der deutsch-sowjetischen Front eingesetzt waren.[3]

Als Offizier des Armeestabes erlebte ich den Krieg anders und auch weniger grausam als jene, die in vorderster Linie standen. Ein Kompanieführer war selten länger als ein Monat in seiner Funktion. Wenn er nicht fiel oder schwer verwundet war, löste er meist den Bataillonskommandeur ab oder wurde mit einer anderen durch den Krieg »frei« gewordenen Funktion betraut.

Von den über 2.000 Kilometern meines langen Weges bis Berlin konnte ich die meisten auf einem Lastwagen zurücklegen. In der Regel war es unser Lautsprecherwagen oder der LKW, in dem unsere Druckerei untergebracht war. Doch einige Hunderte Kilometer war es ein buchstäblicher Vormarsch. Durch den klebrigen Schlamm in der Ukraine, bei drückender Hitze in der Moldaurepublik und im Sommer in Polen, dann im schneereichen Winter westlich der Weichsel und schließlich schon auf deutschem Boden.

Im Juli 1944 sah ich das Vernichtungslager Majdanek bei Lublin. Am Vortag war es von der Roten Armee befreit worden. Wir standen fassungslos vor Leichenbergen, vor den säuberlichen Aufhäufungen von Menschenhaaren, Brillen, Schuhen. Selbst Spielzeug war eingesammelt und zum Teil präzise sortiert worden. Erstmals sah ich, was industriemäßige Vernichtung von Menschenleben bedeutete. Mit buchhalterischer Akuratesse hatten zudem die Nazis alles gesammelt und einer Verwertung zugeführt, was man Menschen nehmen konnte, ehe man ihnen das Letzte nahm: das Leben. Dadurch erschien mir das Ganze noch schrecklicher.

Nachbarn des Vernichtungslagers, darunter sogenannte Volksdeutsche, die nicht rechtzeitig geflüchtet waren, erklärten uns, nichts vom Massenmord bemerkt zu haben. Russische Kriegsgefangene sollen dort verhungert oder durch Epidemien gestorben sein? Und dann wären Juden vergast und ihre Leichen verbrannt worden? Nein, davon hätten sie nichts gewußt. Das einzige, was sie verwundert habe: die Gardinen wären schnell grau geworden. Heuchelei oder Ausflüchte, vielleicht gar von Mittätern? Wir hatten nicht die Zeit, das nachzuprüfen.

Im Januar 1945, wenige Tag nach Beginn der größten Offensive der Roten Armee, die sie nach der Befreiung der fast völlig zerstörten polnischen Hauptstadt in knapp zwei Wochen über 500 km bis in die Nähe Berlins führte, erreichten wir Lodz, das die Nazis in Litzmannstadt umbenannt hatten. Erstmals sah ich ein jüdisches Ghetto: Beidseits der Hauptstraße war ein Wohngebiet mit hohem Stacheldraht abgesperrt worden. Aber ich sah keine Menschen. Sie waren deportiert und vermutlich ermordet worden. Das so entvölkerte Zentrum der polnischen Stadt mit der unheimlichen Totenstille inmitten des Lärms fahrender Militärautos erschreckte auf nicht zu beschreibende Weise.

Wenige Tage später erreichten unsere Truppen Poznan, das seit 1939 wieder Posen hieß. Nach heftigen Straßenkämpfen war die Stadt befreit, nur die alte Festung , an der unmittelbar die Bahnstrecke Warschau-Berlin verlief, wurde noch verbissen verteidigt. Dadurch wurde eine wichtige Versorgungslinie weiter blockiert. Die polnische Bevölkerung empfing uns wie schon anderenorts als Befreier, viele meldeten sich, um an der Erstürmung der Festung teilzunehmen.

Das konnte ihnen nicht gestattet werden. Ihnen wurde vorgeschlagen, sich zur polnischen Armee zu melden.

Diese nahm an der Befreiung der eigenen Heimat und später an der Seite der Roten Armee an der Berliner Schlacht teil.

Erste Schritte auf deutschem Boden

Am Nachmittag des 31. Januar 1945 passierte ich auf halbem Wege zwischen Poznan und Küstrin die Grenze des Deutschen Reiches. Teile der 8. Gardearmee hatten die Festung eingeschlossen, während das Gros der Armee bis an die Oder vorrückte. Die Grenze erkannte ich daran, daß dort ein Schild angebracht war. Auf ihm stand mit großen Buchstaben in russischer Sprache: »Hier beginnt das verfluchte Deutschland«.

Der Krieg war also dorthin zurückgekehrt, wo er am 1. September 1939 begonnen hatte. Sein lang ersehntes Ende war in greifbarer Nähe. Bis Berlin war es nicht mehr weit. Gleichwohl erweckte die mobilisierende Losung gemischte Gefühle. Deutschland und die Hitlerdiktatur waren nicht das selbe. Hier erfolgte nach meinem Empfinden eine unzulässige Gleichsetzung. Hatte Stalin selbst nicht bereits 1942 erklärt: »Es wäre lächerlich, die Hitlerclique mit dem deutschen Volk, mit dem deutschen Staat gleichzusetzen. Die Erfahrungen der Geschichte besagen, daß die Hitler kommen und gehen, das deutsche Volk, der deutsche Staat bleibt«?

Ich entsann mich auch des Flugblatts, das Marschall Shukow vor elf Tagen über den deutschen Linien hatte abwerfen lassen: »Alle Angehörigen der Roten Armee haben deutsche Kriegsgefangene korrekt und höflich zu behandeln. Sie sind binnen 6 Stunden nach der Gefangennahme mit warmen Essen zu verpflegen und in geheizter Unterkunft unterzubringen. Beschwerden von Kriegsgefangenen sind zu überprüfen. Zuwiderhandlungen gegen den Befehl sind strengstens zu bestrafen.« Mit Befehl Nr. 14 wurden auch die eigenen Truppen hierzu angewiesen.

Wir machten eine Eingabe beim Frontstab wegen der Losung an der Grenze und beriefen uns dabei auf Stalins Ausspruch von 1942. Falls dies möglicherweise nicht ausreichte, fügten wir einen Hinweis auf die uns bereits bekannten Pläne der Alliierten zu, Gebiete östlich der Oder nach dem Krieg unter polnische Verwaltung zu stellen. Auch wenn die Grenze noch nicht endgültig beschlossen sei: Deutschland könnte nicht hier beginnen. Polen als Verbündeter dürfte sich durch das Schild brüskiert fühlen.

Ob gerade unsere Eingabe berücksichtigt wurde, weiß ich nicht. Doch einige Tage später, als ich nach dem noch immer belagerten Posen zurückbeordert wurde und die gleiche Stelle wieder passierte, war das Plakat verschwunden. Jetzt verriet ein Wegweiser, wie weit es noch bis Berlin sei.

Auch ohne diese Schilder hatte ich bemerkt, daß ich wieder in der Heimat war. Die Bauernhöfe, Dörfer und Städtchen schienen mir vertraut, sie sahen »typisch deutsch« aus. Selbst Reklametafeln, die für die Berliner Morgenpost, den Lokalanzeiger oder für Zigaretten warben (»Aus gutem Grund ist Juno rund«) weckten Erinnerungen, möglicherweise sogar Wehmut in mir.

Wir überholten Pferdegespanne mit Flüchtlingen. Frauen und Kinder zogen Handwagen, auf denen sich Habseligkeiten türmten. Ich bemerkte die verängstigten, irrlichternden Blicke, die Hoffnungslosigkeit in ihren Augen. Für sie war ich ein Russe.

So gern ich mit meinen Landsleuten gesprochen hätte – es gehörte nicht zu meinen Dienstaufgaben. Gespräche ergaben sich auch in den nächsten Wochen nur selten.

Die Orte zwischen Posen und der Oder waren kaum zerstört. Ein völlig anderes Bild bot sich dagegen in Sonnenburg unweit Küstrin. Dort hatte es ein KZ und andere Strafanstalten gegeben, die die SS kurz vor unserem Eintreffen geräumt hatte. In der Nacht vom 30. zum 31. Januar hatten die Aufseher noch etwa 800 Häftlinge ermordet. Stacheldrahtverhaue und Wachtürme umgaben Baracken und einen Appellplatz. Wir fanden Leichen von Männern und Frauen. Später erfuhr ich, daß Sonnenburg eines der ersten KZ war. Zu den ersten Gefangenen hatten Weltbühnen-Herausgeber Carl von Ossietzky und der Dichter Erich Mühsam gehört.

Am nächsten Tag erhielten wir Befehl zu einem Lautsprechereinsatz südlich von Küstrin. Truppen der 47. Armee hatten nördlich von Küstrin die Oder überwunden und auf der anderen Uferseite bei Kietz einen ersten Brückenkopf errichtet. Einheiten der 8. Gardearmee hatten unmittelbar danach die Oder weiter südlich forciert. Die Wehrmacht versuchte, die Brückenköpfe zu liquidieren. Es entbrannten harte Kämpfe.

Wie nahe die deutsche Hauptstadt bereits war, konnte man nachts am Widerschein großer Brände ahnen. Berlin wurde von britischen und amerikanischen Fliegern weiter bombardiert. Die Wucht der Angriffe sollte noch zunehmen. Sowjetische Flugzeuge unternahmen zu keinem Zeitpunkt Großangriffe auf deutsche Städte – sieht man von eher symbolischen Bombardierungen Berlins im August 1941 ab, die wohl mehr zur Aufrichtung der eigenen Bevölkerung erfolgten. Alle Toten des Bombenkrieges kommen auf das Konto der faschistischen Kriegsverbrecher, die mit dem Bombenterror begonnen hatten. In Spanien äscherte die »Legion Condor« Guernica ein, es folgten Rotterdam und Coventry, dann Stalingrad.

Die militärische Bedeutung von Flächenangriffen auf zivile Objekte ist nach wie vor umstritten.

An meine Eltern schrieb ich damals: »Schon einige Tage habe ich Euch nicht geschrieben. Ihr sollt Euch aber nicht sorgen. Sicher versteht Ihr, daß jetzt wenig Zeit zum Briefeschreiben bleibt. Eine solch gewaltige Offensive hat es noch nicht gegeben. In zwei Wochen sind wir sehr weit vorgestoßen, und bis Berlin sind nur weniger als 100 Kilometer geblieben. Sicher wird es nicht mehr sehr lange dauern, bis Ihr einen Brief von dort erhaltet, wo wir gemeinsam waren. Und bis zu unserem Wiedersehen in der Heimat ist es dann, wie ich hoffe, auch nicht mehr weit. Schreibt öfter. Beste Grüße Stefan.«

Nach einigen Tagen mußte ich mit anderen Offizieren nach Posen zurückkehren. Die dort eingekesselten deutschen Truppen leisteten erbitterten Widerstand. Wir sollten sie zur Aufgabe überreden.

Mit unserem Lautsprecherwagen legten wir die etwa 200 Kilometer zurück, wir fuhren durch befreites Land. Umso irrwitziger war die Lage um die alte Festung. Die dicken Mauern hielten jedem Artilleriebeschuß stand. Obwohl keine Aussicht auf Entsatz bestand, verteidigte die Besatzung die Festung. Unsere Lautsprechersendungen zeitigten kaum Wirkung. Oder doch? An einem Abschnitt stieg eine weiße Fahne hoch. Die Männer, die sie trugen, wurden aber von MG-Garben aus der Festung, also aus den eigenen Reihen, niedergemäht.

In der Nacht ergaben sich die Besatzungen von drei außerhalb der Festung gelegenen Häusern. Offiziere der Waffen-SS wollten sie sprengen. Es kam zu einem blutigen Handgemenge zwischen ihnen und den Soldaten, die ihr Leben retten wollten.

Erst nach zweiwöchiger Belagerung der Festung gelang es den angreifenden Truppen, an einer Stelle den Einbruch zu erzwingen. In der Nacht vom 22. zum 23. Februar kapitulierte schließlich die noch 12.000 Mann zählende Garnison. Tausende Verwundete befanden sich in der Festung. General Tschuikow, der Oberbefehlshaber unserer Armee, führte mit dem Festungskommandanten Mattern nur ein kurzes Gespräch. Für ihn wie für den sowjetischen Armeestab war der General aus militärischer Sicht nicht mehr interessant. Wohl deshalb erhielt ich den Auftrag, ein Gespräch mit Mattern über die Stimmung in der Wehrmacht zu führen.

Erstmalig saß ich einem deutschen General gegenüber. Er war nicht mehr jung und etwas füllig. Das entsprach nicht ganz meinen Vorstellungen von einem hohen deutschen Militär.

Generalmajor Mattern hingegen war sichtlich in seiner Ehre gekränkt, daß er von einem jungen Leutnant verhört wurde. Vielleicht deshalb gab er sich sehr großmäulig. Man habe noch länger Widerstand leisten können, wenn nicht die Wasserversorgung zerstört worden wäre. Mit anderen Worten: Weil er nicht mehr, wie gewohnt, sein regelmäßiges Bad nehmen konnte, wollte er auch nicht mehr kämpfen. Wollte er damit sagen, wie wichtig einem »Herrenmenschen« die Hygiene war?

Neue Einsichten in politische Stimmung gewann ich nicht, höchstens die Gewißheit, daß auch General Mattern den Ernst der Lage noch nicht begriffen hatte.

Die Offensive der Roten Armee war Anfang Februar an der Oder zum Stehen gekommen. Vor allem die Nachschubwege waren zu lang geworden, die Eisenbahnstränge zerstört, sie mußten erst wiederhergestellt werden. In der Zwischenzeit gab es die üblichen Aufgaben: Flugblätter verfassen und Lautsprechersendungen unmittelbar an der Frontlinie durchführen. Dazu kamen, mehr als früher, Gespräche mit Kriegsgefangenen.

Wenige Deutsche nahmen auf sowjetischer Seite an den Kämpfen bei Seelow, westlich der Oder, teil. Das waren Konrad Wolf, der jüngere Sohn des Schriftstellers Friedrich Wolf, und Marianne Weinert, die Tochter des Dichters und Präsidenten des Nationalkomitees »Freies Deutschland«, Erich Weinert. Beide lagen damals nicht sehr weit von mir entfernt. Konrad befand sich in der 47. Armee, Marianne in der 5. Stoßarmee von General Bersarin, der später erster Stadtkommandant von Berlin werden sollte.

Im Durchgangslager der 1. Belorussischen Front für deutsche Kriegsgefangene war zu jener Zeit auch Leutnant Fritz Straube eingesetzt, den ich damals nicht kannte. Das Lager befand sich unweit des Stabes unserer Armee östlich der Oder. Im März war ich mit einem Dienstauftrag dort, ohne ihn zu treffen.

Von Konrad Wolf wie von Marianne Weinert war mir dagegen bekannt, daß sie gleich mir im Fronteinsatz waren. Trotzdem konnte ich natürlich nicht wissen, wo und in welcher Armee sie ihren Dienst versahen. Ich stand mit ihnen auch nicht im Briefverkehr. So wußte ich nicht einmal, ob sie noch lebten.

Konrad Wolf hat die in jenen Tagen gesammelten Erfahrungen und Beobachtungen in einem der besten Kunstwerke des deutschen Antifaschismus verarbeitet. »Ich war neunzehn«, ein stark autobiographischer Film, zeigt einen jungen Deutschen in der Uniform der Roten Armee bei seiner Begegnung mit der alten Heimat.

Vieles, was Wolf einfühlsam darin zeigte, deckte sich mit meinen Erinnerungen. Manches wich ab. Vielleicht lag es daran, daß ich schon etwas älter war als er und wir eine unterschiedliche Biographie hatten. Mein Verhältnis zu Deutschland war anders, inniger. Ich war, obgleich Offizier der Sowjetarmee, in der Tiefe meines Herzes doch stärker ein Deutscher geblieben. Ich kämpfte gegen unsere verführten Landsleute und litt gleichzeitig mit ihnen. Leicht war mir dieser Zwiespalt gewiß nicht. Zwei Seelen wohnten, ach, in meiner Brust. Wahrscheinlich begann ich damals zu ahnen, was Goethe damit in seinem »Faust« meinte.

Ich wurde nun gebeten, im Rahmen von Zusammenkünften Fragen von Angehörigen der Sowjetarmee, in der Regel von Offizieren, zu beantworten. Oftmals ging es darum, wie sich die Zukunft Deutschlands nach dem Krieg gestalten könnte. Die Zuhörer interessierten sich für Lebensgewohnheiten, für deutsche Geschichte und Kultur. Andere wollten etwas über Berlin erfahren, über das Verkehrsnetz, die Breite der Straßen, über Museen und andere Sehenswürdigkeiten. Wahrscheinlich ahnte niemand, wie kaputt Berlin bereits war. (Die letzten schlimmen Bombenangriffe der Alliierten erfolgten unmittelbar vor der Offensive der Roten Armee im April.)

Ich weiß nicht, ob meine sowjetischen Kameraden mit meinen Auskünften ganz zufrieden waren. Schließlich lagen meine Beobachtungen zehn Jahre zurück. Und es waren die Eindrücke und Kenntnisse eines damals Elfjährigen. So genau konnte ich mir die Nachkriegszeit in Deutschland auch nicht vorstellen. Noch dauerte der schon völlig sinnlose Widerstand der Wehrmacht an. Das konnte das künftige Los des deutschen Volkes nicht verbessern. Eines wußte ich mit Bestimmtheit: Deutschland würde für eine längere Zeit besetzt bleiben. Der politische Neuaufbau würde schwer sein. Meine Gespräche mit deutschen Kriegsgefangenen hatten offenbart, wie tief die Nazi-Ideologie Wurzeln geschlagen hatte. Der Weg in eine parlamentarische Demokratie, in der es keinen Raum für militaristisches, revanchistisches oder faschistisch gefärbtes Denken geben würde, schien mir unendlich lang. Trotzdem hatte ich Hoffnung.

Churchill, Roosevelt und Stalin hatten unlängst in Jalta eine Deklaration über das befreite Europa verabschiedet. Diese war zur Richtschnur für unsere gesamte Tätigkeit geworden. Darin hieß es: »Es ist unser unerschütterliches Ziel, den deutschen Militarismus und Nazismus zu vernichten und dafür Garantien zu schaffen, daß Deutschland nie wieder imstande sein wird, den Weltfrieden zu brechen. Wir sind fest entschlossen, alle deutschen Streitkräfte zu entwaffnen und aufzulösen; den deutschen Generalstab, der wiederholt zur Wiedergeburt des deutschen Militarismus beigetragen hat, ein für allemal zu zerschlagen; sämtliche deutschen militärischen Anlagen zu konfiszieren oder zu zerstören; die gesamte deutsche Industrie, die für militärische Produktion genutzt werden könnte, zu beseitigen oder unter Kontrolle zu stellen; alle Kriegsverbrecher einer gerechten und schnellen Bestrafung zuzuführen sowie Wiedergutmachung in Form von Sachleistungen für die Zerstörungen zu erheben.«[4]

Die Konferenz der Großen Drei im Februar 1945 bekräftigte die historische Bedeutung der Antihitlerkoalition, in der Staaten verschiedener Gesellschaftsordnungen im Kampf gegen den schlimmsten Feind der menschlichen Zivilisation zusammenwirkten. In Jalta wurde zudem die Absicht bekundet, sich auch in Zukunft gemeinsam für den Frieden und die internationale Sicherheit einzusetzen.

Im Morgengrauen des 14. April startete die Sowjetarmee ein großes Spähunternehmen. Dazu begann die Artillerie mit Trommelfeuer, was drüben als Beginn der Offensive gewertet und mit heftigem Gegenfeuer beantwortet wurde. Der Zweck war damit weitgehend erfüllt. Jetzt wußte man, wo sich die deutschen Stellungen befanden.

Es gaben sich auch mehr Soldaten und Offiziere gefangen als früher. Trotzdem zu wenige in dieser fast letzten Stunde des Krieges. Eine erste Antwort erhielt ich auf mein »Warum?« bei dem Verhör eines Oberfeldwebels noch nahe der Frontlinie. Er sagte mir: »Was wollen Sie denn? Vor dreieinhalb Jahren standen wir vor Moskau. Jetzt steht die Rote Armee vor Berlin. Es ist nun einmal im Krieg so. Das Blatt wird sich wieder wenden. Die Entscheidung ist noch längst nicht gefallen.«

Ich entgegnete völlig konsterniert: »Sie müssen doch nicht bei Trost sein, Mann. Es kann sich lediglich um wenige Wochen oder nur Tage handeln, bis alles aus ist. Die Russen stehen schon 70 Kilometer vor Berlin, die Amerikaner rücken auf Magdeburg vor.«

Der Oberfeldwebel, seit Kriegsbeginn im Fronteinsatz, hatte offenkundig jeden Bezug zur Realität verloren. »Na und? Der Führer hat noch Wunderwaffen parat. Und dann ist gerade Roosevelt gestorben. Jetzt werden die Amerikaner gemeinsam mit uns gegen die Bolschewisten ziehen.«

Die Überzeugung des Oberfeldwebels schien von nicht wenigen, mit denen ich sprach, geteilt zu werden. Die meisten wollten nicht wahrhaben, daß die Würfel längst gefallen waren. Die Illusion von der »Wunderwaffe« und einem bevorstehenden Bruch der Antihitlerkoalition saß tief. Hinzu kam die Angst vor sowjetischer Kriegsgefangenschaft, die offenkundig selbst die Furcht vor dem eigenen Tod übertraf. Sie wurde sicher durch ein schlechtes Gewissen genährt. Würde es nicht unausweichlich zur Vergeltung, zur Rache der Sieger kommen? Nicht wenige Soldaten wußten, welcher Verbrechen sich auch die Wehrmacht vornehmlich in der Sowjetunion schuldig gemacht hatte. Wenn nunmehr das Pendel zurückschlüge und sich die Russen so benahmen, wie es zuvor die deutschen Okkupanten getan hatten, dann konnte wohl niemand mit Gnade rechnen.

Auf zum letzten Gefecht!

Im Oderbruch blühte der Lenz. Die bunte Pracht der Gärten paßte so gar nicht zum militärischen Aufmarsch. Panzer, Geschütze und Raketenwerfer, die von den Soldaten mit dem Mädchennamen »Katjuscha« bezeichnet wurden und in der Wehrmacht »Stalinorgeln« hießen, standen unter blühenden Obstbäumen. Der Krieg war weit weg – wenn man seine Augen schloß. Die ganze Welt roch nach Frühling und Aufbruch.

Marschall Shukow hatte am 12. April seine Direktive unterzeichnet. Darin waren die Aufgaben für die Armeen seiner Heeresgruppe in der nunmehr anlaufenden Berliner Operation formuliert worden. Die 8. Gardearmee und die 5. Stoßarmee sollten die Verteidigungslinie der deutschen 9. Armee bei Seelow bereits am ersten Tag der Offensive, am 16. April, aufrollen. Dann sollten zwei Panzerarmeen bis zu den Außenbezirken Berlins vordringen.

Am dritten oder vierten Tag der Offensive sollte das Randgebiet von Berlin und am sechsten Tag das Ufer der Havel nach vorheriger Einnahme des Stadtzentrums erreicht sein.[5]

Shukows Direktive war als Geheime Kommandosache an die Befehlshaber der Armeen gegangen, nur ihnen und wenigen aus den Stäben wurde sie bekanntgegeben.

Doch selbst die Uninformierten merkten bald, daß das verlangte Tempo nicht eingehalten wurde. Der Widerstand war zu heftig. Kurz vor Kriegsende wollte von den Siegern niemand mehr sterben. Die Einnahme Berlins dauerte nicht sechs, sondern sechzehn Tage.

Seither sind in unzähligen Arbeiten die Schlacht auf den Seelower Höhen und die Berliner Operation untersucht worden.[6] Nicht wenige Autoren monieren, daß das sowjetische Oberkommando auf ein zu hohes Tempo beim Durchbruch gedrängt habe, was die Zahl der Opfer unnötig vergrößerte. Daß die Reichshauptstadt fallen würde, wäre sicher gewesen, die Besatzungszonen, die die Großen Drei 1944 bereits festgelegt hätten, waren fixiert. Machte es da wirklich Sinn, Berlin auf dem kürzesten Weg zu erreichen?

Die vorgebrachten Mutmaßungen in dieser Sache sind meist spekulativ. Und es ist ahistorisch, wenn man die seinerzeit handelnden Personen mit dem Wissen von später ausstattet. Geschichte ist auch deshalb nach vorn offen, weil letztlich die Akteure nie exakt wissen können, was das Resultat ihres Handelns sein wird. Das gilt im Krieg nicht minder als im Frieden. Festzuhalten ist jedoch, daß Hitler und die höchsten Militärs der Wehrmacht den Krieg weiter verlängerten. Der Chef des OKW Keitel wie der Befehlshaber der 9. Armee versuchten ihr Leben zu retten. Keitel entkam zwar der sowjetischen Gefangenschaft, nicht aber dem Strang in Nürnberg. Busch opferte die Reste seiner Armee und schlug sich nach Westdeutschland durch, wo er nach dem Kriege ein sorgenfreies Leben führte.

Im letzten Kriegsjahr verlor die deutsche Wehrmacht fast so viele Soldaten wie in fast fünf Jahren zuvor. Das OKW meldete zwischen dem 1. September 1939 und 31. Dezember 1944 rund 27.000 Offiziere als vermißt – in den vier Monate bis zum 30. April 1945 weitere 30.000. Die Zahl der gefallenen und vermißten Soldaten betrug in jenen vier Monaten über 1.200.000, in den letzten Kriegstagen kamen noch weitere hinzu.[7]

Auch unter der Zivilbevölkerung waren 1945 in Deutschland weitaus mehr Opfer zu beklagen als in den vorangegangenen Kriegsjahren. Deshalb bleibt es Tatsache: Jeder Kriegstag weniger rettete objektiv Menschenleben.

In den späten Abendstunden des 15. April wurde ich zusammen mit einigen anderen aus der 7. Abteilung zu Shukows Befehlsstand nach Reitwein beordert. Uns wurde der Befehl des Marschalls übermittelt, umgehend und die Nacht hindurch über unsere Großlautsprecher mitzuteilen, daß in den nächsten Stunden die letzte Entscheidungsschlacht des Krieges beginnen würde. Wenn die Soldaten jetzt kapitulierten, würde ihnen das Leben und auch die baldige Heimkehr nach dem bevorstehenden Frieden garantiert.

Befehlen widerspricht man nicht. Trotzdem wagte ich anzufragen, ob allen Ernstes der Beginn der Offensive ankündigt werden solle. Das widerspräche allen Regeln. Hatte nicht auch die Rote Armee wieder und wieder das Überraschungsmoment bewußt genutzt?

Die Antwort war unzweideutig. Es müsse alles unternommen werden, damit es weniger Opfer gebe – auf beiden Seiten! Dafür lohne es sich, ein Militärgeheimnis preiszugeben. Der Marschall gehe von der Hoffnung aus, daß die deutschen Befehlshaber zumindest einen Rest Realitätssinn besäßen und unnötiges Blutvergießen vermeiden würden. Und wenn nicht sie, dann vielleicht die Kommandeure in den vordersten Gräben der Hauptkampflinie.

In den nächsten zwei Stunden sprachen wir wieder und wieder den Appell. »Wir bringen eine wichtige Nachricht. In Kürze tritt die Rote Armee zu ihrer großen Offensive an. Stellt den sinnlosen Widerstand ein! Rettet euer Leben für euch, für eure Angehörigen, für euer Volk! Im Namen des Oberkommandos der Heeresgruppe der 1. Belorussischen Front ergeht dieser Aufruf in letzter Stunde. Im Morgengrauen kann es schon zu spät sein. Marschall Shukow garantiert euch das Leben und die Rückkehr in die Heimat nach dem Krieg.«

Über die deutschen Linien flogen auch sowjetische Maschinen und warfen Flugblätter ab. Deren Text war ein wenig drohender, ultimativer. Die Rote Armee habe für den letzten entscheidenden Schlag gewaltige Kräfte zusammengeführt. Alle, die Widerstand leisteten, würden hinweggefegt werden. Noch aber sei es Zeit, die Waffen zu strecken ... Auch die Hitler-Propaganda belieferte die vorderen Schützengräben. Mir fiel ein Faltblatt in die Hand, das vom 15. April datiert war und die Unterschrift des Gröfaz, des »Größten Feldherrn aller Zeiten«, trug: »Zum letzten Mal ist der jüdisch-bolschewistische Todfeind mit seinen Massen zum Angriff angetreten, versucht Deutschland zu zertrümmern und unser Volk auszurotten. Wir haben diesen Stoß vorhergesehen, und es ist seit dem Januar dieses Jahres alles geschehen, um eine starke Front aufzubauen [...] Die Ausfälle unserer Infanterie sind durch zahllose neue Einheiten ergänzt [...] Der Bolschewismus wird dieses Mal das alte Schicksal Asiens erleben, er muß und wird vor der Hauptstadt des Deutschen Reiches verbluten […] Berlin bleibt deutsch, Wien wird wieder deutsch und Europa wird niemals russisch.«[8]

Bei den Kämpfen um die Seelower Höhen im Frühjahr 1945 fielen 50.000 Mann – die Verluste auf sowjetischer Seite waren größer als die auf deutscher Seite.[9] Opferreich waren insgesamt die Kämpfe in den letzten Kriegstagen. Sie forderten von der Sowjetarmee und der polnischen Armee über 100.000 Tote auf deutschem Boden westlich der Oder. Die Wehrmacht hatte zwischen Oder und Elbe ebenfalls über 100.000 Tote zu verzeichnen. Zu Opfern wurden im Verlauf der Kämpfe auch viele Männer, Frauen und selbst Kinder aus der Zivilbevölkerung, wenngleich weniger als in Berlin, Dresden, Potsdam, Swienemünde, Halberstadt und Nordhausen. Dort starben in den letzten Kriegswochen bei militärisch nicht mehr zu rechtfertigenden Luftangriffen Zehntausende.

Alle diese Opfer des Krieges belasten eindeutig das Blutkonto Hitlers, der »Eliten« des Dritten Reichs und ihrer vielen Gefolgsleute. Als Deutsche dürfen wir das nicht vergessen. Schon deshalb komme ich nach Seelow immer schweren Herzens und frage mich, was ich unterlassen habe – auch wenn ich nur ein kleines Rädchen im Getriebe der Geschichte war. Kaum ein Flecken deutscher Erde ist so von Blut durchtränkt wie das Oderbruch.

Ich will die Wirkung unserer Lautsprechersendungen nicht überschätzen. Nur im Zusammenwirken mit anderen Faktoren trugen sie dazu bei, daß immer mehr Offiziere und Soldaten unserer Aufforderung folgten und sich in Gefangenschaft begaben. Wir intensivierten in den folgenden Tagen unsere Einsätze bis zuletzt in Berlin.

Gleichwohl: Der Widerstand der Wehrmacht und des Volkssturms war hartnäckiger, als wir ihn in dieser aussichtslosen Lage erwarteten. Neben der Nibelungentreue zur militärischen Führung und der Berufung auf den auf Hitler geleisteten Fahneneid spielten diffuse patriotische Gefühle, die Treue zum »Vaterland« und zu den Kameraden, die man nicht im Stich lassen dürfe, eine wesentliche Rolle. Wirkung zeigte die Furcht vor der Roten Armee, die mit dem in Deutschland weit verbreiteten Antikommunismus korrespondierte.

Während des Krieges wurde er zu einer Hetzkampagne gegen das dem ganzen deutschen Volk angeblich drohende Unwesen slawischer »Untermenschen«. Vermeintliche oder tatsächliche Übergriffe von Sowjetsoldaten in der letzten Phase des Krieges wurden von der Goebbels-Propaganda aufgebauscht. Sie fiel auf fruchtbaren Boden. Vielen war das furchtbare Ausmaß der Brutalität bekannt, das diesen Krieg kennzeichnete, vor allem im Osten. Offiziell war er seit Jahren von der politischen und militärischen Führung des Deutschen Reichs als ein ideologisch und rassistisch begründeter Vernichtungskrieg geführt worden. Millionen Menschen – Russen, Juden, Ukrainer und Angehörige anderer Völkerschaften – wurden das Opfer eines menschenverachtenden Vorgehens, an dem neben Sonderkommandos der SS und der Gestapo auch die Wehrmacht beteiligt war.

Krieg ist immer mit Brutalität und Verletzung elementarer Menschenrechte verbunden. Der vom Hitlerregime mit Billigung und Unterstützung aller Eliten in Wirtschaft und Militär geführte Vernichtungskrieg mußte zwangsläufig den Wunsch nach Vergeltung bei den Sowjetsoldaten provozieren. Diese war nicht angeordnet. Übergriffe, auch schlimmste, wurden auf deutschem Boden vielerorts nicht verhindert. Später versuchte man sie zu vertuschen. Es waren allerdings, wie ich aus eigenem Erleben weiß, weitaus weniger als mitunter noch immer behauptet. Doch es gab sie in der Endphase des Krieges und leider auch noch danach, darunter vor allem Vergewaltigungen und Raubüberfälle. Sie bleiben ein nicht zu verzeihender Schandfleck. Obgleich erklärbar, sind sie nicht entschuldbar.

Bei der Durchsicht eines neueren archivalischen Quellenbandes bin ich auf ein Dokument gestoßen, das ich bis dahin nicht kannte. Stalin gab in seiner Eigenschaft als Oberster Befehlshaber im April 1945 die strikte Anweisung, die Haltung sowohl zu den Kriegsgefangenen als auch zur deutschen Zivilbevölkerung sichtbar zu verbessern, keine Übergriffe zuzulassen. Bemerkenswert war die Begründung. »Eine humanere Haltung zu den Deutschen wird uns die Kampfhandlungen auf ihrem Territorium erleichtern und zweifellos dazu beitragen, den Widerstand der Deutschen bei den Verteidigungskämpfen zu vermindern.«[10] Die Direktive enthielt auch die Weisung, westlich von Oder und Neiße deutsche Verwaltungen mit Bürgermeistern zu bilden. Nominelle Mitglieder der Nazipartei sollten nicht verfolgt werden. Nur führende Nazis gelte es zu internieren.

Marschall Shukow erließ eine weitergehende Direktive als Durchführungsbestimmung für die Befehlshaber der Armeen und die Militärkommandanten. Übergriffe aller Art wie jegliche eigenwillige Beschlagnahmen oder Aussiedlungen ohne eine Zuweisung neuer Unterkünfte wurden streng untersagt. Das gelte insbesondere für »eigenwillige Beschlagnahmen von persönlichem Eigentum, Vieh und Lebensmitteln der verbliebenen deutschen Bevölkerung […]

Alle Personen, die eigenwillig Vieh oder Lebensmittel bei der deutschen Bevölkerung entwenden, sind festzunehmen und zu bestrafen, besonders hart zu bestrafen sind jene, die solchen Vorgängen Vorschub leisten und ihre Untergebenen zu diesen ungesetzlichen Beschlagnahmen beauftragen.«[11] Es gelang jedoch lange nicht, diese internen Direktiven umzusetzen. Ähnlich war es mit Anordnungen der Militärkommandanten, so von General Bersarin in Berlin.

Am 14. April 1945 erschien in der »Prawda« ein Artikel, der sich mit früheren Beiträgen Ilja Ehrenburgs auseinandersetzte. Der sehr bekannte und geachtete Schriftsteller und Publizist hatte während des Krieges in vielen Artikeln die Verbrechen der faschistischen Aggressoren überzeugend angeprangert. Wie andere rief er dazu auf, die weit verbreitete Losung »Tod den deutschen Okkupanten« in die Tat umzusetzen. Obgleich kein Verfechter der These von einer deutschen Kollektivschuld, hatten die Verbrechen für ihn eine Adresse.

Ehrenburg fühlte sich als Jude und als Internationalist der russischen Kultur und Sprache verbunden, was er ebenfalls in seinen Artikeln zum Ausdruck brachte. Die Goebbels-Propaganda erklärte ihn zum jüdisch-bolschewistischen Fanatiker und antideutschen Hetzer. Ihm wurde unterstellt, er habe dazu aufgerufen, das deutsche Volk zu vernichten und deutsche Frauen zu vergewaltigen – was er nie getan hatte und wofür es keine Belege gibt.

Die »Prawda« setzte sich gerade deshalb mit Ehrenburg auseinander, weil er bei den Soldaten so beliebt war. Das garantierte, daß dieser von höchster Stelle autorisierte Beitrag wirklich in allen Truppeneinheiten an der Front verlesen und gewissermaßen als Weisung aufgenommen wurde.

In dem im Mai 1945 auch in der »Täglichen Rundschau« in deutscher Übersetzung veröffentlichten Artikel hieß es: »Die Zeiten des faschistischen Taumels in Deutschland gehen zu Ende [...] Die Rote Armee erfüllt ihre große Befreiungsmission und kämpft für die Liquidierung der Hitlerarmee, des Hitlerregimes, der Hitlerregierung, sie hat sich aber niemals das Ziel gestellt und stellt es sich auch jetzt nicht, das deutsche Volk auszurotten [...] Das Sowjetvolk hat niemals die Bevölkerung Deutschlands der in Deutschland herrschenden verbrecherischen faschistischen Clique gleichgesetzt.«

Überraschend waren für die Zivilbevölkerung die unverzüglich einsetzenden Hilfsmaßnahmen, die das Staatliche Verteidigungskomitee angeordnet hatte und die durch entsprechende Verordnungen der Militärräte der 1. Belorussischen und der 1. Ukrainischen Front ergänzt wurden. Sie retteten vor allem Berlin und Dresden vor einer drohenden Hungersnot und manchen anderen Kriegsfolgen, wenn auch die Lage schwer blieb. Im Mittelpunkt standen die Lebensmittelversorgung, die Eindämmung von Seuchengefahren und erste Wiederaufbaumaßnahmen.[12]

Ich hörte wiederholt den Satz: »Wir sind angenehm enttäuscht.« Nein, die meisten Deutschen hatten das nicht erwartet. Sie hatten eher damit gerechnet, was dann auch tatsächlich eintrat: die Demontage von Industrieanlagen. Sie betrafen insbesondere große Betriebe, die aufgrund der Kriegsereignisse nicht mehr produzierten. Deshalb fiel das zunächst nicht auf. Die Sicherung der Reparationen in verschiedener Form hatte für die Sowjetunion von Anfang an primäre Bedeutung, weshalb sich die Tätigkeit der Kommandanturen wie auch anderer sowjetischer Behörden darauf konzentrierte.

Auf den Straßen Berlins

Zwischen der Seelower Schlacht und der Einnahme von Berlins lagen zwei Wochen. In meinem Gedächtnis erscheinen sie mir als die längsten 14 Tage meines Lebens. Unmittelbar nach den Kämpfen um Seelow wurde ich mit unserer Lautsprecheranlage an der Hauptkampflinie nordwestlich von Müncheberg eingesetzt.

Dort erhielt ich den Befehl, mich unverzüglich beim Reserveregiment des Armeeoberkommandos zu melden. Eine Kommission zur Überprüfung der Offizierskader wäre unlängst aus Moskau gekommen. Ein Deutscher könne nicht als Offizier in der Politabteilung der Armee geduldet werden, hätte sie entschieden.

Ich war nicht bereit, mich so kurz vor Kriegsende in die Etappe abschieben zu lassen und verweigerte den Gehorsam: Ich wollte bei der Befreiung meiner Vaterstadt dabeisein. Der General, dem meine Abteilung unterstand, stimmte wenigstens meinem Vorschlag zu, zur Politverwaltung der Frontgruppe von Marschall Shukow zu fahren. Sie befand sich noch in Landsberg an der Warthe, etwa 100 km ostwärts. Ich hatte gehört, daß sich dort der Leiter der 7. Hauptabteilung, General Burzew, aufhielt, um die Tätigkeit aller 7. Abteilungen an der Front und in der Nachkriegszeit zu koordinieren. Burzew hatte 1943 an dem Gespräch in Moskau teilgenommen, bei dem mein Fronteinsatz entschieden worden war. Er selbst hatte auch meinen Marschbefehl unterzeichnet. Ich hoffte, bei ihm Unterstützung zu finden.

Es gelang mir, in Landsberg bis zu ihm vorzudringen und mein

Problem vorzutragen, Burzew versprach mir, sich umgehend mit meiner Diensteinheit in Verbindung zu setzen, um die Entscheidung der Kaderkommission als ungültig zu erklären.

Nach allem, was ich inzwischen weiß und damals nicht einmal ahnte, hatte Burzew damit eine Entscheidung über mein ganzes weiteres Schicksal getroffen. Ansonsten wäre ich vielleicht sogar wieder in einem Arbeitslager gelandet. Die Befehlsverweigerung hätte auch schlimmer ausgehen können.

So aber kehrte ich in meine Abteilung zurück, die inzwischen in Vogelsdorf kurz vor Berlin lag. Ich erstattete Meldung über meine Audienz bei General Burzew – damit war das Thema erledigt. Am nächsten Tag schon zog unsere Einheit nach Schöneiche.

Am 23. oder 24. April, nach zehn Jahren, betrat ich wieder Berliner Boden. Die ersten Einsätze führten mich nach Friedrichshagen und Köpenick. Die Front verlief unmittelbar an der Spree bzw. am Ufer des Müggelsees. Im kalten Winter 1928/29 war ich dort mit meinem Vater schon einmal gewesen. Mit der Straßenbahn waren wir von Steglitz bis nach Friedrichshagen gefahren und dann über den zugefrorenen Müggelsee gelaufen. An jenem Tag hatte das Thermometer etwa 30 Grad unter Null gezeigt, was meinem Vater entgangen sein mußte. Ich erfror mir eine Wange, weshalb mir der Ausflug gut im Gedächtnis blieb. Nun aber erinnerte ich mich auch an eine Tasse herzhafter, heißer Brühe in der Gaststätte Rübezahl. Es war mein erster Besuch in einem Lokal.

Die Gegend schien mir dennoch fremd. Überall brachen jetzt die Knospen auf, die Bäume trugen frisches Grün. Wir bauten unseren Lautsprecherwagen an Spree und Dahme auf und spielten spezielle Schallplatten ab. Es klang, als würde eine halbe Armee übers Wasser setzen. Damit sollten wir die deutschen Truppen bewußt in die Irre führen, denn dort, wo wir akustisch Flöße und Pontons zum Forcieren des Flusses einsetzten, passierte natürlich nichts.

Allerdings geschah auch anderenorts, wo die Errichtung von Pontons vorgesehen war, wenig. Die Soldaten warteten nicht auf die Fähren, sondern setzten selbständig über mit allem, was schwamm. Das führte dazu, daß die deutschen Stäbe überrascht wurden und keine Gelegenheit mehr hatten, die Lange Brücke in Köpenick in die Luft zu jagen.

Kurz danach erhielt ich den Befehl, mich nach Rüdersdorf zu begeben. In den Stollen der dortigen Kalkberge hatten Tausende Anwohner und Flüchtlinge Unterschlupf gefunden. Mein Auftrag lautete, die Menschen über die allgemeine Lage und die Ziele der sowjetischen Besatzungspolitik aufzuklären. Es sollte meine erste größere Begegnung mit deutschen Zivilisten werden. Bis Müncheberg hatte ich fast nur menschenleere, entvölkerte Orte passiert. Trafen wir beim Vormarsch auf Flüchtende, gab es nie ausführliche Gespräche.

Ich sprach zu den sichtlich verängstigten Frauen und den wenigen älteren Männern darüber, wie es unter sowjetischer Besatzung weitergehen würde, auch über die Vorstellungen des Nationalkomitees »Freies Deutschland«. Die Aufnahmebereitschaft war gering, zu ungewiß war für sie die Zeit nach dem Zusammenbruch. Die irritierten Menschen beschäftigten ganz andere Fragen: Wo bekam man etwas zu essen und zu trinken? Wie kommt das Leben überhaupt in normale Bahnen? Werden wir unsere Angehörigen wieder sehen, ist der Krieg wirklich vorbei, wo können wir morgen wohnen, müssen wir alle nach Sibirien? Manche Befürchtungen konnte ich wohl zerstreuen, nicht aber alle Fragen befriedigend beantworten. Zumindest versuchte ich, den jetzt Obdachlosen das Gefühl zu vermitteln, daß zwar das Tausendjährige Reich zerbrochen, nicht aber ihr Leben deshalb zu Ende sei. Nun müßten alle gemeinsam die von Hitler hinterlassenen Trümmer beseitigen und das Leben neu organisieren. Überall würden sowjetische Militär-Kommandanturen eingerichtet werden. Sie würden sie bestimmt unterstützen und auch für die Neubildung deutscher Verwaltungen sorgen. Das sei wichtig, um nicht Chaos und Anarchie aufkommen zu lassen. Leicht würde es trotzdem nicht werden. Diese bittere Wahrheit konnte ich nicht verschweigen.

Der Zusammenbruch war so total wie keiner zuvor in der deutschen Geschichte. Das drückte auf die Stimmung, die meisten übermannte ein Gefühl von Ohnmacht. Sie sahen sich der Gnade der Sieger ausgeliefert, von denen sie aber nichts erwarteten außer Vergeltung für das, was Deutsche zuvor anderen Völkern, vor allem den Russen, Polen, den Tschechen und Franzosen angetan hatten.

Diese Angst war spürbar groß, auch wenn kaum jemand sie artikulierte. Erst in sehr langen Gesprächen offenbarten sich manche, mit denen ich sprach. Auch sie hatten meist nur vage Vorstellungen von den Verbrechen, die Wehrmacht und SS in besetzten Ländern verübt hatten. Von der industriemäßigen Vernichtung von Millionen Menschen, darunter 200.000 deutschen Juden, hätten sie nichts gehört, wenngleich ihnen die Parole von der »Endlösung der Judenfrage« durchaus zu Ohren gekommen war. Sie hatten ja schon die

Anfänge seit 1933 gesehen, die von so vielen gebilligt wurden. Jetzt aber gaben sich alle ahnungslos.

In Rüdersdorf wie auch später fand ich allerdings niemanden, der das NS-Regime verteidigt hätte. Das unterblieb nicht nur aus verständlicher Furcht vor den Siegern. Unter dem Eindruck des Krieges und der Niederlage war die Distanz groß. Erst wesentlich später sollte die Neigung aufkommen, vermeintlich positive Seiten am Hitlerreich zu entdecken: die Überwindung der Massenarbeitslosigkeit, der Autobahnbau, Erlebnisse mit dem demagogisch aufgezogenen Feriendienst »Kraft durch Freude«.

Etwas fiel mir unangenehm auf: die Unterwürfigkeit. Die erkennbare Servilität hatte etwas Würdeloses. Die Arroganz und Überheblichkeit, die ich früher bei vielen Kriegsgefangenen verärgert registriert hatte und als Inkarnation des »Herrenmenschen« empfand, hatte sich ins Gegenteil verkehrt.

Viele gaben sich als Kommunisten oder Sozialdemokraten aus, obwohl sie nicht einmal die Namen der Parteiführer oder die Embleme von KPD und SPD kannten. Niemand hingegen bekannte sich dazu, Mitglied der NSDAP oder einer ihrer Gliederungen gewesen zu sein. Dabei zählten sie bis vor kurzem über 10 Millionen Köpfe. Keiner wollte Hitler gewählt und gestützt haben.

Am 25. April bezog unsere 7. Abteilung in Berlin-Johannisthal Quartier. In Köpenick mußte ich den LKW verlassen, er konnte aus irgendwelchen Gründen nicht weiterfahren. Doch warten wollte ich nicht. Ich würde schon die erst kurz zuvor befreite Straße finden, wo ich mich melden sollte. Zu Fuß machte ich mich auf zum Segelfliegerdamm, wo wir ein dreistöckiges Haus beziehen sollten. Einige Kameraden waren bereits da. Gemeinsam nahmen wir das Haus genauer in Augenschein. In einer der Wohnungen bot sich uns ein schrecklicher Anblick. Ein Mann hatte seine Frau, die beiden Kinder und dann sich selbst erschossen. Eine ganze Familie lag tot in Armsesseln in der »guten Stube«. Die verstörten Nachbarn erzählten, der Mann hätte ein Amt in der NSDAP gehabt, kein hohes, aber wäre ein überzeugter Nazi gewesen. Bei jedem Anlaß habe er die Hakenkreuzfahne gehißt.

Niemand von uns verspürte Neigung, in dieser Wohnung auch nur zeitweilig Quartier zu beziehen. In den vier Kriegsjahren hatte ich viele Tote gesehen: mir völlig Fremde wie auch Nahestehende. Sie waren durch Kugeln oder Granatsplitter gestorben, von Panzerketten zermahlen oder von einer Mine zerrissen, erhängt oder vergast worden. Der Tod hatte seine Einmaligkeit verloren. Ich hatte mich an ihn gewöhnen müssen.

Doch der Selbstmord dieser Berliner Familie, noch dazu am Vorabend des Friedens, hinterließ einen tiefen Schock. Ich vermag auch heute noch nicht zu sagen, was konkret mich derart berührte, daß sich dieses Bild unauslöschlich in mein Gedächtnis grub.

Die folgenden Tage waren angespannter als die Tage zuvor. Es gab Einsätze mit dem Lautsprecherwagen, zunächst in Neukölln und Tempelhof, dann schon unweit des Potsdamer Platzes in der Innenstadt. Meist wurden wir nachts an den Einsatzort gelotst. Die Straßen waren von Trümmern bedeckt und kaum passierbar. Oft nutzten wir einen Zwangsaufenthalt, um uns an die Menschen in den Luftschutzkellern zu wenden. Von Mal zu Mal kamen mehr Menschen aus ihnen hervor und scharten sich neugierig um den Lautsprecherwagen. Wir informierten über die Frontlage und daß General Bersarin zum Stadtkommandanten ernannt worden sei.

In einer kleinen Druckerei in der Berliner Straße in Schöneweide, die später den Namen des Antifaschisten Ernst Schnellers tragen sollte, erstellten wir eine zweiseitige Zeitung. Im Kopf stand »Nachrichten«. Sie enthielt ins Deutsche übertragene Meldungen und Kommentare aus der »Prawda«. Im Leitartikel, der die Überschrift trug »Berlin bleibt deutsch« setzte ich mich mit dieser Naziparole auseinander, die an vielen Häuserwänden zu lesen war.

Wir hatten immer einige Blätter im LKW und verteilten sie an die Umstehenden.

Die Berliner Schlacht war vergleichsweise kurz. In den Straßen der Reichshauptstadt, die flächenmäßig zu den größten Metropolen der Welt gehörte, dauerte sie weniger als zehn Tage. Damals aber kam mir die letzte Woche wie eine Ewigkeit vor. Der Widerstand der Wehrmacht war noch immer nicht gebrochen.

Als die Kämpfe bereits mitten in Berlin tobten und dann die Stadt sogar schon eingekesselt war, befahl das OKW am 25. April allen Einheiten zwischen Elbe und Oder: »Durch Angriff mit allen Kräften und Mitteln und unter größter Beschleunigung von Nordwesten, Südwesten und Süden her eine breite Verbindung mit Berlin wiederherzustellen und damit die Schlacht von Berlin siegreich zu entscheiden.«[13]

Ob Generalfeldmarschall Keitel und Generaloberst Jodl tatsächlich an eine militärische Wende glaubten, war unerheblich. Das Fatale waren die Folgen solcher Durchhaltebefehle. Sie kosteten Menschenleben. Nach wie vor hingen etliche in der Führung des untergehenden Reiches der Illusion an, man könne die Alliierten noch in letzter Stunde entzweien und gemeinsam mit Briten und Amerikanern gegen die Rote Armee marschieren. General Wenk kehrte mit seiner 12. Armee den Truppen der USA den Rücken und wollte von der Elbe über Potsdam nach Berlin vorstoßen. Selbst Göring und Himmler streckten, wie ich später hörte, ihrer Fühler aus. Sie hofften ihren eigenen Kopf dadurch zu retten, indem sie sich bei den Westmächten anbiederten.

Kapitulationsverhandlungen in Berlin

Am späten Abend des 30. April wurde ich zum Befehlsstand des Oberbefehlshaber meiner Armee beordert, der sich in einem Mietshaus am Schulenburg-Ring unweit des Viktoria-Parks, also fast im Zentrum Berlins, befand. Bei Generaloberst Tschuikow war der General der Infanterie Hans Krebs eingetroffen, der unlängst zum Chef des Generalstabes des Heeres ernannt worden war.

Krebs wurde vom Stabschef des 56. Panzerkorps, Oberst Theodor von Dufving begleitet. (Ich sollte ihn 30 Jahre später bei einer mehrstündigen Diskussion im französischen Fernsehen wieder treffen. Nach seiner Entlassung aus der Kriegsgefangenschaft hatte Dufving als Oberst am Aufbau der Bundeswehr teilgenommen. In Paris versuchte er die Kriegsverlängerung in Berlin 1945 zu rechtfertigen. Dem Führerbefehl habe man sich eben nicht widersetzen können, die Offiziere hätten zudem viel Mut bewiesen. An unsere Begegnung aber wollte er sich zunächst nicht erinnern.)

Offiziere unseres Stabes sollten jene Verhandlungen übersetzen, von denen damals kaum jemand etwas erfuhr und die auch später in der Literatur weitgehend ignoriert wurden. Obgleich in den 70er Jahren an jenem Haus im Schulenburg-Ring, in dem sie stattfanden, eine Gedenktafel angebracht wurde, blieb diese interessante Episode fast unbekannt. Deshalb schildere ich sie hier ausführlicher als manches andere.

Krebs bemühte sich zunächst erkennbar darum, Tschuikow zu einem Vier-Augen-Gespräch zu bewegen. Er bemerkte, daß er bis zum Sommer 1941 als Militärattaché an der deutschen Botschaft in Moskau tätig gewesen sei und einigermaßen Russisch spräche.

Tschuikow lehnte ein solches Tête-à-tête ab. Er habe keine Geheimnisse vor den Anwesenden.

Krebs blieb nichts anderes übrig, als seine sensationelle Nachricht, von der er sich wohl viel für die Verhandlungen versprach, in größerer Runde zu verkünden.

»Sie sind der erste Nicht-Deutsche, der das erfährt, was ich Ihnen jetzt mitteile: Der Führer ist heute aus dem Leben geschieden.« Er machte eine theatralische Pause, vermutlich um festzustellen, wie sehr diese Information wirkte.

Doch Tschuikow verzog keine Miene und sagte nur: »Das ist uns bekannt. Was ergibt sich daraus?«

Die Reaktion verblüffte alle gleichermaßen. Woher hatte er diese Information? Niemand fragte jedoch.

Krebs hingegen spürte, daß er sein Pulver verschossen hatte.

Der Schriftsteller Wsewolod Wischnewski, der als Frontberichterstatter der »Prawda« zugegen war, fragte später Tschuikow, woher er von Hitlers Selbstmord gewußt habe.

»Nichts habe ich gewußt« antwortete der bauernschlaue Tschuikow. »Aber sollte ich diesem verdammten Fritzen zugeben, daß er mir eine Neuigkeit auftischte, die mich in Freude versetzt?«

Die Gespräche zogen sich in die Länge.

Der Chef der Aufklärung im Stab der 8. Gardearmee, der Ic, wie er in der Wehrmacht hieß, Oberstleutnant Gladkich, schrieb noch 1945 über diese Runde. Was er berichtete, kann ich voll bestätigen.

»General Krebs legte Generaloberst Tschuikow drei Dokumente vor: 1. eine auf den Namen des Chefs des Generalstabs des Heeres, General der Infanterie Krebs, ausgestellte Vollmacht zum Führen von Verhandlungen mit dem russischen Oberkommando. Sie war auf einem Kopfbogen der Reichskanzlei geschrieben und von Bormann unterzeichnet;

2. einen ebenfalls auf einem Bogen der Reichskanzlei von Goebbels und Bormann verfaßten Appell an Marschall Stalin;

3. die Zusammensetzung der neuen Reichsregierung und des Oberkommandos der deutschen Wehrmacht im Einklang mit dem Testament Hitlers.

Alle Dokumente trugen als Datum den 30.4.1945 […]

Im Einklang mit dem letzten Willen Hitlers *(er hatte Großadmiral Karl Dönitz zum Reichspräsidenten, Joseph Goebbels zum Reichskanzler und Martin Bormann zum Parteiminister ernannt – d. A.)* wenden sich der Reichskanzler Goebbels und Bormann an das sowjetische Oberkommando mit dem Vorschlag, die Kampfhandlungen in Berlin zeitweilig einzustellen, um so entsprechende Möglichkeiten für den Beginn von Friedensverhandlungen zwischen Deutschland und Sowjetrußland zu schaffen, deren Völker die größten Opfer in diesem Krieg gebracht haben […]

Generaloberst Tschuikow antwortete General Krebs, daß er nicht bevollmächtigt sei, Verhandlungen mit einer deutschen Regierung zu führen. Es könne sich lediglich um eine bedingungslose Kapitulation der Berliner Garnison handeln.

General Krebs entgegnete auf diesen Vorschlag, daß Goebbels und Bormann einer Kapitulation Berlins nicht zustimmen könnten, da sie erstens de facto auch die Selbstliquidierung der neuen, entsprechend dem erklärten Willen Hitlers gebildeten Regierung bedeuten würde und da sie zweitens nicht die Zustimmung des Reichspräsidenten Dönitz hätten, der in Mecklenburg sei *(er befand sich in Flensburg, also in Schleswig-Holstein – d. A.)* und mit dem sie keinerlei Verbindung hätten.

Krebs unterstrich nochmals, es gehe um den Vorschlag über die zeitweilige Einstellung der Kampfhandlungen in Berlin. Das würde die Möglichkeit bieten, sich mit den anderen Mitgliedern der neuen Regierung in Verbindung zu setzen, die sich außerhalb Berlins befinden, ihnen den letzten Willen des Führers mitzuteilen, gleichzeitig das ganze deutsche Volk über den Tod Hitlers und die Bildung der neuen Regierung in Kenntnis zu setzen.

Auf diese Art und Weise würde die neue deutsche Regierung legitimiert werden, die Sowjetregierung hätte so einen legitimen Partner für weitere Verhandlungen über den Abschluß eines Friedensabkommens.«[14]

General Tschuikow hörte sich die Offerte mit eisiger Miene an. Natürlich war ein Waffenstillstand besser als die Fortsetzung der blutigen Kämpfe. Gleichwohl hatten sich die Alliierten auf eine bedingungslose Kapitulation verständigt – hier aber wurden Bedingungen gestellt. Die faschistische Führung wollte offenkundig einen Keil zwischen die Verbündeten treiben und zugleich Zeit gewinnen.

Die Verhandlungen wurden unterbrochen. Tschuikow nahm telefonisch Rücksprache mit Marschall Shukow. Der Marschall informierte umgehend Stalin. Dieser antwortete wie erwartet, es käme nur eine Kapitulation der Berliner Garnison infrage, und zwar ohne jede Bedingung. Alle anderen Fragen müßten gemeinsam von allen Alliierten entschieden werden.

General Tschuikow teilte mit fester Stimme diese Entscheidung mit. Dann fragte er Krebs, ob dieser und Goebbels wüßten, daß

Himmler sowohl Großbritannien als auch den USA ein Kapitulationsangebot unterbreitet habe.

Krebs gab sich überrascht. Vielleicht wußte er es wirklich nicht. Er sagte lediglich, Himmler sei als Verräter aus der Partei ausgeschlossen worden, weil er angeblich die Anweisung »des Führers«, wie er Hitler noch immer nannte, Truppen von der Westfront zur Verteidigung Berlins abzuziehen, nicht erfüllt habe.

Marschall Shukow kommentierte damals in seinem Bericht an den Generalstab in Moskau, bei den Gespräch mit Krebs habe man den Eindruck gewonnen, daß es »Goebbels hauptsächlich darum geht, allein die Möglichkeit einer Anerkennung der entsprechend Hitlers Testament designierten neuen Regierung durch die Sowjetregierung zu sondieren, damit auch von Chancen für die Aufnahme von Verhandlungen über einen Waffenstillstand«.[15]

Offenkundig glaubte die faschistische Führung das anglo-amerikanische Oberkommando mit der Nachricht, daß bereits mit der Sowjetarmee in Berlin Separatverhandlungen begonnen wurden, zum Nachziehen zu nötigen. Goebbels hoffte wohl, doch noch mit den Westmächten zu irgendeiner separaten Vereinbarung zu gelangen. Heute wissen wir, daß er zwar auf bestimmte antisowjetisch eingestellte Fürsprecher auch in London und Washington rechnen konnte, doch nicht sie gaben im Frühjahr 1945 den Ton an.

Tschuikow beharrte auf der Kapitulation der Reste der Berliner Garnison. Krebs gab noch nicht auf. Er versuchte eine letzte Karte auszuspielen. Dazu verstieg er sich zu der Behauptung, daß Deutschland und die Sowjetunion als Gegner der »Plutokratie« eigentlich mehr verbinde als trenne.

Allen Dolmetschern bereitete es einige Schwierigkeiten, diesen Begriff und damit die so merkwürdige Behauptung General Tschuikow verständlich zu machen. Das »Dritte Reich« war ja nicht minder kapitalistisch verfaßt als die USA und Großbritannien. Die Finte von Krebs ging trotz dieser Schwierigkeiten bei der Übersetzung ins Leere.

Krebs unternahm noch einen weiteren vergeblichen Versuch. Die Sowjetunion müsse doch daran interessiert sein, daß Deutschland nach dem Kriege von den Westmächten keine kapitalistische Ordnung aufgezwungen bekäme.

Auch das stieß zurecht auf Unverständnis. Es gab 1945 keine sowjetische Direktive, die seit vielen Jahrzehnten bestehende bürgerliche Gesellschaftsordnung in Deutschland durch eine sozialistische zu ersetzen. Bestimmt wußte das auch General Tschuikow, wenn er auch nicht über alle Feinheiten der von der sowjetischen Führung geplanten Nachkriegspolitik informiert war.

Krebs argumentierte immer abstruser und demagogischer. Tschuikow zitierte ihn in seinen Erinnerungen mit der Wendung: »Ich denke, ich bin sicher, daß es nur einen Führer gibt, der nicht die Vernichtung Deutschlands will. Das ist Stalin. Er sagte, daß Deutschland nicht vernichtet werden könne. Aber wir fürchten die angloamerikanischen Pläne zur Vernichtung Deutschlands.«[16]

Die Uhr zeigte inzwischen 14 Uhr an diesem 1. Mai 1945. Es gab nichts weiter zu verhandeln. Tschuikow trug Krebs auf, die sowjetische Position so zu übermitteln, wie er sie zusammenfassend formulierte:

»1. Sofortige und bedingungslose Kapitulation der Berliner Garnison.

2. Allen Angehörigen der Garnison wird das Leben garantiert sowie der Verbleib von Orden und persönlichen Sachen. Offiziere können ihre blanken Waffen behalten, den Verwundeten wird medizinische Hilfe erteilt.

3. Im Falle der Annahme dieses Angebots wird die Sowjetregierung die Mitglieder der neuen deutschen Regierung und ihre leitenden Beamten entsprechend einer besonderen Liste nicht als Kriegsgefange-

General Hans Krebs, Chef des Generalstabes, vor dem Haus Schulenburg-Ring 2, wartet auf ein Gespräch mit Tschuikow

ne betrachten. Das sowjetische Oberkommando wird den Mitgliedern der Regierung in Berlin die Möglichkeit geben, mit Dönitz Verbindung aufzunehmen, um unverzüglich den Regierungen der drei alliierten Mächte dann vorschlagen zu können, Friedensverhandlungen zu beginnen.

Das sowjetische Oberkommando übernimmt dabei keine Gewähr, daß die Regierungen der UdSSR, Großbritanniens und der USA mit der deutschen Regierung in irgendwelche Verhandlungen eintreten werden.«[17]

Krebs und sein Gefolge erhoben sich.

Die Kampfhandlungen würden zunächst an diesem Abschnitt ruhen, gab Tschuikow ihm mit auf den Weg. Es würde eine telefonische Verbindung zur deutschen Seite hergestellt werden.

General Krebs verließ den Raum.

Die direkte Telefonleitung zwischen dem Befehlsstand von General Tschuikow und der Reichskanzlei sollte an der Prinz-Albrecht-Straße, unweit vom Anhalter Bahnhof, verknüpft werden.

Als ich das hörte, bäumte sich etwas in mir auf. In der Prinz-Albrecht-Straße hatte die Gestapo ihre Zentrale, im März 1933 war mein Vater dort gefoltert worden. Sollte ausgerechnet an dieser Stelle in Berlin eine Verbindung zu den Faschisten hergestellt werden?

Es sollte nicht dazu kommen. Mehrere sowjetische Soldaten und ein Offizier einer Nachrichteneinheit wurden beim Verlegen des Kabels verwundet, obgleich Waffenruhe vereinbart worden war.

Vier Stunden später erschien ein Oberstleutnant der Waffen-SS, wies sich als Bevollmächtigter des Reichskanzlers Goebbels aus und überreichte Tschuikow einen versiegelten Brief.

In dem von Krebs und Bormann unterzeichneten Schreiben wurden die sowjetischen Vorschläge zurückgewiesen und erklärt, daß die Kampfhandlungen fortgesetzt werden würden. Tschuikow in seinen Erinnerungen: »Der Oberstleutnant der SS wurde sofort zurückgeschickt. Die Telefonleitung mit der deutschen Seite wurde unterbrochen, der Sturm auf die eingeschlossene Berliner Gruppierung wurde mit erhöhter Kraft wieder aufgenommen.«

Der Versuch der faschistischen Abenteurer, die Antihitlerkoalition in letzter Stunde zu entzweien und so eine bedingungslose Kapitulation des Aggressors abzuwenden, war gescheitert.

Goebbels und Krebs verübten am Abend dieses 1. Mai Selbstmord. Bormann versuchte erfolglos, sich zu Dönitz durchzuschlagen. Er kam nicht mehr aus Berlin heraus.

Auf dem Reichstag wehte seit dem Vortag die rote Fahne. Soldaten der 3. Stoßarmee hatten sie auf dem Dach gehißt.

In der Nacht zum 2. Mai geriet Vizeadmiral Voß, der persönliche Vertreter von Großadmiral Dönitz und des Oberkommandos der Marine beim Führerhauptquartier, in Gefangenschaft. Er erklärte gegenüber dem Befehlshaber der 3. Stoßarmee: »In den letzten Tagen vor dem Ableben des Führers wurde mehrfach darüber debattiert, ob für Europa sich am besten eine Orientierung auf England und Amerika oder auf Rußland anbiete. Der Führer hielt Marschall Stalin als den weitaus stärksten seiner Gegner und bezeichnete ihn in Gesprächen mit mir öfters als harte und nicht zu Kompromissen neigende willensstarke Persönlichkeit.«[18]

Voß wertete das als eine Sinneswandlung Hitlers, von der aber Dönitz nichts wissen konnte. Deshalb bat Voß, Dönitz persönlich informieren zu dürfen. »Ich war dem Führer und dem Großadmiral besonders treu ergeben. Der Großadmiral könnte die von einem anderen ihm übermittelte Information über diese ihm nicht bekannte Willenserklärung als eine Provokation ansehen. Er selbst hat sich als Marineoffizier bisher mehr auf den Westen orientiert. Deshalb halte ich es für notwendig, daß ich ihn persönlich informiere.«[19]

Voß wurde nicht gestattet, zu Dönitz zu fahren.

Letzte Anstrengungen, einen Separatfrieden mit den USA und Großbritannien anzubahnen, unternahm »Reichspräsident« Dönitz von Flensburg aus. Auch sie waren zum Scheitern verurteilt. Nach der Einnahme Berlins durch die Sowjetarmee waren Verhandlungen über einen separaten Waffenstillstand mit Verantwortlichen des NS-Regimes absolut irrelevant. Selbst Churchill, der später einmal unverblümt erklärte, der Westen habe »vermutlich das falsche Schwein geschlachtet«, konnte und wollte im Mai 1945 nicht einen Bruch der in aller Welt hoch angesehenen Antihitlerkoalition provozieren.

Mein letzter Kriegstag

Der 1. Mai und die Nacht davor hatten mich sehr gefordert. In der Annahme, daß die Kampfhandlungen noch Tage dauern würden, legte ich mich hin. Einen Auftrag hatte ich nicht, also wollte ich die Pause nutzen. Trotz des starken Artilleriefeuers fiel ich in einen festen Schlaf. Plötzlich wurde ich laut geweckt: »Aufstehen! Der Krieg ist aus! Die Deutschen kapitulieren.«

Ich schaute auf die Uhr. Der 2. Mai war nur etliche Stunden alt.

Meine Kameraden berichteten vor Freude die letzten Neuigkeiten. Kurz nach Mitternacht hätten deutsche Parlamentäre in der Nähe des Potsdamer Platzes mitgeteilt, daß General der Artillerie Helmuth Weidling, Kommandeur des 56. Panzerkorps und seit einigen Tagen auch Befehlshaber des Verteidigungsbereichs Berlin, bereit sei, mit allen Truppen zu kapitulieren. Danach sei General Weidling zusammen mit dem Oberst von Dufving zum Befehlshaber unserer Armee am Schulenburg-Ring gebracht worden.

»Du sollst umgehend dorthin kommen. Es ist ja um die Ecke.«

Ich sprang sofort in meine Stiefel und eilte los.

Als ich ankam, war Weidling noch dabei, den Befehl über die Kapitulation zu formulieren. Er klang für meinen Begriff merkwürdig, entsprach aber wohl der Denkweise dieses Mannes.

»Am 30. 4. 45 hat sich der Führer selbst entleibt und damit uns, die wir ihm die Treue geschworen hatten, im Stich gelassen. Auf Befehl des Führers glaubt Ihr noch immer um Berlin kämpfen zu müssen, obwohl der Mangel an schweren Waffen, an Munition und die Gesamtlage den Kampf als sinnlos erscheinen lassen.

Jede Stunde, die Ihr weiterkämpft, verlängert die entsetzlichen Leiden der Zivilbevölkerung Berlins und unserer Verwundeten.

Jeder, der jetzt noch im Kampf um Berlin fällt, bringt seine Opfer umsonst.

Im Einvernehmen mit dem Oberkommando der sowjetischen Truppen fordere ich Euch daher auf, sofort den Kampf einzustellen.«[20]

Auf einer Schreibmaschine tippte dann ein Offizier aus Weidlings Stab etwas unbeholfen den Text. Ich erhielt den Auftrag, ihn mit einigen Durchschlägen noch einmal abzuschreiben. Dabei war ich sehr aufgeregt, was nicht ohne Folgen blieb.

Wie ich dem in meinem Besitz befindlichen Durchschlag entnehme, habe ich einige Male danebengehauen. Doch meine Tippfehler konnten den Lauf der Geschichte nicht aufhalten.

Weidling setzte ohne ein weiteres Wort seinen Namenszug unter jeden Durchschlag. Für ihn schien die Unterzeichnung dieses Befehls, der zumindest Zehntausenden Soldaten und auch vielen aus der Zivilbevölkerung Berlins das Leben rettete, die schlimmste Schmach in seinem Leben als langjähriger Militär zu sein.

Dann wurden einige Gruppen aus deutschen und sowjetischen Offizieren gebildet, die den Befehl zu den versprengten deutschen Truppen bringen sollten.

Ich bildete mit dem Adjutanten von General Weidling ein Paar.

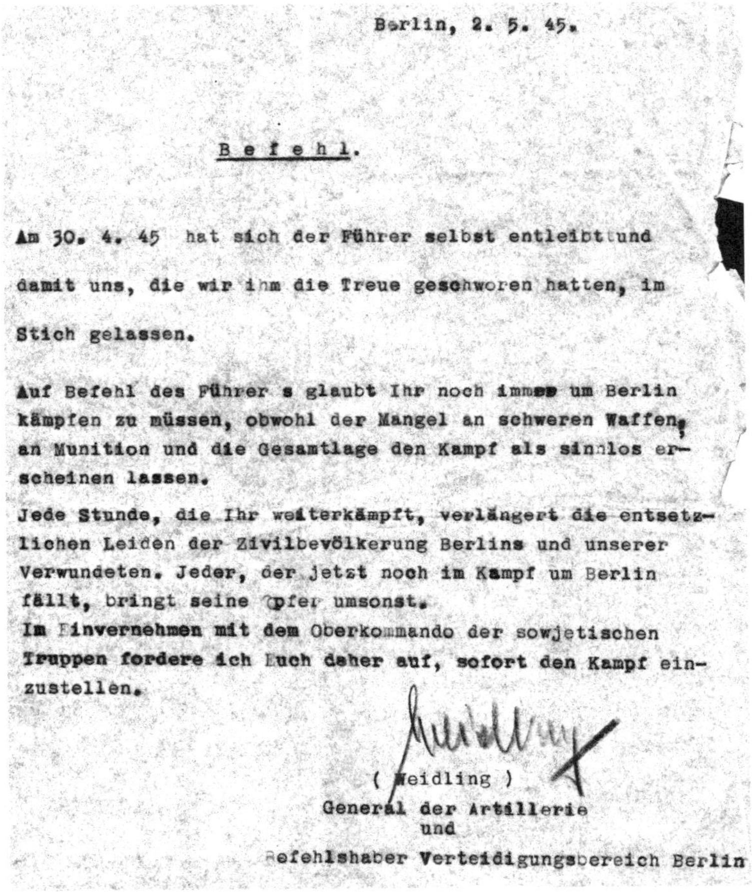

Berlin, 2. 5. 45.

B e f e h l.

Am 30. 4. 45 hat sich der Führer selbst entleibt und damit uns, die wir ihm die Treue geschworen hatten, im Stich gelassen.

Auf Befehl des Führer s glaubt Ihr noch immer um Berlin kämpfen zu müssen, obwohl der Mangel an schweren Waffen, an Munition und die Gesamtlage den Kampf als sinnlos erscheinen lassen.
Jede Stunde, die Ihr weiterkämpft, verlängert die entsetzlichen Leiden der Zivilbevölkerung Berlins und unserer Verwundeten. Jeder, der jetzt noch im Kampf um Berlin fällt, bringt seine Opfer umsonst.
Im Einvernehmen mit dem Oberkommando der sowjetischen Truppen fordere ich Euch daher auf, sofort den Kampf einzustellen.

(Weidling)
General der Artillerie
und
Befehlshaber Verteidigungsbereich Berlin

Der von Leutnant Doernberg getippte und von General Weidling unterzeichnete Befehl zur Kapitulation

Wir bestiegen meinen Lautsprecherwagen und machten uns zur bisherigen Hauptkampflinie auf den Weg. In der Nähe des Luftschutzbunkers am Zoologischen Garten, wo sich einige Einheiten verschanzt hatten, stoppten wir zum ersten Male. Von dort ging es weiter. Auch unweit des Führerbunkers neben der Reichskanzlei hielten wir und verlasen Weidlings Befehl. Nach und nach krochen aus Schützenlöchern und Kellern übermüdete und verdreckte Soldaten und Offiziere und hoben die Hände.

Am Nachmittag hatte die gesamte Berliner Garnison die Waffen gestreckt. Überall formierten sich Züge zum Abmarsch in die Gefangenschaft. So groß bei allen Soldaten der Roten Armee die Freude über den errungenen Sieg und den lang herbeigesehnten Frieden war, stimmte der Anblick der vielen Gefangenen nicht fröhlich. Sie waren ja auch Opfer des Hitlerkrieges. Manche Sowjetsoldaten verbargen schon an diesem Tag nicht ein gewisses Mitleid mit den übermüdeten Gestalten, die sich jetzt durch Berlins Straßen in eine ungewisse Zukunft hinschleppten.

In Berlin kapitulierten insgesamt 87.170 Soldaten und Offiziere, darunter dreizehn Generale.

Am 4. Mai 1945 gerieten westlich von Spandau weitere 30.000 Soldaten und Offiziere in sowjetische Gefangenschaft, als sie versuchten, sich nach Westen durchzuschlagen. Viele bezahlten den unsinnigen Ausbruch mit dem Leben.[21]

In Berlin herrschte Ruhe. Doch eine recht Friedensstimmung kam nicht auf – weder bei den Soldaten noch bei der Bevölkerung. Es sollte etliche Tage und Wochen dauern, ehe die Anspannung des Krieges abfiel. Wir kennen die Filmbilder von jubelnden Menschenmassen, tanzenden Soldaten und Konfettiparaden, mit denen das Ende des Krieges in vielen Ländern gefeiert wurde. In Berlin war das anders. Bedrückende Stille lag über der Stadt, die im wesentlichen nur noch aus Ruinen bestand. Friedhofsstille.

Aber nicht nur die überlebenden Deutschen waren noch einmal »davongekommen«. Das galt auch für mich.

Bereits im Sommer 1941, zu Beginn des Krieges, als wir südlich von Smolensk Panzersperrgräben anlegten, hätte es mich treffen können. Eine von deutschen Stukas abgefeuerte MG-Salve rasierte knapp an mit vorbei. Ein Geschoß zerriß den Rand meiner Sandale. Es war aber nichts passiert, und bei meinem Leichtsinn als 17jähriger erschien mir der Vorfall läppisch. Gerühmt habe ich mich mit dieser ersten Feuerprobe nie. Ich hatte ja auch keine Heldentat begangen.

Im Mai 1944 löste die 8. Gardearmee einen anderen Großverband auf einem Brückenkopf am westlichen Ufer des Dnjestr ab und bereitete sich auf einen Angriff zur Befreiung des letzten Zipfels der Moldauischen Unionsrepublik vor. Wir erhielten den Auftrag, unmittelbar an der Hauptkampflinie wie üblich die Soldaten der Wehrmacht zur Einstellung des Widerstandes aufzufordern. Während der Sendung begann ein Trommelfeuer der deutschen Artillerie. Zunächst dachten wir, daß es allein unserem Lautsprecherwagen galt. Das um so mehr, als er von mehreren Geschossen getroffen wurde, wobei zwei Soldaten der Besatzung den Tod fanden.

Das Artilleriefeuer hörte aber nicht auf und lag auf dem ganzen Brückenkopf, der auf das östliche Flußufer zurückgedrängt, also liquidiert werden sollte. In der Dunkelheit verlor ich Leutnant Herbert Möller, den Beauftragten des Nationalkomitees »Freies Deutschland«, zunächst aus den Augen. Dann aber entdeckte ich ihn wieder: Vor ihm standen zwei, drei Rotarmisten mit erhobenen Händen. Wie sich zeigte, hielten sie ihn aufgrund seiner Uniform für einen der Angreifer, nahmen sogar an, der Brückenkopf sei von der Wehrmacht inzwischen überrannt worden. Als ich jedoch erklärte, wer dieser deutsche Leutnant sei, wurden sie plötzlich wieder mutig, griffen nach ihren weggeworfenen Waffen und wollten Möller umgehend erschießen. Möglicherweise auch mich als Belastungszeugen. Erst nachdem ich ihnen zusicherte, über diesen Vorfall zu schweigen, ließen sie uns laufen. Ich erstattet auch keine Meldung. Irgendwie hatte ich für die Angstpsychose der erst unlängst eingezogenen Soldaten Verständnis.

Im Herbst 1944 geriet ich bei Warschau unter Beschuß eigener »Katjuschas«. Offenkundig hatte man den letzten Geländegewinn noch nicht registriert oder aus anderen Gründen das Ziel verpaßt. So etwas kam im Krieg nicht selten vor. Jedenfalls wurde der Waldrand, wo wir nahe der Hauptkampflinie (HKL) unseren Lautsprecherwagen in Stellung gebracht hatten, mit Raketen beschossen.

Zum Glück schlugen sie etwas abseits ein, unser LKW und wir blieben unversehrt.

Das wohl schlimmste Erlebnis jedoch trug sich wenige Wochen zuvor in der Nähe der sowjetisch-polnischen Grenze südlich von Brest zu, als ich um Haaresbreite dem Tod entging.

Unser Armeestab lag in einem Wäldchen, als in den späten Abendstunden ein Bombardement begann. Ich flüchtete mich in einen Erdbunker – allerdings nicht in jenen, in welchem drei unserer Leute verschwanden, sondern in einen kleineren daneben. Dort lag Alla in Deckung, die Schreibkraft unserer Abteilung. Alla war seit der Stalingrader Schlacht in unserer Einheit, eine sympathische und etwas burschikose junge Frau.

Plötzlich gab es einen gewaltigen Schlag, uns flog der Dreck um die Ohren, die Erde bebte. Ich wühlte mich ins Freie. Dort, wo sich nebenan bis vor kurzem der Bunker befand, gähnte ein riesiger Krater. So etwas nannte man Volltreffer. Drei Tote, darunter der neue Chef unserer Abteilung und ein Feldwebel, ein Georgier. Er war bei allen beliebt, kümmerte er sich doch rührend um die nicht leichten tausend Dinge des täglichen Lebens unserer Abteilung. Er war an jenem Tag aus Moskau zurückgekehrt. Dahin hatte er Oberstleutnant Scheljubski begleitet, der bisher Chef der Abteilung war. Scheljubski war schwer erkrankt und mußte operiert werden. In dem Moment als sich der Feldwebel beim neuen Chef zurückmeldete, fiel die Fliegerbombe …

Solche Erlebnisse vergißt man nicht.

Doch ich hatte glücklich den Krieg überstanden, der so furchtbar vielen Menschen das Leben kostete.

Die Zahl der Kriegsopfer war weitaus größer als ich es im Mai 1945 auch nur ahnen konnte. Es dauerte Jahrzehnte bis die schreckliche Bilanz dieses bisher wohl größten globalen Verbrechen ziemlich exakt vorlag, obwohl heute noch Opfer des Krieges gefunden und nachwirkende Folgen aufgedeckt werden. Aufwendige Berechnungen des sowjetischen Generalstabes, die Mitte der 80er Jahre begannen und Anfang der 90er Jahre abgeschlossen wurden, ergaben:

Die UdSSR hatte im Zweiten Weltkrieg etwa 27 Millionen Tote zu beklagen, darunter etwa 14 Millionen Zivilisten, die in den besetzten Gebieten ermordet worden waren oder als Zwangsarbeiter umkamen. Von den über drei Millionen sowjetischen Kriegsgefangenen wurden zwei Millionen in deutschen Lagern ermordet. verhungerten oder starben an Krankheiten.

An der deutsch-sowjetischen Front verlor die Roten Armee insgesamt 11,4 Millionen Menschen. Hinzu kamen noch Millionen Schwerverwundete, die an den Folgen starben oder zu Krüppeln wurden.

Infolge des Krieges nahm auch die Sterberate bei der Zivilbevölkerung zu. Sie überstieg erheblich die Geburtenrate.

Alles in allem verminderte sich die Bevölkerung der Sowjetunion um etwa 38 Millionen Menschen.

Die Verluste der Wehrmacht betrugen an allen Fronten 8,8 Millionen Menschen. Weitere Millionen, die Mehrzahl 1945 schon als Folge der totalen Niederlage, gerieten meist für Jahre in Kriegsgefangenschaft, die sie in verschiedenen Ländern verbüßten. In sowjetischer Kriegsgefangenschaft befanden sich nach offiziellen Angaben 2,4 Millionen deutsche Kriegsgefangene. In der Gefangenschaft verstarben 350.000, darunter viele, die wie in Stalingrad verwundet oder bereits erkrankt in Gefangenschaft gerieten.[22]

Von den 6 Millionen Opfern des Holocaust kamen über 3 Millionen aus Polen und fast 2 Millionen aus der UdSSR.

China beklagte über 10 Millionen Tote, Polen 4,5 Millionen, Ju-

goslawien 1,7 Millionen. Frankreich verlor 800.000, Großbritannien 390.000, die USA etwa 260.000, Ungarn 140.000 Menschen.

Unter den Opfern des Zweiten Weltkrieges dürfen die Toten der Bombenangriffe auf deutsche Städte nicht vergessen werden.

Unentschuldbar bleibt der Umgang mit sowjetischen Soldaten und Offizieren, die zu jener Minderheit gehörten, welche die Schrecken der deutschen Gefangenschaft überlebt hatten. Auf Anweisung Stalins kamen Hunderttausende nach ihrer Rückkehr mit der Beschuldigung, den Feind unterstützt zu haben, in Arbeitslager oder wurden jahrelang in ihrem Berufsleben diskriminiert. Erst lange nach dem Krieg wurden sie rehabilitiert.

Doch das alles konnte ich nicht wissen an jenem Tag, der für mich der bedeutsamste meines Leben war. Ein Tag der Freude und des Nachdenken über das Erlebte.

Berlin bot im Mai 1945 einen jämmerlichen Anblick. Rauchende Trümmer und dazwischen Menschen, die es schon wagten, aus den Kellern herauszukommen. Es war das Bild eines totalen Zusammenbruchs. Die ganze gewohnte Ordnung lag am Boden. Nichts funktionierte mehr, weder die Versorgung mit Strom, Gas oder Wasser noch Verkehr und Handel. Selbst die Versorgung mit rationierten Lebensmitteln war zu einem schier unlösbaren Problem geworden. Dabei war die Situation in den einzelnen Stadtvierteln, manchmal sogar in einzelnen Straßen recht unterschiedlich.

Sieger und Besiegte – damals sprach man noch nicht von Befreiern und Befreiten – bewegten natürlich ganz unterschiedliche Gefühle. Es gab aber auch etwas Gemeinsames, meist Unausgesprochenes: die Freude, den furchtbaren Krieg überlebt zu haben.

Obwohl sich an diesem Tag schon genug ereignet hatte und ich ziemlich müde war, kam mir aus heiterem Himmel noch ein Einfall. Ich wollte nach Steglitz fahren. Ich war mir zwar nicht sicher, ob unser Wohnhaus noch stehen und ich die Straße finden würde. Steglitz lag zudem im Bereich einer anderen Armee, bei einer Kontrolle waren deshalb Unannehmlichkeiten nicht ausgeschlossen. Einen Dienstauftrag konnte ich nicht vorweisen.

In meinem jugendlichen Leichtsinn kalkulierte ich all das nicht ein. Wahrscheinlich war das Heimweh stärker als die Vernunft.

Die Besatzung unseres Lautsprecherwagens ließ sich trotz berechtigter Bedenken, ob wir den Weg durch die Trümmer überhaupt finden würden, überzeugen. Ich fand ihn sogar ziemlich mühelos. Die Holsteinische Straße in Steglitz war kaum zerstört.

Bombeneinschläge entdeckte ich nicht, Straßenkämpfe hatte es hier auch nicht gegeben. Aus den Fenstern und von den Balkonen hingen wie überall in der Stadt weiße Bettlaken. Einige Leute standen vor ihren Häusern und schauten neugierig, andere verschwanden schnell, als sie uns sahen. Wir waren die ersten Russen im Kietz.

Wir hielten am Haus mit der Nummer 18 an, vor das einige Menschen neugierig heraustraten. Ich fragte in die Runde, wer der Portier sei. Ein älterer Mann stammelte verängstigt, er sei seit 1928 der Hauswart hier. (So hieß das ja im Nazi-Deutsch.) Ich konnte mich nicht an ihn erinnern. Wohl aber an jenen Mann, der sich mit heiserer Stimme einmischte. Das war der Schuhmacher aus dem Nebenhaus, dem im 1. Weltkrieg die Stimmbänder lädiert worden waren.

»Sind Sie nicht der Schuster mit der Werkstatt um die Ecke?« fragte ich ihn.

Der Mann zögerte mit der Antwort, musterte mich von oben bis unten. Dann entfuhr es ihm: »Sind Sie nicht der junge Doernberg?«

Ich nickte. Ein Lächeln huschte über sein Gesicht. »Leben Ihre Eltern noch? Wie geht es ihnen?«

Das Eis schien gebrochen. Auch andere erinnerten sich plötzlich an unsere Familie.

Die Wiedersehensfreude schien mir nicht gespielt. Sie wurde wohl auch aus der Hoffnung gespeist, als Vertreter der Sieger könnte ich behilflich sein – wobei auch immer.

Die Mieterin in der 3. Etage, die in unserer ehemaligen Wohnung lebte, bot mir einen Blick in ihr Quartier an. Zugleich flehte sie mich an, ihr die Wohnung zu lassen und sie nicht nach Sibirien zu verbannen. Ihr wäre die leerstehende Wohnung zugewiesen worden. Wenn nötig, würde sie aber auch ausziehen, nur brauche sie dazu etwas Zeit.

Die Frau war aufgeregt und mehr als verängstigt, als sie mich, noch dazu einen Vormieter, sah. Ich suchte sie zu beruhigen. Niemand hätte die Absicht, ihr die Wohnung wegzunehmen. Zudem sei unsere Familie wie sie auch nur Mieter gewesen. Nach Sibirien würde sie bestimmt nicht verbannt werden. Sie sollte doch nicht mehr an die Lügen der Nazis glauben.

Als ich mich verabschieden wollte, lud mich der Hauswart zu einer Tasse Kaffee ein. Es war zwar eine dünne Lorke, wie der Berliner sagt, aber es war mein erster seit Jahren, denn in der Roten Armee gab es nur Tee. Ich versprach bald wiederzukommen. (Ende 1945 schaute ich mit meinen Eltern vorbei, dann im Herbst 1946 mit meiner Frau. Jahrzehnte später verschlug es mich aus Neugier noch einmal in die Holsteinische Straße. Unser Haus sah noch immer so aus, wie ich es in Erinnerung hatte. Doch von den früheren Bewohnern traf ich keinen mehr an.)

An jenem 2. Mai 1945 war ich buchstäblich heimgekehrt. In meinem Gedächtnis blieb er das Kriegsende. Für mich war der Friede an diesem Tag hörbar und unübersehbar angebrochen ...

Der 8. Mai 1945 und die ersten Tage des Friedens

Am nächsten Morgen glaubte ich, in einem neuen Zeitalter aufgewacht zu sein. Alles war jetzt wohl anders. Recht bald schien sich das neue Lebensgefühl zu bestätigen. Der Chef der Politabteilung der 8. Gardearmee, General Skossyrew, forderte mich auf, ihn und vielleicht andere Generale bei einer Rundfahrt durch Berlins Mitte zu begleiten. Er wußte, daß ich gebürtiger Berliner war, hoffte, mit mir einen Dolmetscher wie Fremdenführer zu haben.

Zwar erkannte ich einige Straßen und markante Gebäude, soweit sie nicht zu sehr zerstört waren, doch meist tappte ich weitgehend im dunkeln. Gespräche mit der Bevölkerung, an denen der General interessiert war, kamen nicht zustande. Es waren nur selten Menschen zu entdecken. Sobald sie uns von weitem sahen, verschwanden sie meist.

Unser Jeep bog in die Wilhelmstraße und hielt dann vor einem monumentalen Gebäude, vor dem mehrere Posten standen. Ich konnte es schon deshalb nicht kennen, weil es zu meiner Zeit noch nicht erbaut war. Es handelte sich um die neue Reichskanzlei. Wir schritten durch die weite Empfangshalle. Hitlers zum Teil zerstörter Palast wirkte gespenstisch. Schutt und Müll lagen überall herum. Von hier also hatte der Krieg mit seinen Schrecken begonnen. So sah die eigentliche Machtzentrale des »Dritten Reichs« jetzt aus. Nur einige Offiziere trafen wir an. Es schien sich niemand für dieses Haus zu interessieren. Dann betraten wir ein großes Arbeitszimmer. Neben dem wuchtigen Schreibtisch stand ein riesengroßer Globus. Hatte Hitler zusammen mit den Generälen und anderen Größen des Reiches an ihm die Pläne zur Eroberung der Weltherrschaft geschmiedet? Anzunehmen war es aus meiner Sicht.

Dann fragte ich den General: »Ob Hitler sich hier am 30. April umgebracht hat, wie das Krebs und Weidling bestätigt hatten?«

»Keine Ahnung. So genau war ihre Mitteilung doch nicht.« In diesem Raum war auch kaum jemand zu sehen.

Wir gingen weiter durch einige Flure und Gänge und kamen an eine Stelle, wo etliche Offiziere uns den weiteren Weg versperrten. Entschieden wurde uns erklärt, daß niemand durchgelassen werden könnte. Selbst ein General war für diese selbstbewußten Offiziere keine Autorität. Zudem befanden wir uns insofern auf »fremden Gebiet«, da dieser Teil der Berliner Innenstadt zwar nur wenige hundert Meter von jenem lag, der von unserer Armee besetzt worden war, aber hier war die 3. Stoßarmee zuständig. General Skossyrew übte hier keine Kommandogewalt aus und nahm die Anordnung schweigend zur Kenntnis. Vielleicht ahnte er auch, daß die Offiziere zu einer Spezialeinheit gehörten, mit der man sich lieber nicht einließ. (Nach wenigen Tagen hörte ich, daß man im Bunker der Reichskanzlei oder direkt daneben verkohlte Leichen gefunden und zwei mit etwas Mühe als die von von Hitler und Goebbels identifiziert habe. Von Augenzeugen wurde das später detailliert beschrieben.)

Nach der kurzen Visite der Reichskanzlei hatte ich noch weniger Zweifel an der Korrektheit der Mitteilungen von Krebs und Weidling. Hitler war tot. Gerüchte über seine angebliche Flucht, die später auftauchten und – aus welchen Gründen auch immer – von Stalin nicht dementiert wurden, obwohl ihm der ausführliche Bericht über Hitlers Selbstmord und die Untersuchung seiner Leiche vorlag, habe ich nie ernst genommen.

Wir verließen Hitlers letztes Domizil. Der General wollte wohl mögliche Unannehmlichkeiten vermeiden. Einen Auftrag für die Visite wie überhaupt für die Fahrt durch das zerstörte Berlin hatte er sicher nicht. Trotzdem setzten wir die Rundreise durch das Stadtzentrum fort. Wann würde sich hierzu wieder eine Gelegenheit bieten? Schon bald würde der übliche militärische Alltag beginnen, dann mit dem Reglement einer Besatzungsarmee und entsprechenden Vorschriften.

So stiegen wir wieder in den Jeep, der General vorn neben dem Fahrer, ich hinter seinem Rücken. Wir fuhren weiter zum Brandenburger Tor und danach zum Reichstag, dessen Mauern bereits von unzähligen Schriftzügen bedeckt waren. Nahezu jeder Rotarmist, der in den letzten Tagen vorbeikam, hinterließ seinen Namen und zuweilen auch einen deftigen Spruch. Auf diese Weise wollte er seinen Anteil am Sieg über den verhaßten Feind dokumentieren.

Der Reichstag verkörperte bei den Soldaten – gänzlich unbegründet – die Machtzentrale des Hitlerreiches. Die Reichskanzlei war für fast alle ein unbekannter Gebäudekomplex, dem auch ich damals nicht große Bedeutung beimaß. Das lag auch daran, daß der Reichstagsbrand von 1933 vielen symbolhaft im Gedächtnis war.

Als wir vors Portal des zerstörten Reichstags traten, schaute ich auf einen leeren Königsplatz. Ich war irritiert, denn dort wähnte ich die Siegessäule, jenes martialische Denkmal, das zur Erinnerung an den Sieg über Frankreich im Krieg von 1870/71 errichtet worden war. Es war einfach weg. Wenig später, als wir zur Charlottenburger Chaussee fuhren, entdeckte ich es wieder und entschuldigte mich beim General. Ich mußte mich wohl geirrt haben. (Viel später erfuhr ich, daß mich meine Erinnerung keineswegs trog. Auf Anweisung Hitlers war die Siegessäule in die Mitte der Paradierstraße gesetzt worden, die in Charlottenburg begann, durchs Brandenburger Tor führte und erst am Berliner Schloß endete.)

An der Siegessäle hing schon eine rote Fahne. Später, als Berlin Sitz des Alliierten Kontrollrats wurde, sollte sie durch die französische Trikolore ersetzt werden. Sowjetischerseits dürfte es keinen Einspruch gegeben haben. Frankreich wollte damit demonstrieren, daß die der Grand Nation vor 75 Jahren von Preußen zugefügte Schmach endlich getilgt sei.

Sodann machten wir noch einen Abstecher zum Kurfürstendamm, der einstigen Prachtstraße des Berliner Westens. Auch hier

General Skossyrew (2. v. r.) und andere Generale der 8. Gardearmee bei der Besichtigung Berlins

säumten wie überall verkohlte Fassaden und Ruinen die Straßen. Das Pflaster war aufgerissen und zernarbt von Bomben- und Granattrichtern. Unser Fahrer fuhr geschickt Slalom zwischen ausgebrannten Fahrzeugen und Straßenbahnen, Löchern und herabhängenden Oberleitungen. Da und dort lagen Pferdekadaver. Wir sahen nicht nur, sondern rochen es auch, daß nichts mehr funktionierte. Brand- und Verwesungsgeruch lastete auf der Stadt. Vor drei, vier Tagen war hier noch erbittert gekämpft worden. Nun mußte als erstes aufgeräumt werden. Der General meinte, ein Wiederaufbau der zerstörten Stadt könnte Jahrzehnte dauern. Vielleicht wäre es das Vernünftigste, Berlin woanders neu zu errichten. Ich widersprach ihm. Darauf meinte er: »Die Deutschen sind doch tüchtig und einfallsreich. Ihr werdet das schon wieder hinkriegen.«

Er hatte mich versöhnlich einen Deutschen genannt.

Das gefiel mir.

Am nächsten Tag kehrte ich nach Johannisthal in unser Quartier zurück. Obgleich ich nur fünf Tage weggewesen war, hatte sich erkennbar viel verändert. Es gab schon eine Bezirkskommandantur. Sie hatte erste Aufräumungsarbeiten angeordnet. Auch Bäckereien und einige andere Läden waren bereits wieder geöffnet. Davor standen Menschen in langen Schlangen. Aus Feldküchen verteilten Sowjetsoldaten Essen an Frauen, Kinder und ältere Männer.

Mit unserem Lautsprecherwagen fuhren wir auf freie Plätze. Ich verlas Anweisungen des Stadtkommandanten Bersarin und erläuterte diese. Zwischendurch spielte ich Platten mit deutscher Volksmusik. Dann gab es wieder Nachrichten. Immer mehr Menschen versammelten sich um unser Fahrzeug und hörten aufmerksam zu. Ich studierte die Gesichter. Sie schienen alterslos weiß und welk, die Blicke gingen oft ins Leere, die Augen waren stumpf. Wie sollte man diese Menschen aus ihrer Lethargie reißen?

Sehr viele Menschen hatten nicht nur ihr Obdach und oft ihre Familie verloren, sondern auch ihren Mut. Den aber gewann man nicht durch Sprüche und Versprechungen zurück.

Mit Major Popow erhielt ich den Auftrag, in das Haus des »Großdeutschen Rundfunks« in die Masurenallee nach Charlottenburg zu fahren, um eine Bestandsaufnahme vorzunehmen.

Unweit davon hatte die jüdische Schule gestanden, die ich zwischen 1933 und 1935 besucht hatte. Das Haus war weg. Hingegen wies das massive Gebäude des Rundfunks kaum Beschädigungen auf. Kampfhandlungen hatte es hier, wie wir erfuhren, nicht gegeben.

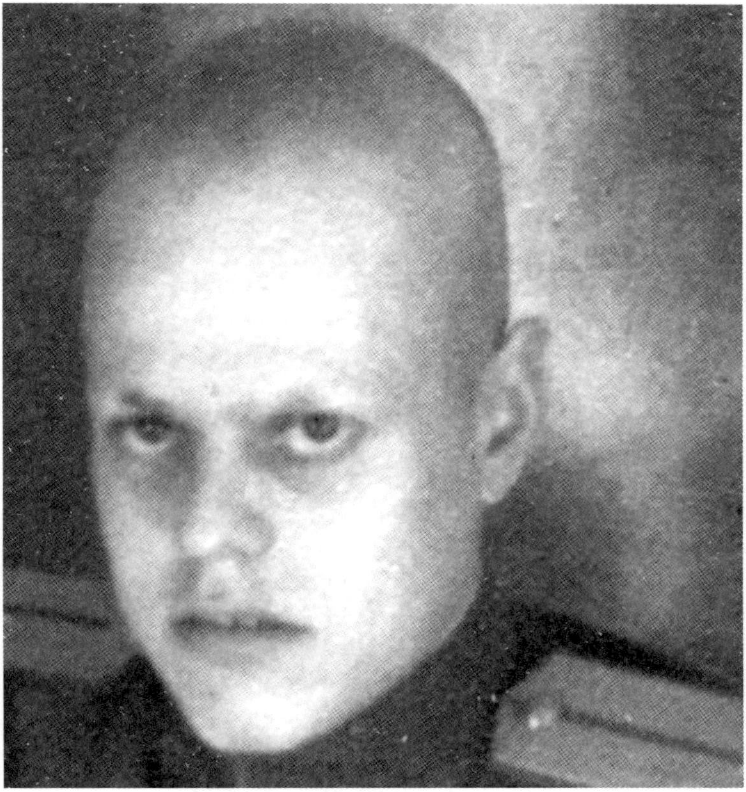

Leutnant Stefan Doernberg nach dem Krieg

Es stellte sich heraus, daß bislang keine sowjetische Einheit hier gewesen war. Wir waren die ersten Russen, sah man von den Zwangsarbeitern ab, die unweit des Funkturms in einem Lager untergebracht waren und sich selbst befreit hatten. Sie hatten sich bewaffnet und trugen voller Stolz die früher diskriminierende Aufschrift »Ost« an ihrer Arbeitskleidung. Eigenmächtig hatten sie einige Soldaten und Offiziere aus der Wachmannschaft des Rundfunkhauses festgesetzt. Ihnen war es wohl auch zu danken, daß die Anlagen des Rundfunks nicht noch in letzter Minute gesprengt worden waren, wie es vorgesehen war. Alles, aber auch alles wollten die gescheiterten Welteroberer mit in den Abgrund reißen. Selbst in Deutschland sollte nur verbrannte Erde zurückbleiben.

Im Rundfunkgebäude trafen wir einige Techniker und Mitarbeiter. Sie hatten die Anweisungen der Zwangsarbeiter gebilligt und unterstützt. Sie schienen an ihrem Beruf zu hängen und hofften auf eine Wiederaufnahme des Sendebetriebs. Sie glaubten aber nicht, daß es in absehbarer Zukunft dazu kommen würde. Die erste Sendung des Berliner Rundfunks sollte aber schon zehn Tage später ausgestrahlt werden.

Major Popow ordnete an, daß ohne seine Zustimmung niemand das Haus betreten und nichts verändert werden dürfe. Die selbsternannte Wachmannschaft blieb auf ihrem Posten. Ein sowjetischer Nachrichtenoffizier, der mit uns gekommen war, blieb als Vertreter des »Radiokommandanten Popow« zurück. Wir brachten einen Lagebericht zu Papier und übergaben ihn dem Armeestab.

Am 8. Mai bat mich Major Popow, noch einmal mit ihm in die Masurenallee zu fahren. Ich sollte ihn unterstützen, falls seine Deutschkenntnisse nicht ausreichen würden. Details erfuhr ich von ihm nicht. Er sagte nur, daß er den Auftrag erhalten habe, ein intaktes Tonaufzeichnungsgerät ausfindig zu machen und dieses umgehend nach Berlin-Karlshorst zu bringen, wo sich der Stab der 5. Stoßarmee und des Stadtkommandanten befand.

Mit Hilfe des Nachrichtenoffiziers fanden wir ein Gerät, das wir in unseren LKW wuchteten. Über die Heerstraße und die Ost-West-Achse kamen wir zügig bis zum Brandenburger Tor. Dahinter, Unter den Linden, waren die Trümmer kaum beseitigt. Noch schlimmer war es auf der Frankfurter Allee, die nach Osten, Richtung Karlshorst, führte. Es war kein Durchkommen. Zerschossene Panzer und Autos blockierten den Weg, der U-Bahn-Tunnel war an mehreren

Mit dem Lautsprecherwagen unterwegs

Stellen eingebrochen. Immer wieder mußten wir in Seitenstraßen ausweichen und Umwege fahren – die Zeit verrann.

Über Lichtenberg gelangten wir nach Friedrichsfelde, wo die Straßen geräumt waren, sie wirkten wie gefegt. Hinterm S-Bahnhof schwang sich ein hölzerner Triumphbogen über die Straße, an dem nicht nur das rote Banner der Sowjetunion, sondern auch die Fahnen Frankreichs, Großbritanniens und der USA flatterten. Wir nahmen das ohne jegliche Überraschung zur Kenntnis, wunderten uns aber doch, daß an den Straßenrändern Posten standen. Wir nutzten sie als Wegweiser. Das half uns, sich nach der ausgehändigten Karte zu orientieren und das gesuchte Gebäude zu finden.

Es war ein unbeschädigtes repräsentatives, zweistöckiges Haus mit Säulen an der Portalseite, wenn auch nicht sehr groß. Wir erfuhren, daß sich darin bis vor kurzem das Offizierskasino einer Pionierschule befunden habe. Auch hier wehten die Fahnen der Alliierten. Wir sahen Posten und aufgeregt hin und her eilende Offiziere. In das Haus wurden wir zunächst nicht gelassen.

Dann kam ein nicht mehr ganz junger Offizier, der die Installierung des Geräts anleitete. Von ihm erfuhren wir endlich, daß in diesem Haus die Unterzeichnung der bedingungslosen Kapitulation der Wehrmacht erfolgen solle. Für mich war das damals mehr ein formaler Akt. Der Krieg war für mich schon seit einer Woche zu Ende.

Wir sollten uns in einem kleinen Nebenraum aufhalten, hieß es. Die Kabel wurden derweil in einen recht geräumigen Raum gezogen. Dort standen schon viele Stühle und mehrere Tische, auf denen Mikrofone aufgebaut werden sollten. Das erledigten Mechaniker des Frontstabs.

Die vibrierende Spannung, die alle erfaßt zu haben schien, erreichte uns nicht.

Wieder und wieder hieß es, der Beginn der Zeremonie verzögere sich, weil man noch auf General Eisenhower warte. Wie ich später hörte, war dem gar nicht so. Im französischen Reims hatte am Vortag Generaloberst Jodl eine Kapitulationsurkunde in Anwesenheit von Eisenhower unterzeichnet. Das stand nicht ganz im Einklang mit schon getroffenen Vereinbarungen. Eisenhower war wohl peinlich, bei der Widerholung des Vorgangs anwesend zu sein, genauer gesagt: die offizielle Urkunde über die bedingungslose Kapitulation durch den Chef des OKW zusammen mit Marschall Shukow zu signieren.

Der separate Akt in Reims hatte in Moskau einigen Ärger ausgelöst. Zudem hatte Stalin nachdrücklich gefordert, die Kapitulationsurkunde solle dort unterzeichnet werden, von wo die Aggression und Bedrohung der Weltzivilisation ausgegangen war: in Berlin. Washington und London stimmten zu, um jegliche Unstimmigkeit mit dem Verbündeten zu vermeiden, der, wie weltweit anerkannt, den größten und opferreichsten Beitrag zum Sieg geleistet hatte.

Shukow unterzeichnete als Stellvertreter des Obersten Befehlshaber der sowjetischen Streitkräfte, also Stalins. Eisenhower als Oberster Befehlshaber der Expeditionsstreitkräfte der westlichen Alliierten konnte ohne Affront darum ebenfalls seine Stellvertreter nach Berlin entsenden. Möglicherweise aber deuteten sich schon erste Schatten auf den Beziehungen an, obwohl ich das – im Unterschied zu einigen, die keine Zeugen in Karlshorst waren – nicht so werte.

Punkt 24.00 Uhr nach Moskauer Zeit, die aber inzwischen auch in Berlin galt – nach Mitteleuropäischer Sommerzeit 23.00 Uhr – betraten die vier Delegationen der Allierten, angeführt von Marschall Shukow, den Saal. Sie nahmen am Präsidiumstisch Platz, wo die Fahnen der Siegermächte hingen. Senkrecht dazu standen zwei lange Tische; hier saßen bereits sowjetische und alliierte Offiziere sowie wenige Presseleute.

Marschall Shukow eröffnete die Sitzung. Dann wurden die Deutschen, die den ganzen Tag in einem Nebengebäude gewartet hatten, hereingerufen. Generalfeldmarschall Wilhelm Keitel, Chef des Oberkommandos der Wehrmacht, hob theatralisch seinen Marschallstab, überreichte eine vom neuen Reichskanzler Großadmiral Dönitz ausgestellte Bevollmächtigung und nahm mit seiner Begleitung an dem kleinen abseits stehenden Tisch Platz.

Generalfeldmarschall Keitel, Generaladmiral Hans-Georg von Friedeburg und Generaloberst Hans-Jürgen Stumpff wurden aufgefordert, an die Schmalseite des Präsidiumstisches heranzutreten, um wortlos die historische Urkunde zu unterschreiben. Keitel wurde es nicht gestattet, eine vorbereitete Erklärung vorzutragen.

Die Prozedur der Unterzeichnung der Kapitulationsurkunde begann. Sie dauerte mit der Übersetzung eine geraume Weile.

Als erster leistete Marschall Georgi Shukow die Gegenzeichnung. Dann setzten der britische Luftmarschall Sir Arthur Tedder für die Alliierten Expeditionsstreitkräfte in Europa sowie der französische General Jean de Lattre-Tassigny und der US-General Carl Spaatz ihre Unterschrift. Marschall Shukow beschloß den Akt mit den Worten: »Die deutsche Delegation kann gehen.«[23]

Die auf Moskauer Zeit eingestellten Uhren zeigten 0.43 Uhr. Es war der 9. Mai 1945. »Die ganze Spannung, die sich im Saal gespeichert hat«, so erinnerte sich der sowjetische Schriftsteller und Kriegsberichterstatter Konstantin Simonow, »entlud sich plötzlich. Es war, als hätten alle lange Zeit die Luft angehalten und atmeten jetzt zu gleicher Zeit aus. Ein allgemeiner leichter Seufzer der Erleichterung. Die Kapitulation ist unterzeichnet. Der Krieg ist zu Ende!«

Während Marschall Shukow seine Gäste zu einem Festbankett bat, erleuchteten Raketen den nächtlichen Himmel über der Reichshauptstadt und krachten überall Gewehrsalven. Die Rotarmisten feierten den Sieg. Sie tanzten, sangen und tranken.

In Blitzmeldungen eilte die Botschaft aus Berlin-Karlshorst um den Erdball. Unbeschreibliche Freudenszenen spielten sich ab auf dem Roten Platz in Moskau, auf den Champs-Elysées in Paris, am Piccadilly Circus in London und am Times Square in New York.

Unser Tonaufzeichnungsgerät könnte auch das Basismaterial für einige spätere Berichte geliefert haben. Authentische Hinweise erhielt ich aber nie. Trotzdem möchte ich einen beeindruckenden Bericht zitieren. Er stammte aus der Feder des angesehenen Historikers und Deutschlandexperten Arkadi Jerussalimski, dessen Arbeit über Bismarck vor Jahren eine hohe Wertschätzung von Stalin erfahren hatte. Im Mai 1945 war er im Rang eines höheren Offiziers Kriegsberichterstatter und zugleich Berater bei Marschall Shukow. In den 50er Jahren lernte ich ihn bei meinem Studium an der Moskauer Universität näher kennen. Bei seinem späteren mehrjährigen Aufenthalt in Berlin wurde er für mich zu einem guten Freund.

Ich sah ihn in der Nacht vom 8. auf den 9. Mai 1945 nur aus der Ferne. Das von diesem versierten Augenzeugen für die Armeezeitung »Roter Stern« verfaßte Urteil über die Vorgänge in Karlshorst deckt sich mit meiner Erinnerung.

»Als der Marschall der Sowjetunion G. K. Shukow als Vorsitzender befahl, die deutsche Delegation hereinzuführen, herrschte im Saal tiefe Stille. Beim Eintreten schwenkte Keitel seinen Marschallstab und fühlte wahrscheinlich selbst, wie unangebracht diese Geste war, eine letzte Geste des nazistischen Militarismus, der schon zerschlagen, von der Geschichte verurteilt und der völligen Vernichtung anheimgefallen ist [...]

Bevor er die Urkunde unterzeichnete, machte er den Versuch, etwas zu sagen. Aber was konnte dieser Kriegsverbrecher in einem Augenblick sagen, da die Geschichte dank der Anstrengungen der Völker den Vorhang nach der unermeßlich schweren und blutigen Tragödie herabließ, die der Faschismus über die Menschheit gebracht hat? Wollte er bei seinem Abgang vom Ort des Geschehens versuchen, die Untaten des deutschen Imperialismus zu rechtfertigen und die Hitlersche Variante der alten militaristischen Legende von der ›Einkreisung Deutschlands‹ und von der Notwendigkeit eines ›Präventivkrieges‹ erneuern? Oder wollte er vielleicht in anderer Form die alte militaristische Dolchstoßlegende aufwärmen? Oder verbarg er unter der weißen Fahne der Kapitulation den Aufruf zur Revanche zum Vorteil jener, die in der Zukunft einen günstigen Augenblick abwarten sollten, um dann erneut das militaristische Banner zu erheben und einen neuen Krieg vorzubereiten?

Die Rede blieb unausgesprochen, da die Geschichte schon ihr Urteil gesprochen hatte [...] Heute geben wir uns der Freude über den Sieg hin, morgen aber müssen wir an die Struktur des Friedens denken, die Hauptaufgabe des Aufbaus. Man kann die Zukunft verschieden betrachten, eines aber bleibt unbestritten: Für den deutschen Militarismus gibt es in der Struktur des Friedens keinen Platz.«[24]

Von der Feier in Karlshorst habe ich nicht viel mitbekommen. Da war ich bereits auf dem Weg zu unserem Quartier in Johannisthal. Obwohl unsere Flak Leuchtraketen in den Himmel feuerte, schlief ich tief und fest ein.

Wenige Tage später wurde der Stab der 8. Gardearmee zunächst nach Karolinenhof am südöstlichen Rand Berlins, dann nach Wünsdorf bei Zossen verlegt. Dort hatte sich vor kurzem das Oberkommando des Heeres (OKH) und der deutsche Generalstab befunden.

Wir produzierten weiter unsere kleine Zeitung und fuhren mit dem Lautsprecherwagen wiederholt zu Einsätzen nach Berlin und in Städte der Mark Brandenburg. In Karolinenhof, wo inzwischen der Stab der Frontgruppe untergebracht war, traf ich Walter Ulbricht. Er war am 30. April aus Moskau gekommen. Die KPD war aber noch nicht als legale Partei zugelassen. Es war ein angenehmes Gespräch, das im wesentlichen um meine Zukunft kreiste. Ich erklärte, daß ich meinen Dienst in der Sowjetarmee beenden möchte, um mich dem antifaschistisch-demokratischen Neuanfang zur Verfügung zu stellen.

Ulbricht nickte zustimmend, meinte aber, daß es vielleicht noch zu früh sei, um mich demobilisieren zu lassen. Ich solle mich gedulden, bis es deutsche Selbstverwaltungsorgane gebe. Ich könne bis dahin in der Armee am antifaschistischen Aufbau mitwirken.

Offen gestanden: Ich hatte keine Vorstellung, wie sich eine Rückkehr ins zivile Leben gestalten würde.

Ich verglich mich mit Arthur Pieck, dem Sohn Wilhelm Piecks. Ich hatte ihn Anfang Mai in Shukows Stab getroffen. Wenig später wurde er als Hauptmann aus der Sowjetarmee entlassen, am 18. Mai 1945 bestätigte ihn General Bersarin als Stadtrat. Allerdings: Arthur war nicht nur älter und politisch erfahrener als ich. Er war auch der Sohn des KPD-Vorsitzenden.

Von Wünsdorf fuhr ich nach Halbe hinüber. Dort waren Ende April, Anfang Mai die Reste der eingekesselten 9. Armee zerschlagen worden. Es lagen nicht nur Hunderte zerschossener Panzer, LKW und Geschütze im märkischen Wald. Unzählige Leichen verwesten im Unterholz, sie konnten noch nicht geborgen werden.

General Busse, der Oberbefehlshaber der 9. Armee, hatte ein Kapitulationsangebot abgelehnt und sich selbst nach Westen abgesetzt.

Andere kleine Städte und Dörfer im südlichen Teil der Mark Brandenburg waren meist unversehrt geblieben. Auf Zossen und Wünsdorf schien nie eine Fliegerbombe gefallen zu sein. Nahezu alle zweigeschossigen Gebäude des Generalstabes des Heeres und anderer wichtigen Befehlsstellen der Wehrmacht waren unversehrt. Mich beeindruckte, daß sich unter den beiden oberirdischen Geschossen noch mehrere unter der Erde befanden. Das Mobiliar in manchem dieser Bunker war identisch mit dem in den Arbeitszimmern über dem Erdboden. Das galt auch für die Räume, in denen zuletzt General Krebs als Nachfolger von Generalstabschef Guderian tätig war. Selbst die Teppiche, Bilder und Utensilien auf den Schreibtischen gab es in doppelter Ausführung. Und nicht nur das: Sie befanden sich an der gleichen Stelle.

Aber auch Pedanterie konnte die Niederlage nicht aufhalten.

Eine Stunde »Null« in der Geschichte?

Wenn die Frage nach den wichtigsten Ereignissen des 20. Jahrhunderts gestellt wird, nennen die einen die Oktoberrevolution von 1917 und die anderen den Zusammenbruch des europäischen Sozialismus 1989/91. Beide Antworten sind ideologisch motiviert. Konsens könnte zustande kommen, wenn man sich darauf verständigte, daß der gemeinsame Sieg der Völker und Staaten über den Faschismus das wichtigste Ereignis des 20. Jahrhunderts war. Er war es nach meiner Auffassung insofern, als er das Ende der Zivilisation verhinderte. Zu einer solchen Wertung bekenne ich mich gegenwärtig auch aus fundierterer und ausgewogener Sicht.

Das Ziel der faschistischen Machthaber – die Weltherrschaft – war abenteuerlich, doch keineswegs automatisch zum Scheitern verurteilt. Und der deutsche Faschismus, der sich demagogisch als Nationalsozialismus bezeichnete, war keine Zufallserscheinung, kein Betriebsunfall in der Geschichte des 20. Jahrhunderts. Er bot dem deutschen Großkapital in einer tiefen gesellschaftlichen Krise die Aussicht auf bessere Verwertungsbedingungen bei der Erzielung von Maximalprofiten und der Befriedigung expansionistischer Pläne. Der Krieg wurde primär im Interesse des Großkapitals entfesselt, von den aggressivsten Wirtschaftsführern gewollt und bis zum Ende unterstützt. Hitler war ihr Repräsentant, er erledigte ihren Auftrag mit besonderer Brutalität und mit raffinierter Demagogie. Dadurch ergab sich nicht zuletzt die breite Unterstützung für seine abenteuerliche Politik, für den Vernichtungskrieg, der dann Deutschland in die nationale Katastrophe stürzte.

Es gab viele Gründe, die den Sieg über die faschistische Barbarei und die Niederlage jener bewirkten, die die Menschheit in »Herrenvölker« und aus »Untermenschen« bestehende Sklavenvölker teilten. Doch der Ausgang des Krieges war keineswegs gesetzmäßig, wie einige später behaupteten. Er hätte auch anders ausgehen können.

Die Entscheidung fiel 1942/43 in der Stalingrader Schlacht. Und auch danach waren größte Anstrengungen notwendig. Stalingrad bewirkte allenfalls ein gewisses Umdenken der herrschenden Klasse in Deutschland, aber keine Umkehr. Es ging doch nicht nur um »Lebensraum«, Bodenschätze und neue Profitquellen. Man sah sich dem seit 1917 verfolgten Ziel nahe: der Beseitigung des Sowjetsystems, der Re-Integration des sechsten Teiles der Erde in das globale Wirtschaftssystem des Kapitalismus. Der Krieg gegen die Sowjetunion war in erster Linie ein ideologischer.

Die Sowjetunion unter Stalin war keineswegs ein sozialistischer Musterstaat. Es gab die von mir benannten Deformationen der sozialistischen Idee und Praxis, dazu unentschuldbare Verbrechen. Und trotzdem: Ohne die Rote Armee, ohne die Sowjetunion, ohne ihre Millionen und Abermillionen Staatsbürger, die mehrheitlich sozialistisch dachten und handelten, wäre der Faschismus nicht gestoppt und vernichtet worden.

Ein kapitalistisches Rußland hätte das gewiß nicht vermocht. Der Erste Weltkrieg hat das bewiesen. Heute wird das wieder sichtbar.

Trotzdem bleibt es eine Tatsache, daß Stalin den Völkern der Sowjetunion unermeßlichen Schaden zufügte, auch in der Vorzeit des Krieges und in seinem Verlauf selbst. Als Vorsitzender des Staatlichen

Verteidigungskomitees leistete er gewiß einen bemerkenswerten Beitrag zum Sieg über den Faschismus. Dennoch siegte die Sowjetunion nicht dank, sondern trotz Stalin!

Die sozialistische Gesellschaftsordnung, so unvollkommen sie war, bewies ihre Überlegenheit schon dadurch, daß sie sich fähig zeigte, eben alle Kräfte der Gesellschaft zu mobilisieren.

Zu Beginn des Krieges war die UdSSR Deutschland auf allen Produktionsfeldern quantitativ und qualitativ unterlegen. Dann verlor sie wichtige Wirtschaftsregionen, während Deutschland die Ressourcen ganz Europas nutzte. 1942 erzeugte Deutschland mit den okkupierten Gebieten drei- bis viermal so viele kriegswichtige Rohstoffe (Kohle, Eisen, Aluminium und Erdöl). Dennoch übertraf die Sowjetunion 1943/44 bei der Waffenproduktion Deutschland erheblich. In einigen Bereichen stellte sie inzwischen doppelt so viel her. Die sozialistische Planwirtschaft war zweifellos einer der Gründe für diesen Erfolg. Es gelang auch den kleinsten Betrieb für die Befriedigung der Frontbedürfnisse zu nutzen und alle Mittel schon deshalb einzusetzen, weil es keine Vergeudung durch privatkapitalistische Profitmaximierung gab. Zu den gewaltigen Anstrengungen an der Front wie im Hinterland und ihren Ergebnissen trug im besonderen Maße die Kommunistische Partei bei. Sie erwies sich sichtbar als anerkannte führende Kraft. Nach neuesten Untersuchungen wurden etwa zwei Drittel der Parteimitglieder Opfer des Krieges.

Auch nach der Errichtung der zweiten Front im Sommer 1944 durch die Westmächte blieben die Hauptkräfte der Wehrmacht und ihrer Verbündeten an der Ostfront. Die amerikanischen und auch die britischen Lieferungen an die Sowjetunion wuchsen. Sie waren nicht unerheblich, selbst wenn sie nur etwa vier Prozent der sowjetischen Rüstungsproduktion ausmachten und deshalb nicht kriegsentscheidend sein konnten.[25]

Die Anstrengungen aller Staaten und Völker der Antihitlerkoalition waren ein Unterpfand des Sieges im antifaschistischen Befreiungskrieg. Die Antihitlerkoalition entstand nicht als ein befristetes Zweckbündnis von Staaten unterschiedlicher Systeme, sondern als eine logische, dem realen Geschichtsverlauf entsprechende starke Koalition. Sie verfolgte zwei Ziele: die Rettung der Zivilisation vor der Barbarei und die Herstellung eines dauerhaften Friedens. Der seit 1917 bestehende Grundwiderspruch konnte damit zwar nicht aufgehoben werden, doch die Völker sollten nun unter friedlichen Bedingungen entscheiden, wozu sie sich bekennen wollten. Das war eine spezifische Akzeptanz des Prin-

zips der friedlichen Koexistenz, wenn man davon auch noch nicht sprach.

Diese Intentionen teilten selbst solche Kräfte, die keine Sympathien gegenüber der Sowjetunion und sozialistischen Ideen hegten. So schrieben einflußreiche Wirtschaftskreise der USA 1941 in einem Memorandum an Präsident Roosevelt: »Seitdem Rußland kommunistisch geworden ist, haben die Sowjets unsere nationalen Interessen und unsere Lebensweise nie bedroht. Die wahnsinnige Politik Hitlers dagegen führt seit zwei Jahren die Welt einem Sklavendasein entgegen. Unsere eigene Existenz als freies Volk schwebt in Todesgefahr.«[26]

Der britische Premierminister Winston Churchill, wahrlich kein Freund der Sowjetunion, schrieb am 27. September 1944 an Stalin, er werde im Unterhaus wiederholen, was er bereits früher gesagt habe, »nämlich daß es die russische Armee ist, die der deutschen Kriegsmaschine das Rückgrat zerbrochen hat und die auch im gegenwärtigen Moment an ihrer Front den unvergleichlich größeren Teil der Kräfte des Gegners fesselt«.

Ein halbes Jahr später meinte Churchill sogar: »Die künftigen Generationen werden sich vor der Roten Armee genauso bedingungslos verpflichtet fühlen, wie wir dies tun, die wir es erleben konnten, Zeuge dieser großartigen Siege zu sein.«[27]

Für Europa und die Welt bedeutete der Sieg der Antihitlerkoalition keine Stunde Null. Geschichte kennt einen solchen Begriff nicht. Es gibt keinen Anfang und kein Ende. Die Völker setzten 1945 in einem veränderten internationalen Kontext den Geschichtsprozeß fort. Auch mit neuen Erfahrungen, die zu Veränderungen führten.

Niemand wußte, wie lange die Besetzung andauern würde, doch glaubte kaum jemand, daß die Truppen der Sowjetunion, der USA, Großbritanniens und Frankreichs bald abzögen. Daß sie dann fast ein halbes Jahrhundert blieben und einige nach wie vor in Deutschland stationiert sind, konnten jedoch selbst die finstersten Pessimisten 1945 nicht voraussagen. Bei Beginn des Friedens erschöpften sich die Vorstellungen von der Besatzungspolitik der vier Mächte, ganz besonders auch der UdSSR, weitgehend auf die drei großen D: Denazifizierung, Demilitarisierung und Demokratisierung.

Konkrete Anweisungen oder konzeptionelle Vorstellungen gab es nicht. Sehr viel später habe ich als Historiker nachgeforscht, ob es in sowjetischen Archiven nicht doch so etwas wie inhaltliche Konzeptionen für die Nachkriegszeit in Deutschland gäbe, wenigstens Entwürfe oder dergleichen. Ich fand nichts.

Auch aus Gesprächen mit exponierten Zeitzeugen – darunter dem politischen Berater des Chefs der Sowjetischen Militärverwaltung, Wladimir Semjonow, und dem Leiter der Informationsverwaltung, Sergej Tjulpanow – entnahm ich die Bestätigung, daß es eine verbindliche Konzeption oder den Ansatz für eine solche in Moskau nicht gegeben hat.

Es herrschte damals ein hohes Maß an Pragmatismus vor, der wesentlich im zentralistischen System begründet war: Letztlich geschah nichts Grundsätzliches in der Politik, wenn nicht Stalin zuvor eine entsprechende Weisung erteilt hatte.

Die USA und Großbritannien orientierten von Anfang an auf eine deutsche Entwicklung, aus der sich keine Veränderung der sozial-ökonomischen Ordnung ergeben würde. Der Kapitalismus sollte als Gesellschaftssystem beibehalten, nur die NS-Diktatur durch ein parlamentarisch-demokratisches System ersetzt werden.

Die Sowjetunion und ihre Führung gingen 1945 ebenfalls davon aus, daß Deutschland keineswegs vor einer sozialistischen Transformation stünde. Moskau hielt ökonomische und politische Einschnitte für erforderlich, um die Wurzeln des Faschismus zu beseitigen und eigene Sicherheitsinteressen durchzusetzen. Doch diese konnten im Rahmen jener Gesellschaftsordnung erfolgen, die sich in Deutschland im späten 19. Jahrhundert und unter dem Einfluß der Novemberrevolution von 1918 herausgebildet hatte. Zumindest liegen keine Beweise vor, die Gegenteiliges belegen würden. Es gibt nur Mutmaßungen und haltlose Behauptungen. Nach meiner Einschätzung sind sie unbegründet. Die konkrete Entwicklung in den Jahren von 1945 bis zum Anfang der 50er Jahre beweist das auch.[28]

Dokumente aus dem Archiv für Außenpolitik der Russischen Föderation über die Haltung der UdSSR zur deutschen Frage aus der Zeit vom 9. Mai 1945 bis zum Sommer 1948, welche jetzt erstmals publiziert wurden, bestätigen meine Einschätzung. Auch dort finden sich keinerlei Hinweise auf konzeptionelle Vorgaben für die sowjetische Besatzungspolitik. Die Publikation macht sogar deutlich, daß selbst das Volkskommissariat für Auswärtige Angelegenheiten der UdSSR (die international übliche Bezeichnung »Ministerium« wurde erst im Frühjahr 1946 eingeführt) bis zum Juni 1945 nicht von der bevorstehenden Bildung der Sowjetischen Militär-Administration (SMA) und ihren Aufgaben informiert war.

Auch vor der Zulassung politischer Parteien und der Konstituierung deutscher Verwaltungsorgane auf Landes- bzw. auf Provinzialebene gab es keine Diskussionen, an denen Moskauer Außenpolitiker beteiligt gewesen wären.

Beide Grundsatzentscheidungen dürften ausschließlich vom Führungszirkel der KPdSU, wenn nicht sogar von Stalin im Alleingang und ohne Konsultationen kurzfristig getroffen worden sein.

Dagegen belegen die Dokumente eindeutig, daß man in Moskau von einer Fortsetzung der konstruktiven Zusammenarbeit aller Alliierten der Antihitlerkoalition ausging.[29] *Trotz aller Differenzen war damit die gemeinsame Basis für eine neue Weltordnung gegeben.*

Die eigentlichen Sieger des Krieges waren die USA und die Sowjetunion. Sie waren zu Weltmächten aufgestiegen.

Doch es gab einen wesentlichen Unterschied zwischen ihnen. Die Sowjetunion hatte riesige wirtschaftliche Verluste zu verzeichnen und würde lange brauchen, um die Folgen des Krieges zu überwinden. Sie war daher auf umfangreiche Reparationen, auch eine Widergutmachung durch Demontagen in Deutschland, angewiesen. Um so mehr mußte sie an friedlichen Rahmenbedingungen interessiert sein.

Die USA waren nicht nur politisch und militärisch, sondern als einziger Staat auch ökonomisch gestärkt aus dem Weltkrieg hervorgegangen. Auf ihrem eigenen Territorium hatte es keine Kriegshandlungen gegeben. (Eine Erfahrung, die sich nachhaltig auf die Mentalität der Amerikaner auswirken sollte. Im Gegensatz zu jenen Völkern, die an Leib und Leben die Folgen eines Krieges erfuhren, ist den meisten Amerikanern dieses Grunderlebnis fremd. Um so tiefer scheint es sie zu treffen, wenn, wie in jüngster Zeit, Terroraktionen auf ihrem Territorium stattfinden.) 1945 war für alle die Überwindung des Faschismus und seiner Ideologie die wichtigste und keine leichte Aufgabe. Militarismus, Antikommunismus und Antisemitismus hatte es in Deutschland schon vor 1933 gegeben. Doch die Faschisten hatten sie zur Staatsdoktrin erhoben. Im Zuge der Gleichschaltung von Medien und Institutionen, von Politik und Propaganda, von Kunst und Bildung waren ihre »Erfolge« nicht zu übersehen. Sie hatten die Köpfe erobert, auf die dann die Stahlhelme gestülpt wurden. Da gab es also viel zu tun. Es gab auch andere Traditionen in der deutschen Geschichte, die aufgegriffen und fortgeführt werden konnten. Diese Auffassung herrschte unter den Offizieren der Besatzungstruppen in Deutschland vor, nicht weniger nach meiner Erinnerung auch unter deutschen Politikern.

Die Potsdamer Konferenz mit ihrer offiziellen Verlautbarung vom 2. August 1945 bekräftigte diese Sicht auf die Zukunft.

Der Zukunft zugewandt

Unterwegs in Sachsen und Thüringen

Ende Mai wurde die 8. Gardearmee nach Dresden verlegt. Ich war erschüttert, als ich die Innenstadt sah, die diese Bezeichnung eigentlich nicht mehr verdiente. Berlin hielt ich nicht mehr für steigerbar. Ich mußte mich korrigieren: Es konnte noch entsetzlicher sein.

Hier war nichts von militärischer Bedeutung, kein Industriebetrieb, kein Waffendepot. Truppenkonzentrationen hatte es in Dresden auch nicht gegeben. Trotzdem gab es diesen massiven Luftangriff wenige Wochen vor dem absehbaren Ende des Krieges.

In der Altstadt traf ich nur wenige Menschen. Sie suchten Angehörige, schrieben ihre Namen und Adressen an die Brandmauern, hefteten Zettel an die Ruinen und stolperten weiter.

Jenseits der Elbe, in der Neustadt, ging das Leben jedoch bereits weiter.

Anton Ackermann, den ich in Moskau flüchtig kennengelernt hatte, und Hermann Matern empfingen mich. Sie leiteten eine Initiativgruppe der KPD für Sachsen. Diese war – wie die Gruppe Ulbricht in Berlin und die Gruppe Sobottka in Mecklenburg – von Wilhelm Pieck in die sowjetische Besatzungszone entsandt worden.

Nach meinem Eindruck waren beide über die Situation in Dresden wie an anderen Orten gut informiert.

Am nächsten Tag sprach ich im Auftrag unserer 7. Abteilung mit Dr. Rudolf Friedrichs, der als Oberbürgermeister eingesetzt worden war. Zugegen war auch sein Stellvertreter Kurt Fischer. Die Stadtverwaltung befand sich in Dresden-Neustadt und war noch im Aufbau. Doch es herrschte schon reger Betrieb. Die Mitarbeiter – unbelastete Beamte von früher und Antifaschisten, die meist von Verwaltungsarbeit sehr wenig verstanden – mühten sich redlich.

Nur einige Tage später wurde ich von der Bildung der Sowjetischen Militär-Administration und noch mehr von der ersten Amtshandlung ihres Obersten Chefs, Marschall Shukow, überrascht.

Es wurden politische Parteien mit zentralen Führungen und eigenen Zeitungen zugelassen. Und das nur einen Monat nach dem

Zusammenbruch des Faschismus. Er war zwar total, aber seine Wurzeln, ganz besonders die ideologischen saßen noch tief. Auch sonst meinte ich, daß andere Dinge Vorrang genießen sollten. Die Bevölkerung hatte die Duldung von Parteien, noch dazu unterschiedlicher, nicht erwartet. In der Verlautbarung Shukows aber hieß es ausdrücklich, die Tätigkeit »aller antifaschistischer Parteien zu erlauben, die sich die endgültige Ausrottung des Faschismus und die Festigung der demokratischen Grundlagen und bürgerlichen Freiheiten in Deutschland zum Ziel setzen«.[30] Diesen Befehl Nr. 2 vom 10. Juni 1945, der auch die Bildung freier Gewerkschaften zuließ, verstand ich als eine Art Vertrauensvorschuß.

Die UdSSR wollte auch offenkundig ihren Alliierten zuvorkommen. Alles war erkennbar vorbereitet – die KPD wandte sich bereits am nächsten Tag mit einem Aufruf an das deutsche Volk.

Daß dessen Text mit Stalin abgestimmt, wenn nicht sogar von ihm redigiert worden war, blieb mir damals verborgen wie so vieles andere auch. Die Grundlinie des Aufrufs der KPD hingegen überraschte mich nicht. Sie entsprach ihrer seit vielen Jahren verfolgten Politik. Auffällig waren für mich lediglich zwei Sätze. Zunächst das deutliche selbstkritische Schuldeingeständnis der KPD, daß die Kommunisten Faschismus und Krieg nicht hatten verhindern können.

Und dann diese Bemerkung: »Wir sind der Auffassung, daß der Weg, Deutschland das Sowjetsystem aufzuzwingen, falsch wäre, denn dieser Weg entspricht nicht gegenwärtigen Entwicklungsbedingungen in Deutschland.«[31]

»Sowjetsystem« galt bis dato oftmals als Synonym für Sozialismus. In den 20er und zu Beginn der 30er Jahre hatte die KPD für ein »Sowjetdeutschland« gekämpft. Aus unterschiedlichen Archivquellen konnte später festgestellt werden, daß Stalin die Bezeichnung »Sowjetsystem« in einem Gespräch mit Pieck, Ulbricht und Ackermann in Moskau im Juni 1945 geprägt hatte und von diesen in den Entwurf des Manifestes aufgenommen worden war.

Ich hatte volles Verständnis für eine solche Absage, aber sie klang sehr apodiktisch. Das empfanden auch andere so. Moderater empfanden viele die Aussage: »Wir sind vielmehr der Auffassung, daß die entscheidenden Interessen des deutschen Volkes in der gegenwärtigen Lage für Deutschland einen anderen Weg vorschreiben, und zwar den Weg der Aufrichtung eines antifaschistischen, demokratischen Regimes, einer parlamentarisch-demokratischen Republik mit allen demokratischen Rechten und Freiheiten für das Volk.«

Die Grundsatzerklärung und das Aktionsprogramm mit seinen 10 Punkten fanden insgesamt ein positives Echo – auch bei bürgerlichen Politikern. Ich spürte das in der Militärkommandantur in Dresden, wo sich an einem Tag in der zweiten Junihälfte die designierten Vizepräsidenten der Landesverwaltung zusammengefunden hatten. Ich sollte sie nach Berlin begleiten. Wir warteten noch auf OB Rudolf Friedrichs. Dem Sozialdemokraten war die Funktion des Präsidenten angeboten worden. Darüber hatten sich Hermann Matern von der KPD und Otto Buchwitz, ein alter und beliebter Sozialdemokrat, der nach seiner Rückkehr aus dem berüchtigten Zuchthaus Brandenburg zum Landesvorsitzenden der SPD gewählt worden war, verständigt.

Die Zusammenarbeit zwischen den beiden Parteien schien sehr gut zu funktionieren. Immer wieder hörte ich von Funktionären und Mitgliedern beider Parteien, daß man Lehren aus der Geschichte gezogen habe und die Spaltung der Arbeiterbewegung überwinden wolle. Die Aktionseinheit von SPD und KPD förderte das kooperative Verhältnis zwischen allen antifaschistisch-demokratischen Parteien. Das war ein Novum in der deutschen Politik. SPD, KPD, CDU und LDP hatten sich dafür ausgesprochen, ihre Vertreter ins Präsidium der Landesverwaltung zu entsenden. Das aber mußte in Berlin durch Marschall Shukow bestätigt werden.

Doch wir konnten nicht abfahren. Rudolf Friedrich erschien nicht. Er hatte gelegentlich zu verstehen gegeben, aus gesundheitlichen Gründen der Aufgabe als Präsident nicht gewachsen zu sein. (Seine Bedenken erwiesen sich als begründet: Bereits zwei Jahre nach Amtsantritt verstarb der beliebte Politiker, der sich um Sachsen sehr verdient gemacht hatte.)

Wir gerieten mehr und mehr in Zeitnot. Niemand konnte voraussehen, wie lange wir bis Berlin brauchen würden.

Schließlich brachen wir ohne Rudolf Friedrichs auf. Ich stieg mit den Vizepräsidenten in zwei ansehnliche schwarze Limousinen der Dresdener Stadtverwaltung, die, wie sich bald herausstellen sollte, nicht ganz intakt waren. General Skossyrew, mein Vorgesetzter, hatte angeboten, mit sowjetischen Militärfahrzeugen nach Berlin zu fahren, zumal die Autobahn nicht sicher sei. In den Wäldern trieben sich noch immer versprengte deutsche Soldaten herum, es gäbe kriminelle Banden und marodierende ehemalige Zwangsarbeiter.

Ich hatte das gutgemeinte Angebot abgelehnt: Eine deutsche Regierung sollte schon mit eigenen Autos vorfahren. Es könnte ja durchaus sein, daß sie bei der Ankunft fotografiert oder gefilmt werden würde.

Wir fuhren, um die ohnehin schlechten Reifen zu schonen, in gemäßigtem Tempo. Der Verkehr auf der Autobahn war gering. Deutsche Wagen waren erst vereinzelt zugelassen worden und Militärfahrzeuge kaum zu sehen: Die Nachschubwege liefen mehr von Ost nach West, nicht von Nord nach Süd.

Hinter Dresden platzte der erste Reifen, einen Ersatzreifen besaßen wir nicht. Die »Regierung« trat zu ihrer ersten inoffiziellen Sitzung zusammen und beschloß, den Wagen stehenzulassen und die Reise mit dem anderen fortzusetzen. Der hatte wenigstens Klappsitze. Die »hohen Herren« zwängten sich in den Wagen. Unweit von Senftenberg gaben erneut zwei Reifen den Geist auf. Nun saßen wir fest. Die Lage schien ausweglos zu sein. Telefonverbindungen gab es nicht. Alleinlassen konnte ich die mir Anvertrauten nicht.

Also stellte ich mich als Anhalter an den Straßenrand, machte mir aber keine große Hoffungen. Hätte ich doch dem General nicht widersprochen. Die künftigen Mitglieder der sächsischen Regierung sollten sich nicht sehen lassen, riet ich. Sonst würde kein Militärfahrzeug halten. Die Mitnahme von Zivilisten war aus verständlichen Gründen untersagt.

Erst der dritte oder vierte LKW stoppte. Der Offizier, der neben dem Fahrer saß, wollte uns trotzdem nicht mitnehmen. Ich konnte mich zwar ausweisen, doch wagte er nicht gegen die Vorschrift zu verstoßen. Nur mit großer Mühe konnte ich ihn überzeugen, daß es sich nicht um gewöhnliche deutsche Zivilisten handelte. Auf sie wartete zudem noch Marschall Shukow persönlich.

Mich unterstützte der Fahrer, ein älterer Soldat aus dem ukrainischen Kiew. Er meinte lakonisch, in den Dienstvorschriften stünde nicht alles, zum Beispiel nicht, daß es untersagt sei, demokratische Minister mitzunehmen. Er schlug vor, uns bis zum Berliner Ring zu bringen. Dann sollten wir vor dem Kontrollposten absteigen.

Ich erklärte mich mit diesem Kompromiß einverstanden.

Auf der Ladefläche standen irgendwelche Kisten, auf denen wir Platz nahmen.

Am späten Abend erreichten wir den Berliner Ring. Wir liefen die wenigen Meter zu Fuß bis zum Kontrollposten. Ich bat dessen Leiter, sich telefonisch mit seiner übergeordneten Dienststelle in Verbindung zu setzen, damit man uns zum Marschall bringe. Inzwischen kam ein LKW, der nach Potsdam unterwegs war. Der Leiter des Kontrollposten entschied eigenmächtig, daß der Wagen über Neukölln führe und uns an der dortigen Kommandantur absetzte.

In Neukölln wurden wir recht skeptisch empfangen. Erst nach einem Rückruf in der Berliner Zentralkommandantur in Lichtenberg verlor sich die Distanz. Wir wurden wie die Fürsten bewirtet. In Erinnerung sind mir die frischen Gurken geblieben, wahrscheinlich weil ich seit Jahren keine mehr gegessen hatte.

Nach bekannter russischer Sitte erhob der Kommandant sein Glas auf die neue Regierung Sachsens, obwohl diese noch nicht bestätigt war, und auf den Frieden.

Am nächsten Morgen brachte man uns nach Alt-Friedrichsfelde. Generaloberst Gorbatow, der dem wenige Tage zuvor tödlich verunglückten Bersarin im Amt des Stadtkommandanten nachgefolgt war, begrüßte uns. Der ergraute General führte mit den Sachsen ein freundschaftliches Gespräch, das ich dolmetschte. Gorbatow wirkte auf mich ganz anders als die hohen Militärs, die ich bisher getroffen hatte. Was ich damals nicht wußte und erst viel später erfahren sollte: Gorbatow war 1937 verhaftet worden. Er brachte mehrere Jahre im GULag unter schwersten Bedingungen zu, ehe er 1941 rehabilitiert und wieder in die Armee aufgenommen worden war. Er gehörte zum karg gewordenen Stamm gestandener bolschewistischer Kader mit internationalistischer Einstellung.

Von der Zentralkommandantur in Lichtenberg ging es nach Karlshorst. Im Vorzimmer von Marschall Shukow warteten bereits die designierten Präsidiumsmitglieder von Mecklenburg und Brandenburg – und Dr. Rudolf Friedrichs. Er hatte doch seiner Berufung zugestimmt und war mit einem Jeep der Roten Armee ohne Zwischenfälle nach Berlin gekommen.

Anwesend war auch der bereits am 18. Mai von Generaloberst Bersarin berufene Oberbürgermeister von Berlin, Dr. Arthur Werner. Marschall Shukow hatte ihn in dieser Funktion bestätigt.

Die Begegnung trug nicht den von mir – und wahrscheinlich auch von den anderen – erwarteten offiziellen Charakter. Der Akt hatte weder etwas Feierliches oder gar Festliches. Es ging sehr sachlich zu. Es wurden auch keine Reden gehalten, die dem historischen Moment vielleicht angemessen gewesen wären.

Marschall Shukow hatte mit der Bestätigung der ersten demokratischen Landesverwaltungen drei SPD-Präsidenten – Dr. Rudolf Friedrichs (Sachsen), Wilhelm Höcker (Mecklenburg) und Dr. Karl Steinhoff (Brandenburg) – sowie weitere Mitglieder der Präsidien in ihr Amt berufen. Es gab nicht einmal eine Urkunde oder ein anderes Stück Papier, das man ihnen in die Hand drückte. (Der Beschluß über die Bildung dieser ersten drei Präsidien wurde überdies erst am 4. Juli veröffentlicht. Warum das so spät geschah, entzieht sich meiner Kenntnis. Dabei hatte ich den Eindruck, daß die Bildung deutscher Selbstverwaltungsorgane auf Landes- bzw. Provinzialebene unerwartet zügig erfolgte.[32] Ein analoger Beschluß über die Bildung von Verwaltungen für die Provinz Sachsen und das Land Thüringen wurde am 17. Juli 1945 durch die Presse publiziert. In der preußischen Provinz Sachsen, dem nachmaligen Land Sachsen-Anhalt, berief Shukow das Mitglied der Demokratischen Partei Dr. Erhard Hübener zum Präsidenten. Ministerpräsident Thüringens wurde ebenfalls ein bürgerlicher Politiker, Geras Oberbürgermeister Dr. Rudolf Paul.[33])

Die Rückfahrt von Berlin nach Dresden erfolgte ohne jegliche Zwischenfälle. Wir benutzten die angebotenen sowjetischen Militärfahrzeuge.

Die Mitarbeiter unserer Abteilung analysierten die Stimmungen in der Bevölkerung sehr genau. Uns interessierte sowohl die Haltung zu den ersten Maßnahmen der sowjetischen Besatzungsmacht als auch die Reaktion auf den Aufruf der KPD sowie die Erklärungen der anderen Parteien. Aus Gesprächen konnte man einiges entnehmen. Doch die meisten Menschen äußerten sich zurückhaltend gegenüber Vertretern der Besatzungsmacht.

Ich unterhielt mich zu diesem Zweck nicht nur in Dresden, sondern auch in Chemnitz, Freiburg und Zwickau und in anderen sächsischen Städten mit Menschen auf der Straße. Durch Zwickau floß die Mulde, sie bildete die Demarkationslinie. Im westlichen Teil der Stadt waren die Amerikaner, der kleinere Teil diesseits des Flusses war schon sowjetische Zone.

Mancherorts gewann ich den Eindruck, daß ältere Mitglieder der KPD wie auch der SPD Vorbehalte gegen eine Aktionseinheit beider Parteien hatten. Männer und Frauen, die vor 1933 keiner Partei angehört hatten, waren von den aus der Geschichte rührenden Vorurteilen eher frei. Einige ältere Kommunisten und Sozialdemokraten äußerten offen ihr Unverständnis, daß die Aufrufe von KPD und SPD nicht die Forderung nach sofortiger Errichtung einer sozialistischen Gesellschaftsordnung enthielten.

Diese Bedenken waren verständlich. Seit vielen Jahrzehnten hatten sie von einer Beseitigung des kapitalistischen Systems und der

Errichtung einer sozialistischen Gesellschaftsordnung geträumt und dafür in Zuchthäusern und Konzentrationslagern gelitten. Sollte jetzt nur eine parlamentarische Republik mit allen demokratischen Rechten des Volkes entstehen? Sollte man die mit dem totalen Zusammenbruch des Faschismus, damit eines spezifischen kapitalistischen Systems, entstandene Lage nicht anders nutzen und die Versäumnisse der Novemberrevolution von 1918 mit ihren verhängnisvollen Folgen korrigieren?

Die Mitarbeiter unserer Abteilung waren angewiesen, in ihren Gesprächen deutlich darauf hinzuweisen, daß die sowjetische Besatzungsmacht für eine demokratische Entwicklung sei – entsprechend den Vorstellungen des deutschen Volkes und den historischen Lehren.

Ich stellte fest, daß die meisten Menschen abwarteten. Sie waren lethargisch, bedrückt, ohne Lebensmut.

In Zwickau fiel mir noch etwas anderes auf. Wie ich hörte, liefen in der zweigeteilten Stadt die Entwicklungen diametral. Im amerikanischen Teil arbeiteten noch die alten Verwaltungsorgane, nur die Nazi-Spitzen hatten sich verkrochen. Ausgewiesene Antifaschisten bekamen kein Amt. Bei einer Visite in diesem Teil der Stadt bemerkte ich Plakate mit Dutzenden Gesetzen der Militärregierung. Sie hingen überall. (Später sah ich die gleichen auch in Gera, Jena und anderen Städten.) Zunächst verwunderte mich, daß es also eine *Militärregierung* gab. Entstammte dieser Begriff nicht den Traditionen der Kolonialpolitik? Vielleicht lag es auch nur an der Übersetzung aus dem Englischen? Trotzdem gehörte es nicht unbedingt zu demokratischen Gepflogenheiten, wenn eine fremde Macht Gesetze erließ. Und dann gleich so viele.

In den USA hatte man sich offenkundig sehr gründlich und mit viel Kraft auf die unterschiedlichen Aspekte einer Erneuerung vorbereitet. Für die sowjetische Besatzungszone gab es eine solche intensive Vorarbeit nicht. Auch in der Zukunft erließ die SMAD keine Gesetze. Mit ihren Verboten und strengen Regeln, noch dazu selbst durch die Wortwahl als Anweisungen einer fremden Macht erkennbar, schienen mir die Verlautbarungen in englisch und deutsch wenig geeignet, demokratische Initiativen auszulösen.

Unweit von Zwickau lag der Kreis Schwarzenberg. Er war nicht besetzt, da es zu einer fehlerhaften Abstimmung gekommen war, wo die Demarkationslinie verlaufen sollte. Die sowjetischen Truppen hatten an der Ostgrenze, die amerikanischen an der Westgrenze des Kreisen Halt gemacht. Dann wollte man Zwischenfälle vermeiden. Vier Wochen lang blieb Schwarzenberg Niemandsland, das einzige in Deutschland. Dort konstituierte sich eine unabhängige Verwaltung, die eine eigenständige Politik verfolgte. Diese »unabhängige Republik Schwarzenberg« sollte später Stefan Heym in seinem Roman »Schwarzenberg« behandeln. Dieses – notgedrungene – Intermezzo offenbarte, daß doch eine hoffnungsvolle »demokratische Substanz« existierte, und die frei gewählte Entwicklungsrichtung in Schwarzenberg eher der sowjetischen als der amerikanischen Besatzungspolitik entsprach.

In den ersten Julitagen verließen die amerikanischen Truppen Westsachsen und Thüringen. Die 8. Gardearmee wurde mit ihrem Stab nach Weimar verlegt. Zur gleichen Zeit zogen Truppen der USA, Großbritanniens und Frankreichs in die westlichen Bezirke von Berlin ein. Die einstige Reichshauptstadt war zum Sitz des Alliierten Kontrollrats für Deutschland bestimmt worden. Damit waren die 1944 getroffenen Vereinbarungen über die Grenzen der vier Besatzungszonen und den Kontrollmechanismen vollzogen.

Ich fuhr mit einem Vorauskommando nach Thüringen. Nach meinem Eindruck vollzog sich der Wechsel der Besatzungstruppen problemlos. Erst später sollte bekannt werden, daß sich die Amerikaner beim Abzug reichlich bedient hatten, vor allem in Jena, einem Zentrum der feinmechanisch-optischen Industrie.

Die Bevölkerung empfing die Truppen der Sowjetarmee in den meisten Orten mit deutlicher Zurückhaltung. Die antikommunistische und sowjetfeindliche Hetze der letzten zwölf Jahre hatte tiefe Spuren hinterlassen. Die amerikanischen Besatzungsbehörden waren zwar recht arrogant, doch von der Roten Armee befürchtete man Schlimmeres.

Um so mehr beeindruckte mich der Empfang der Sowjettruppen in Gera. Dort hatte eine große Kundgebung zur Begrüßung der Roten Armee stattgefunden. Sie war von deutschen Antifaschisten, Kommunisten und Sozialdemokraten, vorbereitet worden. Der von den Amerikanern ernannte Oberbürgermeister Dr. Rudolf Paul, ein bürgerlicher Demokrat, würdigte in seiner Ansprache die Befreiungstat der Sowjetarmee. Das war ein Novum wie auch die offizielle Beflaggung von Gera mit roten Fahnen. In einem speziellen Bericht, der für die SMA in Berlin bestimmt war, zeichnete ich diese Ereignisse auf. Rudolf Paul wurde zwei Wochen später von Marschall Shukow als Präsident von Thüringen bestätigt. Die Entscheidung erwies sich als falsch. Bei meiner späteren Tätigkeit in Thüringen bemerkte auch ich, daß Paul als Ministerpräsident überfordert war. Aus mir nicht bekannten Gründen ging Paul 1947 in den Westen.

Thüringen machte im Sommer 1945 auf mich einen recht friedlichen Eindruck. Es hatte keine größeren Kämpfe gegeben, gleichwohl waren einige Städte aus der Luft zerstört worden. Weimar trug deutliche Spuren. Ich machte einen kurzen Abstecher nach Buchenwald. Das KZ war geräumt, der Anblick des Lagers noch immer grausig, wenn auch nicht so furchtbar wie der von Majdanek.

Kaum war ich am neuen Standort, erhielt ich den Auftrag, in Dresden bei der Landesleitung der KPD einen deutschen Genossen abzuholen, der in Thüringen die Landesleitung der Partei formieren sollte. Zu meinem Erstaunen handelte es sich um meinen früheren Biologielehrer an der Moskauer Karl-Liebknecht-Schule Georg Schneider. Viele Jahre hatten wir uns nicht gesehen. So gab es mehr als genügend Gesprächsstoff auf der Fahrt.

Auf den Straßen fuhren noch sehr viele amerikanische Fahrzeuge, der Rückzug war noch nicht abgeschlossen. Wir mußten immer wieder halten, weil die Amerikaner unbedingt mit ihren russischen Waffenbrüdern eine Zigarette rauchen wollten. Der Umgang war ohne Arg und trug noch jenen »Geist von der Elbe«, als man sich vor wenigen Wochen erstmals bei Torgau begegnet war. Ich war ein nur mäßiger Raucher, und die »Camel« und andere parfümierte Glimmstengel waren nicht nach meinem Geschmack, was ich schon in Berlin bemerkt hatte, als uns Beutegut der Wehrmacht in die Hände gefallen war. Trotzdem pafften wir um die Wette die jeweils ungewohnten Zigaretten.

Wir fuhren zunächst nach Jena, da dort nahe Verwandte von Georg Schneider wohnten. So wurde ich erstmals Zeuge des Widersehens mit einem Heimkehrer, von dem man lange nicht wußte, ob er überhaupt noch am Leben war. Ich mußte umgehend zurück nach Dresden und wählte den Weg über Leipzig. Die Stadt war nicht so zerstört wie Dresden. Damit wurde von einigen Antifaschisten begründet, daß Leipzig sächsische Landeshauptstadt werden sollte. Zudem wies die Messe- und Industriestadt nach ihrer Auffassung mehr revolutionäre Traditionen auf. Ich berichtete darüber in Dresden dem Chef der Politabteilung der Armee. General Skossyrew hörte wortlos meinen Bericht an und stellte keine Fragen.

Als ich geendet hatte, sagte er, daß er zum Chef der Verwaltung der SMA in Mecklenburg ernannt worden sei und mich nach

Schwerin als persönlichen Referenten und Dolmetscher mitnehmen werde. Uns würden lediglich sein Adjutant, sein Fahrer und ein weiterer Offizier begleiten. Dieser spreche Englisch und werde bei Kontakten mit Vertretern der britischen Militärbehörden gebraucht. Schwerin und das westliche Mecklenburg seien noch von britischen Truppen besetzt, und wenn sich die Briten zurückzögen, blieben sie unsere unmittelbaren Nachbarn in Norddeutschland. Unsere Abfahrt erfolge am nächsten Morgen.

Zwischen Schwerin und Berlin im Sommer 1945

An der Spitze der von der Sowjetischen Militäradministration berufenen Landesverwaltung stand Wilhelm Höcker, ein Sozialdemokrat. Zu meinen Tätigkeiten gehörte, daß ich fast täglich zu ihm und zu seinen Vizepräsidenten Kontakt aufnahm. Auch die Landesvorsitzenden der Parteien standen oft auf meinem Gesprächsplan.

Ich begleitete General Skossyrew bei seinen zahlreichen Reisen durch das Land und nahm an Aussprachen mit Landräten und Bürgermeistern, Rektoren und Professoren der Universitäten von Rostock und Greifswald, Vertretern der Kirchen wie der Industrie- und Handelskammer teil. Nicht minder interessant waren die Begegnungen mit Künstlern, Neubauern und Ingenieuren der wenigen Industriebetriebe, die es 1945 in dem Agrarland an der Ostsee gab.

Der General war Parteifunktionär von Hause aus, bis zum Krieg gehörte er einer Gebietsleitung der KPdSU an. Er hatte frühzeitig die Eltern verloren und war als »Besprisornik«, als Straßenkind, aufgewachsen. Entsprechend war auch seine Allgemeinbildung. Gleichwohl hatte er sich in einem disziplinierten Selbststudium um die Erweiterung seines Horizontes bemüht. Doch Skossyrew war sich seiner Lücken bewußt, er gestand das mir etwas verklausuliert ein. Er trete seinen deutschen Gesprächspartner vermutlich »zu russisch« gegenüber, meinte er. Deshalb ersuchte er mich, ihn nicht wörtlich zu übersetzen, sondern dem Sinne nach.

Das tat ich dann. Aber mitunter mußte ich später manche Übersetzung korrigieren, da meine gute Absicht zu Mißverständnissen geführt hatte.

Weil die Sowjetische Militärverwaltung in Schwerin zunächst über nur wenige Mitarbeiter verfügte, mußte nahezu jeder sehr viele und sehr unterschiedliche Funktionen ausüben. Ich war darum als Referent des SMA-Chefs nicht nur mit der Anfertigung von Informationen und schriftlichen Analysen sowie als Dolmetscher beschäftigt, sondern mußte mich auch um die Zeitungen, den Schweriner Rundfunk und ums Kino kümmern. So wählte ich die Ufa-Spielfilme aus, die in den Lichtspieltheatern gezeigt werden konnten, wenn sie zumindest frei von Nazi-Propaganda waren. Die Unterhaltungsindustrie hatte gottlob ausreichend Revue-Filme produziert. Zu meinen Pflichten gehörte auch die Betreuung neuer Organisationen, allen voran der Kulturbund und die antifaschistischen Jugendausschüsse, aus denen im Frühjahr 1946 die FDJ hervorgehen sollte.

Wiederholt reiste ich mit meinem General aus dienstlichen Gründen nach Berlin, um an Beratungen der zentralen Führung der SMAD teilzunehmen. Im November wurde ich Zeuge einer ersten Arbeitsberatung von Marschall Shukow mit den Präsidenten der Landesverwaltungen und der SMA-Verwaltungen. Sie beeindruckte mich durch die Sachlichkeit, den durchaus kameradschaftlichen Umgangston und die Möglichkeit für die deutschen Teilnehmer, kritische Fragen aufzuwerfen.

Es gab auch Dienstreisen, bei denen ich allein in Berlin war. Meist nutzte ich die wenige Freizeit, die ich hatte, um mich mit Bekannten und Freunden aus früheren Zeiten zu treffen. Ich schaute bei Paul Wandel, meinem Lehrer an der Schule der Komintern vorbei, der seit Juni 1945 Chefredakteur der »Deutschen Volkszeitung« war. Er arbeitete in einem zerstörten Gebäude in der Schützenstraße im Zentrum Berlins, wo bis vor kurzem der »Völkische Beobachter« gedruckt worden war. Ich empfand es als symbolisch, daß im gleichen Gebäude, in dem vordem das offizielle Blatt der Nazipartei herausgegeben wurde, jetzt eine demokratische deutsche Zeitung erschien.

Paul Wandel bestritt nicht, daß er eine Aufgabe übernommen hatte, für die er eigentlich nicht ausreichend qualifiziert war. Er blieb auch nicht lange Chefredakteur des KPD-Organs. Als Präsident der Deutschen Zentralverwaltung für Volksbildung war er zweifellos besser geeignet. Ich meinte in jugendlicher Unbedarftheit jedoch, daß bei einem rigorosen Neuanfang jeder an jedem Platz seine Pflicht erfüllen könnte, wenn er sich nur ehrlich darum bemühte.

Wiederholt besuchte ich anfänglich auch ein Gebäude an der Kreuzung von Rosenfelder und Einbecker Straße in Lichtenberg. Nach der Zulassung der Parteien hatte in diesem unauffälligen Mietshaus das Zentralkomitee der KPD seinen Sitz, ehe es in die Wallstraße in Berlin-Mitte umzog.

Einmal erlebte ich Pieck in der »Neuen Welt« in der Neuköllner

Hasenheide bei einer Kundgebung. Wilhelm, so war mir gesagt worden, sei der einzige, der meine – unverändert gewünschte – Demobilisierung durchsetzen könne. Allerdings kam ich an jenem Tag nicht an ihn heran. Der Saal war überfüllt, die Menge hing ihm an den Lippen. »Wir Kommunisten gehen mit Optimismus an die unserem Volk gestellten Aufgaben, an den Wiederaufbau Deutschlands und seine geistige Neugeburt heran. Trotz aller Schwierigkeiten lassen wir uns diesen Optimismus nicht nehmen. Wir haben das Vertrauen zu unserem Volke, daß es lernen wird aus seinen Erfahrungen in der Vergangenheit, besonders in den zwölf Jahren der Hitlerdiktatur und dem Hitlerkriege«, rief der KPD-Vorsitzende aus. »Wir Kommunisten sind der Überzeugung, daß wir auf dem Wege der engsten Zusammenarbeit mit der Sozialdemokratischen Partei zur Durchführung dieser Aufgaben auch den Weg vorbereiten für die Verschmelzung dieser beiden Parteien zu einer einheitlichen Partei des werktätigen Volkes und damit die große Kraft zur Führung der demokratischen Bewegung herbeiführen werden. Wir wissen, daß der Drang zu dieser Einheit besonders in der Arbeiterklasse sehr groß ist. Die verhängnisvolle Spaltung in der Arbeiterklasse wird und muß beseitigt werden.«[34]

Nach ihm sprach Otto Grotewohl als Vorsitzender des Zentralausschusses der SPD. Es gehe vor allem darum, daß kein einziger der Fehler, die von 1918 bis 1933 gemacht wurden, wiederholt würde. Die Arbeiterklasse brauche die Einheit, und die Sozialdemokraten wollten sie genauso wie die Kommunisten. Diesem Ziel diene die Aktionseinheit zwischen SPD und KPD. Beide Parteien müßten sich in ihrer Arbeit fest zusammenschließen, daß die Parteischranken völlig fielen.

In Schwerin bildete sich im Sommer ein Aktionsausschuß von KPD und SPD. Im Landesmaßstab wie auch in den Kreisen und Städten arbeiteten beide Parteien eng zusammen, wobei sie ihre Eigenständigkeit bewahrten und nicht selten unterschiedliche Positionen zu verschiedenen aktuellen Aufgaben bezogen. Wir in der SMA hatten strikte Anweisung, beide Parteien gleichberechtigt zu behandeln. Doch die Sympathien für die Kommunisten war bei etlichen sowjetische Offizieren erkennbar größer.

Im September kam Wilhelm Pieck nach Mecklenburg, um dort für die demokratische Bodenreform zu plädieren. Er hatte auch eine Begegnung mit General Skossyrew. Ich mußte Pieck abholen und für ihn dolmetschen, denn Pieck sprach kaum ein Wort Russisch, obwohl er jahrelang im sowjetischen Exil gelebt hatte.

Ich nutzte die Gelegenheit, um ihn darum zu bitten, sich gegenüber meinem unmittelbaren Vorgesetzten für meine Demobilisierung zu verwenden. Er sprach das bei Skossyrew an und begründete das Anliegen damit, daß ein gewaltiger Kadermangel in der Partei herrsche und es auch im Interesse der SMA läge, wenn ich ins zivile Leben zurückkehrte.

Der General meinte, daß er einem so angesehenen Mann wie Pieck keinen Wunsch ausschlagen könne. Er werde alle notwendigen Formalitäten einleiten, sobald der Aufbau der SMA abgeschlossen sei. So lange brauche er mich noch. Das sei bestimmt auch im Interesse von Wilhelm Pieck und seiner Genossen.

Beide verständigten sich also auf ein »Bald«, was nicht nur in der russischen Sprache eine Umschreibung für »Unbestimmt« ist.

Als Pieck gegangen war, fragte mich der General prompt, ob ich es bei ihm so schlecht habe, daß ich ihn verlassen wolle.

Das konnte ich reinen Herzens verneinen. Ich versuchte Skossyrew meine Gefühle verständlich zu machen: Als Deutscher in sowjetischer Uniform in Deutschland, de facto als Besatzer, fühlte ich mich etwas unwohl.

Er äußerte Verständnis und sicherte zu, daß er seine Zusage halten werde. Nur käme er gegenwärtig noch nicht ohne mich aus. Nicht nur wegen meiner Sprachkenntnisse. Skossyrew wußte, wie mitunter Schmeicheleien wirken. Der Eintritt in das zivile Leben mußte für mich zumindest in materieller Hinsicht negative Folgen haben. Doch stand das bei mir nicht im Vordergrund.

Das »bald« hatte ich zu wörtlich aufgefaßt.

Der Arbeitstag war lang, dienstfreie Sonntage blieben zunächst rar. Der Aufbau der sowjetischen Verwaltungsorgane erwies sich als anstrengende Arbeit. Nach wie vor bin ich davon überzeugt, daß sie notwendig und nützlich war. Besonders seit 1990 gibt es eine erkennbare Neigung, die sowjetische Besatzung als destruktives Element der Nachkriegszeit darzustellen. Diese Sicht ist politisch gewollt und falsch. Natürlich gab es Fehlentscheidungen, negative Folgen der Besatzungspolitik, auch ungerechtfertigte Repressionen. Das gehört zur historischen Wahrheit. Nicht minder gehört zu ihr das ehrliche Bemühen, das Leben in Ostdeutschland wieder ins Laufen zu bringen. Wenn diese Tatsache bei der Behandlung ausgeblendet wird, kann die halbe Wahrheit schnell zur ganzen Lüge mutieren.

Bei meinen Dienstreisen lernte ich viele Menschen kennen. Allerorts war der Geist des Aufbruchs zu spüren, stärker als unmittelbar nach Kriegsende. Gleichwohl herrschten unverändert Depression und Mutlosigkeit vor. Besonders unter den Flüchtlingen, von denen es in Mecklenburg sehr viele gab.

Die Not nahm vor allen in den Städten zu. Die Vorräte waren längst aufgezehrt. Nur wenige sahen den kausalen Zusammenhang zwischen dem Krieg und ihrer aktuellen Lage. Nicht die Russen hatten die Deutschen ins Elend gestürzt, sondern die Nazis, denen viel zu viele seit 1933, auch im Krieg, mehr oder weniger bereitwillig gefolgt waren.

Vornehmlich jene, die ihre Heimat im Osten hatten verlassen müssen, waren nicht besonders gut auf die Rote Armee und die SMA zu sprechen. Und das, obgleich diese Gruppe in besonderer Weise unterstützt und bei der Bodenreform bevorzugt wurde.

Trotz aller Kriegsfolgen war, alles in allem, die Lebenslage der meisten Deutschen immer noch besser als jene in weiten Gebieten der Sowjetunion, die unter der deutschen Okkupation so furchtbar gelitten hatten und beim Rückzug der Wehrmacht weiter zerstört wurden.

Mit eigenem Auge sollte ich die Kriegsfolgen dort und selbst im ferneren Hinterland bald sehen.

Kurzreise in den Ural

Zunehmend fühlte ich mich verpflichtet, alles zu tun, damit die Eltern möglichst bald nach Deutschland zurückkehren könnten. Mein Anliegen trug ich auch in der KPD-Zentrale vor. Dort erklärte man mir, daß der Arm der Parteiführung zur Zeit allenfalls bis Moskau reiche. Man könnte lediglich den offiziellen Vertreter der KPD in Moskau anweisen, daß er mir bei der Rückführung der Eltern behilflich sei. Mehr könne man leider nicht tun.

Mir blieb nichts anderes übrig, als mich an meinen Vorgesetzten zu wenden.

General Skossyrew gewährte mir einen Sonderurlaub von drei Wochen und sorgte dafür, daß ich mit einer Militärmaschine direkt von Schwerin nach Moskau fliegen konnte.

Im November 1945 bestieg ich eine ramponierte Douglas. Das Frachtflugzeug unterstand nicht der SMA, sondern dem Bevollmächtigten für die Demontagen in Schwerin.

Moskau beeindruckte mich. Fast alles erinnerte an die so ferne Zeit des Friedens: die gut beleuchteten Straßen, die moderne Metro, das

Skossyrew mit seinem Dolmetscher Doernberg in Mecklenburg

ganze Großstadtgewühl. Es gab weitaus mehr Autos als in Berlin oder anderen deutschen Städten.

Ich sah keine Ruinen. 1943, als ich mich einige Wochen in Moskau aufhielt, erstaunte es mich, daß nirgendwo Spuren deutscher Luftangriffe zu sehen waren. Erst nach genaueren Hinschauen bemerkte ich manchmal, daß dort, wo sich eine Grünfläche befand, einst ein Haus gestanden hatte. Die Fliegerabwehr in und um Moskau sei sehr effektiv gewesen, hieß es, die deutsche Luftwaffe hätte bei ihren Angriffen derart hohe Verluste hinnehmen müssen, daß sie ihre Angriffe einstellte. Dabei waren 1941 die Spitzen der deutschen Panzertruppen bis auf weniger als dreißig Kilometer an die Stadt herangekommen. Moskau blieb weit über ein Jahr fast Frontstadt, da der Krieg noch in etwa 200 Kilometer Entfernung tobte.

Zuversicht und Lebensfreude, die ich in der Sowjetunion vor dem Krieg schätzen gelernt hatte, waren jetzt jedoch verschwunden.

Ich traf einige meiner Klassenkameraden. Viele Abiturienten von 1941 hatten das Kriegsende nicht mehr erlebt. Andere waren schwer verwundet worden, manche blieben Kriegskrüppel. Unter den Opfern befanden sich auch Mädchen aus unserer Abiturklasse. So war das Wiedersehen mit den Schulkameraden sowohl ein freudiges als auch ein trauriges Ereignis.

In Moskau nahm ich bei meiner Cousine Hilde Angarowa aus Cottbus Quartier. Sie hatte Ende der 20er Jahre einen Russen geheiratet und war mit ihm nach Moskau gezogen. Als Übersetzerin klassischer und moderner schöngeistiger Literatur erwarb sie hohes Ansehen. Jetzt ging es ihr sehr gut, weil sie so viele Aufträge wie schon lange nicht mehr hatte. In Moskau und in Berliner Verlagen, darunter dem von der Sowjetischen Militärverwaltung gegründeten SWA-Verlag, war die Herausgabe vieler Werke der russischen Literatur geplant oder schon angelaufen. Hilde wollte genau wissen, wie es in Deutschland aussah, obwohl sie nicht den Wunsch verspürte, nach über fünfzehn Jahren in die alte Heimat zurückzukehren.

Meine Gespräche mit dem Beauftragten der KPD in Moskau und der Sonderabteilung des Roten Kreuzes und des Roten Halbmondes, die sich als Folgeorganisation der Roten Hilfe (MOPR) um die politischen Asylanten aus verschiedenen Ländern kümmerte, verliefen problemlos und zügiger, als ich angenommen hatte. Bereits nach wenigen Tagen konnte ich mich in den Zug setzen, der mich zunächst nach Swerdlowsk brachte. Von dort ging es in die etwa dreihundert Kilometer nördlich gelegene Stadt weiter, in der meine Eltern lebten. Auch dort gab es keine bürokratischen Hindernisse, die ich eigentlich erwartet hatte. Vertreter der Betriebsleitung, Nachbarn und Arbeitskollegen äußerten allenfalls Bedenken, daß es eventuell zu früh sei, nach Deutschland zurückzukehren. Dort werde es ihnen bestimmt wesentlich schlechter gehen als hier.

Ich brachte es nicht über mich, die reale Situation in Deutschland zu schildern. Selbst im fernen Hinterland des Siegers hatte der Krieg weitaus schlimmere Folgen hinterlassen als im besiegten Deutschland. Sogar in Moskau schien mir die Lebenslage miserabler als im zerstörten Berlin. Die Rettung der menschlichen Zivilisation hatte den Völkern der Sowjetunion einen sehr, sehr hohen Preis abverlangt, meinte ich und war geschockt, mir dies eingestehen zu müssen.

Aus Moskau hatte ich meine Eltern telegraphisch über meine Ankunft informiert. Zu Hause traf ich nur die Nachbarn an. Erst kam die Mutter, die in einem Kindergarten arbeitete, dann auch der Vater. Wir lagen uns in den Armen. Die Eltern packten schnell ihre wenigen Habseligkeiten. Sie hatten in den letzten Jahren fast alles veräußert, um sich Eßbares zu beschaffen. In den letzten zwei Jahren hatte ich ihnen einen beträchtlichen Teil meines Gehalts monatlich überwiesen. Da ich an der Front eine Funktion ausübte, für die nach dem Stellenplan ein Hauptmann oder Major vorgesehen war, erhielt ich ein für meine Begriffe hohes Gehalt. Es entsprach nominell zumindest dem Gehalt meines Vaters als Ingenieur. Angesichts der überhöhten Preise auf dem Markt war das, wie ich nun merkte, doch nicht viel.

Mit zwei Koffern reisten wir gemeinsam nach Moskau. Dort wurden die notwendigen Formalitäten schnell erledigt. Es blieb wenig Zeit, um sich von meiner Cousine und den Freunden zu verabschieden. Meine Eltern wurden vom Roten Kreuz mit einigen Kleidungsstücken, mit Marschverpflegung, Fahrkarten für einen Schlafwagen und den notwendigen Papieren für die Grenzkontrolle ausgestattet. Mit einem für die damalige Zeit komfortablen Zug fuhren wir nach Brest, wo die Breitspur der russischen Eisenbahn endete und wir in einen anderen Zug umsteigen mußten.

Die deutschen Waggons besaßen kaum Fensterscheiben, meist waren Sperrholzplatten davorgenagelt. Es zog furchtbar. Der Zug hielt oft. Erst nach drei Tagen trafen wir in Berlin ein.

Vom Schlesischen Bahnhof begaben wir uns zum Sitz der KPD in der Wallstraße in Berlin-Mitte, wo die Eltern mehr als freundlich empfangen wurden. Man brachte sie provisorisch unter. Wie es weitergehen würde, war unklar. Ich wußte sie jedoch versorgt und machte mich umgehend auf nach Schwerin, denn mein Sonderurlaub war bereits überzogen.

Doch schon wenige Tage später erreichte mich die Bitte, nochmals nach Berlin zu kommen. In der KPD-Zentrale hieß es, daß es augenblicklich Schwierigkeiten gebe, die Eltern mit Wohnraum zu versorgen. Ob ich sie nicht vorübergehend in Schwerin unterbringen könnte? Für den Vater würde man in Mecklenburg eine verantwortliche Funktion finden, der Kadermangel sei dort besonders groß.

Ich brachte meine Eltern in einem Zimmer in dem gleichen Haus unter, in dem ich mit anderen Offizieren wohnte. Zu jener Zeit war ich schon mit meiner späteren Frau liiert. Bei allen Unterschieden unserer Kindheit verbanden Soja und mich viele Gemeinsamkeiten, wenn wir unsere Jugendzeit verglichen. Auch sie hatte die Schrecken des Krieges mehr als ausgekostet. Und das während der schlimmen Blockade Leningrads. Nach dem Hungerwinter 1941/42 hatte sie sich als 16jährige freiwillig zur Roten Armee gemeldet, dann im Feldheer den weiten Weg bis nach Deutschland zurückgelegt, zuletzt ähnlich wie ich in einer 7. Abteilung. In der 2. Stoßarmee, die bis Mecklenburg vordrang, war sie als Schreibkraft tätig gewesen und dann von der SMA übernommen worden.

Eine offizielle Hochzeit war längere Zeit nicht möglich. Erst Ende August 1946 wurde in Berlin ein spezielles Standesamt eröffnet, das für die Angehörigen der Besatzungstruppen wie die Mitarbeiter der SMAD in allen entsprechenden Fragen zuständig war. Wir gehörten zu den ersten, die dieses in Karlshorst aufsuchten. Der Andrang war mehr als groß. Wir befürchteten, zwei Tage oder länger warten zu müssen, ehe wir an der Reihe sein würden. So viel Zeit war uns in Schwerin nicht bewilligt worden. Um das Verfahren zu beschleunigen, bot ich an, unser Dokument selbst auszufüllen. Das wurde mir gestattet. Die Urkunde wurde von mir ein wenig ungeschickt aus dem Block getrennt. So sind wir nun schon seit mehr als einem halben Jahrhundert im Besitz eines abgerissenen Trauscheins.

Feierliche Worte bei der Eheschließung gab es bei diesem Massenbetrieb nicht. Negativ sollte sich das alles aber nicht auswirken.

Im Sommer 1946 erhielten die Eltern eine eigene Dreiraumwohnung. Auch Soja und ich zogen dort ein. So lebten wir als Großfamilie unter einem Dach. Im Winter kam dann noch Zuwachs. Unsere Tochter, für die wir den verbreiteten schönen Namen Swetlana auswählten, kam in einem Militärlazarett zur Welt.

Trotz der gewissen Enge fühlten wir uns glücklich und auch privilegiert. Viele Familien in Deutschland hatten keine eigene Wohnung. Auch wenn die Lebensmittelrationen der Eltern klein waren, kamen wir über die Runden, denn die Versorgung der Armeeangehörigen war, wenngleich nicht üppig, so doch um einiges besser.

Vater wurde in der Landesverwaltung für den Wiederaufbau der Industrie verantwortlich gemacht. Als Ingenieur und mit dem Wissen aus der Sowjetunion in bezug auf Wirtschaftsplanung sei er hinlänglich qualifiziert, meinte man. Es erfüllte ihn mit Befriedigung, daß er mit über 60 Jahren gefordert wurde. Vor allem aber, daß er eigenständig Entscheidungen treffen durfte. Er blühte trotz der zeitraubenden Arbeit regelrecht auf.

Die Eltern fanden in Schwerin, das für sie neues Terrain war, schnell Kontakt. Sie waren heimgekehrt, fühlten sich wieder »zu Hause«, wenngleich das Leben in dieser so kleinbürgerlichen Provinzstadt für sie ungewöhnlich blieb.

Ich sollte anderthalb Jahre in Mecklenburg bei der Sowjetischen Militäradministration bleiben. Aus der engeren Zusammenarbeit mit den Mitgliedern des Landespräsidiums wie führenden Funktionären der Parteien und Organisationen ergab sich oft auch ein freundschaftliches Verhältnis. Mitunter vertrauten sie mir verschiedene Wünsche oder Sorgen an. Mich beeindruckte ihre Hingabe an das übernommene Amt, obgleich damit keine nennenswerten Vorteile oder gar Privilegien verbunden waren. Bei nicht wenigen Menschen im Land erwarben sie sich in dieser schweren Zeit Ansehen. In Teilen der Bevölkerung weckten sie mit ihrem Wirken jedoch Mißtrauen und Argwohn allein schon deshalb, weil sie angeblich Anordnungen einer fremden Macht ausführten.

Präsident Wilhelm Höcker (SPD), Vizepräsident Hans Warnke (KPD) und der bürgerliche Vizepräsident Otto Möller waren sehr verschieden hinsichtlich Herkunft und Charakter. Dennoch arbeiteten sie sehr gut zusammen. Höcker nutzte seine Erfahrungen in der Verwaltungsarbeit, die er in der Weimarer Republik gesammelt hatte. Am schwersten hatte es Möller. Er brachte als Experte auf dem Gebiet der Landwirtschaft sehr vieles mit. Doch das nützte wenig: Es mangelte an Saatgut, Düngemitteln und Gerät.

Interessante und für mich lehrreiche Gespräche führte ich mit Gustav Sobottka, Kurt Bürger, Änne Kundermann und Eleonore Pieck, den führenden Funktionären der Landesleitung der KPD. Die jüngste Tochter von Wilhelm Pieck wie auch Sobottka verließen zu Beginn des Jahres 1946 Schwerin und übernahmen Aufgaben in Berlin.

Nicht weniger freundschaftlich und für mich in mancher Hinsicht sogar aufschlußreicher waren die Begegnungen mit Carl Moltmann, dem Landesvorsitzenden der SPD, und seinem Stellvertreter Xaver Karl. Den Gesprächen mit ihnen entnahm ich besonders deutlich, mit welchen Problemen noch lange zu rechnen sein würde. Von ihnen erfuhr ich auch viel über das Dritte Reich: Sie hatten das System von innen erlebt und nicht aus der Emigration oder der Zuchthausperspektive beobachten müssen. Sie erlebten die NS-Propaganda und deren verheerende Wirkung unmittelbar. Wahrscheinlich besaßen sie deshalb weniger Illusionen als andere, die lange Zeit Deutschland nur von außen gesehen hatten. Dagegen verfügten die Exilanten meist über einen größeren Horizont und über Erfahrungen aus der internationalen Politik. Beide Politikertypen mußten jetzt wie in einem Tiegel zu einem Edelmetall, möglichst einem harten, verschmelzen. Ein leichter Prozeß würde es nicht werden, aber er war von beiden Seiten gewollt, wie ich feststellte.

Viele Sozialdemokraten brachten mehr Erfahrung bei der demokratischen Lösung von Problemen ein. Hingegen kannten sich Kommunisten bei Marx und in der Theorie besser aus. So paradox das heute vielleicht erscheinen mag: Gerade ältere Mitglieder der SPD forderten damals sozialistische Entscheidungen. Sie begründeten das damit, daß dies die einzig richtige Schlußfolgerung aus den Fehlern der Vergangenheit sei. Es gab jedoch weder objektive noch subjektive Voraussetzungen für eine solche Politik in Deutschland.

Gute Beziehungen unterhielt ich zu den Chefredakteuren der seit Juli 1945 erscheinenden Zeitungen der KPD und SPD. Mit Raab (er trug zunächst noch den aus der Illegalität stammenden Namen Fiedler) und Pohlmeyer kam ich zunächst als Zensor zusammen, denn in allen Besatzungszonen kontrollierten die Militärbehörden die dort edierten Blätter.

Niemand aber sagte mir, welche Formulierungen oder Themen mit Tabu belegt waren und darum getilgt werden mußten. Richtlinien und verbindliche Hinweise wurden zwar angekündigt. Ich habe sie während meiner relativ kurzen Tätigkeit aber nie zu Gesicht bekommen. Klar war lediglich, daß keine faschistische Propaganda betrieben und die Besatzungsmacht nicht attackiert werden durfte.

Bei den Zeitungen der KPD wie der SPD gab es keinen Grund, derartiges zu befürchten. Deshalb sah ich meine Aufgabe mehr darin, den Chefredakteuren bei der Auswahl wichtiger Themen und, wo es mir notwendig erschien, bei Formulierungen zu helfen. Mein schon in der Frontarbeit, noch mehr in der Kominternschule erworbenes Wissen half mir dabei. Wahrscheinlich nicht immer.

Karl Raab und ich brüteten lange über den Leitartikel und einen Kommentar für die erste Ausgabe der »Schweriner Volkszeitung« am 13. Juli 1945. Daraus erwuchs eine jahrzehntelange Freundschaft.

Sehr großen Eindruck hinterließen bei mir die beiden Vorsitzenden des Kulturbundes zur demokratischen Erneuerung Deutschlands, der Schriftsteller Willi Bredel und der Schweriner Domprediger Karl Kleinschmidt. Ihnen war es zu danken, daß sich in Mecklenburg-Vorpommern – in den Städten wie auf dem Land – ein vorher nie gekanntes reiches kulturelles Leben entwickelte. Die Theater öffneten mit Unterstützung der SMA sehr schnell wieder ihre Pforten. Auch ich zog daraus Nutzen. Niemals wieder besuchte ich so häufig Theater wie in Schwerin. Im gleichen Haus wurden dort Opern, Operetten und Schauspiele aufgeführt.

Die Bodenreform war ein Schlüsselproblem und stand darum im Mittelpunkt der Politik. Von Anfang an fand sie eine breite Zustimmung – vor allem bei den vielen Umsiedlern, die ihre Bauernhöfe verloren hatten und auf eine eigene Scholle hoffen durften. Auch viele ehemalige Knechte und Tagelöhner der Großgrundbesitzer sowie Kleinbauern, die sich von ihren Flächen nicht ernähren konnten, begrüßten die Landverteilung. Sie wurde auch in den Städten unterstützt, da man sich davon eine Verbesserung der Versorgung erhoffte. Auch die meisten Pfarrer waren dafür.

Die politische Dimension wurde von sehr vielen begriffen. Damit wurde einerseits die seit Jahrhunderten gewachsene Ungerechtigkeit auf dem Land überwunden. Andererseits gehörten die adligen Großgrundbesitzer zu den Stützen des Kaiser- und Nazireiches. Sie profitierten vom Krieg und von der Ausbeutung der Zwangsarbeiter. Nicht wenige hatten sich auch anderer Nazi- und Kriegsverbrechen schuldig gemacht.

Im Herbst 1945 kam einige Unruhe auf. Es kursierten Gerüchte, wonach die Zonengrenzen korrigiert werden sollten. Große Teile Mecklenburgs würden wieder an die Briten gehen, hieß es. Und diese würden die bei der Bodenreform enteigneten Gutsherren in ihre alten Rechte einsetzen. Mehr noch: Die Neubauern, die auf diesen Ländereien siedelten, würden erheblichen Ärger bekommen. Diese Schwätzereien waren nur schwer aus der Welt zu schaffen. Sie lähmten mancherorts die Arbeit der Bodenkommission, und die Bauern, die bereits Land zugesprochen bekommen hatten, zeigten sich verunsichert.

Wiederholt wurde ich in dieser Sache zu Hilfe gerufen. Ich erklärte als Vertreter der SMA, daß die Besatzungszonen vertraglich von den Siegermächten beschlossen worden seien und die Bodenreform im vollen Einklang mit den Beschlüssen der Potsdamer Konferenz stünde. Es geschehe also nichts Unrechtes.

Als sehr hilfreich in dieser öffentlichen Verwirrung erwies sich eine Erklärung, die namhafte Geistliche Mecklenburgs abgaben. Landespastor Schwartze, Domprediger Kleinschmidt und andere Kirchenleute verteidigten die Bodenreform. »Wir bejahen rückhaltlos aus christlicher Verantwortung und Brüderlichkeit die Forderungen der Bauern nach Aufteilung des Großgrundbesitzes.«

Der Oberkirchenrat der evangelisch-lutherischen Landeskirche richtete an die Bauern einen Hirtenbrief, in dem er die Bodenreform als notwendige Folge aus dem Zusammenbruch des NS-Regimes bekräftigte und an die gemeinsame Verantwortung der Bauern appellierte, »für unser ganzes Volk das Brot zu schaffen. Gott lege seinen Segen auf Euer Säen und Ernten.«

In der Agrarregion Mecklenburg war die demokratische Bodenreform der wichtigste Einschnitt der gesamten Umwälzung nach 1945. In gewisser Hinsicht wurde mit ihr eine in Deutschland – im Unterschied zu Frankreich und einigen anderen Ländern – nie vollendete Aufgabe der bürgerlichen Revolution Wirklichkeit. Die Liquidierung des adligen Großgrundbesitzes beseitigte nach wie vor bestehende Reste der Feudalordnung, richtete sich aber auch gegen die Dominanz des Großkapitals in der Agrarwirtschaft. Die Neubauern erhielten bis zu 10 Hektar Boden als Privateigentum. Die Aufteilung erfolgte durch die Bewerber selbst, und das in aller Öffentlichkeit. Die demokratische Bodenreform stand in vollem Einklang mit den gemeinsamen Beschlüssen der Alliierten.

In anderen Ländern der Ostzone kam der Enteignung der Industriebetriebe der Kriegsschuldigen eine größere Bedeutung zu. In Sachsen wurde sie und die Überführung der großen Betriebe in Landeseigentum durch Volksentscheid beschlossen. Weit über zwei Drittel der Wahlberechtigten stimmte dafür. In Mecklenburg, wo es nur wenige Großbetriebe gab, wurde das sächsische Gesetz ohne Volksentscheid bei allgemeiner Billigung übernommen. Auch diese Regelung stand im Einklang mit dem Potsdamer Abkommen.

In Hessen brachte ein ähnlicher Volksentscheid fast das gleiche Resultat wie in Sachsen. Er wurde von der US-Militärregierung jedoch mit der Begründung ausgesetzt, daß derartig tiefe Eingriffe nur in einem gesamtdeutschen Rahmen erfolgen könnten.

Die Bodenreform trug auch dazu bei, daß die Versorgungslage nicht noch schlechter wurde. Und sie erleichterte die Unterbringung sehr vieler Flüchtlinge. Trotzdem blieb die Situation angespannt, die Lebensmittelzuteilung gering. Die SMA gestattete es den Bauern, überschüssige Produkte (»freie Spitzen«) nach Erfüllung ihrer Ablieferungspflicht auf dem Markt anzubieten. Doch in der Praxis funktionierte das nicht. Ein »freier Markt«, auf dem sich die Preise nach Angebot und Nachfrage herausbildeten und trotzdem erschwinglich waren, gab es derzeit nirgendwo in Deutschland. Angesichts des extremen Mangels gab es nur Wucher. Gegen Schwarzmarktgeschäfte griffen daher die deutschen Behörden mit Recht durch.

Dennoch war der illegale Schwarze Markt nicht auszurotten. Die Lebensmittel reichten einfach nicht aus. Dinge des täglichen Lebens, Schuhe und Kleidungsstücke gab es in den Geschäften noch nicht oder nur ganz selten. Die Produktion kam nur mühevoll in Gang. Zudem wurde nicht wenig für Reparationslieferungen abgezweigt.

Im Frühjahr/Sommer 1946 trat eine unerhebliche Besserung ein, der aber ein Rückschlag folgte. Der Winter 1946/47 war nicht nur schneereich und grimmig kalt. Hatte man zunächst angenommen, mit dem Zusammenbruch 1945 sei der Tiefpunkt in der Gesellschaft und in der Wirtschaft erreicht, so mußte man sich korrigieren.

In Mecklenburg spielte die SPD – anders als etwa in Berlin oder Sachsen – vor 1933 keine wesentliche Rolle. Die KPD war noch unbedeutender, die Zahl ihrer Mitglieder gering. Nach Kriegsende jedoch erfuhren beide Parteien einen beachtlichen Zuwachs. Im Spätherbst 1945 gab es mehr Neu- als Altmitglieder. Die Mehrheit plädierte für den Zusammenschluß. Besonders aktive Anhänger der von beiden Parteiführungen angestrebten Einheit waren nach meinen Beobachtungen jene, die von den früheren Querelen unbelastet waren.

Die Situation unterschied sich allerdings von Kreis zu Kreis und folglich auch die Vorstellung, auf welche Weise man den Schulterschluß suchen sollte. In Rostock existierte eine einflußreiche Gruppe von Sozialdemokraten, die sich für die Aktionseinheit aussprach, aber einen sofortigen organisatorischen Zusammenschluß für unangebracht hielt. Sie begründeten das auch mit dem Hinweis, daß die westlichen Besatzungsbehörden Schritte in diese Richtung in ihren Zonen untersagt hatten. Im Interesse einer gemeinsamen gesellschaftlichen Entwicklung sollte man im Osten nicht vorpreschen.

Die Befürworter hingegen meinten, eine Vereinigung im Osten Deutschlands wäre ein notwendiges Signal und ein Beispiel für den Westen.

Darüber wurde im Land gestritten, jedoch nicht sonderlich heftig. Der Hang zur Einheit von KPD und SPD war in Mecklenburg nicht geringer als in anderen Gebieten, wo die Arbeiterbewegung stärker verwurzelt war. In den Orten, dann in den Kreisen und schließlich auf Landesebene verschmolzen so die Organisationen beider Parteien im Frühjahr 1946 zu einer.

Ohne die wohlwollende Billigung der SMA hätte es diesen Entwicklungsprozeß nicht gegeben. Nichts Grundlegendes konnte in Deutschland ohne ausdrückliche Zustimmung der Besatzungsmächte geschehen. Weder im Osten noch im Westen.

Beim Vereinigungsprozeß von SPD und KPD hatten die Mitarbeiter der SMA Weisung, ihn nachhaltig zu unterstützen, jedoch sich nicht einzumischen. Mir ist nichts anderes bekannt.

Im April 1946 nahm ich als Beobachter am Vereinigungsparteitag in Schwerin teil. Zu Ostern fanden in Berlin getrennte Parteitage der SPD und der KPD, dann der Vereinigungsparteitag statt.

Ich fuhr mit den Mecklenburger Delegierten nach Berlin. Meine Aufgabe war die eines Beobachters: Ich sollte Eindrücke sammeln, die Stimmung der Delegierten registrieren und in Schwerin darüber berichten. Auf keinen Fall sollte ich mit einer eigenen Meinung auftreten oder mich gar in mögliche Diskussionen einmischen.

Es gelang mir, mich unter die Gruppe der Journalisten zu mischen. Dadurch wurde ich Zeuge dieses historischen Konvents.

Im Admiralspalast saßen offizielle Vertreter aller vier Besatzungsmächte. Sie hielten keine Ansprachen, gaben aber mit ihrer Anwesenheit zu verstehen, daß die Vereinigung von SPD und KPD ein legaler Akt sei. So zumindest sah ich es.

Von allen Delegierten vernahm ich nur Zustimmung. Mehr noch, es herrschte eine euphorische Atmosphäre, ganz besonders als Pieck und Grotewohl, von verschieden Seiten der Bühne kommend, sich die Hände reichten. Das riß alle von den Sitzen.

Da die Vereinigung von SPD und KPD in Ostdeutschland eine Zäsur in der Nachkriegsentwicklung bedeutete, halte ich eine Einfügung für erforderlich. In meine heutige Bewertung fließen Fakten und Dokumenten ein, von denen ich 1946 nichts wissen konnte.

Seit Bildung der SED war diese – wie auch die sowjetische Besatzungsmacht – mit dem Vorwurf konfrontiert, es habe sich um eine Zwangsvereinigung gehandelt. Diese Feststellung ist nur insofern korrekt, als es spätestens seit 1933 einen historisch gewachsenen Zwang gab, die Spaltung der Arbeiterbewegung zu überwinden. Der Druck wurde mehrheitlich von der Mitgliedschaft in beiden Parteien ausgeübt und fand in Erklärungen führender Funktionäre, wenn auch nicht aller, seinen Ausdruck. Der Zwist zwischen SPD und KPD, der mit schlimmen gegenseitigen Verunglimpfungen verbunden war, hatte die Machtübertragung an Hitler und die Errichtung des NS-Regimes, in letzter Konsequenz auch die Entfesselung des Raubkrieges mit seinen Folgen erleichtert. Daraus vor allem galt es vorwärtsweisende Schlüsse zu ziehen.

Im Oktober 1945 diskutierten führende SPD-Funktionäre in Wennigsen bei Hannover die Vereinigung mit der KPD. Otto Grotewohl, Gustav Dahrendorf, Max Fechner und andere forderten das Zusammengehen, während der Kreis um Kurt Schumacher dies ablehnte. Trotz der Erfahrungen aus der NS-Zeit hielt Schumacher an seiner ausgeprägt antikommunistischen Haltung fest.

Dessen ungeachtet sprachen sich im Dezember der Berliner Zentralausschuß der SPD und das Zentralkomitee der KPD in einer Beratung mit Funktionären aus Ländern und Provinzen der Sowjetischen Besatzungszone für eine Vorbereitung der organisatorischen Vereinigung aus.

Unbeantwortet war nach wie vor die Frage, ob es zu einer Vereinigung

Ehrenloge im Berliner Admiralspalast während des Vereinigungsparteitages, 1946. Vorn Oberbürgermeister Dr. Werner, hinten Generalmajor Alexander Kotikow, Stadtkommandant im sowjetischen Sektor Berlins

von SPD und KPD in ganz Deutschland oder nur in der Ostzone kommen würde. Die Parteiführungen in Berlin gingen davon aus, daß sie in allen Besatzungszonen erfolgen würde.

Um dies zu klären, reisten Grotewohl und Dahrendorf neuerlich nach Niedersachsen. In Braunschweig erörterten sie am 8. Februar 1946 wieder mit Schumacher – er war seit einigen Monaten mit der vorläufigen Führung der SPD in allen drei westlichen Zonen beauftragt – das brisante Thema. Schumacher beharrte auf seiner Position und lehnte eine Vereinigung mit der KPD weiterhin strikt ab.

Der von Grotewohl erneut unterbreitete Vorschlag, dies auf einem gesamtdeutschen SPD-Parteitag (»Reichsparteitag«) zu diskutieren und zu beschließen, fand ebenfalls nicht seine Zustimmung.

Daraufhin reklamierte der Berliner Zentralausschuß der SPD seine Führungsrolle. Das geschah auch in der Annahme. mit dem von ihm forcierten Zusammenschluß im Osten würde eine Initialzündung für die Partei in allen Zonen erfolgen. Diese Erwartung erwies sich als illusionär. Schon deshalb, weil die westlichen Besatzungsmächte die Vorbereitung einer Vereinigung strikt untersagten. Sie lag nicht in ihrem Interesse. Eine Begründung lieferten sie nicht, da sie selbst eine Diskussion zu diesem

Thema vermeiden wollten. In Westdeutschland, zumal in den Industriegebieten, unterschied sich die Haltung zur Einheit bei den Mitglieder beider Parteien und ihren Sympathisanten nicht von der im Osten.

In diesem Sinn kann man von einem gewissen Zwang sprechen, der von den Besatzungsmächten in den Westzonen ausgeübt wurde – von einem Zwang zur Aufrechterhaltung der Spaltung. Er fand Resonanz bei SPD-Funktionären, die wegen ihrer antikommunistischen Überzeugung und aus eigener Profilsucht selbst eine Aktionseinheit ablehnten.

Dabei war die Aussicht sehr realistisch, daß eine gesamtdeutsche sozialistische Partei mehr den Traditionen und politischen Vorstellungen der Sozialdemokratie als denen der KPD folgen würde. Dafür sprachen die Mehrheitsverhältnisse zugunsten der SPD. Äußere Einflüsse hätten auch dazu beigetragen. Kurzum: Eine solche sozialistische »Einheitspartei« wäre nicht zu jener SED geworden, wie diese sich in späteren Jahren entwickelte.

Aber ein »Was wäre, wenn …?« gibt es in der Geschichte nicht.

Auch im Osten gab es Zwang – die einheitswilligen Kräfte in der Führung beider Parteien übten Druck aus auf jene, die auf eine gesamtdeutsche Lösung warteten.

Die sowjetische Besatzungsmacht mischte sich nach allen vorliegenden authentischen Dokumenten nicht massiv ein, obwohl die führenden Generale der SMAD in Gesprächen mit Wilhelm Pieck und Otto Grotewohl ihr Interesse an einer Vereinigung deutlich bekundeten. Von sowjetischer Seite gab es Hilfestellung, Gegner der Einheit zu isolieren.

Direkte Repressionen erfolgten erst nach dem Vereinigungsparteitag, meist mit dem unbewiesenen Vorwurf, es liege ein Verstoß gegen das Besatzungsregime vor.

Interessanterweise wurde eine Billigung der Vereinigung von SPD und KPD erst dann voll wirksam, als Stalins Zustimmung vorlag. Er hatte sich im Juni 1945 ausdrücklich für ein Mehrparteiensystem ausgesprochen, in dem es auch eine starke Sozialdemokratie geben sollte. Wahrscheinlich betrachtete er eine solche politische Landschaft als Voraussetzung für eine gemeinsame Deutschlandpolitik der Alliierten, an der er – aus unterschiedlichen, vornehmlich aus wohlverstandenen Interessen der Sowjetunion – festhalten wollte. Walter Ulbricht wurde nach Moskau beordert. Erst danach kam Stalins Zustimmung, ohne die die SMAD nichts machen konnte, obwohl in Berlin die Zweckmäßigkeit einer Vereinigung von SPD und KPD bereits erkannt worden war.

Die Vereinigung von SPD und KPD war ein deutsches Projekt, mit dem historische Lehren beherzigt werden sollten. Das galt auch für die antifaschistisch-demokratische Umwälzung. Das Klischee einer »Sowjetisierung« oder Installation einer »zweiten Diktatur«, dazu einer fremdgesteuerten, ist und bleibt verlogen. Trotzdem darf nicht vergessen werden, daß damals in Deutschland alles unter der Oberhoheit eines Besatzungsregimes geschah. In der Vier-Sektoren-Stadt Berlin zeigte sich das besonders deutlich.

Nach einer entsprechenden Entscheidung der Besatzungsmächte erfolgte eine Urabstimmung in der SPD – allerdings nur in den drei Westsektoren Berlins. Die der Parteibasis zur Abstimmung vorgelegte Frage war demagogisch formuliert. Sie bot keine Alternative zwischen ***für*** *oder* ***gegen*** *eine SED. Die Mitglieder konnten lediglich darüber abstimmen, ob sie den* ***sofortigen Zusammenschluß*** *oder zunächst die* ***Aktionseinheit*** *beider Parteien wollten. Wörtlich lauteten die zwei Fragen: »Bist du für den sofortigen Zusammenschluß beider Arbeiterparteien?« [ja/nein] und »Bist du für ein Bündnis beider Parteien, welches gemeinsame Arbeit sichert und Bruderkampf ausschließt« [ja/nein].*

Von den 62.246 Mitgliedern der Berliner SPD beteiligte sich ein Drittel an der Urabstimmung.

Die sofortige Vereinigung lehnten 19.592 ab – sie sprachen sich aber mehrheitlich für jenes Bündnis aus, das Schumacher ablehnte.

Lediglich 5.568 – etwa 8 Prozent der Berliner Sozialdemokraten – folgten ihm darin mit ihrer Entscheidung.

Otto Grotewohl und Wilhelm Piecks warben 1946 auf mehreren Kundgebungen in den Westzonen für die Fortsetzung des Vereinigungsprozesses. Erfolglos. Daß sie scheiterten, lag allerdings auch an den westlichen Besatzungsmächten.

Die Vereinigung nur im Osten und die Beibehaltung der Spaltung im Westen blieben nicht ohne Folgen. Beide Entscheidungen begünstigten die Teilung des ganzen Landes, obwohl die Spaltung 1946 durchaus nicht präjudiziert war. Weder Fürsprecher noch Gegner der Partei-Vereinigung dürften die Spaltung des Landes gewollt haben.

Aber im Leben von Menschen und noch mehr von Völkern vollzieht sich durchaus nicht alles so, wie es zuvor gedacht ist.

Jene verhängnisvolle Abgrenzung gegen einen »Sozialdemokratismus«, wie sie nach 1949 von der SED-Führung über Jahre praktiziert werden sollte, hätte es unter anderen Umständen vermutlich ebenso wenig gegeben wie den unsäglichen Antikommunismus, der auch mit Hilfe der SPD zum konstitutiven Element der Bundesrepublik wurde.

Historische Chancen, die sich durch den Zusammenbruch des deutschen Faschismus eröffneten, wurden schlichtweg vertan. Sie hätten welt-

weit eine sozialistische Transformation befördern können. Das alles konnte ich, konnten auch die Akteure damals nicht erkennen.

Dafür müssen weder sie noch ihre Erben sich aber entschuldigen.

Im Herbst 1946 wurden zunächst die Vertretungen in den Kommunen und danach die Länderparlamente gewählt. Es waren dort die ersten demokratischen Wahlen seit fast anderthalb Jahrzehnten. Es gab weder Schlägereien noch Schlammschlachten, wie die Älteren aus der Zeit der Weimarer Republik sie in Erinnerung hatten. Die SMA in Schwerin war von der Zentrale angewiesen worden, für einen sachlichen und ungestörten Wahlkampf zu sorgen und zu garantieren, daß der Wahlakt korrekt lief. Einmischen sollten wir uns auf keinen Fall. Jedoch war kaum zu übersehen, daß die Mitarbeiter der Militäradministration mit den SED-Kandidaten sympathisierten. Der Favorit der sowjetischen Besatzungsmacht war ganz klar die SED.

Das förderte die ablehnende Haltung mancher Wähler. Nicht wenige nannten insgeheim die SED deshalb »Russenpartei«. Sie votierten deshalb lieber für die CDU oder die LDP. Das Wahlresultat entsprach darum nicht ganz den Erwartungen der SED-Führung und der SMAD, wenn auch die SED in Mecklenburg die absolute Mehrheit der Stimmen gewann. In den anderen Ländern gewann sie fast soviel wie CDU und LDP zusammen.

Nach den Landtagswahlen wurden in den Regierungen einige Personen ausgetauscht, doch im Kern blieb alles beim alten. Die Parteien arbeiteten weiter im Demokratischen Block zusammen und faßten alle Beschlüsse im Konsens. Wilhelm Höcker wurde in Mecklenburg-Vorpommern als Ministerpräsident ebenso bestätigt wie die anderen Ex-Sozialdemokraten Karl Steinhoff und Rudolf Friedrichs in Brandenburg und in Sachsen. Der Liberale Erhard Hübener blieb in Sachsen-Anhalt Ministerpräsident. Der Parteilose Rudolf Paul regierte in Thüringen weiter.

In Berlin dagegen erlitt die SED eine deutliche Schlappe. In allen vier Sektoren, auch im Osten, war damit eindeutig auch gegen die sowjetische Besatzungsmacht votiert worden. Trotzdem war es bezeichnend, daß SPD und SED, die sich zu einer sozialistischen Orientierung bekannten, weit über die Hälfte der Stimmen auf sich vereinten.

Eine Aktionseinheit, für die sich ja die Mehrheit der Berliner SPD-Mitglieder bei der Urabstimmung im Frühjahr ausgesprochen hatte, hätte auch jetzt noch in ganz Berlin einen Neubeginn starten können. Ein derart eindeutiges Votum für beide Arbeiterparteien hatte es vor 1933 noch nie gegeben.

Die Wahlen wurden auch unter den Mitarbeitern der SMA in Schwerin ausgewertet. Es herrschte die Auffassung vor, daß sich die bisherige sowjetische Deutschlandpolitik als richtig erwiesen habe. Der antifaschistisch-demokratischer Neuaufbau stünde weiter im Vordergrund.

Dennoch wurde darauf hingewiesen, daß noch entschiedener als bisher gegen jegliche Willkür von Kommandanten oder Formen der Einmischung in die Tätigkeit der gewählten deutschen Verwaltungsorgane vorgegangen werden sollte.

Diese Weisung galt für alle Angehörigen der Besatzungsmacht einschließlich ihrer hier stationierten Truppen. Ausgenommen waren die Sicherheitsorgane. Diese unterstanden nicht der SMAD.

In diesem Kontext erwies sich als nachteilig, daß Marschall Sokolowski nicht die Autorität seines Vorgängers Shukow genoß. Dieser war zugleich Stellvertreter des Obersten Befehlshabers der Sowjetarmee, also Stalins, bis er im März 1946 seinen Stuhl als Oberster Chef der Sowjetischen Militärverwaltung in Deutschland räumen mußte.

Unerwartete neue Aufgaben in Thüringen

Im Dezember 1946, kurz nach der Geburt unserer Tochter Swetlana, wurde ich von Oberst Tjulpanow dringend nach Berlin beordert. Dieser leitete seit 1945 die zunächst als »Propagandaabteilung«, später als »Informationsabteilung« bezeichnete Struktureinheit der SMAD. Sie war zuständig für die eigentliche politische Arbeit der Besatzungsmacht (Kontrolle der Parteien, Organisationen, Parlamente und weiteren politischen Behörden sowie der Presse). Tjulpanow kannte ich schon von einigen Begegnungen und hatte ihn als gebildeten, kultivierten Politiker kennengelernt, der zurecht auch von vielen Deutschen geschätzt wurde. (Viele Jahre später sollten wir Freunde werden – 1946 aber war der Abstand zwischen dem Oberst und mir noch zu groß.)

In Berlin wurde mir ohne genauere Begründung mitgeteilt, daß ich künftig bei der SMA in Thüringen arbeiten werde. Ich solle mich umgehend in der neuen Dienststelle melden, die Familie könne ich später nachholen, wenn die Unterkunft geregelt sei.

Ich brachte nicht den Mut zum Widerspruch auf. Derartige Personalentscheidungen waren nicht unüblich, eher die Regel. Außerdem konnte man nie wissen, ob nicht eine Unmutsbekundung die Angelegenheit noch verschlimmern würde.

Ich fragte nicht einmal, weshalb ich so kurzfristig Schwerin verlassen sollte. (Wie man mir später erzählte, habe die Tatsache, daß mein gleichnamiger Vater in der Landesverwaltung arbeitete, während ich in der SMA tätig war, zu manchen Problemen geführt. Möglicherweise gab es aber auch andere Gründe für meine Versetzung.)

Negativ war die Versetzung insofern nicht, da ich so in kurzer Zeit Einblick in die Nachkriegsentwicklung einiger Länder in der Ostzone erhielt. Sie wies Gemeinsamkeiten, aber eben auch deutliche Unterschiede von Land zu Land auf.

Ich meldete mich noch vor Weihnachten in Thüringen. Man schickte mich weiter nach Nordhausen zur dortigen Kommandantur. Im Grunde war es eine Degradierung gegenüber meiner bisherigen Tätigkeit auf Landesebene, wo ich unmittelbar dem Chef unterstellt war. (Später hörte ich, daß General Skossyrew von seinem Posten enthoben wurde. Man munkelte in Schwerin, daß dies nur deshalb geschehen sei, weil seine Frau in undurchsichtige Geschäfte verstrickt gewesen sein solle. Vielleicht war das auch Grund für meine Versetzung, weil man annahm, ich wisse etwas darüber – was nicht zutraf. Man fürchtete aber offenbar, daß jemand aus der Umgebung, also ich, etwas über die Bereicherungswut einer Generalsfrau erzählte, die ich als Dolmetscher zu begleiten aber abgelehnt hatte.)

Mir wurde in Nordhausen ein Zimmer in einem im Krieg beschädigten Hotel zugewiesen. Es war ungemütlich und vor allem kalt. Zudem sorgte ich mich um meine Familie. Mit einigen Schwierigkeiten gelang es mir, sie über die interne Telefonleitung der SMA zu erreichen. Ich erhielt die Erlaubnis, zu Silvester auf Kurzurlaub nach Schwerin zu fahren. Dort traf ich erst nach Mitternacht ein, als das neue Jahr 1947 schon eine Stunde alt war.

Im Februar zogen wir um. Auf der Fahrt von Schwerin nach Nordhausen im Südharz machten wir in Magdeburg Station. Der Fahrer des LKW wollte einen Verwandten besuchen. Wir vergaßen dort das einzige Spielzeug unserer Tochter. Mein Vater hatte das Gummihündchen auf der Leipziger Messe nach langem Zureden erworben. Es war natürlich kein Wertobjekt, trotzdem waren wir tieftraurig. Einige Wochen später bekamen wir das Hündchen wieder. Damit hatten wir nicht gerechnet. Für uns war es ein Beweis, wie groß in diesen schweren Zeiten das Mitgefühl und die Solidarität waren. In Nordhausen blieben wir nur wenige Tage. Dann wurde ich nach Erfurt versetzt. Zunächst wohnten wir zur Untermiete bei einer Witwe, die nicht sehr freundlich zu uns war. Ihr Mann hatte eine Möbelfa-

Sergej Tjulpanow und Anna Seghers, 1948

brik besessen und ein beachtliches Vermögen hinterlassen. Sie war nicht nur zu uns unhöflich, was wir noch verstanden hätten, schließlich waren wir ungebetene Gäste und zudem »Russen«. Sie schikanierte auch fortgesetzt die Hausangestellte. Deshalb waren wir froh, als uns eine eigene kleine Wohnung zugewiesen wurde.

Meine dienstlichen Aufgaben glichen weitgehend jenen, die ich zuvor schon in Schwerin zu erledigen hatte. Ich war in der Informationsabteilung vor allem für Kontakte mit den Parteien und der Presse wie den gesellschaftlichen Organisationen zuständig.

Thüringen unterschied sich beträchtlich von Mecklenburg. Es gab mehr Industrie und eine wesentlich stärkere Tradition der Arbeiterbewegung. Zugleich war der Einfluß eines traditionell konservativen Bürgertums recht groß. Und die NSDAP hatte bereits vor 1933 in Thüringen feste Wurzeln geschlagen. Das war noch zu spüren.

Die Lebensbedingungen in Erfurt und anderen thüringischen Städten waren nur wenig besser als in Schwerin. Auch hier waren die Lebensmittel rationiert, aber es gab mehr Geschäfte, in denen man wenigstens Gemüse und einiges andere kaufen konnte. Tauschhandel war zugelassen. Davon wurde rege Gebrauch gemacht. Schuhe und andere Gebrauchsgegenstände wurden nach einem Punktsystem bewertet. Für diese Punkte und eine kleine Gebühr konnte man andere Waren erwerben. Natürlich konnten nur jene diesen Tauschhandel nutzen, die noch Entbehrliches besaßen oder sich irgendwie etwas besorgt hatten.

CDU und LDP besaßen in Thüringen einen größeren Einfluß als in Mecklenburg-Vorpommern. In nicht wenigen Städten stellten sie Oberbürgermeister oder Bürgermeister. In der Folgezeit hatte ich etliche Begegnungen mit diesen. Sie hatten ziemlich genaue Kenntnis von den Sorgen und Stimmungen der Menschen. Gegenüber den Vertretern der Besatzungsmacht agierten sie vorsichtiger als ihre Kollegen von der SED, setzten sich zugleich aber oft nachdrücklicher dafür ein, eingebürgerte deutsche Gewohnheiten zu berücksichtigen. Ich hielt das für richtig. Berechtigte Einwände wurden meist, aber leider nicht immer von der SMA akzeptiert und berücksichtigt.

Auffallend war der erheblich stärkere Drang, die deutschen Einheit zu erhalten. Es gab Beziehungen zu Hessen und Bayern. Die Zonengrenze war durchlässig. Auch ohne Interzonenpaß, der inzwischen von allen vier Besatzungsmächten eingeführt worden war, funktionierte der Handel und Wandel über die »grüne Grenze«.

Im Sommer 1947 nahm ich als Beobachter am Parteitag der Liberaldemokraten in Eisenach teil. Es war für mich der erste große Konvent einer bürgerlich-demokratischen Partei. Er unterschied sich deutlich von Landesparteitagen der CDU und LDP, die ich in Schwerin erlebt hatte. Unter den Delegierten befand sich auch der Schwabe Theodor Heuß, der zwei Jahre später zum ersten Präsidenten der Bundesrepublik Deutschland gewählt werden sollte.

Zu allen Grundfragen wurde hitzig gestritten. Dabei machte der Vorsitzende Wilhelm Külz auf mich einen sehr guten Eindruck.

Konsequent setzte er sich für eine parlamentarische Demokratie ein, die in vielen Grundzügen der Weimarer Republik gleichen, aber keinen Nährboden für reaktionäre Kräfte bieten sollte. Külz verteidigte die einschneidenden Reformen in der sowjetischen Besatzungszone und setzte sich zugleich für eine stärkere Förderung der privaten Unternehmer ein. Und er forderte die Wiedereinführung des Berufsbeamtentums. Sein Bekenntnis zur Blockpolitik und zum kameradschaftlichen Zusammenwirken der unabhängigen Parteien war eindeutig – was ich für falsch hielt.

Andere Redner, so der Vorsitzende der Berliner LDP Schwennicke, noch mehr jedoch Vertreter aus den westlichen Zonen, waren in ihren Ausführungen erheblich diffuser und damit destruktiv. Sie boten keine Ideen für den demokratischen Neuaufbau, forderten aber eine Aufkündigung der Zusammenarbeit mit anderen Parteien.

Die Zustimmung der Delegierten war geteilt. Nach meinem Eindruck folgte die Mehrheit der Linie von Wilhelm Külz, eines gestandenen Politikers, der seine Funktion mit großer Souveränität und Würde ausübte.

Weitgehend positiv schienen mir auch die Ausführungen von Theodor Heuß, des Vorsitzenden der Liberaldemokraten in der amerikanischen Zone. Doch er vermied es, sich konkret zum Inhalt notwendiger demokratischer Reformen zu äußern. Er sprach sich mehr in allgemeinen Worten für einen demokratischen Neuaufbau aus. Der von Külz aufgeworfenen Frage nach einem Zusammenschluß aller Liberaldemokraten zu einer gesamtdeutschen Partei wich er aus. Wie Külz sprach er sich aber für mehr deutsche Initiativen aus, um das Auseinanderdriften der Besatzungszonen zu vermeiden.

Das bestärkte mich in dem Eindruck, daß es reale Chancen für eine gesamtdeutsche Bewegung gäbe, die sich für die nationale Einheit engagierte. Doch unterschätzte ich den Druck der Besatzungsmächte und den Hang zur Anpassung durch deutsche Politiker.

Als Journalist in der »Täglichen Rundschau«

Im August 1947 wurde ich wieder zur Berliner Zentrale der SMA beordert. Dort hieß es, ich solle zur »Täglichen Rundschau«, der deutschsprachigen Zeitung der SMA, wechseln. Ich stimmte diesmal freudig zu, weil ich nach Berlin zurückkehren konnte.

Wir bezogen eine Zweiraumwohnung im Prenzlauer Berg. In dem Miethaus lebten bereits etliche Mitarbeiter der »Täglichen Rundschau«. Die Redaktion der Zeitung befand sich unweit des Friedrichshains, die Druckerei lag in Stadtmitte. Ich stellte mich vor bei Oberst Alexander Kirssanow, dem Chefredakteur, und meinem unmittelbaren Chef, Major Epstein, und gewann von beiden einen guten Eindruck. Ich würde es mit gebildeten Vorgesetzten zu tun haben.

Ich wurde in das Ressort Internationale Politik geschickt. Journalistisch war ich unerfahren, ich mußte von der Pike auf lernen. Mit Major Epstein hatte ich einen kundigen Lehrer. Sehr behilflich waren auch die drei deutschen Kollegen, die in unserer Abteilung tätig waren. Sie besaßen journalistische Erfahrungen, waren versiert und verfügten zudem über beachtliche Fachkenntnisse in bezug auf das von ihnen bearbeitete Thema.

Sie hatten früher bei Zeitungen gearbeitet, die von den Nazis 1933 gleichgeschaltet wurden. Die »Tägliche Rundschau« war jedoch auf sie angewiesen, denn die wenigen Antifaschisten, die es unter den deutschen Journalisten gab, arbeiteten bei Parteizeitungen.

Die journalistische Tätigkeit bereitete mir große Freude. Doch merkte ich auch, daß mein Allgemeinwissen auf Dauer nicht ausreichen würde. Ich mußte und wollte studieren. Aber wie und wo?

Major Michail Semirjaga, ein alter Frontkamerad, der jetzt bei Oberst Tjulpanow arbeitete, erzählte mir, daß er an der Moskauer Universität ein Fernstudium begonnen habe, Fachrichtung Geschichte. (Mischa, mit dem ich bis zu seinem Tode 2000 befreundet war, wurde ein angesehener Historiker.) Ich trug dem Chefredakteur mein Ansinnen und dieses Beispiel vor. Er fand die Idee gut und meinte, ein Historiker passe ins Ressort Internationale Politik der Zeitung.

Der Chefredakteur genehmigte mir einen Sonderurlaub, um in Moskau meine Studienangelegenheiten zu regeln. Kriegsteilnehmer wurden bei der Zulassung zum Universitätsstudium bevorzugt, ein externes Studium konnte zudem jederzeit aufgenommen werden.

Ich versorgte mich mit Lehrplänen der verschiedenen Disziplinen der ersten zwei Semester, denn danach waren Zwischenprüfungen zu absolvieren. In der Universitätsbibliothek lieh ich mir eine ganze Reihe von Büchern aus und versteckte sie in meinem Koffer. Unterwegs erfuhr ich, daß die Ausfuhr von Büchern inzwischen nur mit schriftlicher Zustimmung der Militärzensur möglich sei. Selbst der »Kurze Lehrgang der KPdSU(B)« und Werke von Marx und Lenin unterlagen dem Verdikt. Ein Oberstleutnant, den ich in der Bahn kennengelernt hatte, riet mir, meinen Koffer bei der Gepäckaufbewahrung im Bahnhof von Brest zu deponieren. Unterdessen würde er seinen Koffer, in dem sich nur Wäsche und einige Kleinigkeiten befänden, dem Zoll vorlegen und sich so den notwendigen Stempel holen, den man beim Besteigen des Zuges nach Berlin vorzeigen mußte.

Nach erfolgter Kontrolle wollte er mir seinen Koffer geben, den ich dann dem Zoll als meinen vorweisen sollte. Nachdem auch ich den erforderlichen Stempel bekommen hätte, würde ich ihm seinen Koffer zurückgeben und meinen aus der Gepäckaufbewahrung abholen.

Es gelang, der Bürokratie ein Schnippchen zu schlagen.

Im Jahr darauf wurde die Verbotsliste reduziert. Nunmehr hatten die Zöllner nur noch auf antiquarische Bücher zu achten.

Das Fernstudium forderte nicht wenig Zeit. Ich nutzte jede freie Stunde auch in der Redaktion. Soweit ich es einrichten konnte, ging ich in die Bibliothek der Humboldt-Universität und in die Bücherei des Hauses der Offiziere bei der Zentralkommandantur.

Berlin unterschied sich erheblich von jenen Orten in Deutschland, in denen wir bisher gelebt hatten. Es war inzwischen wieder eine lebendige Stadt mit politischem Leben, dazu eine Stätte der Kultur. Es gab mehr Angebote, als man wahrnehmen konnte.

Unsere tägliche Dienstzeit betrug zwar offiziell acht Stunden, war aber in Wirklichkeit unbegrenzt. Trotzdem nutzten Soja und ich jede Möglichkeit, um ins Deutsche Theater zu gehen und ins Metropol, das damals an der Schönhauser Allee spielte, später zog dort das Kino »Colosseum« ein. Wir besuchten das Theater am Schiffbauerdamm und die Komische Oper. Wir sahen im Kino sowjetische und amerikanische Filme, alte deutsche und neue DEFA-Produktionen. Auffällig war, daß die Qualität vieler neuer sowjetischer Filme unter dem Niveau älterer Streifen lag. Der Drang zur Schönfärberei bei Gegenwartsfilmen war nicht zu übersehen. Die amerikanischen Filme trafen meist nicht meinen Geschmack, ihr Inhalt war primitiv und nach meinem Eindruck wirklichkeitsfremd.

Meine Eltern waren 1947 nach Berlin gekommen und hatten eine Wohnung in Pankow zugewiesen bekommen. Vater arbeitete in der Deutschen Wirtschaftskommission, hatte dort eine verantwortliche, wenn auch nicht leitende Funktion. Nach all dem, was er durchgemacht hatte, fühlte er sich auch nicht mehr so gesund, obwohl ihm das nicht anzumerken war. Er blieb ein unerschütterlicher Optimist und Sozialist. Das waren viele, wenn nicht die meisten Kommunisten, die in der Vergangenheit so wie er alles andere als freundlich von den eigenen Genossen behandelt wurden.

Deutsche Themen wurden in unserem Ressort nicht bearbeitet. Mit der Entwicklung in der sowjetischen wie auch der westlichen Zonen befaßte sich eine spezielle Abteilung, die mehr Platz in der Zeitung bekam als die internationale Politik. Dennoch brachte die »Tägliche Rundschau« mehr Außenpolitik als jede andere deutsche Zeitung, sie veröffentlichte naturgemäß auch mehr Berichte und Nachrichten aus der Sowjetunion. Dazu gab es ein spezielles Ressort, das aus meiner Sicht eine gute Arbeit leistete.

Wichtige Probleme der gesamtdeutschen Beziehungen fielen allerdings in unser Ressorts, vor allem dann, wenn sie von der Außenpolitik der vier Mächte tangiert wurden. Deshalb hatte ich an der Berichterstattung über den Deutschen Volkskongreß für Einheit und gerechten Frieden, der im November 1947 in Berlin zusammentrat, Anteil. Vorher hatte es verschiedene Initiativen – von der SED wie von Politikern anderer Parteien – gegeben, um die deutsche Spaltung zu verhindern. Nunmehr beschlossen weit über 1.000 Delegierte aus allen vier Zonen nach langer Debatte eine Erklärung. Sie sollte von eine gesamtdeutschen Delegation der in London tagenden Konferenz der vier Außenminister überreicht werden. Erstmalig nach dem Krieg sollte damit ein deutscher Standpunkt bei solch lebenswichtigen Fragen wie der Erhaltung der deutschen Einheit und dem Abschluß eines Friedensvertrags mit Deutschland Gehör finden.

Konrad Adenauer, Kurt Schumacher und andere einflußreiche Politiker in den Westzonen hatten eine Teilnahme am Kongreß abgelehnt. Sie begründeten es u. a. mit dem fadenscheinigen Argument, man solle sich in die Entscheidungsfindung der vier Alliierten nicht einmischen, schon gar nicht sie unter Druck zu setzen versuchen. So wurde der Kongreß nicht das gewünschte gesamtdeutsche repräsentative Gremium. Eine weitere historische Chance wurde vertan.

Den westlichen Außenministern war es somit ein Leichtes, den Empfang der Delegation strikt abzulehnen. Wenige Tage danach brachen sie die Konferenz ohne Beschlüsse ab.

Die Londoner Konferenz hätte zu einer baldigen Lösung der deutschen Frage, vor allem einer zukunftsträchtigen Friedensregelung führen können. Die Sowjetunion hatte vorgeschlagen, daß alle vier Mächte ohne weiteren Verzug Entwürfe für einen Friedensvertrag mit einem einheitlichen deutschen Staat vorlegten und übereinkämen, ihre Besatzungstruppen binnen Jahresfrist aus ganz Deutschland abzuziehen. Die Westmächte lehnten selbst eine Debatte über diese Agenda ab.

Damals meinte ich, und das sehe ich heute nicht anders, daß die USA und ihre Verbündeten die Einheit Deutschlands nicht wollten. Sie fürchteten, die Sowjetunion und die demokratischen Kräfte in Deutschland könnten einen zu großen Einfluß auf die Entwicklung in Zentraleuropa erlangen. Die Sowjetunion war gegen eine Spaltung, aber in ihrer Politik nicht immer flexibel genug.

Seit dem Jahreswechsel 1947/48 wurden die Beziehungen unter den einstigen Alliierten immer frostiger. Beiderseits wuchs die Furcht vor einem neuerlichen Krieg. Die »Tägliche Rundschau« unterließ weiterhin offene Angriffe auf die Besatzungspolitik der USA, Großbritanniens und Frankreichs, doch gerade die Arbeit in unserem Ressort wurde immer schwieriger.

In den Kommentaren blieben wir vorsichtig, Probleme gab es mehr bei der Berichterstattung. Nachrichten von TASS aus Moskau liefen in Berlin oft erst nach Redaktionsschluß ein. Wir mußten daher auf die Agenturen Reuters, AP und UPI zurückgreifen, die wir ebenfalls über Fernschreiber erhielten. Ansonsten hätte die »Tägliche Rundschau« im Wettbewerb mit den amerikanisch und britisch lizenzierten Blättern nur schwer bestehen können. In Berlin wurden alle Zeitungen frei vertrieben. Die »Rundschau« hatte die größte Auflage von allen deutschsprachigen Zeitungen. Die amerikanischen und britischen Nachrichten befriedigten uns von ihrer Diktion und in der politischen Wertung nicht. Sie verwandten Begriffe und Wendungen, die tendenziös waren. Wir mußten die Meldungen meist umformulieren. Leider stellten wir nicht selten am nächsten Tag fest, daß wir manches anders eingeordnet hatten, als das dem sowjetischen Standpunkt entsprach. Daraus ergaben sich nachträgliche Korrekturen.

Die »Tägliche Rundschau« berichtete ausführlich über die Entwicklung in der Sowjetunion und den Ländern Osteuropas. 1948 hatten die Führungen dieser Staaten erklärt, daß sich in ihren Ländern eine sozialistische Staatsmacht herausgebildet habe. Die 1944/45 begonnene demokratische Umwälzung sei in eine sozialistische Revolution hinübergewachsen.

Im Parteivorstand der SED meinte man, dem Beispiel Polens, der Tschechoslowakei und anderer osteuropäischer Staaten folgen zu müssen. Unser Chefredakteur erklärte, daß es in Moskau Bedenken gegen eine solche Auffassung gebe und erteilte unserem Ressort den Auftrag, Beiträge zu erarbeiten und zu veröffentlichen, in denen auf die beträchtlichen Unterschiede zwischen Deutschland und diesen Staaten hingewiesen wurde. Dabei sollten wir uns jedoch jeglicher Kritik an Auffassungen deutscher Politiker oder Publizisten enthalten.

Die Aufgabe blieb an mir hängen. Ich schrieb und unterzeichnete, wie in der Redaktion üblich, die Beiträge mit einem Pseudonym.

Sehr viele Jahre später erfuhr ich, daß es damals erhebliche Meinungsunterschiede sowohl in der SMA als auch zwischen deutschen und sowjetischen Politikern gegeben habe. In einem Gespräch zwischen Stalin und den Vorsitzenden der SED, Wilhelm Pieck und Otto Grotewohl, Ende 1948 legte sich die sowjetischen Führung fest und erklärte, daß es falsch sei, in Deutschland auf eine sozialistische Entwicklung zu orientieren.

Das fand seinen Niederschlag in den Beschlüssen der 1. Parteikonferenz der SED im Januar 1949. Ich verfolgte die Beratungen als Berichterstatter. Gegen die Vorgabe aus Moskau, den Kampf für ein einheitliches Deutschland und zugleich die Festigung der antifaschistisch-demokratischen Umwälzung im Osten als wichtigste Aufgabe zu betrachten, gab es keine Einwände. Mehr Aufmerksamkeit weckte die plakatierte Formel, die SED müsse zu einer »Partei neuen Typus«, zu einer marxistisch-leninistischen umgestaltet werden. Damit wurde auch die Partei der Bolschewiki jetzt als nachahmenswertes Vorbild deklariert. Und das in oftmals dogmatischer Weise, was sich in den folgenden Jahren recht negativ auswirken mußte. Man knüpfte sogar an Formulierungen und Anforderungen an die KPD aus den 20er Jahren an, die schon damals überzogen waren. In einem besetzten Deutschland mußten sie kontraproduktiv sein. Zunächst aber wurde das bestehende Paritätsprinzip aufgehoben, nachdem bis dato alle Funktionen jeweils von einem ehemaligen Kommunisten und einem ehemaligen Sozialdemokraten gleichberechtigt besetzt worden waren.

Ich hielt diese Entscheidung für richtig, da die SED viele Mitglieder hatte, die nach der Vereinigung eingetreten waren und bei Fortsetzung dieses Prinzips von Leitungsfunktionen ausgeschlossen bleiben mußten. Der Beschluß sorgte aber auch dafür, daß ehemalige Kommunisten in Leitungsfunktionen überrepräsentiert waren. Begleitet wurde das von einer Kampagne gegen einen schädlichen »Sozialdemokratismus«. Das war ein Begriff aus der Zeit des unerbittlichen und folgenschweren »Bruderzwist« zwischen den zwei Arbeiterparteien, als Funktionäre von SPD und KPD sich gegenseitig als rot lackierte Faschisten oder Sozialfaschisten beschimpft hatten.

Im neu gebildeten Politbüro wurde das Paritätsprinzip noch über ein Jahr gewahrt. Wilhelm Pieck und Otto Grotewohl blieben auch später gleichberechtigte Parteivorsitzende. Doch im Rahmen der Parteiführung wurde schon 1949 ein sogenanntes Kleines Sekretariat unter der Leitung von Walter Ulbricht aus der Taufe gehoben.

Die Konfrontation der Siegermächte hatte bereits spürbar zugenommen. Die USA forcierten ihre Anstrengungen zur Bildung eines Militärbündnisses gegen die Sowjetunion. Als Begründung diente die angeblich expansive Politik der UdSSR. Stichhaltige Beweise dafür gab es nicht. Doch die überzogene Geheimniskrämerei, die in der Sowjetunion in allen Bereichen nach dem Krieg zugenommen hatte, lieferte Vorwände und einen guten Resonanzboden für die antisowjetische Propaganda.

Die Vorstellung, daß die Russen Krieg wollten, war dennoch absurd. Schon deshalb, weil das Land vom letzten derart erschöpft und ausgeblutet war, daß jeder weitere Waffengang selbstmörderisch gewesen wäre. Im Kreml aber saßen keine Abenteurer.

Appelle zur Formierung einer Friedensbewegung von angesehenen Schriftstellern und Wissenschaftlern rüttelten die Menschen auf, mußten aber zugleich dazu beitragen, daß die Angst wuchs. Die Entstehung einer weltumspannenden Friedensbewegung wurde auch von der »Täglichen Rundschau« thematisiert. Dazu gehörten Beiträge zur Vorbereitung eines Friedenskongresses in Paris im April 1949. Allerdings erhielten nicht alle Interessenten ein französisches Visum, weshalb zeitgleich ein Treffen in Prag stattfand.

Kalter Krieg in Berlin

Grundlegende Veränderungen im internationalen Klima hatten sich schon seit längerem nicht nur angedeutet. Sie wurden in unserer Redaktion genau registriert, machten die Arbeit nicht leichter. Bereits im Frühjahr 1946 hatte Churchill in den USA, in Fulton, eine weltweit beachtete Rede gehalten, in der er, einer der »Großen Drei« der Antihitlerkoalition, sich für das Ende dieses Bündnisses aussprach. Er begründete die Kehrtwendung damit, daß von der Sowjetunion quer durch Europa ein »eiserner Vorhang« heruntergelassen worden sei.

Ein Jahr später verkündete der amerikanische Präsident einen Kurswechsel, der in die Geschichte als »Truman-Doktrin« einging. Er lief auf die Errichtung amerikanischer Stützpunkte in Griechenland und in der Türkei, also unweit der sowjetischen Grenzen, und auf eine Ankurbelung der Rüstungsproduktion inklusive der atomaren Waffen hinaus. Die USA bestanden auch auf der Entfernung von Kommunisten aus den Regierungen Frankreichs und Italiens. Moskau lieferte eher Vorwände für wachsendes Mißtrauen, als dieses zu zerstreuen. Auswirkungen auf die Situation in Deutschland waren nicht zu vermeiden und beiderseitig eher gewollt.

Dennoch: Der Alliierte Kontrollrat wie die Interalliierte Kommandantur der Vier-Sektoren-Stadt übten ihre Tätigkeit weiter aus, kamen aber seltener zu den erforderlichen einstimmigen Beschlüssen. Ende März 1948 schlug für den Kontrollrat jedoch die letzte Stunde. Die Vertreter der drei Westmächte hatten sich geweigert, ihren sowjetischen Partner über unlängst von einer separaten Konferenz in London gefaßte Beschlüsse zu informieren. Nicht ohne Grund: Die Westmächte hatten dort die Weichen für die Bildung eines westdeutschen Staates gestellt. Ein weiterer Schritt zur Spaltung Deutschlands, vielleicht der wichtigste, folgte im Juni. Die Militärgouverneure der USA, Großbritanniens und Frankreichs führten in ihren drei Besatzungszonen eine neue Währung, die D-Mark, ein.

Bald darauf wurde sie auch in den drei Westsektoren Berlins das einzige reguläre Zahlungsmittel. Die sowjetische Besatzungsmacht mußte sich vor der im Westen ungültigen, jetzt aber in ihre Zone fließende Reichsmark schützen. Auf eine separate Währungsreform war man kaum vorbereitet. Zunächst wurde eine begrenzte Menge alter Geldscheine mit einem Coupon versehen. Erst einige Wochen später erfolgte die Ausgabe der neu gedruckten Geldscheine.

Moskau wehrte sich, indem es im Juni alle Zugangswege zu den Westsektoren Berlins unterbrach. Zugleich hoffte man – und das war ein offenes Geheimnis –, dadurch die Westmächte aus Berlin herausdrängen zu können. Es entstand der Begriff »Blockade«.

Die SMAD erklärte, daß sie auch die Versorgung aller Westberliner mit Lebensmitteln, Strom und Kohle sichern würde. Das wurde von den Westmächten abgelehnt. Sie entschieden sich für eine Luftbrücke, die nach anfänglichen Schwierigkeiten eindrucksvoll funktionierte. Aus ihr konnten militärische Erfahrungen abgeleitet werden. Bestimmte Kreise profitierten sogar aus dem neuen Unternehmen. Vor allem aber brachte die Luftbrücke einen propagandistischen Punktsieg im Kalten Krieg. Die Sowjetunion büßte weltweit von dem Ansehen ein, das sie sich im Kampf gegen den Faschismus erworben hatte. Sie erschien als der Störenfried, und dies nicht nur in Berlin, während die Amerikaner mit ihren »Rosinenbombern« angeblich zwei Millionen Menschenleben retteten. Nachts wachte ich nicht selten aus Alpträumen auf, in denen ich wieder die ersten Kriegswochen mit den furchterregenden Geräuschen der deutschen Stukas durchlitt.

Erst im Mai 1949 kam es zu einer Regelung, die sowohl die Akzeptanz der zwei deutschen Währungen wie die Normalisierung der Verbindungen zwischen den beiden Währungsgebieten vorsah. Doch zugleich hatten die USA die Gründung eines ihnen hörigen Militärblocks, der NATO, durchgesetzt. Die Spannungen in Berlin und auf den Zugangswegen, die gelegentlich wieder aufflammten, hatten diesen neuen Schritt zur Forcierung des Kalten Krieges abgesichert.

Diese politische Entwicklung machte um die »Tägliche Rundschau« keinen Bogen. Offiziell war sie zwar nicht das Sprachrohr der SMAD, wurde aber mit Recht als solches betrachtet. Im Unterschied zu den anderen Blättern (einschließlich der Zeitungen in der Sowjetunion) unterlag sie keiner Zensur. Die Verantwortung lag uneingeschränkt bei der Chefredaktion. Doch der Einfluß des Politischen Beraters des Obersten Chefs der SMAD, Wladimir Semjonow, hatte sich deutlich verstärkt. Die Sprache wurde offiziöser, die Beiträge amtlichen Verlautbarungen stärker angepaßt. Die Redaktionsarbeit begann in der Regel um 10 Uhr, dauerte jedoch in unserem Ressort bis in die späten Abendstunden. Im Juni 1949 mußte ich bis Mitternacht bleiben, da wir auf das Kommuniqué der Pariser Tagung der vier Außenminister warteten. Nach Beendigung der Berlin-Krise hatten sich die Außenminister der UdSSR, der USA, Großbritanniens und Frankreichs über eine gewisse Entspannung verständigt. Sie waren übereingekommen, neue Bemühungen zur Wiederherstellung der staatlichen Einheit Deutschlands zu unternehmen und dazu auch deutsche Politiker heranzuziehen.[35]

Wir hielten das Kommuniqué für so bedeutsam, daß selbst ein verspäteter Andruck der Zeitung in Kauf genommen wurde. Ich fuhr noch in die Druckerei und vergewisserte mich, daß die letzten Korrekturen berücksichtigt seien. So traf ich erst nach Mitternacht zu Hause ein, wo ich meine Frau in großer Besorgnis vorfand. Soja war als Sekretärin in der Redaktion tätig. Sie hatte zwar keinen geregelten Arbeitstag, war jedoch meist früher als ich zu Hause. Sie rief den Chefredakteur an, dem sie unmittelbar unterstand, und fragte, wo ich bliebe. Der sagte nur, daß ich für ihn momentan nicht zu erreichen sei. Das war mißverständlich.

Soja befürchtete bereits das Schlimmste.

Anlaß dafür gab es damals durchaus.

Mit dem Beginn des Kalten Krieges hatte eine neue Verhaftungswelle eingesetzt. Es gab zwar keine Schauprozesse wie 1937/38 und keine Todesurteile. Doch es verschwanden Menschen wie damals. Die neue Repressionswelle rollte auch über die Redaktion der »Täglichen Rundschau« hinweg. Begründet wurden die Verhaftungen meist mit der Behauptung, der Betroffene habe Kontakte zu westlichen Geheimdiensten aufgenommen oder sei diesen auf den Leim gegangen. Einige Abteilungsleiter und Offiziere waren bereits abgeholt worden.

Unter ihnen war auch mein unmittelbarer Chef, Major Epstein. Natürlich traf es zu, daß in der Viermächtestadt Berlin die Geheimdienste sehr aktiv waren. Doch gestandene Kommunisten wie ihn einer Zusammenarbeit mit imperialistischen Diensten und der Spionage für den Westen zu bezichtigen, war für mich unglaublich. Es würde sich schon alles aufklären, hoffte ich. Die meisten Verhafteten waren sicher Opfer von Denunziationen, Verleumdungen oder Intrigen geworden. An eine von oben, noch dazu von Stalin selbst gesteuerte Aktion dachte ich damals nicht. Major Epstein kehrte jedoch nicht zu uns zurück. Näheres über sein Schicksal erfuhr ich nicht.

Ich wurde mit der Leitung des Ressorts Internationale Politik beauftragt. Dazu geeignet und sicher fühlte ich mich nicht. Doch ich nahm den Auftrag an, bemühte mich, ihn zur Zufriedenheit von Oberst Kirssanow wie auch meiner Mitarbeiter zu erfüllen. Der Arbeitstag war jetzt noch länger.

Seit einigen Wochen war niemand mehr in der Redaktion verhaftet worden. Ich hatte an jenem Tag aber versäumt, Soja über meine Verspätung zu informieren. Und nach ihrem Anruf in der Redaktion war sie nicht ganz ohne Grund tief besorgt, da ihr mitgeteilt wurde, ich sei momentan unauffindbar. Man mußte ja mit allem rechnen.

Dann aber kam ich und alles war gut.

Das Arbeitsklima in der Redaktion blieb von den meist unerklärlichen Vorgängen nicht unberührt. Die Zusammenarbeit der Redakteure war zwar weiterhin kameradschaftlich, aber es herrschte zugleich ein spürbares Mißtrauen.

Gegenüber deutschen Mitarbeitern wurde die Version verbreitet, die überraschend verschwundenen Offiziere hätten ohne Verzug einen neuen Auftrag übernommen und seien in die Heimat zurückgekehrt. Das letztere stimmte in gewisser Weise.

1949 durfte selbst der Leiter der Informationsabteilung, Sergej Tjulpanow, von seinem Sommerurlaub nicht mehr nach Berlin zurückkehren. Kurz zuvor war er erst zum General befördert worden. Trotzdem diese Entscheidung. Eine Begründung erhielt er nicht, wie ich nach Jahren von ihm selbst erfuhr. Ihm wäre lediglich eine neue Tätigkeit in einer Militärakademie in Leningrad angeboten worden.

Verstärkt kam es auch zu einem regulären Austausch von leitenden Redakteuren wie in der gesamten SMAD. Froh war ich darüber, daß Oberst Alexander Kirssanow Chefredakteur blieb. Von ihm konnte ich viel lernen. Wir sollten später Freunde werden: er als angesehener Wissenschaftler im Moskauer Akademie-Institut für Weltwirtschaft und internationale Beziehungen und ich als Direktor des Deutschen Instituts für Zeitgeschichte.

In unserem Ressort waren die Auswirkungen des Kalten Krieges auch aus anderen Gründen besonders zu spüren. Die plötzliche Wende Moskaus in der Haltung zu Jugoslawien machte uns sehr zu schaffen. Zwei Mitarbeiter unserer Redaktion hatten im Frühjahr 1948 Jugoslawien bereist und kehrten begeistert wieder. Ihre Eindrücke faßten sie in mehreren Beiträgen zusammen. Jugoslawien hatte sich als einziges Land weitgehend aus eigener Kraft von der faschistischen Okkupation befreit. Der Kampf war von den Kommunisten organisiert und erfolgreich geführt worden. Entsprechend selbstbewußt handelten sie auch nach 1945. Ihr Führer Tito genoß hohes Ansehen im Lande und in der Welt.

Die erfolgreiche jugoslawische Entwicklung wurde mit besonderem Interesse verfolgt.

Plötzlich aber sollten viele positiven Einschätzungen nicht mehr stimmen. Das nach dem Krieg gegründete Informationsbüro mehrerer kommunistischer Parteien (Kominform) hatte inzwischen seinen Sitz von Belgrad nach Bukarest verlegt und erklärt, daß der jugoslawische Weg zum Sozialismus falsch sei und in die Irre führe. 1949 wurde die Führung der kommunistischen Partei Jugoslawiens sogar als »faschistoid« abgestempelt. Die SED war nicht Mitglied der Komintern, übernahm aber ohne Bedenken die Verurteilung der auch von ihr bisher hoch geschätzten Führung Jugoslawiens.

Das Ganze irritierte mich, zumal die Argumente, die diese Behauptung stützen sollten, wenig überzeugten. Es mochte ja sein, daß sich die jugoslawischen Genossen um Tito in ihrer Politik irrten – aber waren sie deshalb gleich Faschisten?

Auf dem Weg zur deutschen Zweistaatlichkeit

Nach der Pariser Außenministerkonferenz schöpfte nicht nur ich Hoffnung, daß sich eine deutsche Zweistaatlichkeit noch abwenden ließe. Im Kommuniqué vom 20. Juni 1949 hatte es geheißen, daß die Besatzungsbehörden ihre Bemühungen zur Wiederherstellung der wirtschaftlichen und politischen Einheit Deutschlands fortsetzen würden. Deutsche Sachverständige und deutsche Organisationen sollten dazu herangezogen werden.

Meine Hoffnung wurde auf einer Pressekonferenz des französischen Hochkommissars in Reinickendorf genährt. Erstmalig sprach sich der Vertreter Frankreichs für Schritte zur Wiederherstellung der deutschen Einheit aus. Sollte damit nicht das letzte Hindernis beseitigt sein, das immer wieder von jenen genannt wurde, die Frankreichs Widerstand ins Spiel brachten, wenn es um dieses Thema ging?

Im August fanden dann jedoch Wahlen zu einem Bundestag statt, zu dem nur Abgeordnete aus den drei Westzonen gewählt wurden. Am 15. September 1949 erfolgte der letzte Akt zur staatlichen Spaltung Deutschlands. In Bonn, einer kleineren Universitätsstadt im westlichen Zipfel des neuen Staates, wählte ein Bundestag den CDU-Abgeordneten Konrad Adenauer zum Bundeskanzler. Bemerkenswerterweise fand dieser Staat nie ein Datum, das er als seinen Gründungstag bezeichnete. Mir fiel schon damals auf, daß es keine entsprechende Entscheidung gab. Die Festlegung schien auch schwierig. Sollte man den 15. September nehmen, an dem Adenauer die Wahl mit seiner eigenen Stimme entschied (202 von 404)? Das Datum war offenkundig peinlich. Auch der 12. Mai kam in Frage, als die USA, Großbritannien und Frankreich das von ihnen geänderte Grundgesetz des Staates mit der etwas anmaßenden Bezeichnung »Bundesrepublik Deutschland« (es war und blieb ja nur ein deutscher Teilstaat) bestätigten. Nicht weniger peinlich.

Später entschloß man sich, im Ausland für protokollarisch übliche Empfänge den 23. Mai zu nehmen, weil an jenem Tag 1949 das Grundgesetz in Kraft gesetzt worden war. Erst 1990 konnte ein Datum zum Nationalfeiertag deklariert werden. Doch da bestand die Bundesrepublik schon über 40 Jahre.

Die Logik der Geschichte in ihrem konkreten Ablauf zwang im Herbst 1949 zur Bildung einer zweiten deutschen Republik. Dabei war klar, daß die Entscheidung in Moskau fallen mußte. Bisher hatte die Sowjetunion alles vermieden, was zu einer staatlichen Zweiteilung in Deutschland hätte führen können. Und das primär aus eigenem Interesse. Nun war eine Antwort unausweichlich geworden.

Am 1. Oktober veröffentlichten wir in der »Täglichen Rundschau« den Wortlaut einer Note der Sowjetregierung. Daraus war ersichtlich, daß sich in Berlin in den nächsten Tagen eine Regierung konstituieren würde. Nur wie? Für allgemeine Wahlen fehlte die Zeit. Das war von Anfang an ein Manko gegenüber der Bundesrepublik, wo es Parlamentswahlen gegeben hatte. Der Ausgang umgehender Wahlen in Ostdeutschland wäre zudem unberechenbar gewesen.

Die Ausarbeitung einer Verfassung hingegen folgte wesentlich stärker demokratischen Prinzipien als die Formulierung des Grundgesetzes durch den Parlamentarischen Rat der drei Westzonen. In der Ostzone hatte es eine Volksaussprache gegeben. Viele Hundert Änderungsvorschläge waren eingereicht, diskutiert und zum Teil berücksichtigt worden. Diese Verfassung war als eine gesamtdeutsche konzipiert. Sie wurde vom 3. Deutschen Volkskongreß am 29./30. Mai 1949 als Entwurf bestätigt und nunmehr in Kraft gesetzt. Unverändert im Wortlaut, aber eben nur gültig für einen deutschen Teilstaat, dem weitaus kleineren und wirtschaftlich schwächeren.

All diese Wertungen traf ich bereits im Herbst 1949. Ich nannte sie deshalb an dieser Stelle so ausführlich, weil es sich mit der demokratischen Legitimation der beiden deutschen Staaten zwar unterschiedlich verhielt, doch sie war sowohl vorhanden wie eingeschränkt. Ansonsten kann jeder bei seinem Urteil bleiben. Es wird sicher stets ein politisch gefärbtes sein.

Die Staatsgründung in Berlin wurden in der ersten Oktoberwoche 1949 mit großer Eile vorangetrieben. Nach meiner Einschätzung fand sie weitgehend Verständnis. Zugleich löste sie bei vielen auch Bedauern aus.

Von der Redaktion hatte ich den Auftrag erhalten, mit einigen Kollegen am Gründungsakt für den neuen Staat teilzunehmen. Wir fuhren zum ehemaligen Luftfahrtministerium Görings an der Leipziger/Ecke Wilhelmstraße. Dort konstituierte sich der Ende Mai gewählte Deutsche Volksrat als Provisorische Volkskammer einer Deutschen Demokratischen Republik. Dieses Gremium, in dem alle Parteien vertreten waren, hatte der 3. Deutsche Volkskongreß gebildet. Dieser war aus allgemeinen Wahlen hervorgegangen, die auch mit einer mehrheitlichen Zustimmung zum Entwurf einer gesamtdeutschen Verfassung verbunden waren. Ein etwas umständlicher Prozeß, aber kein undemokratischer.

Dem Charakter des neuen Staates entsprach es, daß zunächst ein Liberaldemokrat – Johannes Dieckmann – zum Parlamentspräsidenten gewählt wurde. Beispielhaft bewertete ich auch, daß eine Regierung unter Vorsitz von Otto Grotewohl (SED) bestätigt wurde, in der alle Parteien der Volkskammer vertreten waren. Von den 17 Regierungsmitgliedern stellte die SED 8, also nicht ganz die Hälfte. Ich betrachtete sie als eine Koalitionsregierung, in diesem Sinn auch als nachahmenswerte Vorstufe für eine gesamtdeutsche Regierung.

Das Bekenntnis zur Wiederherstellung der Einheit Deutschlands durchzog die Konstituierung der DDR. Das war keine Propaganda.

Die Wahl des Staatspräsidenten erfolgte am 11. Oktober in einer gemeinsamen Sitzung der Volkskammer und der zweiten von den Landesparlamenten gebildeten Länderkammer.

Präsident Wilhelm Pieck wie der Ministerpräsident bekannten sich in ihren Antrittsreden eindeutig zum Primat der Wiederherstellung der deutschen Einheit und zu den vom Potsdamer Abkommen auferlegten Verpflichtungen. Mir kamen keine Zweifel zu Ohren, daß diese Aussagen nicht ehrlich waren.

Konrad Adenauer hatte auch von einer deutschen Wiedervereinigung gesprochen – nachdem er das Land gespalten hatte. Schon 1945 hatte er die Gründung eines neuen Rheinbundes vorgeschlagen, er war nicht erst 1949 zum Separatisten geworden. Und das von den Alliierten vereinbarte Potsdamer Abkommen hatte er nicht zufällig einen Alptraum genannt.

In den nächsten Tagen liefen über die Redaktions-Ticker Stellungnahmen und Kommentare zur DDR-Gründung. Je nach politischem Standort wurde die Gründung der zweiten deutschen Republik begrüßt oder kritisiert.

Am Nachmittag des 11. Oktober zog ich mit einigen Kollegen ins Stadtzentrum. Wir kamen am im Krieg weitgehend zerstörten Schloß der Hohenzollern vorbei. Vor der Universität war eine Tribüne errichtet worden. Dort stand Wilhelm Pieck, der von vielen Tausend jungen Menschen gefeiert wurde. Sie waren aus dem ganzen Land zusammengeströmt, ihre Begeisterung für den greisen Präsidenten war echt. Für sie verkörperte der Mann die neue Republik, die ihnen Zukunft versprach.

Zwei Tage später hatte ich Spätdienst in der Redaktion. Gegen Abend erhielten wir über den Fernschreiber den Text eines Grußtelegramms von Stalin an Wilhelm Pieck und Otto Grotewohl. Zunächst kam der Text in russischer Sprache von TASS, der offiziellen Nachrichtenagentur der UdSSR. Etwas später traf vom Allgemeinen Deutschen Nachrichtendienst (ADN), der von der SMA lizenzierten offiziösen Agentur, eine deutsche Übersetzung ein.

Aus einem Gespräch, das ich zwanzig Jahre später mit Grotewohls persönlichem Referenten hatte, erfuhr ich, daß bei der Regierung nie ein Telegramm eingegangen sei und Grotewohl den Inhalt des Telegramms erst am 14. Oktober aus der Zeitung erfuhr.

Das halte ich für sehr wahrscheinlich, denn 1949 gab es noch keinen Telegrammverkehr zwischen Moskau und Berlin. Vermutlich war aus Moskau auch niemand in Berlin beauftragt worden, den Text sofort an die beiden Adressaten zu übermitteln. Stalin hatte es wohl versäumt, eine entsprechende Anweisung zu gegeben, doch ohne eine solche fühlte sich niemand befugt.

Allein den Fakt, daß Stalin ein Grußtelegramm zur Gründung der DDR verfaßt hatte, fand ich ungewöhnlich. Der Text war es noch mehr. Es handelte sich nicht um die üblichen Floskeln. Er enthielt deutliche Worte und ungewohnte Formulierungen, so den Hinweis, daß die Völker der Sowjetunion und Deutschlands in Europa über die größten Potenzen verfügten, was auch der letzte Krieg bewiesen habe. Das Bekenntnis zur Einheit Deutschlands hingegen hatte ich erwartet.

Dennoch mäkelte ich an der deutschen Übersetzung herum. Sie

war wortgetreu, gefiel mir aber nicht ganz. So begann das Telegramm an die Herren Pieck und Grotewohl mit dem Satz: »Gestatten Sie mir, Sie zu Ihrer Wahl – den ersten als Präsidenten, den zweiten als Ministerpräsidenten – zu beglückwünschen.«

Das klang für mich unhöflich, ganz besonders in der buchstabentreuen deutschen Übersetzung. Es war auch auf russisch alles andere als höflich, irgendwie von oben herab.

Ich trug Oberst Kirssanow meine Bedenken vor. Er antwortete etwas diplomatisch: »Deutsch kann ich zwar nicht so perfekt, doch auch mir scheint die wörtliche Übersetzung nicht sehr glücklich.« Im Unterton war das ein kritischer Hinweis auf den Urtext. Über den Wortlaut der Übersetzung eines Stalin-Dokuments könne er aber nicht entscheiden, meinte der Chefredakteur weiter. Er könne allenfalls veranlassen, daß ADN bis zur Klärung eine Sperrfrist setze. Ich solle unterdessen nach Karlshorst zu Semjonow fahren und ihn als den Politischen Berater des Obersten Chefs der SMAD konsultieren.

Semjonow empfing mich sofort, hörte aufmerksam zu und antwortete wie ein erfahrener Diplomat, der eine Entscheidung weder billigt noch ablehnt, sie aber doch in eine bestimmte Richtung lenken möchte: Er fragte nach der Meinung des Chefredakteurs.

Ich antwortete nur, Kirssanow teile meine Bedenken.

Darauf sagte Semjonow: »Wenn auch Kirssanow ähnliche Bedenken hat, bleibt der Redaktion, also Ihnen, es überlassen, wie der richtige deutsche Text lautet.«

Damit war der Schwarze Peter wieder bei mir gelandet.

In der Redaktion übermittelte ich dem Chefredakteur, daß meinen Bedenken in Karlshorst nicht widersprochen wurde und Semjonow es billige, wenn über den Wortlaut der Übersetzung in der »Täglichen Rundschau« entschieden würde. Wir sollten das nur anderen Redaktionen mitteilen. Das stimmte und stimmte auch nicht. Semjonow war einer Entscheidung gekonnt ausgewichen. Nach meinen Worten schien er aber eine getroffen zu haben.

Der erste Satz wurde von der Unhöflichkeit befreit. Die Neufassung stellte ich auch dem »Neuen Deutschland« zu.

Lediglich eine bereits gedruckte Sonderausgabe mit niedriger Auflage, die nur für Berlin bestimmt war, enthielt die usprüngliche Fassung. Das fiel niemanden auf. In alle späteren Dokumentationen ging die von mir redigierte Übersetzung ein. Die Grußbotschaft Stalins an Wilhelm Pieck und Otto Grotewohl lautete demnach: »Gestatten Sie mir, Sie und in Ihrer Person das deutsche Volk anläßlich der Gründung der Deutschen Demokratischen Republik und Ihrer Wahl zum Präsidenten und Ministerpräsidenten der Deutschen Demokratischen Republik zu beglückwünschen.«[36]

In allen russischsprachigen Dokumentationen steht Stalins Urtext. Zwanzig Jahre später wurde das bei der Edition einer Dokumentenreihe entdeckt, die gemeinsam von den Außenministerien der UdSSR und der DDR vorbereitet wurde. Die Mitarbeiter des Moskauer Archivs bemerkten die Unstimmigkeit zwischen den zwei Texten. Das Redaktionskollegium, zu dem neben anderen auch Semjonow als Vizeaußenminister und ich als Direktor des Deutschen Instituts für Zeitgeschichte gehörten, sollte das Problem lösen. Ich erinnerte Semjonow an die damalige Begegnung in Berlin. Er schlug wiederum eine diplomatische Lösung vor. Man soll es so lassen, wie das jeweils die »Iswestija« in Moskau und das »Neue Deutschland« in Berlin veröffentlicht haben und sie als Quelle anführen. Die Herausgeber des Dokumentenbandes trügen damit keine Verantwortung, falls jemand die unterschiedlichen Fassungen bemerkte.

Mir wurde wieder bewußt, daß meine eigenwillige und eben nicht sanktionierte »Nachbesserung« für mich 1949 auch zu anderen, schlimmen Folgen hätte führen können.

Eine wirkliche Verfälschung hielt sich bis zum Ende der DDR. Ich habe auf sie mehrfach, auch vor höchsten Autoritäten hingewiesen. Doch ihnen gefiel eben jene Interpretation, die auf eine absichtliche Mißdeutung hinauslief. In der Grußadresse des Vorsitzenden der Sowjetregierung wurde nach DDR-Auffassung die Gründung der DDR als ein Wendepunkt in der Geschichte Deutschlands und Europas bezeichnet. So hatte Stalin es jedoch nicht formuliert. Er schrieb von einem Wendepunkt, da in Berlin der Grundstein für ein einheitliches Deutschland als friedliebender und demokratischer Staat gelegt worden sei. Die Existenz eines solchen Staates aber schließe – neben der Existenz der Sowjetunion – die Möglichkeit eines neuen Krieges in Europa aus, schrieb Stalin. Die Gründung eines deutschen Teilstaates, noch dazu des kleineren, konnte keinen Wendepunkt in der Geschichte des Kontinents bedeuten. Gleichwohl hatte die DDR 40 Jahre lang nicht geringe Ausstrahlungskraft. Sie wurde in der Welt als Gegenentwurf zur bürgerlich-kapitalistischen Bundesrepublik wahrgenommen. Hier galten nicht die Gesetze der Profitmacherei, sondern andere Werte. Inwieweit die Intentionen der Gründergeneration im Laufe der Jahre auf der Strecke blieben, verfälscht und verbogen wurden, steht auf einem anderen Blatt.

In meiner späteren wissenschaftlichen Arbeit habe ich mich ausführlich mit der Gründung der beiden deutschen Staaten und ihrer Vorgeschichte befaßt. 1994, in einer alternativen Analyse zu den Schlüssen einer Enquetekommission des Bundestages, äußerte ich mich »Zur Legitimität der beiden deutschen Wege nach 1945«. Die DDR war kein Fremdkörper, auch kein Sonderweg in der deutschen Geschichte. Der Teilungsakt am Ende der 40er Jahre war völkerrechtlich nicht ganz legitim, ergab sich jedoch aus der widerspruchsvollen deutschen Geschichte und den unterschiedlichen Interessen der Besatzungsmächte. So kam ich zur folgenden Schlußfolgerung, zu der ich nach wie vor stehe:

»Die unterschiedliche innere politische und sozial-ökonomische Verfaßtheit der beiden deutschen Staaten war die Konsequenz der Entwicklung, wie sie seit 1945 verlaufen war. Diese, darunter die Landtagswahlen und andere Wahlentscheidungen, auch Volksentscheide, die Wahlen zum Bundestag in den drei Westzonen und zum 3. Deutschen Volkskongreß in der Ostzone, aber auch außerparlamentarische Bekundungen, geben das Recht festzustellen, daß die jeweilige Verfassungs- und Rechtsordnung wie auch die von den Regierungen proklamierten politischen Leitlinien weitgehend dem erklärten Mehrheitswillen der Bevölkerung in den beiden Staaten entsprachen. Wahrscheinlich von der überwiegenden Mehrheit wurde zudem die Gründung der beiden Staaten als ein Provisorium, als notwendige Durchgangsstrecke auf dem Weg zur Konstituierung eines unabhängigen einheitlichen Staates angesehen.

Die Bundesrepublik Deutschland betrachtete sich nicht nur als Rechtsnachfolger des Deutschen Reiches. Die historische Legitimität der Bundesrepublik resultiert aus einer Entwicklung, die auf der Fortsetzung der politischen, sozialökonomischen und rechtlichen Leitlinien des Deutschen Reiches beruht […] Die Deutsche Demokratische Republik betrachtete sich von Anfang an als Alternative, als Gegenpol. Sie begründete ihre historische Legitimität mit der Notwendigkeit einer kardinalen Erneuerung aller Bereiche des gesellschaftlichen Lebens in Deutschland, insbesondere der Macht- und Eigentumsverhältnisse. Aus dem Verlauf der deutschen Geschichte zogen ihre Führungskräfte die Schlußfolgerung, sowohl tiefer in der Vergangenheit verankerte Wurzeln des Faschismus auszumerzen, als auch die Überwindung der nationalen Krise zu nutzen, um das Ziel der deutschen Arbeiterbewegung, die Errichtung einer sozialistischen Gesellschaftsordnung, in die Praxis umzusetzen […]

Historisch wie völkerrechtlich, moralisch wie juristisch waren beide deutsche Entwicklungswege legitim, blieben es die weiteren vier Jahrzehnte nach 1949. Auch eine Bestätigung der Legitimität durch die Haltung der

Bevölkerung – so unterschiedlich diese ihren Ausdruck fand – war grundsätzlich in diesen vier Jahrzehnten gegeben. Erst an der Jahreswende 1989/90 trat eine lawinenartige Veränderung ein, die die Implosion der DDR und den Anschluß ihres Gebietes an die Bundesrepublik zur Folge hatte [...] In die Gestaltung der deutschen Zukunft werden die Entwicklung der zwei deutschen Staaten, ihre positiven wie negativen Aspekte, ihre Lehren im umfassenden Sinn Eingang finden. Unabhängig von ideologisch geprägten Einschätzungen aus gegenwärtiger Sicht.«[37]

In der »Täglichen Rundschau« teilten wir 1949 die verbreitete Ansicht, daß es sich bei beiden Staaten um ein Provisorium handle. Einen Zeitrahmen für dessen Dauer setzten wir nicht. Wir meinten damals, daß ein einheitlicher deutscher Staat weder mit der einen noch der anderen Republik identisch sein würde.

Diese Debatte wurde von der Sorge über das weitere Schicksal der Zeitung überlagert. Vermutet wurde, daß die »Tägliche Rundschau« ihr Erscheinen einstellen werde. Die SMA gab es nicht mehr. An ihre Stelle war eine Kontrollkommission getreten, und es existierte jetzt eine deutsche Regierung. Unsere Zeitung hatte ihre bis dahin wahrgenommene Funktion verloren. Doch sie erschien weiter. Wiederholt warf man die Frage auf, ob es nicht doch zweckmäßig sei, die Zeitung einzustellen. 1953 war das Ende schon entschieden. Der 17. Juni brachte ihr eine Galgenfrist ein. Das Ende der »Täglichen Rundschau« in jener Zeit wäre, so die Überlegung, ein Eingeständnis sowjetischer Mitschuld an der innenpolitischen Krise der DDR.

Die letzte Ausgabe der »Täglichen Rundschau« erschien 1955.

Die DDR zu Beginn ihrer Gründerzeit

Vom Oktober 1949 bis März 1950 verfaßte ich an die 30 Aufsätze zu sehr unterschiedlichen aktuellen Problemen. Meist zeichnete ich sie mit dem Pseudonym *Sacharow*, mitunter auch mit meinen Initialen *D. S.* ab. Ein erster trug die Überschrift »Weltgeschichtliche Wende«, er galt der Proklamation der Volksrepublik China am 1. Oktober 1949.

Die meisten meiner Beiträge in jenen Monaten beschäftigen sich mit politischen Maßnahmen zur Sicherung des zunehmend gefährdeten Friedens. Im Dezember 1949 kam der sowjetische Außenminister zu einem offiziellen Besuch in die DDR, worüber ich auftragsgemäß berichtete. Ich schrieb Kommentare zu den Präsidentenwahlen in Finnland und den Parlamentswahlen in Großbritannien. Die Bandbreite war groß, mein Wissen aber mitunter zu gering.

Das Leben in der DDR schien sich zu normalisieren. Die Lebensmittel waren zwar weiterhin rationiert, doch es gab in den speziellen HO-Läden wie auch in anderen Geschäften Waren ohne Marken zu kaufen. Die zunächst sehr hohen Preise wurden nach und nach merklich gesenkt. Das Angebot an industriellen Konsumgüter nahm zu, obwohl die Auswahl recht bescheiden blieb.

Ende 1949/Anfang 1950 begann der schrittweise Aufbau des neuen Staatsapparates. Im Februar erhielt ich in der Redaktion einen Anruf aus dem Parteivorstand der SED. Ich wurde gebeten, dort zu erscheinen. Auf meine Anfrage, worum es gehe, erhielt ich zur Antwort, es handle sich um meinen weiteren Einsatz, Näheres würde man mir persönlich erläutern. Seit Jahren hoffte ich darauf, ins Zivilleben zurückzukehren. Eigene Anstrengungen hatte ich aber nicht mehr unternommen, nachdem frühere Vorstöße gescheitert waren.

Zudem war ich seit Anfang 1946 Mitglied der KPdSU. Zwei Tage hatte damals die Versammlung in Schwerin gedauert, bis eine Mehrheit der Aufnahme eines Deutschen zustimmte. Auch die notwendige Bestätigung durch die übergeordnete Parteileitung erfolgte erst nach einiger Verzögerung. Mit 15 war ich dem Komsomol beigetreten, an der Schule der Komintern der KPD. Die Mitgliedschaft ruhte, als ich im Fronteinsatz war. Insofern war der Parteivorstand der SED für mich nicht zuständig – ein Kadergespräch mit einem Offizier der Sowjetarmee widersprach allen Regeln.

Ich reagierte zurückhaltend und gab zu verstehen, daß erst meine Vorgesetzten informiert werden müßten. Zunächst sprach ich mit dem Chefredakteur. Oberst Kirssanow zeigte Verständnis für das mögliche Angebot, der neue Staat brauche neue Kräfte, meinte er. Doch er könne mich nicht freigeben. Dafür wäre die Leitung der Sowjetischen Kontrollkommission (SKK) zuständig.

Es vergingen einige Tage. Ich wurde erneut vom Parteivorstand der SED angerufen. Man verstehe dort nicht, warum ich der Aufforderung des höchsten Parteiorgans nicht Folge leiste. Das klang schon nicht mehr so freundlich. Meine Irritation wuchs. Kannten die sich nicht mit den Strukturen aus, in die ich eingebunden war? Ich reagierte etwas ungehalten. Auch deshalb, weil ich mich vor Unannehmlichkeiten schützen mußte, die ein Verstoß gegen die strengen Dienstvorschriften nach sich ziehen würde. Und im Parteivorstand zum Kadergespräch zu erscheinen, ohne zuvor dafür die Erlaubnis erhalten zu haben, wäre ein Verstoß gewesen.

Ich machte Oberst Kirssanow erneut Meldung.

Einige Tage später wurde ich nach Karlshorst bestellt. Dort wurde ich von dem für den politischen Bereich zuständigen General, ein Stellvertreter des Vorsitzenden der SKK, empfangen. Er äußerte Verständnis für das Anliegen der deutschen Genossen, dem er aber zuzustimmen nicht befugt sei. Ich könne nur in der Sowjetunion aus dem Militärdienst entlassen werden, er wolle aber das Ministerium in Moskau über den Wunsch der SED informieren. Ich solle mich mit der Familie auf die Rückkehr nach Moskau vorbereiten.

Das teilte ich dem Parteivorstand mit, ohne Details zu nennen. So war es abgemacht.

Man äußerte Bedauern und Verständnis. Vielleicht hätte man sich besser gleich an meine höchsten Vorgesetzten wenden sollen.

Wir packten unsere Sachen. Sie sollten als Bahngut abgehen. Unser künftiger Wohnort war jedoch ungewiß. Wir verabschiedeten uns von den Eltern ohne zu wissen, wann und wo wir uns wiedersehen würden. Sehr herzlich war auch die Verabschiedung von den Kollegen der Redaktion. Die Leitung des außenpolitischen Ressorts übernahm vorübergehend ein Kollege aus einem anderen Bereich. Nahezu alle, einschließlich Oberst Kirssanow, erschienen zum Winken auf dem Schlesischen Bahnhof.

Rückruf in die zweite Heimat

Wiedersehen mit der Sowjetunion

In Moskau suchten wir zunächst meine Cousine auf. Sie bewohnte zwei Zimmer, ich konnte bei ihr unterkommen. Soja fuhr zu ihren Eltern nach Oranienburg, einem Vorort von Leningrad. Die kleine Hafenstadt hieß jetzt Lomonossow. Dort wohnten sie wie schon zu Beginn des Krieges in einem einstöckigen Holzhaus ohne Komfort. Sie nahmen Tochter und Enkeltochter auf.

Ich meldete mich umgehend im Ministerium. Dort wurde ich von einem höheren Offizier empfangen. Er ersuchte mich vorschriftsgemäß um mein Einverständnis zur Demobilisierung und erläuterte, wie meine Eingliederung in das zivile Leben erfolgen könne.

Ich gab ohne Bedenken mein Einverständnis, dankte für die Empfehlungen, die er mir im freundschaftlichen Gespräch gegeben hatte, welches gar nicht üblichen militärischen Gepflogenheiten und bürokratischen Manieren entsprach. Ich bekam noch einen Jahresurlaub und eine Übergangszeit zugestanden.

Einige Tage später erhielt ich die Papiere für die Entlassung in die Reserve, wie es offiziell hieß. Damit ging ich zum Wehrkreiskommando. Dort wurde ich aufgefordert, eine Bescheinigung vorzulegen, wo ich gemeldet sei. Das gehöre zu den Formalitäten, hieß es, und stelle wohl kein Problem dar. Dem war aber nicht so.

Vor dem Krieg besaß unsere Familie keine eigene Wohnung. In den ersten Kriegswochen hatte man uns ein Zimmer in einer Wohnung zugewiesen – die Eintragung im Hausbuch war aber nicht mehr auffindbar. Nach längerer Suche fand ich einen Hinweis darauf, daß ich von 1939 bis Sommer 1941 als Untermieter bei Gertrud Alexander gemeldet war. Ich suchte sie mit der Bitte auf zu bestätigen, daß ich auch weiterhin ihr Untermieter sei, damit ich so eine Moskauer Wohnadresse vorweisen könne. Nur formal, da ich nicht vorhatte, bei ihr einzuziehen.

Sie tat dies. Mit dem Eintrag meldete ich mich bei der Miliz, damit mir diese einen Ausweis ausstellte. Den benötigte ich, um mich für eine Arbeit bewerben zu können.

In der Politischen Hauptverwaltung der Armee hatte man mir empfohlen, im Zentralkomitee der KPdSU vorzusprechen, damit man mich bei der Wahl eines Arbeitsplatzes unterstützte. Sie würden mich bei der dortigen Abteilung Propaganda avisieren. Das war wohl auch geschehen, denn ich erhielt sehr schnell einen Termin.

Die Parteizentrale wurde von Offizieren des Innenministeriums bewacht. Die Eingangskontrolle war strenger als im Ministerium der Verteidigung. Das verwunderte mich nicht, befand sich doch hier das eigentliche Zentrum der Macht.

Das Gespräch verlief enttäuschend. Es war kurz und unpersönlich.

Ich könnte an ein Kreisblättchen vermittelt werden, in vielen Regionen Sibiriens bestehe großer Bedarf an Journalisten. Später würde sich bestimmt die Möglichkeit ergeben, zu einer anderen Zeitung zu wechseln, hieß es lapidar.

Es stünde mir natürlich frei, mich um eine Tätigkeit in Moskau zu bemühen, doch dabei könne man nicht behilflich sein. In der Hauptstadt gebe es ausreichend Journalisten.

In der deutschen Redaktion des Moskauer Rundfunks kannte ich einige Kollegen. Sie unterstützten meine Bewerbung beim Sender. Ich wurde als freiberuflicher Mitarbeiter eingestellt, da es keine freie Planstelle gab. Das bedeutete neben anderen Nachteilen ein geringeres und nicht klar definiertes Gehalt sowie die Möglichkeit, jederzeit ohne Begründung gekündigt werden zu können.

Die Arbeitsatmosphäre in der Redaktion sagte mir zu, doch sie unterschied sich sehr von jener, die ich in der »Täglichen Rundschau« kennengelernt hatte. Schon bei der Auswahl der Themen für Kommentare herrschte ein anderes Prinzip. In Berlin orientierten wir uns an den verschiedenen Nachrichtenagenturen und anderen Zeitungen, auch an den von den westlichen Besatzungsmächten lizenzierten Blättern. Im Moskauer Rundfunk gab es als Quelle nur TASS. Zudem war der »Dienstweg« viel länger, ehe ein Kommentar bestätigt worden war.

Ich beschloß, weiter zu suchen. In der deutschsprachigen Redaktion der Zeitschrift »Sowjetliteratur« fand ich schließlich eine freie Planstelle. Als Monatszeitschrift brachte sie vor allem Übersetzungen schöngeistiger Literatur und Beiträge zu kulturpolitischen Problemen. Die Zeitschrift erschien auch in englischer, französischer und spanischer Sprache. Ich wurde als sogenannter Kontrollredakteur eingestellt, dem die Aufgabe oblag, die inhaltliche und sprachliche Richtigkeit der Übersetzungen zu überprüfen und nötigenfalls gemeinsam mit den Übersetzern Korrekturen vorzunehmen. Änderungen am Originaltext waren möglich, jedoch von der Redaktionsleitung nicht unbedingt erwünscht. Die Übersetzer waren freiberuflich tätig und literarisch ausgesprochen begabt. Mitunter hatten sie lediglich Schwierigkeiten beim Erkennen des tieferen Sinns der russischen Texte. Die Suche nach einer adäquaten Übersetzung war eine interessante Arbeit. Das Betriebsklima zwischen den drei Redakteuren und zwei Korrektoren ließ sich als familiär bezeichnen.

In einer mehrräumigen Kommunalwohnung, in der fünf oder sogar sechs Familien jeweils ein Zimmer bewohnten und sich Küche und Toilette teilten, fand ich ein Zimmer zur Untermiete. Es herrschte durchaus eine friedliche Atmosphäre und viel Verständnis trotz der beengenden Umstände. Doch auf die Dauer konnte das keine Lösung sein.

Im dritten Anlauf erhielten wir in einer Zweizimmerwohnung die ausgeräumte Küche. Der Herd und das Waschbecken befanden sich im Flur. Die Wohnung hatte Zentralheizung und lag im Parterre. Mit Müh und Not brachten wir unsere Schlafcouch, das Kinderbettchen, einen Tisch und einen kleinen Schrank unter. Freier Raum blieb nicht übrig. Die Miete war immens. Ich zahlte für die Wohnküche fast die Hälfte meines Einkommens. Wir zehrten von den Ersparnissen.

Offiziell galt weiterhin die Anmeldung bei der Familie Alexander.

Studieren und auf die Prüfungen vorbereiten konnte ich mich dort nicht. Viele Stunden verbrachte ich in der Lenin-Bibliothek, die mit ihrer reichhaltigen Sammlung und den Öffnungszeiten ideale Möglichkeiten bot. Sie hatte täglich, auch an Sonntagen, von morgens früh bis 24 Uhr geöffnet. Das nutzten sehr viele, denen es offenkundig ähnlich wie mir ging.

Die Redaktion erlaubte mir auch den Besuch von Vorlesungen und Seminaren. Am meisten beeindruckten mich die Ausführungen von Arkadij Jerussalimski zur deutschen und von Albert Manfred zur französischen Geschichte. Ich erlebte auch Akademiemitglied Iwan Maiski, der mehrere Jahre Botschafter in London und dann Vizeaußenminister gewesen war. Er las zur Geschichte der internationalen Beziehungen und zu aktuellen Entwicklungen in Großbritannien und in den USA.

Diese Lehrer verbanden eine meist kritische Übersicht der Geschichtsschreibung mit einer marxistischen Problemanalyse, ihre Ausführungen waren informativer und anregender als die meisten Bücher. Diese Meinung äußerten auch die gewöhnlichen Studenten, von denen ich einige näher kennenlernte. Unter meinen Kommilitonen befand sich auch Stalins Tochter Swetlana Allilujewa. Sie stammte aus dessen zweiter Ehe (ihre Mutter hatte 1932 Selbstmord begangen) und war etwas jünger als ich.

Stalins Tochter versuchte nicht aufzufallen und machte auf mich einen bescheidenen Eindruck. Sie bedauerte sichtlich, daß sie von einem ständigen »Begleiter« abgeschirmt wurde und nur selten mit anderen Worte wechseln konnte. Dabei spürte man, daß sie nicht weniger gesprächig war als andere.

In späteren Jahren lernte ich ihren ersten Ehemann näher kennen, der inzwischen Völkerrechtler war. Er erzählte mir mehr über seine frühere Frau, auch die Kinder, die bei ihrer Übersiedlung nach Indien in Moskau zurückblieben. Sie ging dann 1963 in die USA, wo sie ihre Memoiren publizierte.

In meiner Diplomarbeit beschäftigte ich mich mit den antifaschistisch-demokratischen Reformen im Osten Deutschlands. Mein Betreuer, der Dozent Tolmatschow, nahm die Arbeit insgesamt positiv auf. Sie hätte jedoch einen Fehler, erklärte er, den ich vor der Abgabe noch korrigieren müsse. Die Arbeit enthalte zwar richtige Hinweise auf Arbeiten von Marx, Engels und Lenin, aber zu wenig Stalin-Zitate. Ich entgegnete ihm, daß sich Stalin weder zur Entwicklung des deutschen Kapitalismus noch zu inhaltlichen Fragen, die in direkter Weise die von mir untersuchten Reformen berührten, geäußert habe.

Diesen Einwand ließ er nicht gelten. In jeder Diplomarbeit müßten ausreichend Hinweise auf Arbeiten oder Reden von Stalin angeführt werden, sonst wäre eine schlechtere Benotung nicht zu vermeiden. Ich könnte hilfsweise allgemeine Aussprüche bringen, die zwar nichts mit dem Thema zu tun hätten, aber nicht im Widerspruch zum Text stünden.

Ich fand einige erforderliche Zitate.

Im Sommer 1951 schloß ich mein Fernstudium mit Auszeichnung ab. Wesentlich dafür war auch die Bewertung der Diplomarbeit.

Das mündliche Staatsexamen in Geschichte und in Grundfragen des Marxismus-Leninismus erforderte nicht weniger Anstrengungen. Erst jetzt spürte ich den Unterschied zwischen dem regulären und einem Fernstudium. Die wenigen Vorlesungen der Professoren, die ich hörte, hatten notwendige Erkenntnisse vermittelt.

Im Fach Marxismus-Leninismus war das anders. Hier war es hilfreich, die Originalquellen zu lesen. Da erst vor kurzem mit der Ausgabe der Werke Stalins begonnen worden war, drang ich intensiv vor allem in die originären Ideen der Begründer des wissenschaftlichen Kommunismus ein. Und das, obwohl zu jener Zeit der Stalinkult seine Blüte erlebte. Selbst Beiträge Stalins aus jungen Jahren wurden als Höchstleistungen marxistischen Denkens gepriesen.

Die zunächst in der Presse und dann als Sammelband erschienenen Beiträge Stalins zu Problemen der Sprachwissenschaften riefen bei mir, wahrscheinlich auch bei vielen anderen, erhebliche Verwunderung hervor. Hatte der Staatsmann bei den vielen auf seinen Schultern lastenden Aufgaben und Pflichten nichts anderes zu tun, als sich mit spezifischen philologischen Fragen zu beschäftigen? Konnte er auf diesem Gebiet überhaupt ein Experte sein?

Festgelegt waren fünf Jahre für ein Fernstudium – dank der Übersiedlung nach Moskau hatte ich es in vier geschafft.

Nunmehr bemühte ich mich um eine außerplanmäßige Aspirantur als Voraussetzung für eine Promotion. Dazu nahm ich Erkundigungen an verschiedenen Einrichtungen auf, wollte aber nicht umgehend damit beginnen. Die Anstrengungen des Fernstudiums neben der redaktionellen Arbeit waren doch zu groß. Außerdem war ich ja noch jung, warum sollte ich mich überschlagen?

Letztlich entschied ich mich für die Universität. Eine Planstelle als Assistent zu erhalten, schien aussichtslos. Aber extern konnte man die notwendigen Prüfungen für das Kandidatenminimum ablegen und dann eine Promotionsschrift einreichen. Eine Frist für die ganze Prozedur gab es nicht. Wünschenswert seien vier bis fünf Jahre, sagte man mir.

Zu unseren Vermietern hatten wir ein gutes Verhältnis. Beide arbeiteten, wir sahen uns meist nur abends und an Sonntagen. Sie besaßen ein Fernsehgerät mit einer kleinen Bildröhre, vor das ein spezielles Vergrößerungsglas angebracht war. Wir wurden regelmäßig von ihnen eingeladen, den Übertragungen beizuwohnen. Allzu oft nutzten wir diese Möglichkeit aber nicht.

Ohne eigene Wohnung fühlten wir uns in Moskau nicht wohl. Wir hatten uns zwar als Wohnungssuchende registrieren lassen, doch kaum Aussicht. Die Wohnungsnot war groß. Ich wandte mich an verschiedene Instanzen, auch an den Oberbürgermeister von Moskau und an Nikita Chruschtschow, den 1. Sekretär der Moskauer Parteiorganisation.

Antworten auf meine Eingaben und Bittschriften erhielt ich nicht.

Die internationale Situation hatte sich mit dem Beginn des Korea-Krieges im Sommer 1950 erheblich zugespitzt. Die Moskauer Presse berichtete darüber, daß der Krieg durch einen Angriff der südkoreanischen Streitkräfte ausgelöst worden sei, weil diese auf eine Unterstützung durch die USA setzten. Die Amerikaner hielten sich nach wie vor in Südkorea auf, während die UdSSR 1948 ihre Truppen aus Nordkorea abgezogen hatte.

Die Presseberichte erschienen glaubwürdig. Doch es stellten sich bei mir Zweifel ein, als die Armee Nordkoreas sehr schnell zu einer massiven Offensive überging und in wenigen Wochen die Südspitze der Halbinsel erreichte. Nordkorea war vielleicht nicht nur besser auf einen drohenden Krieg vorbereitet.

Truppen der USA warfen dann die Nordkoreaner wieder zurück. Die Falken in Washington deuteten an, die Truppen würden an der chinesischen Grenze nicht Halt machen und, falls erforderlich, Atomwaffen einsetzen.

Die Umstände des Kriegsausbruchs blieben für mich ungeklärt. Letztlich neigte ich der Auffassung zu, daß die USA die Hauptverantwortung für den Krieg im Fernen Osten trugen und die neuerliche Konfrontation dazu nutzen wollten, einen tödlichen Schlag gegen die Volksrepublik China zu führen.

Das gelang nicht. Einheiten von »Volksfreiwilligen« aus China unterstützten die Nordkoreaner und befreiten das Land. Es begannen langwierige Waffenstillstandsverhandlungen.

Der bewaffnete Konflikt verschärfte die internationale Lage, aber er wühlte auch die Menschen in der Sowjetunion tief auf. Die Erinnerungen an den Großen Vaterländischen Krieg waren noch wach, die Wunden, die er in jede Familie gerissen hatte, nicht verheilt.

Bei meiner Rückkehr nach Moskau hatte ich nur wenige Schulfreunde wiedergetroffen. Zwei von ihnen, Wolodja Sementschow und Viktor Tjuchtin, hatten ein Philosophiestudium aufgenommen. Wir sahen uns recht oft, diskutierten die angespannte Weltsituation und die Entwicklung in der Sowjetunion.

Wir stimmten darin überein, daß der Sozialismus weltweit im Vormarsch sei. Wir sprachen auch über negative Erscheinungen, die wir wahrnahmen, aber meist als bedauerliche Kriegsfolgen interpretierten, die bald überwunden sein würden. Den zunehmenden Kult um Stalin hielten wir für eine temporäre Erscheinung. Mißstände, Machtmißbrauch wie unbegründete Verhaftungen wurzelten in der Dummheit einzelner Funktionäre und Bürokraten. Wenn Stalin davon Kenntnis hätte, würde er es ändern, meinten wir.

Obwohl die Kriegsfolgen noch nicht überwunden waren, rückte die Propaganda die bereits 1939 proklamierte Aufgabe, allmählich zur Errichtung einer kommunistischen Gesellschaftsordnung überzugehen, wieder auf die Tagesordnung. Es entstanden vielerorts »Großbauten des Kommunismus«.

Uns bewegten aber nicht so sehr die technischen Vorhaben, sondern die notwendige Veränderung im Denken. Wir diskutierten über neue volksnahe Strukturen des Zusammenlebens in der sozialistischen Gesellschaft, auch mögliche Wandlungen des Staates und seiner Funktion, die herangereift schienen. So lange sich die Sowjetunion in der Umklammerung feindlicher Länder befand, konnte von einem Absterben des Staates, wofür Marx und Lenin plädiert hatten, nicht die Rede sein. Der Kalte Krieg bekräftigte nach unserer Auffassung die These von einem starken und nicht von einem absterbenden Staat.

Über Einzelheiten unserer Diskussionen und Vorschläge, mit denen wir die Welt verbessern wollten, kann ich mich nicht erinnern. Dies um so mehr, weil wir zu oft in höheren Regionen schwebten und uns viel zu wenig dem Alltag und seinen Problemen zuwandten. Dabei hegten wir keinen Zweifel an der Bedeutung der Oktoberrevolution wie an der Pionierleistung, die seitdem der Sowjetstaat für die Zukunft der ganzen menschlichen Zivilisation vollbracht hatte.

Damit hielten wir es auch für völlig natürlich, daß sich die volksdemokratischen Staaten in Europa wie in Asien am sowjetischen Modell orientierten. Der gewaltige ökonomische Rückstand des Landes gegenüber den USA und Westeuropa hatte seit 1917 beträchtlich abgenommen und würde sich jetzt noch rasanter vermindern. Das dürfte ein Beweis für die Vorzüge der gesamtgesellschaftlichen Planung auch unter den Bedingungen des deutlich angestrebten friedlichen Wettstreits mit dem kapitalistischen System sein.

So waren unsere Überlegungen insgesamt von einem historischen Optimismus geprägt, einem zweifellos übertriebenen, doch auch nicht ganz grundlosen.

In der Redaktion entwickelte sich ein freundschaftliches Verhältnis insbesondere zu Basil Spiru, den ich als Dozent schon an der Moskauer Universität, wo er bis 1951 arbeitete, kennengelernt hatte. Später, nach seiner Umsiedlung in die DDR, wurde er Direktor des Instituts für die Geschichte der Volksdemokratien in Leipzig. Auch mit den Übersetzern konnte ich freundschaftliche Bande knüpfen. Gern erinnere ich mich an die Zusammenarbeit mit Alfred Kurella, der meine Kenntnisse über die deutsche Kultur und die Arbeiterbewegung vermehrte, mit Otto Braun, der in beachtlicher Weise die revolutionäre Bewegung in China, auch den legendären Feldzug der Befreiungsarmee in den 30er Jahren, unterstützt hatte, sowie mit Hugo Huppert, dem wohl talentiertesten Nachdichter der revolutionären Poesie von Wladimir Majakowski.

Neben meiner Cousine Hilde bildeten die drei die Hauptstützen der Redaktion. Dabei zeigte sich, daß auch ich ihnen einige Ratschläge geben konnte, da sie beim Studium der literarischen Vorlage Feinheiten der russischen Sprache wie auch des realen Lebens in der Sowjetunion und der Mentalität der Menschen nicht immer erfaßten.

Ausländische Zeitungen konnte man in Moskau weder abonnieren noch an Kiosken kaufen, aber in der Bibliothek für ausländische Literatur lesen. Unsere Redaktion erhielt regelmäßig das »Neue Deutschland« aus Berlin. Ich gehörte zu seinen eifrigsten Lesern und verfolgte sehr aufmerksam die Entwicklung in der DDR. Dabei stellte ich fest, daß sich seit meiner Abreise vieles geändert hatte. Obgleich man nicht von Sozialismus sprach, kopierte man dort zunehmend sowjetische Erfahrungen in der Wirtschaftsführung. Das ging bis in die Begrifflichkeit. »Wirtschaftliche Rechnungsführung« etwa war wortwörtlich aus dem Russischen übernommen worden.

Das schien mir für deutsche Ohren nicht unbedingt verständlich zu klingen, die Übernahme sowjetischer Erfahrungen hingegen hielt ich für richtig und zeitgemäß.

Mit großem Interesse las ich die nicht nur in der sowjetischen Presse publizierte Note der UdSSR vom 10. März 1952, die weltweit Aufsehen erregte. Die in Bonn dann als Stalin-Note bezeichnete Offerte an die Westmächte und an beide deutsche Staaten enthielt ein sehr weitgehendes, nach meiner Meinung konstruktives Angebot: die Abhaltung gesamtdeutscher freier und geheimer Wahlen, die Bildung einer gesamtdeutschen Regierung, den Abschluß eines Friedensvertrages mit ihr und den schnellen Abzug aller Besatzungstruppen. Das wiedervereinigte Deutschland sollte ein souveräner Staat sein, dürfte jedoch nicht einem Militärbündnis beitreten. Als nichtpaktgebundener Staat könnte Deutschland ansonsten seine auswärtigen Beziehungen eigenständig gestalten und auch eine eigene Armee aufstellen.

Die Regierung Adenauer unternahm alles, damit die Westmächte das Angebot zurückwiesen, der Kanzler bezeichnete die Note aus Moskau ohne ihre Prüfung als reine Propagandaaktion.

Für mich war sie die logische Fortsetzung der bisherigen Deutschlandpolitik der UdSSR, zugleich ein Angebot, das der neuen Situation entsprach. Sie berücksichtigte die Konsequenzen aus dem über zweijährigen konfrontativen Gegenüberbestehen von zwei deutschen Staaten. Sie sollte verhindern, daß es zu einem Beitritt der Bundesrepublik zur NATO und so zu einer Neuauflage der Bedrohung aus dem Westen käme. Der Krieg war in der UdSSR nicht vergessen.

Die Vorschläge Moskaus fanden die Unterstützung der DDR-Regierung, die sich zu konstruktiven Verhandlungen über die deutsche Wiedervereinigung bekannte. Zusätzliche Vorschläge kamen von dort nicht. Wahrscheinlich auch deshalb nicht, weil sich die SED-Führung über den eigenen Einfluß in einem wiedervereinigten Deutschland gar nicht sicher sein konnte.

Ich hoffte und meinte damals, daß die Moskauer Initiative weitgehend den nationalen Empfindungen in ganz Deutschland entspräche und es daher eine breite Zustimmung geben würde, auf die alle Politiker Rücksicht nehmen müßten. Ich unterschätzte die nachhaltige Wirkung der antisowjetischen Propaganda – der Antikommunismus war nicht nur historisch so tief verwurzelt, er war konstitutives Element der Bundesrepublik geblieben.

Nachdem Jahrzehnte später zahlreiche bisher geheim gehaltene authentische Quellen ans Tageslicht kamen, wurde vieles deutlicher. Darunter auch, daß Adenauer noch mehr als die westalliierten Politiker jegliche Verständigung mit der Sowjetunion, von einer mit der »Zone« ganz zu schweigen, definitiv ablehnte. Wahrscheinlich auch deshalb, weil er den eigenen Machtverlust befürchtete, nicht minder das Entstehen eines Parlaments, in dem Parteien, die für den Sozialismus plädierten, die Mehrheit stellen könnten.

Ausgehend von neuen Forschungsergebnissen habe auch ich mich in meiner späteren wissenschaftlichen Arbeit wiederholt mit dieser verpaßten Chance einer Wiedervereinigung beschäftigt.

»Das neue, das einheitliche Deutschland wäre ein aus demokratischen Wahlen hervorgegangener Zusammenschluß der bisherigen zwei deutschen Teilstaaten gewesen. Das hätte eine Berücksichtigung ihrer unterschiedlichen Wirtschaftsstrukturen, Rechtsnormen, der in ihnen vorherrschenden politischen Auffassungen bedeutet, auch der Erfahrungen, wie unterschiedlich die Nachkriegsfolgen, nicht zuletzt die politischen, be-

wältigt wurden, wie der Prozeß der Entnazifizierung verlaufen war und wie mit den noch immer recht gegenwärtigen vielschichtigen Nachwirkungen der faschistischen Vergangenheit umgegangen wurde. Es mußte eine neue Art einer Konvergenz von zwei in ihren Grundstrukturen schon bestehenden, wenn auch nicht gefestigten Systemen sein. Damit aber konnte möglicherweise ein Modellfall mit Wirkungen entstehen, die nicht allein auf Deutschland beschränkt blieben.

Mit aller Wahrscheinlichkeit wäre ein deutscher Staat damals entstanden, den man als kapitalistisch-marktwirtschaftlich definieren kann. Er hätte sich in vieler Hinsicht an die Weimarer Republik angelehnt, wäre aber mit einer größeren demokratischen und auch sozialen Komponente ausgestattet gewesen. Nicht zuletzt wären der Dominanz des Großkapitals von Anfang an Grenzen gesetzt worden, nicht nur in der Wirtschaftspolitik. Die DDR hätte eine erhebliche Mitgift in die Ehe der beiden Staaten eingebracht. Konfliktlos wäre die weitere Entwicklung nicht verlaufen. Doch manche bedrohliche Situationen wären nicht eingetreten oder hätten nicht eintreten müssen. Selbst das galoppierende Wettrüsten in der zweiten Hälfte unseres Jahrhunderts und manche ökologische Zerstörungen wären leichter zu vermeiden gewesen.

Mit anderen Worten, eine positive Antwort auf das Angebot vom 10. März 1952 hätte den Verlauf nicht nur der deutschen Geschichte, das Schicksal eines jeden Deutschen, ob in Ost oder in West, verändert. Diesen Veränderungen ist 1952 nicht der Weg geebnet worden [...] Bezeichnenderweise wurde im März 1952 in Bonn durch die Regierung und ihren Kanzler Konrad Adenauer der Auftrag für die Erarbeitung des ersten ›Grauen Plans‹ erteilt. Der Plan erhielt die ominöse Bezeichnung ›Sofortprogramm für alle Überleitungsmaßnahmen im Falle der Machtübernahme in der sowjetischen Zone‹. Schon diese Bezeichnung allein spricht Bände! Die erste Variante war dann ein Jahr später fertig.

Schon diese erste Variante des am 24. März 1952 gegründeten Forschungsbeirats beim Ministerium für gesamtdeutsche Fragen enthielt vieles von dem, was nach 1990 praktiziert wurde. Bis zum Hinweis, daß es nach der ›Machtübernahme‹ zu einer Massenarbeitslosigkeit kommen werde, eine Treuhandbehörde zur Privatisierung der staatlichen und kommunalen Betriebe gebildet werden sollte und notwendige Übergangsregelungen zu schaffen seien, um die bundesdeutsche Gesetzgebung, darunter das Arbeits- und Rentenrecht voll einzuführen. Da die reine ›Machtübernahme‹ 1952 und in einer überschaubaren kürzeren Zeitspanne nicht denkbar war, sollte die Chance für sie offen gehalten werden. Für Adenauer war es also keine verpaßte Chance.

Die wohl letzte Möglichkeit, doch noch einer Wiedervereinigung der beiden deutschen Staaten eine Chance zu geben, trat im Januar 1955 ein. Die Regierung der UdSSR erneuerte ihr Angebot, sich gemeinsam mit anderen interessierten Staaten für die Durchführung allgemeiner freier Wahlen in ganz Deutschland einzusetzen. Sie sollten nur an eine einzige Bedingung gebunden werden: die Bundesrepublik dürfe nicht den Vertrag über ihre Einbeziehung in die NATO ratifizieren. Über die zukünftige Staatsordnung solle das deutsche Volk selbst entscheiden. Eine formelle Ablehnung gab es von keiner Seite. Damit wurde auch nie geprüft, was an dieser Initiative echte Politik und was mehr oder lediglich Propaganda war. Der neue Vorstoß kam zu spät und versickerte im Sande. Am 27. Februar 1955 ratifizierte der Bundestag den Vertrag über die Einbindung der BRD in die NATO.«[38] *Die Würfel waren bereits im Frühsommer 1952 gefallen, wenngleich sich der Beginn der angestrebten vollen Remilitarisierung der Bundesrepublik Jahre hinzog.*

Nicht so überraschend war für mich der Beschluß der 2. Parteikonferenz der SED im Juli 1952, mit dem der Übergang zum Aufbau des Sozialismus proklamiert wurde. Ich fand ihn zeitgemäß. Auch die Art und Weise, wie er zustande kam, daß er von oben, ohne vorherige Erörterung und gleichsam als Sensation, verkündet wurde, entsprach meinem damaligen Verständnis von Politik.

Allerdings war ich nicht davon überzeugt, daß sich das Bewußtsein der meisten Ostdeutschen in nur knapp zwei Jahren derart entwickelt haben sollte wie behauptet und womit dieser Schritt auch begründet worden war. Als ich im Frühjahr 1950 die DDR verließ, waren die Rudimente nazistischen Denkens und die Vorbehalte gegenüber der sozialistischen Besatzungsmacht, auch Tendenzen eines tief wurzelnden Antisowjetismus, nicht zu übersehen. Das konnte wohl nicht so schnell überwunden werden.

Trotzdem freute ich mich darüber, daß jetzt auch auf deutschem Boden eine neue Epoche beginnen sollte. Damit verband ich zwei Erwartungen: daß dies Wirkung auch über die Grenzen der DDR erzielte und eine spürbare Verbesserung der Lebenslage im Inland mit sich bringen werde. Wenn es gelingen würde, in einer sozialistischen DDR die Menschen vom Sinn und von der Sieghaftigkeit des Sozialismus zu überzeugen, indem man ihre materiellen und ideellen Bedürfnisse besser befriedigte, hätte die politische Führung nicht nur das eigene Staatsvolk auf ihrer Seite, sondern auch die Aufmerksamkeit und Achtung der anderen Völker.

Schließlich beruhten nach meiner Wahrnehmung die Erfolge

beim Aufbau des Sozialismus in der Sowjetunion auch nicht nur auf entsprechenden Beschlüssen, sondern auf dem Engagement jener, die das Land veränderten. Obgleich die Wunden des Krieges in der Sowjetunion noch sehr deutlich zu sehen waren, gab es für alle spürbare Fortschritte, selbst wenn diese propagandistisch überhöht dargestellt wurden. Nach meinem Eindruck profitierten alle Schichten der Bevölkerung.

Ich beobachtete in Moskau jedoch auch Tendenzen einer sozialen Differenzierung, die mir nicht gefielen. So ging es höheren Angestellten des Staats- und des Parteiapparats sowie hohen Offizieren der Armee und der Sicherheitsorgane erheblich besser als der Mehrheit im Land. Die Unterschiede waren deutlich größer als vor dem Krieg. Manche sprachen ironisch von einer »sowjetischen Bourgeoisie«, die sich herausbilde. Deren verwöhnte Kinder nannte man »Schimmelflecke«. Diese Randerscheinung, mehr war es nicht, hielt ich für nicht minder gefährlich als eine weiter bestehende Tendenz zur Gleichmacherei, die auf andere Weise engagiertes Handeln beeinträchtigte.

Mit noch größerer Sorge verfolgte ich das, was sich unter der Losung »Kampf gegen den Kosmopolitismus« abspielte. Im Grunde war es ein gefährlicher Hang zu einem primitiven Chauvinismus und großrussischen Nationalismus. Eigene Leistungen in Wissenschaft und Kultur wurden mehr als überbewertet. Dabei richtete sich der Hauptstoß gegen Wissenschaftler, Künstler und Schriftsteller im eigenen Land sowie gegen Parteifunktionäre, die dies offenkundig nicht so sahen.

Zur gleichen Zeit fanden Prozesse in Ungarn, Bulgarien und in der Tschechoslowakei statt, die an die tragischen Ereignisse von 1937/38 in der Sowjetunion erinnerten. Diesmal, noch dazu in einer ganz anderen weltpolitischen Situation, konnte ich mir noch schwerer vorstellen, daß sich gestandene Kommunisten und erfahrene Parteiführer zu einer Agententätigkeit hergegeben hatten, um jene Ordnung zu stürzen, an deren Errichtung sie maßgeblich beteiligt waren.

(Jahrzehnte später sollten wir erleben, daß dies durchaus möglich sein kann: Jelzin, Schewardnadse, Jakowlew und andere hohe Funktionäre in der KPdSU und anderen Parteien, letztlich auch Generalsekretär Gorbatschow, traten als Kommunisten und glühende Verfechter des Marxismus-Leninismus auf, ehe sie dazu beitrugen, den Sozialismus zu schleifen und manche dabei gemeinsame Sache mit dem Imperialismus machten. Doch das geschah bekanntlich in einer ganz anderen Situation.

In der DDR gab es ähnliche Erscheinungen, nur waren sie weniger ausgeprägt. Möglicherweise war das eine Folge der Konfrontation, in der sich dieser Staat unmittelbar gegenüber der BRD und deren unverhüllten Absichten befand.)

In den frühen 50er Jahren war eine solche Vorstellung absurd, obwohl ich bei nicht wenigen ein Verständnis für die Vorgänge verspürte. Das Trommelfeuer der Gegner des Sozialismus im Kalten Krieg war nicht zu überhören. Erhöhte Wachsamkeit war schon geboten.

Stalins Tod

Bei den Demonstrationen am 1. Mai und am Revolutionsfeiertag am 7. November ging beim Betreten des Roten Platzes immer ein Geraune durch die Menge. »Stalin ist auf der Tribüne« oder aber: »Er ist nicht zu sehen«. Es war ein offenes Geheimnis, daß der Generalissimus nicht mehr gesund war. Weniger der Kult selbst, der mit seiner Person betrieben wurde, mehr noch dessen Auswüchse und politische wie andere Mißstände riefen wachsendes Unverständnis hervor. Trotzdem genoß Stalin unverändert großes Ansehen als Staatsmann und Parteiführer. Negative Erscheinungen wurden nach wie vor selten mit seinem Namen verbunden. So war das.

Anfang 1953 deckte eine unbekannte Ärztin eine angebliche Verschwörung führender Mediziner in der Regierungsklinik auf. Diese hätten mittels falscher Diagnosen und Heilmethoden den Tod von führenden Parteifunktionären herbeiführen wollen, hieß es. Das löste eine Hysterie aus, die sich nicht nur auf die Ärzte im Regierungskrankenhaus erstreckte.

Unter den Verhafteten befanden sich auffällig viele Juden. Zwar wurden schon einige Jahre zuvor angebliche Kontakte mit imperialistischen Geheimdiensten oft auch als Zusammenarbeit mit zionistischen Organisationen denunziert, doch wurde jeder Verdacht, antisemitischen Tendenzen im Lande Vorschub zu leisten, empört zurückgewiesen.

Als Beweis für die Haltlosigkeit einer solchen Unterstellung verlautete auch, nirgendwo sei der Anteil von Juden in Führungspositionen so groß wie in der Sowjetunion. Das stimmte.

Doch zugleich erfolgte seit Ende der 40er Jahre stillschweigend eine Quotierung – in der Armee, in der Diplomatie, in den Sicherheitsdiensten, teilweise auch im Parteiapparat. Das drang an die Öffentlichkeit, war auch mir bekannt. Jetzt bahnte sich aber eine spürbare Zunahme der Diskriminierung von Juden an.

Es kursierte sogar das Gerücht, alle Juden sollten aus Moskau ausgewiesen werden. Ob es absichtlich in Umlauf gebracht wurde, entzieht sich bis heute meiner Kenntnis.

Aufmerksamen fiel zugleich auf, daß Molotow und Woroschilow, beide langjährige enge Gefährte von Stalin, kaum noch in Erscheinung traten. Was bahnte sich da an?

Die Nachrichten über Stalins schwere Erkrankung und dann seinen Tod lösten im März 1953 landesweit einen Schock aus.

Auch ich meinte, daß dadurch ein Verlust eingetreten sei, der schwer zu kompensieren sei. Schon deshalb, weil ich keine allzu hohen Erwartungen in die anderen Männer der sowjetischen Führung setzte. Erst später begriff ich, daß genau dies die Folge der Personalpolitik Stalins war. Absichtlich hatte er sich mit Leuten umgeben, die sich mehr durch ihre treue Ergebenheit als durch politische und professionelle Fähigkeiten auszeichneten. Nur auf unteren Ebenen ließ Stalin Fachleute zu.

Stalins Leiche wurde im Kolonnensaal des Gewerkschaftshauses aufgebahrt. Zehntausende eilten dorthin. Im Gewühl entstand Gedränge, viele Menschen wurden auf den umliegenden Straßen totgetreten oder schwer verletzt. Es hieß, daß die Ordnungskräfte an der Panik nicht schuldlos gewesen seien. Später erzählte man hinter vorgehaltener Hand, Innen- und Staatssicherheitsminister Berija habe diese Tragödie bewußt in Kauf genommen, wenn nicht sogar inszeniert, um später einen Vorwand für ein scharfes Vorgehen zu haben.

Ich reihte mich nicht in die lange Schlange der Moskauer und Angereisten ein, weil mir eine zur Schau getragene Trauer mißfiel. Solche Bekundungen änderten ohnehin nichts.

Unmittelbar nach der Beisetzung Stalins im Mausoleum an der Seite Lenins bereiteten wir in der Redaktion eine Sonderausgabe der Zeitschrift vor. Das nächste Heft sollte ausschließlich dem Andenken Stalins gewidmet sein. Es sollte Verse und Prosa aus bereits vorliegenden Publikationen wie neue Texte enthalten, um die auch schon Autoren gebeten wurden. Doch schon nach kurzer Zeit ereilte uns eine verbindliche Weisung aus dem Zentralkomitee der Partei, von dem Sonderheft abzusehen. Gleiche Weisungen ergingen offensichtlich an alle Zeitschriften. Stalin war nicht tabu, wurde jedoch in der Presse schon sehr bald nicht mehr so gewürdigt, wie das jeder erwartete. In der DDR war das anders.

Die Weisung aus der höchsten Instanz rief verständlicherweise Verwunderung hervor. Dann erschien im April in der »Prawda« ein Artikel, den ich als nachträgliche Erläuterung verstand. Personenkult wurde als eine dem Marxismus-Leninismus fremde Erscheinung verurteilt. Im Beitrag wurden neben entsprechenden Äußerungen von Marx, Engels und Lenin auch einige wenige von Stalin zitiert. Dennoch konnte niemand die eindeutige Stoßrichtung mißverstehen.

Bereits zuvor war die sogenannte Ärzteverschwörung als schlimme Verleumdung qualifiziert worden. Die Verhafteten kamen frei und wurden rehabilitiert, die Denunziantin als »Handlangerin einer Provokation« gebrandmarkt. Es sickerte auch durch, daß Mitarbeiter der Sicherheitsorgane, darunter einige leitende, aus ihren Funktionen entlassen worden seien. Irgend etwas tat sich. Genaueres, auch über die Situation im Kreml, drang aber nicht durch.

Noch ein Artikel in der »Prawda« fiel mir auf. Er enthielt eine relativ positive Reaktion auf die jüngste Erklärung des neuen US-Präsidenten Dwight D. Eisenhower. Während des Krieges hatte der General die westalliierten Truppen kommandiert. Ein gestandener Politiker war er wohl nicht. Er sprach sich in allgemeinen Worten für eine Verbesserung der angespannten Beziehungen zur Sowjetunion und für gemeinsame Schritte zur Friedenssicherung aus. Als Indiz für eine Wende in der Politik der USA konnte dies kaum gelten – ähnliche Erklärungen gab auch schon sein Vorgänger Truman ab, der als ein Einpeitscher des Kalten Krieges und des Antisowjetismus in die Geschichte einging. Der Ton der sowjetischen Erwiderung war diesmal für meine Auffassung ungewöhnlich ausgewogen. Nicht die Entlarvung einer Heuchelei, wie bisher üblich, stand im Mittelpunkt, sondern die Bereitschaft zur internationalen Entspannung. Ähnlich verhielt es sich etws später bei der Reaktion auf eine Erklärung von Churchill.

In Moskau gab es deutliche Anzeichen für eine Überwindung von Engpässen in der Versorgung, das Warenangebot wurde besser.

Dagegen kamen aus der DDR schlechte Nachrichten. Mir war nicht bekannt, daß die Sowjetunion von der DDR-Führung schon 1952 eine Steigerung der Verteidigungsanstrengungen und forcierte Reparationsleistungen verlangt hatte. Das war aber geschehen, nachdem das sowjetische Angebot für gesamtdeutsche Wahlen abgelehnt und die Eingliederung der BRD in den westlichen Militärpakt beschlossen worden war. Dazu kamen erhöhte Anstrengungen zum Aufbau einer eigenen Schwerindustrie, die von der DDR-Führung in Abstimmung mit der Sowjetischen Kontrollkommission angeordnet worden waren. Sie sollten zur Stabilisierung der DDR beitragen und wurden fälschlicherweise als angeblich wichtigste Aufgabe beim beschlossenen Aufbau des Sozialismus ausgelegt. Die ohnehin noch nicht ausreichende Versorgung mit Konsumgütern aller Art verschlechterte sich. Wie angespannt die in der DDR entstandene Lage war, wußte ich in Moskau nicht. Es drang auch kaum etwas über die zunehmende Unzufriedenheit der Werktätigen und die massenhafte Republikflucht durch.

Überraschend las ich in der »Prawda« und im »Neuen Deutschland«, daß die DDR-Führung einen »neuen Kurs« beschlossen habe. Er sah viele Korrekturen der bisherigen Politik im Interesse einer deutlichen Verbesserung der Lebenslage vor. Unerwähnt blieb, daß er nach einer Vorgabe des Kreml erfolgte und Grotewohl wie Ulbricht zu ihrer Entgegennahme nach Moskau gerufen worden waren. Das wurde erst nach Öffnung der Archive 1990 bekannt.

Die Nachrichten über die Ereignisse am 17. Juni 1953 überraschten mich um so mehr. Ich hatte sie nicht erwartet – weder die Streiks und die landesweiten Demonstrationen noch das massive Eindringen von Provokateuren, Rowdygruppen und Sympathisanten der Streikenden aus den Westsektoren Berlins. Die sowjetische Kommandantur hätte sich veranlaßt gesehen, den Ausnahmezustand auszurufen, um eine weitere Zuspitzung und mögliche Folgen, auch friedensgefährdende, zu verhindern, hieß es. Binnen weniger Stunden seien Ruhe und Ordnung wieder hergestellt worden.

Erst nachdem die deutsche Presse eingetroffen war, gewann ich ein etwas genaueres Bild. Exakt wurden aber weder die Ursachen, noch der Verlauf der Ereignisse geschildert.

Die selbstkritische Erklärung des Zentralkomitees der SED, das am 21. Juni zu einer Plenartagung zusammentrat, war erstaunlich. »Wenn Massen von Arbeitern die Partei nicht verstehen, ist die Partei schuld, nicht der Arbeiter!«

Verbunden damit war das Versprechen, daß die SED unverzüglich eine Wendung in ihrer Politik vollziehen wolle: Die Interessen aller Bürger der DDR, ganz besonders der Arbeiter, sollten künftig besser berücksichtigt werden.

Ich gewann den Eindruck, daß sich die Situation in der DDR sehr schnell beruhigte. Nach meiner damaligen Einschätzung blieb der 17. Juni darum Episode. Seine sofortige Bewertung als eine faschistische Provokation hielt ich für überzogen. Sicher gab es auch acht Jahre nach dem Ende des »Dritten Reichs« noch zahlreiche Menschen, die faschistischem Ungeist verhaftet waren, und schon deshalb den neuen deutschen Staat und die Sowjetunion haßten. Aus dem Westen konnten sie Unterstützung selbst bei Kräften finden, die einflußreiche Funktionen bekleideten.

Kaum ein Ereignis der deutschen Geschichte in den 50er Jahren ist inzwischen derart intensiv untersucht und umfassend bewertet worden wie der 17. Juni 1953. Es wird nach wie vor in seiner Bedeutung nicht selten überbewertet. Nur ein Zwischenfall war es aber auch nicht, wie ich seinerzeit annahm.

Fast alle Darstellungen waren von Anfang an und sind nach wie vor ideologisch motiviert und schon deshalb wenig objektiv. Das gilt besonders für jene, die die Streiks und Demonstrationen zu einem »Volksaufstand« gegen ein illegitimes und verhaßtes Regime ummünzen wollen. Aus meiner Sicht bestätigte die damalige Krise eher die Unfähigkeit der DDR-Führung, berechtigte Unzufriedenheit vieler Menschen durch eine bessere Politik und demokratisches Handeln zu entschärfen sowie die gefährliche Tendenz einer Entfremdung der Macht vom Volk wirksam zu überwinden.

Als Zeitzeuge hat Stefan Heym mit seinem Roman »Fünf Tage im Juni« überzeugend das Zusammenwirken vieler Faktoren und die ganze Tragik der damaligen Ereignisse dargestellt. Ein besseres Buch über den 17. Juni kenne ich nicht.

Bertolt Brecht, ein anderer Zeitzeuge, sei zitiert. Er machte die SED-Führung verantwortlich. Von ihm stammte auch der markante Satz, die Führung sollte sich ein anderes Volk wählen, wenn sie mit ihm einen Konflikt habe. In einem Brief an den Verleger Suhrkamp gab Brecht Anfang Juli 1953 eine umfassendere Wertung. Der Theaterkritiker Ernst Schumacher veröffentlichte diese wenig bekannte Einschätzung des Zeitzeugen in dem Buch »Mein Brecht – Erinnerungen von 1943 bis 1956«.

Als Ursache der Krise nannte Brecht die »unglücklichen und unklugen Maßnahmen der Regierung, die bezwecken sollten, überstürzt auf dem Gebiet der DDR eine Schwerindustrie aufzubauen«. Gegen die damit verbundenen Verletzungen ihrer Interessen seien die Arbeiter auf die Straße gegangen, vergaßen dabei aber »die großen Vorteile, welche die Vertreibung der Junker, die Vergesellschaftung der Hitler'schen Kriegsindustrie, die Planung der Produktion und die Zerschmetterung des bürgerlichen Bildungsmonopols ihnen verschafft hatten«.

Und Brecht weiter: »Die Straße freilich mischte die Züge der Arbeiter und Arbeiterinnen schon in den frühen Morgenstunden des 17. Juni auf groteske Art mit allerlei deklassierten Jugendlichen, die durch das Brandenburger Tor, über den Potsdamer Platz, auf der Warschauer Brücke kolonnenweise eingeschleust wurden, aber auch mit den scharfen, brutalen Gestalten der Nazizeit, den hiesigen, die man seit Jahren nicht mehr in Haufen hatte auftreten sehen und die doch immer dagewesen waren. Und den ganzen Tag kamen über den RIAS, der sein Programm kassiert hatte, anfeuernde Reden, das Wort Freiheit von eleganten Stimmen gesprochen, von ›Kräften‹, die Tag und Nacht an das Wohlergehen der Arbeiter und der ›kleinen Leute‹ denken und jenen hohen Lebensstandard versprechen, der am Ende zu einem hohen Todesstandard führt.«

Brecht war sich der internationalen Dimension des Konfliktes bewußt: »Mehrere Stunden lang, bis zum Eingreifen der Besatzungsmacht, stand Berlin am Rand eines dritten Weltkriegs.

Lieber Suhrkamp, machen wir uns nichts vor: Nicht nur im Westen, auch hier im Osten Deutschlands sind ›die Kräfte‹ wieder am Werk. Ich habe an diesem tragischen 17. Juni beobachtet, wie der Bürgersteig auf die Straße das ›Deutschlandlied‹ warf und die Arbeiter es mit der ›Internationale‹ niederstimmten. Aber die kamen, verwirrt und hilflos, nicht durch.«

Brecht ließ seiner Einschätzung ein klares Bekenntnis folgen: »Die Sozialistische Einheitspartei Deutschlands hat Fehler begangen, die für eine sozialistische Partei sehr schwerwiegend sind und Arbeiter, darunter auch alte Sozialisten, gegen sie aufbrachten. Ich gehöre ihr nicht an. Aber ich respektiere viele ihrer historischen Errungenschaften, und ich fühlte mich ihr verbunden, als sie – nicht wegen ihrer Fehler, sondern ihrer Vorzüge wegen – von faschistischem und kriegstreiberischem Gesindel angegriffen wurde. Im Kampf gegen Krieg und Faschismus stand und stehe ich auf ihrer Seite.«[39]

Unmittelbar nach den dramatischen Vorgänge in der DDR bewegte mich ein anderes Ereignis nicht minder: die Verhaftung des mächtigen sowjetischen Innenministers Berija, der zum engsten Führungskreis im Kreml gehörte und beschuldigt wurde, einen Staatsputsch geplant zu haben. Er war seit langem wie kaum ein anderer unbeliebt. Trotzdem hatte wohl niemand einen derartigen internen Machtkampf erwartet. Einen besonders tiefen Eindruck hinterließ bei mir ein Schreiben des Zentralkomitees. Es wurde im Juli auf einer nichtöffentlichen Versammlung der Parteiorganisation des Schriftstellerverbandes verlesen, der auch die Mitglieder aus unserer Redaktion angehörten. Manche Beschuldigungen erschienen mir wenig glaubhaft. Sie entsprachen früheren Praktiken. Dazu gehörte die Behauptung, daß Berija seit langem Agent des britischen Geheimdienst gewesen sei und die DDR an die Bundesrepublik habe verkaufen wollen. Dafür habe er die Unruhen am 17. Juni organisiert.

Erstmals wurde aber verwiesen, daß die von ihm verfügte Verhaftung von Unschuldigen im Einklang mit Stalin oder zumindest mit dessen Billigung erfolgt sei. Das war sensationell und grub sich in mein Gedächtnis tief ein.

Wiederholt wurde diese Enthüllung in der nächsten Zeit nicht. Doch sie wurde auch nicht vergessen. Schon deshalb nicht, weil schon bald, noch mehr 1954/55 viele Opfer dieser Politik aus den Lagern und aus der Verbannung zurückkehrten und in der Regel rehabilitiert wurden. Spezielle Kommissionen untersuchten Schicksale von zum Tode Verurteilten und Verstorbener und besorgten deren Rehabilitation. Die Tätigkeit verlief zwar zögerlich und fand weitgehend unter Ausschluß der Öffentlichkeit statt. Doch die Resultate ihrer Arbeit sickerten durch. Beispielsweise hatte sich die Tochter meiner Cousine, Nina Angarowa, erfolgreich um die Rehabilitierung ihres Vaters bemüht.

Auffällig waren auch tendenzielle Veränderungen in der Haltung zur Rolle Stalins in der Geschichte. Er wurde nicht mehr überschwenglich gelobt, zwar mitunter in Artikeln zitiert, jedoch deutlich weniger als Lenin. In den Jahren vor seinem Tod war das Verhältnis umgekehrt. Stalins gesammelte Werke waren im Eilverfahren in wenigen Jahren herausgegeben worden. 1951 erschien der Band 13. Vorgesehen war zu jenem Zeitpunkt die Edition von weiteren drei oder vier Bänden. Doch schon Band 14, obgleich fertig zur Drucklegung, erschien nicht mehr.

Bei Gesprächen in der Universität erfuhr ich, daß es neue Akzentuierungen gebe. Bei der Pflichtprüfung über den Marxismus-Leninismus seien präzise Kenntnisse der Werke von Marx, Engels und ganz besonders Lenin gefragt. Stalins Arbeiten spielten nur noch eine geringere Rolle. Ich berücksichtigte diese Hinweise gern, vertiefte mich vor allem in das Studium von Lenins Arbeiten. Sie regten zum Nachdenken auch über aktuelle Probleme an, Rezepte konnten sie für die veränderte Situation nicht liefern. Ich fand bestätigt, daß Lenin als der bedeutendste Denker und Revolutionär des 20. Jahrhunderts zu bezeichnen war. Das sehe ich noch immer so.

Meine erste Prüfung für das Kandidaten-Minimum bestand ich 1953.

Zu jener Zeit, es war bereits Herbst, traf ich nahe des Kreml zufällig Hermann Matern. Ich kannte ihn seit 1945 aus Dresden, und er erinnerte sich an mich, wie er sagte, sehr gut. Er habe verschiedene Dinge in Moskau zu erledigen, erzählte er, und freue sich, mich zu sehen. Wie ich mitbekam, kümmerte er sich um die Rückkehr deutscher Emigranten. Sie sei ins Stocken geraten, jetzt aber hätten sich neue Möglichkeiten ergeben. In der DDR gäbe es nach wie vor einen großen Mangel an Kadern.

Matern versicherte, daß auch mein Namen auf der Liste stehe, die er an entsprechender Stelle vorlegen wollte. Ich nahm diese Nachricht mit Interesse auf, sagte aber nichts dazu.

Im Spätsommer 1953 hatten wir eine Ferienreise ans Schwarze Meer unternommen. Wir fuhren nach Suchumi. Die Veränderungen, die sich seit Stalins Tod abzeichneten, waren auch in Georgien deutlich zu spüren.

Mit unseren Wirtsleuten fuhren wir zum Rizasee. Bis vor kurzem waren dieser schöne Bergsee und seine Umgebung das ganze Jahr über völlig abgesperrt und für niemanden zugänglich, weil Stalin dort seine Sommerresidenz hatte, die er allerdings nur selten aufsuchte. Nun konnte jeder diese herrliche Gegend besuchen.

Aus Moskau erreichte uns telegrafisch die Aufforderung, umgehend zurückzukehren, weil man uns eigenen Wohnraum zugewiesen habe. Endlich konnten wir in vier eigenen Wänden wohnen, wenn wir uns auch Bad und Küche mit den Nachbarn teilen mußten. Wir hatten nicht mehr zu fürchten, auf die Straße gesetzt zu werden. Was für ein neues Lebensgefühl! Wir teilten uns das Quartier mit einem Ehepaar, mit dem uns sehr schnell freundschaftliche Beziehungen verbanden. Er war Ingenieur, sie arbeitete in der zentralen Kasse des größten Lebensmittelgeschäfts Moskaus.

Das Leben hatte sich in Moskau in vieler Hinsicht merklich und positiv geändert. Das Warenangebot hatte sich verbessert, das Betriebsklima und nicht nur das war wärmer geworden. Es herrschte mehr Offenheit auch in den Parteiversammlungen. Vieles war aber noch wie früher. Wir konnten jetzt aber privat mit den Eltern in Berlin telefonieren und das »Neue Deutschland« abonnieren. Erstmalig konnten ausgewählte ausländische Zeitungen auch an Kiosken gekauft werden.

Das waren alles nur kleine Schritte, um eine bisherige für notwendig befundene Selbstisolation zu überwinden, doch sie waren nicht zu unterschätzen.

Im Sommer 1954 erhielt ich vom Zentralkomitee der KPdSU die Mitteilung, daß von der SED-Führung der Wunsch geäußert worden sei, mir mit meiner Familie die Rückkehr nach Deutschland zu gestatten. Wer in Moskau seinen Segen erteilt hatte, erfuhr ich nicht. Ich zögerte zunächst, zumal ich an einer Rheumaerkrankung laborierte, aus der sich Komplikationen ergeben sollten. Die Herzklappen waren angegriffen. Trotz vorbildlicher medizinischer Betreuung gelang es nicht, das Herzleiden völlig zu kompensieren.

Ende des Jahres wurde die Anfrage aus Berlin erneuert. Ich wurde in das Zentralkomitee der KPdSU am Alten Platz vorgeladen. Während einer längeren Aussprache riet man mir zu, das Angebot anzunehmen. Zuvor könnte ich ein Sanatorium im Herzbad Kislowodsk im Nordkaukasus aufsuchen. Das tat ich. Dort empfahl man mir, die Kur spätestens nach drei Jahren und dann möglichst im gleichen Abstand zu wiederholen. Ein gut gemeinter Vorschlag ...

Nach meiner Rückkehr nach Moskau packten wir unsere Kisten. Viel Umzugsgut gab es nicht.

Mit gemischten Gefühlen verließen wir Moskau. Unsere Familie fühlte sich dort sehr wohl. Ich konnte mir vorstellen, was mich im neuen deutschen Staat erwartete, fühlte auch, daß mein Platz dort war, weil ich in Berlin sicher mehr gebraucht wurde als in Moskau.

Dennoch: Genaue Vorstellungen über unsere Zukunft hatte ich nicht. Ich wußte, was ich aufgab, nicht aber, was auf mich zukam. In Moskau ließ ich nicht nur Freunde zurück, sondern auch einen Lebensstil, eine kulturelle und multinationale Mentalität, eben vieles, was ich in Jahren liebgewonnen hatte. Bei allen Mängeln, die unübersehbar waren und bestimmt nicht so schnell überwunden werden konnten.

Tauwetter, doch kein Frühling

Neuanfang in Berlin

Wir wohnten zunächst bei meinen Eltern. Sie überließen uns ihr Schlafzimmer, während sie in das Wohnzimmer zogen. Es gab zwar noch ein sogenanntes halbes Zimmer, in dem Vater seine Bücher und einen Schreibtisch untergebracht hatte, doch dieses war so verraucht, daß es von niemanden als Schlafraum genutzt werden konnte. Das uns überlassene Zimmer war etwas kleiner als jenes, das wir in Moskau verlassen hatten. Für den Übergang mußte es für unsere jetzt vierköpfige Familie genügen. In Moskau hatte vor gut einem Jahr unser Sohn Viktor das Licht der Welt erblickt.

Nach etwa zwei Monaten wurde uns eine eigene Wohnung zugewiesen. Das Haus stammte aus der Kaiserzeit und hatte durch den Krieg gelitten. Die Wohnung besaß nur Ofenheizung. Aber angesichts der andauernden Wohnungsnot in Berlin beklagten wir uns nicht.

Die üblichen Anmeldungen erfolgten zügig. Ich bekam einen DDR-Ausweis und die für Berlin erforderliche Zuzugsgenehmigung. Im ZK der SED, wo man ein freundliches Gespräch mit mir führte, bot man mir verschiedene Tätigkeiten an. Ich entschied mich, in das Institut für Gesellschaftswissenschaften zu gehen. Dort könnte ich die Leitung des Lehrstuhls Allgemeine Geschichte übernehmen.

Die Aspiranten und die meisten Lehrer befanden sich noch in den Sommerferien. Meine Tätigkeit sollte darum erst im September beginnen. So hatte ich Zeit, mich in der Stadt umzusehen.

Berlin war weiter in vier Sektoren geteilt. Die Sektorengrenzen einschließlich der zwischen Ost und West wurden kaum zur Kenntnis genommen. Täglich wechselten Zehntausende, vielleicht sogar Hunderttausende hinüber und herüber. Man lebte in der DDR-Hauptstadt und arbeitete in Westberlin oder umgekehrt und zog per Augenschein Vergleiche. Das gab es sonst nirgendwo. Der Vergleich der Stadthälften war auch ein Vergleich der Systeme. Und dabei schnitt der Osten nicht per se schlechter ab. Gleichwohl merkte ich, daß die materiellen Bedürfnisse im Westen besser befriedigt wurden als in der östlichen Hälfte. Das erklärte auch, weshalb nicht wenige für immer aus der DDR weggingen. Sie fuhren mit der S-Bahn in die Westsektoren, meldeten sich im Aufnahmelager und reisten weiter in die Bundesrepublik. Wie lange dieser etwas ungewöhnliche Zustand andauern würde, war offen. Die DDR wie auch die UdSSR plädierten weiterhin für einen gesamtdeutschen Staat, der allerdings anders ausschauen sollte als die gegenwärtige Bundesrepublik und die Deutsche Demokratische Republik. Doch nach Einbindung der beiden Staaten in die beiden Paktsysteme schien diese Idee immer schwerer realisierbar.

Im September trat ich meine neue Arbeit an. Ich war 31 Jahre alt, vier Jahre zuvor hatte ich mein Fernstudium abgeschlossen, seither hatte ich allenfalls sporadisch wissenschaftlich gearbeitet. Das Institut für Gesellschaftswissenschaften beim Zentralkomitee der SED, Ende 1951 gegründet, sollte wissenschaftlich qualifizierte Kader heranbilden, quasi die künftige Elite des Landes. Voraussetzung für die Aufnahme war der Abschluß eines Hochschulstudiums. Gleichwohl: Nur wenige Aspiranten hatten 1955 ein solches Studium absolviert. Selbst viele Lehrer nicht.

Bei der Bildung des Instituts war beschlossen worden, daß die Leiter der sechs Lehrstühle ZK-Mitglieder, wenn nicht sogar Politbüromitglieder sein sollten. So waren Hermann Matern, Fred Oelßner, Paul Wandel, Kurt Hager und Wilhelm Girnus zu ihren Funktionen gekommen. Die eigentliche Leitung des Lehrstuhls lag aber in den Händen ihrer Stellvertreter. Da für den Lehrstuhl Allgemeine Geschichte kein Leiter berufen worden war, hatte ich jedoch keinen Chef.

Obwohl ich als einziger Dozent ein marxistisches Studium an einer Universität abgeschlossen hatte, fühlte ich mich überfordert und nicht ausreichend qualifiziert. Ich meinte aufholen zu müssen und verbrachte viel Zeit in der Staatsbibliothek und in der Bibliothek des Instituts, in der ich vor allem recht aufmerksam westdeutsche Zeitungen und Zeitschriften studierte. Seit 1950 hatte ich sie nicht mehr zu Gesicht bekommen, doch kam mir ihre Diktion recht vertraut vor. Der Antikommunismus hatte nach meinem Eindruck sogar zugenommen. Mit kritischem Blick konnte man den Blättern allerdings auch manch Nützliches entnehmen.

Die Tätigkeit wie das Arbeitsklima im Institut empfand ich als angenehm. Es herrschte eine offene Atmosphäre, aber es wurde vieles reglementiert Die Aspiranten mußten selbst Besuche ihrer Lebenspartner genehmigen lassen, wobei ihnen die Dauer der Visite vorgeschrieben wurde. Erst nach längeren Diskussionen wurden diese und andere unsinnige Vorschriften aufgehoben oder gelockert.

Trotzdem betrachtete nach meinem damaligen Eindruck nahezu jeder seine Delegierung an das Institut als eine Auszeichnung.

Von den Lehrkräften kannte ich aus früheren Jahren Lene Berg, die ihre Tätigkeit als Direktorin für eine primär politische hielt. In den Beratungen der Institutsleitung war sie meist aufgeschlossen, mitunter auch gegenüber kritischen Äußerungen. Ihr Stellvertreter war Matthäus Klein, dem ich 1945 begegnet war, als er als Frontbevollmächtigter des Nationalkomitees »Freies Deutschland« in der Heeresgruppe von Marschall Shukow arbeitete. Aus dem einstigen Wehrmachtpfarrer war inzwischen ein sachkundiger marxistischer Philosoph geworden. Lene Berg jedoch widersprach er selten, mitunter auch dann nicht, wenn sie eindeutig irrte.

Bei den Lehrstühlen Deutsche Geschichte und Allgemeine Geschichte gab es einen gemeinsamen Wissenschaftlichen Rat, dem vornehmlich Universitätsprofessoren angehörten. Die meisten hatten die Nazizeit in der Emigration verbracht: Ernst Engelberg, Jürgen Kuczynski, Albert Meusel, Karl Obermann, Albert Schreiner, Basil Spiru und Leo Stern. Sie berieten uns bei der Themenwahl für Dissertationen und Vorlesungen. Ihnen kam das letzte Wort bei Promotionsverfahren zu. Das erste sollte 1958 stattfinden.

Die marxistischen Professoren waren in der Regel mehr Fachleute auf einem engeren Gebiet, da sie kaum auf eine längere Lehr- und Forschungstätigkeit zurückblicken konnten, zumal sie in der Emigration anderen Aufgaben nachgehen mußten. Jetzt waren sie nicht selten mit Leitungsaufgaben und anderen Funktionen so belastet, daß kaum mehr Zeit für die Forschung blieb.

Einerseits gewann ich den Eindruck, daß in der DDR unter Wissenschaftlern eine größere Weltoffenheit herrschte als in der Sowjetunion. Doch zugleich entdeckte ich auch eine bestimmte nationale Begrenztheit. Das betraf die Kultur, die Literatur und auch die Geschichte.

Lene Berg nahm mich im Herbst 1955 mit nach Leipzig zu einer größeren Beratung des Staatssekretariats für Hochschulwesen mit Gesellschaftswissenschaftlern. Mich beeindruckte die Offenheit der Diskussion. Der Ton war sachlich, auch nicht so verhalten oder mehrdeutig, wie ich das von früheren Begegnungen an den deutschen Universitäten sowie von Aussprachen sowjetischer Wissenschaftler in

Moskau kannte. Einige Argumente oder Darlegungen klangen für mich jedoch etwas primitiv. Sie zeugten von einem nicht sehr hohen Wissensstand. Immer noch galt Stalin als die höchste Autorität, seine Aussprüche wurden von manchem wie die gültige Entscheidung der letzten Instanz verkündet.

Noch mehr war ich aber verwundert, daß in der Sowjetunion bereits gängige Neubewertungen der jüngsten Vergangenheit selbst in der Parteiführung der SED anscheinend nicht zur Kenntnis genommen worden waren. Auf einer Beratung in der Direktion des Instituts, an der auch Matern, Oelßner und Hager teilnahmen, ging es um die Bestätigung des Vorlesungsplans für den Lehrstuhl »Geschichte der KPdSU«. In der Aussprache kritisierte ich, daß bei sehr vielen Themen in alter Manier ein besonderer Anteil Stalins in der Weiterentwicklung der Theorie des Marxismus-Leninismus hervorgehoben werde, und machte darauf aufmerksam, daß seit geraumer Zeit in der Sowjetunion eine Neubewertung der Rolle Stalins, nicht zuletzt seiner theoretischen Leistungen, erfolge.

Ich fand dafür kein Verständnis. Nichts spreche dafür, an der bisherigen Einschätzung Stalins etwas zu ändern. War in Berlin die Uhr stehengeblieben?

Wenig später gab Fred Oelßner mir gegenüber zu, daß meine kritischen Anmerkungen doch wohl richtig gewesen waren. Er habe unlängst mit einer Parteidelegation Moskau besucht. Dort wären sie ausdrücklich darauf hingewiesen worden, daß vieles anders bewertet würde als früher. Das betreffe ganz besonders die Rolle Stalins. Einzelheiten wurden jedoch nicht genannt. Er schloß daraus, daß sich weitere Veränderungen andeuteten. Womit er recht haben sollte.

Ein wahrhaft historischer Parteitag

Im Februar 1956 trat in Moskau der XX. Parteitag der KPdSU zusammen. Mit ihm waren weltweit große Erwartungen verbunden. Er würde eine neue Etappe in der Entwicklung der Sowjetunion einleiten, das lag in der Luft.

Die Beratungen wie die sofort publizierten Beschlüsse bestätigten das. Auffällig war für mich, daß dem Parteitag selbst eine höchst kreative Arbeit vorangegangen sein mußte, die zu wirklich neuen Erkenntnissen geführt hatte. An ihr mußten sehr viele Menschen teilgenommen haben. Der Parteitag wie seine Beschlüsse erforderten viel Mut durch die Führung der Partei. Das galt für die Bewertung der

Vergangenheit, nicht minder für den Beginn einer neuen Politik. Sie würde nicht nur die Sowjetunion verändern, sondern auch die Welt. Das geschah dann auch – war die Wirkung später auch nicht so nachhaltig wie erhofft und erforderlich. Trotzdem ging der XX. Parteitag als Meilenstein in der Entwicklung von Theorie und Praxis des Sozialismus. Drei Aspekte hielt ich für besonders wichtig.

Erstens die überzeugende neue These, daß es angesichts der Veränderungen im internationalen Kräfteverhältnis keine schicksalhafte Unvermeidbarkeit von Kriegen gebe. Dank der beträchtlichen Stabilisierung der Sowjetunion sowie der Entstehung eines sozialistischen Weltsystems hätte sich die reale Möglichkeit ergeben, die Entfesselung eines neuen Weltkriegs durch aggressive imperialistische Kräfte zu verhindern. In der Vergangenheit waren die verheerenden Kriege im Schoß des Kapitalismus entstanden. Auch in Moskau konnte der Friede lediglich als eine Atempause aufgefaßt werden. Jetzt war dank des erstarkenden Sozialismus eine grundsätzlich neue Situation eingetreten, die im Interesse des Weltfriedens genutzt werden mußte.

Das schon von Lenin begründete Prinzip der friedlichen Koexistenz von Staaten mit unterschiedlicher sozialer und politischer Ordnung wurde zur Generallinie der sowjetischen Außenpolitik. Die UdSSR proklamierte nachdrücklich eine Politik der Entspannung sowie der wirtschaftlichen und kulturellen Zusammenarbeit. Der militärische Faktor sollte aus der Außenpolitik verdrängt werden.

Das war mehr als nur ein ermutigendes Signal für alle Kräfte des Friedens. Das war ein Angebot für eine konstruktive Politik, die niemanden Schaden, allen nur Nutzen bringen würde.

Dennoch hatte ich nicht die Illusion, daß diese Wende kurzfristig erfolgte und von allen Akteuren der Weltpolitik, ob in Europa oder weiter weg, unterstützt werden würde. Sie kratzte an einer Expansionspolitik, die sich aus dem Profitstreben ergab. Dennoch empfand ich die Initiative als chancenreiche Neufassung des Dekrets über den Frieden von 1917.

Zweitens betonte der Parteitag, daß es möglich sei, verschiedene Formen des Übergangs zu einer sozialistischen Entwicklung zu wählen. Selbst eine friedliche Überwindung des Kapitalismus auf parlamentarischen Weg sei möglich. Das war eine Absage an die bisherige Auffassung, daß die Oktoberrevolution auch in Zukunft das einzige Vorbild für den Beginn einer sozialistische Transformation sei.

Als Beispiel könne und müsse der sozialistische Staat nicht nur mit seiner Friedenspolitik und sozialen Errungenschaften, sondern vor allem durch Erfolge seiner Wirtschaftspolitik wirken, hieß es. Für die UdSSR ergebe sich daher die Aufgabe, »die am meisten entwickelten kapitalistischen Länder hinsichtlich der Produktion je Kopf der Bevölkerung einzuholen und zu überholen«.[40]

Nach meiner Auffassung war das eine richtige Orientierung und das Ziel in einem überschaubaren Zeitrahmen realisierbar. Die Sowjetunion konnte ihre Wirtschaftspotentiale wesentlich effektiver einsetzen als entwickelte kapitalistische Länder. Friedliche Außenbeziehungen und internationale Entspannung würden diese Entwicklung maßgeblich unterstützen.

Drittens orientierte der Parteitag darauf, eine umfassende Demokratie in allen Bereichen des staatlichen wie gesellschaftlichen Lebens durchzusetzen, Parteiarbeit inklusive. Damit verbunden war eine deutliche Verurteilung von Verstößen gegen die Grundwerte des Sozialismus sowie eine Kritik des Personenkults, worunter schon seit Jahren wesentliche Aspekte der Politik Stalins verstanden wurden. Es sollten Maßnahmen getroffen werden, um künftig jegliche Verletzungen der sozialistischen Gesetzlichkeit zu verhindern.

Erst nach dem Parteitag sickerte durch, daß Nikita Chruschtschow in einer nichtöffentlichen Sitzung entschieden und in aller Schärfe Fehler und Verbrechen Stalins verurteilt habe. Doch gerade diese Geheimrede – sie wurde den Parteiorganisationen der KPdSU mündlich zur Kenntnis gegeben, im Wortlaut erschien sie in Polen und in einigen westlichen Zeitungen – bestimmte immer mehr die Diskussionen in der Sowjetunion und in der ganzen Welt. Sie überlagerte alle anderen erörterten Themen.

Den Text der Rede fand ich im »Tagesspiegel«, einer Westberliner Zeitung, die die Bibliothek unseres Instituts bezog. Es war eine Übersetzung aus dem Englischen, die entweder der russischen Vorlage oder, was wahrscheinlicher schien, der polnische Version folgte.[41] Deshalb kam mir die Wortwahl an einigen Stellen etwas merkwürdig vor, ich bezweifelte, daß sie dem Urtext entsprach. Doch es ging ja nicht um einzelne Begriffe oder Nuancen, sondern um die Grundaussage.

Die überraschte mich wenig. Nikita Chruschtschow hatte in seiner drastischen Art nur ausgesprochen, was in den letzten Jahren in der Sowjetunion bereits umlief. Ich hatte es sukzessive erfahren, gesehen und gehört. Überrascht war ich dennoch vom Ausmaß der Verbrechen und der Schärfe ihrer Verurteilung. Chruschtschow hatte sich in seinen Ausführungen auf einen dokumentarischen Bericht gestützt, der vor dem Parteitag verfaßt worden war. Laut diesem wurden bei den Massenrepressalien, die 1937/38 ihren Höhepunkt erreichten, 1.548.366 Männer und Frauen inhaftiert. Von den zu Delegierten des XVII. Parteitages gewählten 1.966 kommunistischen Funktionären wurden 1.108 inhaftiert, die Mehrzahl von ihnen erschossen.[42]

Am Institut wurden der Parteitag in mehreren Seminare ausgewertet. In stundenlangen Diskussionen redeten wir uns die Köpfe heiß. Bei vielen lösten die mitgeteilten Fakten einen tiefen Schock aus. Trotzdem herrschte die Auffassung vor, daß man in Moskau einen mutigen Schritt getan habe, um die weitere Entwicklung nicht mit den Hypotheken der Vergangenheit zu belasten. Es war ein schmerzhafter, aber notwendiger Befreiungsschlag. Er würde, so hofften alle, der sozialistischen Bewegung neuen Auftrieb verleihen. Das war bestimmt auch die Absicht Chruschtschows gewesen.

Ich beteiligte mich an den Seminaren aktiv und schöpfte aus meinen Lebenserfahrungen. Obgleich das Echo überwiegend positiv war, erntete ich bei einigen Widerspruch. Insgesamt aber war die Atmosphäre an unserem Institut offen. Lene Berg hatte als Direktorin dazu beigetragen. Sie ging davon aus, daß der Parteitag in die Zukunft weise und die Strahlkraft des Sozialismus erhöhen könnte. Das war durchaus nicht überall der Fall. So hörte ich, daß an der Parteihochschule ein ganz anderes Klima herrschte. Dort war schon die Erwähnung der Geheimrede untersagt. In der Zukunft sollte sich geradezu eine Kluft zwischen den beiden Parteieinrichtungen ergeben. Kreatives Herangehen und Dogmatismus standen sich gegenüber.

Die Parteiführung der SED begrüßte in Erklärungen die Ergebnisse des Moskauer Parteitags. Ihre Zustimmung galt sowohl den neuen strategischen Aspekten der Politik als auch der Verurteilung des Personenkults um Stalin und seine Folgen.

Walter Ulbricht sprach dazu auf einer öffentlichen Veranstaltung, an der ich teilnahm. Der Erste Sekretär des ZK der SED stellte heraus, daß es in der DDR nicht zu derartigen Massenrepressalien gekommen sei wie in der UdSSR und einigen volksdemokratischen Ländern. Das traf zu. Doch seine Bemerkung, daß es in der DDR schon deshalb keinen Personenkult gegeben habe, weil die Führung aus einem Trio von Pieck, Grotewohl und ihm selbst bestand, lief auf eine Verharmlosung hinaus. Personenkult war mehr als nur Machtkonzentration in einer Hand. Sie war ein Synonym für systematische Entstellungen, für eine Deformation des Sozialismus.

Von »Stalinismus« sprach man nicht. Dieser Begriff wurde nur von der antikommunistischen Propaganda strapaziert. Er wurde nicht erst 1956 geprägt und schon früher als Schlagwort zur Verunglimpfung des Sozialismus benutzt.

Ausführliche Gespräche dazu führte ich – oft bis in die Nacht – mit meinem Vater. Die Enthüllungen in Moskau hatten ihn aufgewühlt, er war ein Opfer der Repressalien gewesen. Zum ersten Male erzählte er, was er im Gefängnis von Swerdlowsk erlebt und erlitten hatte. Er brachte das ihm und anderen Kommunisten angetane Unrecht bündig immer wieder auf einen Satz: »Es war nicht das ›b‹, nicht die Ent*b*ehrung, sondern die Entehrung.«

Die Schläge der Nazis kamen vom Klassenfeind – die absurden Anschuldigungen, man sei Spion und Feind des Sozialismus, wurden von Genossen erhoben.

Wir entschuldigten alles bis vor kurzem als Irrtum, als Übergriff lokaler Funktionäre. Nunmehr wurde offenbar, daß wir uns im Irrtum befunden hatten: Die Massenrepressalien gingen von Stalin und seiner Umgebung aus.

Dennoch hielt Vater an seiner sozialistischen Überzeugung fest. Die Idee wurde doch nicht dadurch schlecht, weil sie deformiert worden war. Ich sah es wie er.

Allgemein bestand nach dem XX. Parteitag die Auffassung, daß den Enthüllungen eine tiefgreifende Analyse der Ursachen folgen müßte. Erste Ansätze gab es in der Sowjetunion wie in anderen Ländern, bei Wissenschaftlern und in theoretisch Fragen ausgewiesenen Parteifunktionären, so dem Italiener Palmiro Togliatti.

Ende Juni erschien in Moskau ein entsprechender Beitrag. Auch das »Neue Deutschland« veröffentlichte den Beschluß des Zentralkomitees der KPdSU über die Überwindung des Personenkults und seiner Folgen. Darin hieß es u. a., daß Stalins negative Wirken die Natur des sozialistischen Staates nicht habe ändern können. Es habe jedoch die Entwicklung der sozialistischen Demokratie und dem Aufschwung der schöpferischen Initiative der Volksmassen schwer geschadet.[43]

Dieser Beschluß wurde von vielen als noch nicht ausreichend angesehen. Die Zeit war wohl für eine tiefgründige Untersuchung, erst recht für die Ausarbeitung eines in die Zukunft weisenden Projekts für eine Erneuerung des Sozialismus noch nicht reif.

Dann kam es aber zu einem empfindlichen Rückschlag.

Ausgelöst wurde er durch eine schwere innenpolitische Krise in Ungarn im Herbst 1956. Dort hatte sich berechtigte Unzufriedenheit über den dogmatischen und selbstherrlichen Kurs der alten Parteiführung angestaut. Es kam zu Unruhen, in denen Anhänger einer kapitalistischen Restauration dann die Oberhand gewannen. In Budapest fanden Mordanschläge und Lynchjustiz statt. Die meisten distanzierten sich davon, doch es war offensichtlich geworden, daß nicht nur besorgte Kritiker der Verfehlungen oder politisch Andersdenkende, sondern auch erklärte Feinde des Sozialismus am Werk waren. Gegner der Enthüllungen des XX. Parteitags nutzten das, um sogleich und dann auch später Chruschtschow zu beschuldigen, mit seinen Enthüllungen eine Krise herbeigeführt zu haben.

In Ungarn stationierte sowjetische Truppen griffen ein. Das Land verblieb im Warschauer Pakt. Mit Janos Kadar, der unlängst selbst ein Opfer falscher Beschuldigungen durch die alte Parteiführung geworden war, trat ein Politiker an, der sich Ansehen im Volk verschaffte, da er für einen beachtlichen, wenn auch nicht problemlosen Aufschwung sorgte.

Im Spätherbst 1956 kam die Krise um den Suezkanal hinzu. Ägypten hatten den Kanal ohne Genehmigung seiner ehemaligen Kolonialherren verstaatlich, Die Sowjetunion stellte sich demonstrativ an die Seite des noch jungen Staates und erklärte sich bereit, auch militärische Hilfe zu erweisen. Die Kolonialmächte gaben nach. Unterstützung von den USA konnten sie nicht erwarten, da diese keinen Machtzuwachs der westeuropäischen Staaten wünschten.

Die Ereignisse in Ungarn, noch mehr die Aggression gegen Ägypten, hätten außer Kontrolle geraten können. Selbst ein Atomkrieg war nicht ausgeschlossen. Dies um so mehr, weil damals viele Politiker seine möglichen Folgen noch nicht erkannt hatten.

Der XX. Parteitag trug aber mit seinen Beschlüssen dazu bei, eine solche Katastrophe zu verhindern. Zu dieser Wertung der damaligen Ereignisse stehe ich auch heute.

Die Analyse der vom XX. Parteitag eingeleiteten und letztlich gescheiterten Politik ist noch nicht abgeschlossen. Sie wird mitunter bewußt behindert, falsifiziert, durch eine Anpassung an den berüchtigten Zeitgeist oder aus anderen subjektiven Absichten erschwert.

In meiner 1964 veröffentlichten »Kurzen Geschichte der DDR« überschrieb ich ein Unterkapitel mit »Der historische XX. Parteitag der KPdSU« und begründete das mit seiner globalen Bedeutung. Noch nie zuvor habe ein Parteitag eine so gewaltige Wirkung hervorgerufen. Bei der Vorbereitung der 3. Auflage 1968 wurde mir vom Verlag mitgeteilt, diese Wertung und damit die Überschrift seien nicht mehr zeitgemäß. So sehe es man auch in der Sowjetunion, wo Chruschtschow Jahre zuvor abgesetzt worden war. Ich ging einen Kompromiß ein. Die Überschrift wurde von mir völlig anders – mit Hinweis auf den zweiten Fünfjahrplan in der DDR – formuliert. Meine grundsätzliche Wertung blieb aber unverändert im Text: »Die Stellung zum XX. Parteitag der KPdSU und zu seinen Beschlüssen, die Anwendung seiner Lehren auf die konkreten Bedingungen der einzelnen Länder wurden zu einem Prüfstein für jede marxistisch-leninistische Partei.«[44] Meine Lektorin hatte keine Einwände.

Die Entwicklung der sozialistischen Demokratie wurde mit Recht als wichtigste Voraussetzung zur Überwindung des Personenkults gewertet. Dazu müsse eine Rückkehr zu den Leninschen Normen des Parteilebens und eine durchgängige Anwendung des Prinzips der kollektiven Leitung gehören. Selbst in den Jahren des Bürgerkrieges gab es nicht jenes Demokratiedefizit, das später zum bestimmenden Manko in der Sowjetunion wie dann auch in anderen sozialistischen Ländern wurde.

Grundsätzlich halte ich meine bald vor fünfzig Jahren getroffene Bewertung aufrecht, wenn in den letzten Jahren auch zwei andere Urteile über den XX. Parteitag dominieren. Weit verbreitet ist die Auffassung, daß er nicht konsequent genug gewesen sei, da das Wirken Stalins oder das, was heute als Stalinismus definiert wird, die Hauptursache für die spätere Implosion des Sozialismus gewesen sei. Andere behaupten, daß mit den Enthüllungen der Weg zu einer Kapitulation vor dem Kapitalismus beschritten worden sei.

Ich halte beide Auffassungen für falsch. Nicht der XX. Parteitag hat den Weg dazu geebnet, daß die mit der Oktoberrevolution von 1917 eingeleitete sozialistische Umwälzung scheiterte. Er schaffte Voraussetzungen für eine stabile Renaissance des Sozialismus. Anzeichen dafür gab es.

Vieles sprach dafür, daß der Sozialismus nicht nur reformierbar war, sondern auch deutlich seine Zukunftsfähigkeit und zunehmend seine Überlegenheit bewies. Diese Chancen zu einer kreativen Erneuerung wurden jedoch in der Folgezeit vertan.

Erste Schritte als Historiker

Ich war knapp über 30, hatte ein Universitätsstudium absolviert, leitete einen Lehrstuhl, war aber als Historiker ein Anfänger. Ich suchte darum das Gespräch mit Professoren und anderen Hochschullehrern außerhalb des Instituts.

Der Wissenschaftliche Rat unseres Lehrstuhls beschäftigte sich auch mit dem XX. Parteitag der KPdSU. Auf der Beratung plädierten etliche für die Überwindung einer einseitigen, dogmatischen Sicht auf die Geschichte, die ihrer Auffassung nach in der DDR dominierte. Zu den Wortführern gehörten Albert Schreiner und Gerhard Schilfert, ein jüngerer Professor von der Humboldt-Universität zu Berlin, sowie Otto Winzer, Autor mehrerer Publikationen zur deutschen Geschichte, der als Staatssekretär im Außenministerium tätig war. Sie verlangten freie und schöpferische Debatten und eine Überwindung der weit verbreiteten Neigung, an die Stelle der Analyse ein Zitat zu setzen. Interessant fand ich auch ihre Ausführungen zu bestimmten Fragen der neuesten Geschichte sowie ihre Anregungen zum Umgang mit den Traditionen der deutschen Arbeiterbewegung.

Die Leitung dieser Beratung lag bei mir, weshalb ich auch in Schlußbemerkungen auf ihre Ergebnissen und meine Sicht einging. Dabei warnte ich vor einer in manchen Veröffentlichungen sich bereits abzeichnenden Tendenz, auf neue Weise eine fälschlich parteilich genannte Geschichtssicht vorzutäuschen. So wurde mitunter die Geschichte so dargestellt, als ob bereits in der Vergangenheit heutige Erkenntnisse der Maßstab für die Politik der KPD oder später der SED gewesen seien. Andererseits deuteten sich Bestrebungen an, frühere Erkenntnisse und Bewertungen nicht aus der damaligen Situation zu erklären, sondern sie dann als grundsätzlich falsch zu definieren, wenn sie den gegenwärtigen politischen Herausforderungen nicht entsprachen.

Laut Protokoll dieser Beratung, das ich nach über vier Jahrzehnten einsah, warf ich eine Frage auf, die ich heute noch für bemerkenswert halte. Die Geschichte sei immer offen, und sie nutzte in ihrem Verlauf zwar die Erfahrungen der Vergangenheit, richtete sich aber nicht nach diesen. Schon gar nicht folge sie Vorgaben von Politikern oder Gelehrten. Ich wandte mich auch gegen einen gewissen Schematismus bei der Betrachtung der DDR-Geschichte.

Vor allem kritisierte ich die Position, daß im Osten Deutschlands angeblich eine bürgerlich-demokratische Revolution in eine sozialistische hinübergewachsen sei und die politische Führung sich dabei auf die von Lenin 1905 für Rußland entwickelte Theorie eines solchen kontinuierlichen Hinüberwachsens gestützt habe. Ich sagte damals: »Die Geschichte ist etwas komplizierter als die besten theoretischen Leitsätze, die ja auch nicht gegeben worden sind, um jetzt die Geschichte vorauszubestimmen.«

Die Situation in Deutschland nach 1945 unterschied sich entschieden von der in Rußland 1905 oder 1917. Schon deshalb, aber auch weil die Entwicklung in den beiden deutschen Staaten so unterschiedlich verlief, mußten ganz neuartige Formen des Wechselverhältnisses zwischen einer allgemein demokratischen, in Deutschland einer antiimperialistischen und antifaschistischen, und einer sozialistischen, damit einer grundsätzlich antikapitalistischen Umwälzung gefunden und in die Praxis umgesetzt werden. Damit setzte ich mich mit einem Geschichtsbild auseinander, das nachdrücklich von Walter Ulbricht begründet worden war. Negative Auswirkungen hat es für mich nicht gegeben. Nach einiger Zeit fand meine Position weitgehend Unterstützung, wenn ich auch nie als Urheber bezeichnet wurde. Darauf war es mir aber nicht angekommen.

Ende 1956 wurde ich zum Sekretär der neu gebildeten Deutsch-Sowjetischen Historikerkommission berufen. Meine Aufgabe war es, deren Tätigkeit laufend abzusichern und auch auf die inhaltliche Arbeit einzuwirken. Vorsitzender der DDR-Sektion wurde Leo Stern, Rektor der Martin-Luther-Universität in Halle-Wittenberg. Er war 1943 in der gleichen Abteilung des Stabs der Südwestfront tätig wie ich, obwohl wir damals keinen persönlichen Kontakt hatten. Jetzt war er mit seinen umfassenden Kenntnissen nicht nur über die deutsche Geschichte und seinen noch aus der Emigration stammenden Verbindungen zu sowjetischen Gelehrten nach meiner Einschätzung auch der geeignetste für die neue Funktion. Zwischen uns beiden entwickelte sich von Anfang an ein kameradschaftliches Verhältnis, das für viele Jahre zu einem freundschaftlichen wurde. Unsere Grundauffassungen stimmten überein, was aber mitunter Meinungsstreit nicht ausschloß.

Die offizielle Gründung der Kommission fand auf einer Beratung in Moskau statt, zu der eine Delegation aus der DDR Ende Januar 1957 auf Einladung der Akademie der Wissenschaften angereist war. Die Moskauer Kollegen bewiesen eine große Fürsorge, was vielleicht auch der Tatsache geschuldet war, daß wir zur ersten Kommission gehörten, in der Vertreter der Sowjetischen Akademie der Wissenschaften mit ausländischen Historikern zusammenarbeiteten.

Wir wurden mehrmals zu Theaterabenden und dann einem Besuch von Leningrad eingeladen. Auch dort hatten wir Begegnungen mit Historikern. Die Stadt beeindruckte uns, nicht zuletzt die bescheidene Wohnung Lenins im Smolny, dem Sitz der ersten Sowjetregierung 1917. Dabei erinnerte ich mich an Lenins Wohnung im

Moskauer Kreml, in die meine Frau und ich 1955 vor unserer Abreise aus Moskau einen Blick warfen. Auch sie war sehr bescheiden. Auf Komfort oder sonstige Privilegien hatte der Mann, der nach einem treffenden Dichterwort an dem Schlaf der Welt gerüttelt hatte, bewußt verzichtet. Diese Bescheidenheit wirkte zumindest bis 1945 nach. Dann aber griff immer mehr eine Sucht nach Privilegien unter den Funktionären um sich.

Am 5. Februar 1957 wurde in Moskau ein Schlußprotokoll unterzeichnet. Es sah gegenseitige Information und den Austausch von Gedanken über aktuelle Probleme der Geschichtsforschung sowie die Förderung gemeinsamer Projekte vor. Es war auch daran gedacht, Historiker aus der BRD für die deutsch-sowjetische Zusammenarbeit zu gewinnen. Daraus wurde nichts. Es war daher konsequent, daß die Deutsch-Sowjetische Historikerkommission später in *Kommission der Historiker der DDR und der UdSSR* umbenannt wurde.

Initiator der Kommission war Prof. Arkadi Samoilowitsch Jerussalimski. 1955 kam er zu einem Studienaufenthalt in die DDR und warb hier wie auch in Moskau erfolgreich für ein solches Gremium. Ich kannte und schätzte ihn seit meinem Studiums als aufgeschlossenen und kreativen Forscher, ich mochte den kritischen Geist, der diesem stets bescheidenen Mann eigen war.

Zu ersten Höhepunkten der Kommissionsarbeit wurden Tagungen zu Schlüsselproblemen der Geschichte wie die Oktoberrevolution in Rußland und die Novemberrevolution in Deutschland oder Kardinalprobleme des Zweiten Weltkrieges und seiner Darstellung in der Geschichtswissenschaft. Hierzu fanden Tagungen in der DDR und in der UdSSR statt. An den Konferenzen in Leipzig 1957 und in Berlin 1959 nahmen auch Wissenschaftler aus Frankreich, Italien, Japan, Österreich, Polen und der Tschechoslowakei teil. Die Geschichtswissenschaft der DDR erhielt durch sie Auftrieb und begann international Ansehen zu gewinnen.

Später folgten Tagungen zur Revolution von 1848/49, zu den Befreiungskriegen gegen das napoleonische Joch 1812/13 und zum 40. Jahrestag des deutsch-sowjetischen Rapallo-Vertrages.

Die deutsche Sektion entwickelte sich de facto zu einem koordinierenden Gremium für ein Zusammenwirken aller Historiker der DDR, unabhängig davon, wo sie tätig waren. Offiziell hatte sie solche Befugnisse nicht, konnte schon gar nicht Anweisungen erteilen. Ich freute mich jedoch verständlicherweise über das hohe Ansehen, das wir erworben hatten.

Neben der Deutsch-Sowjetischen Historikerkommission entstanden Gremien der Zusammenarbeit mit Historikern Polens und der Tschechoslowakei. Später kam es zur Bildung entsprechender Historikerkommissionen mit weiteren Ländern. Es entwickelte sich eine lose Zusammenarbeit zwischen all diesen Gremien. Von Karl Obermann, damals Direktor des Instituts für Geschichte der Akademie der Wissenschaften, wurde ich ersucht, an einer Tagung der Historikerkommission DDR-CSR teilzunehmen, die in Prag eröffnet und dann in Bratislava fortgesetzt wurde.

Aus meiner Sicht kamen neue konstruktive Anregungen für eine Überwindung der Spaltung Deutschlands damals ausschließlich aus der DDR. Die offizielle Politik der Bundesrepublik beharrte nach wie vor auf einen uneingeschränkten Alleinvertretungsanspruch.

Die Führung der DDR sprach sich für eine Konföderation der beiden deutschen Staaten als Übergangslösung aus. Sie sollte mit deren Austritt aus den beiden Militärblöcken verbunden sein. Nicht minder konstruktiv hielt ich die Forderung nach einer beiderseitigen Begrenzung der personellen Stärke wie der Ausrüstung der Streitkräfte.

Die SPD lehnte damals nicht nur eine von Adenauer und der CDU/CSU geforderte atomare Bewaffnung der Bundeswehr ab, sondern kritisierte die erfolgte Eingliederung der BRD in die NATO und die damit verbundenen negativen Folgen für eine deutsche Wiedervereinigung. Die SED-Führung schrieb der SPD einen Brief. Mir gefiel die sachliche Sprache, die man für die Aufnahme von Kontakten mit der SPD gefunden hatte. »Trotz vieler Meinungsverschiedenheiten sind wir hinsichtlich des Hauptanliegens des ganzen deutschen Volkes, der Erhaltung des Friedens, einer Meinung. Das ist von großer Bedeutung und kann zu sehr positiven Ergebnissen führen, wenn unsere Parteien, zusammen mit allen anderen Kräften, die den Frieden wollen, gemeinsame Schritte unternehmen.«[45]

Die SED verzichtete auf die sonst in ihren offenen Briefen üblichen kritischen Bemerkungen, differenzierte auch nicht zwischen Mitgliedern und führenden Funktionären, die abwertend oftmals als »rechte Kräfte« bezeichnet wurden. Dagegen enthielt der Brief den nach meiner Meinung vernünftigen Vorschlag, daß sich beide Parteien – gemeinsam oder getrennt – für eine Volksbewegung, auch für Volksbefragungen gegen eine atomare Bewaffnung deutscher Streitkräfte aussprechen sollten.

Die SPD nahm das Angebot nicht an, beschränkte sich auf die parlamentarische Auseinandersetzung und mußte so, wie zu erwarten war, eine Niederlage hinnehmen. Die Mehrheit der Abgeordneten des Bundestages stimmte am 25. März 1958 der atomaren Aufrüstung der Bundeswehr zu.

Ich hoffte damals auf eine baldige Wiedervereinigung und war nicht ohne Grund überzeugt, daß sich die DDR-Führung konsequent dafür einsetzte. Bestärkt wurde ich durch offizielle Erklärungen der UdSSR, die in Noten nachdrücklich erklärte, daß sie jede Verständigung zwischen den zwei deutschen Staaten akzeptiere, die einer friedlichen Vereinigung diente.

Diese Bekenntnisse waren ehrlich, da sie von den übergeordneten Interessen einer weiteren Durchsetzung des internationalen Entspannungsprozesses ausgingen. Dabei war die Sowjetunion an einer nachhaltigen Beruhigung der Situation in Mitteleuropa, die ohne eine Blockfreiheit Deutschlands für sie nicht denkbar war, noch mehr interessiert als die DDR-Führung. Adenauers Bereitschaft war gering. Er befürchtete, daß SPD und SED in einer Konföderation einen größeren Einfluß bekommen könnten als die Union. Adenauer baute auf ein einheitliches Deutschland mit einem kapitalistischen System, Ollenhauer unterstützte ihn de facto – Grotewohl und Ulbricht wollten dagegen eine Vereinigung, die den Weg in Richtung eines sozialistischen Deutschlands erleichterte. Das war schwer auf einen Nenner zu bringen. Unmöglich jedoch war es nicht. So sah ich es damals.

Die Welt befand sich nach wie vor im Umbruch. Am 4. Oktober 1957 wurde in der Sowjetunion der erste künstliche Satellit ins All geschossen. Die Interkontinentalrakete veränderte die strategische Situation radikal.

Zweifellos hatte die Sowjetunion auch deshalb gewaltige Mittel in die Raumfahrt gesteckt, um ein atomares Patt herzustellen. Dieses Gleichgewicht des Schreckens sorgte bis 1990 für globalen Frieden.

Mit dem Doktorhut vor neuen Ungewißheiten

Die Arbeit an meiner Promotion erwies sich als aufwendiger, als ich angenommen hatte. So war es eine große Erleichterung, daß Lene Berg mich von der Leitung des Lehrstuhls und den damit anfallenden Aufgaben zeitweise befreite. Die ehrenamtliche Tätigkeit als Sekretär der Historikerkommission blieb davon unberührt. Darauf hatte sie keinen Einfluß. Etwas später wurden die Lehrstühle für Allgemeine und für Deutsche Geschichte zusammengelegt. Mitglieder des Politbüros waren nicht mehr formelle Lehrstuhlleiter.

Für meine Arbeit wertete ich Bestände der Landesarchive in Dresden, Potsdam, Weimar und Schwerin aus. Bereits während der Arbeit an meiner Dissertation trug ich einige mir wichtig erscheinende Erkenntnisse in Beratungen vor oder publizierte sie. Allgemein war es üblich, sich auf Zitate zu berufen. Ich folgte dieser Gewohnheit, zitierte einen bildlichen Vergleich von Lenin aus dem Frühjahr 1918, der mir als besonders aussagekräftig erschien. Nach Lenins Überzeugung waren am Ende des Weltkriegs in zwei Ländern Voraussetzungen für eine Ablösung des Kapitalismus am weitesten herangereift, wenn auch in unterschiedlicher Weise. In Deutschland waren es die sozialökonomischen, in Rußland die politischen Voraussetzungen, die revolutionäre Bereitschaft der Volksmassen und der Reifegrad ihrer politischen Führung. Lenin knüpfte große Hoffnungen an eine deutsche Revolution. »Die siegreiche proletarische Revolution in Deutschland würde mit einem Male, mit der größten Leichtigkeit, jede Schale des Imperialismus zerbrechen (leider ist sie aus bestem Stahl verfertigt und läßt sich deshalb nicht durch die Anstrengungen eines jeden … Kükens zerbrechen.« [46] Das klang doch recht aktuell.

Die Verteidigung der Dissertation erfolgte im Frühjahr 1959. Sie war mit einer längeren und konträren Diskussion verbunden, an der sich neben den Gutachtern weitere Professoren und auch Aspiranten beteiligten. Der Wissenschaftliche Rat empfahl, die Doktorarbeit als Buch zu veröffentlichen. Sie erschien in zwei Auflagen unter dem Titel »Die Geburt eines neuen Deutschland«. Es war der Versuch einer objektiven Analyse, die dem damaligen Erkenntnisstand entsprach. Manches bewerte ich heute etwas anders, da auch andere Quellen zur Verfügung stehen und mit dem Abstand von fast einem halben Jahrhundert die Nachhaltigkeit auch der damaligen antifaschistisch-demokratischen Umwälzung im neuen Licht erscheint.

Wiederholt wurde ich in jener Zeit gebeten, an Entwürfen für Thesen oder Erklärungen für die SED-Führung mitzuwirken. Diese Aufträge betrachtete ich als Anerkennung meiner wissenschaftlichen Leistungen und Bestätigung meiner Bewertungen der Zeitgeschichte.

Beim Entwurf für eine Erklärung zum 15. Jahrestag der Befreiung vom Hitlerfaschismus im Frühjahr 1960 fiel mir auf, wie unterschiedlich führende Funktionäre der SED zu Otto Grotewohl und Walter Ulbricht standen. Ulbricht verfügte nach meiner Einschätzung über ein tieferes theoretisches Wissen. Doch er trug seine Position immer sehr rigoros vor und gestattete kaum Widerrede. Auch deshalb hieß es im Volksmund, daß er Politik mit dem Holzhammer betreibe. Grotewohl hingegen versuchte zu überzeugen und ließ andere Ansichten gelten. Er war zweifellos einer der beliebtesten Politiker in der DDR, ein überzeugter, lernfähiger Marxist. Als Kind seiner Zeit reflektierte er deren Widersprüche. Aus Gesprächen wußte ich, daß er auch in der Sowjetunion ein recht hohes Ansehen genoß. Seine Reden bezeugten einen hohen Bildungsstand, aber auch das Vermögen, auf Einwände der Zuhörer einfühlsam zu reagieren. In dieser Hinsicht war er wohl nicht nur in der DDR eine Ausnahme.

Walter Ulbricht war ich schon früher wiederholt begegnet. Mich beeindruckten seine klaren Formulierungen und überzeugenden Argumente bei der Bewertung einer Situation. Er vertrat selbstbewußt, aber nicht überheblich seinen Standpunkt auch dann, wenn seine Position von anderen abwich. Das hatte ich bereits früher bei Beratungen in der SMA bemerkt. Im Kreis deutscher Genossen wirkte er eher machtbewußt. Dabei war mein Eindruck, daß er sich in grundsätzlichen Fragen zum theoretisch versiertesten und organisatorisch fähigsten Politiker der DDR entwickelt hatte.

Anfang Januar 1960 verlebte unsere Familie in einem kleinen Ferienheim in Oberhof ein paar freie Tage. Unser Nachbar war Gerhard Kegel, der außenpolitische Berater Ulbrichts, mit dem ich interessante Gespräche führte. Unerwartet trafen Walter Ulbricht und seiner Frau Lotte ein. Gerhard Kegel verhielt sich gegenüber seinem Vorgesetzten sehr freimütig, höflich, aber leger, was mir gefiel.

Walter und Lotte Ulbricht gaben sich bescheiden. Mit ihnen waren nur ein Personenschützer in Zivil und der Fahrer gekommen. Ulbricht hatte zuvor Eilenburg bei Leipzig besucht, wo sich unlängst alle Bauern in Produktionsgenossenschaften zusammengeschlossen hatten. Er meinte uns gegenüber, daß damit ein Beispiel für eine umfassende Umgestaltung der Landwirtschaft gegeben sei.

Kegel und ich stimmten ihm zu, verwiesen aber auch auf negative Folgen, wenn die Kollektivierung der Landwirtschaft überstürzt erfolgte. Ich erinnerte an die Situation in der Landwirtschaft der Sowjetunion zu Beginn der 30er Jahre. Walter Ulbricht hörte sich das aufmerksam an, widersprach auch nicht, meinte aber, daß wir klüger vorgehen würden. Kein Zwang, nur auf freiwilliger Basis. Die Bauern müßten spüren, daß es für sie selbst wie für alle von Vorteil wäre, gemeinschaftlich zu produzieren. Bis zu einer durchgängigen sozialistischen Umgestaltung auf dem Dorf sei noch ein weiter Weg.

Aus seiner Reaktion konnte ich nicht notwendig den Schluß ziehen, daß bereits wenige Monate später der sogenannte sozialistische

Frühling auf dem Lande gefeiert werden würde. Das Tempo war zu hoch. Der Wetteifer der Kreis- und Bezirksleitungen der SED, der von der Zentrale in Berlin mehr als geduldet wurde, hatte negative Folgen. Mancher Bauer verließ das Land.

Trotzdem hatte sich die Umgestaltung letztlich bewährt. Sie wurde gerade auch auf dem Dorf als Fortschritt anerkannt. Die Produktivität erhöhte sich merklich, das Leben auf dem Dorf veränderte sich bald schneller als in den Städten. Es ist kein Zufall, daß sich in Ostdeutschland nach 1989 die Agrargenossenschaften als Erbe aus der DDR weitgehend behaupteten.

Im Frühjahr 1961 wurde mir eröffnet, daß ich eine leitende Funktion im Deutschen Institut für Zeitgeschichte (DIZ) übernehmen sollte. Wie damals üblich, faßte das Sekretariat des Zentralkomitees der SED den Beschluß über meine Berufung zum Stellvertreter des Institutsdirektors.

Der Staatssekretär für das Hoch- und Fachschulwesen der DDR, dem das DIZ unterstand, setzte die Empfehlung der SED-Führung mit Wirkung vom 1. September 1961 um.

Das DIZ hatte sich inzwischen zu einer angesehenen Einrichtung mit einem großen Pressearchiv und einer gut bestückten Bibliothek entwickelt. Seit einigen Jahren stand Prof. Walter Bartel an der Spitze des Instituts. Der ehemalige Buchenwald-Häftling genoß bei mir hohes Ansehen, ich schätzte ihn besonders wegen seiner Forschungsarbeiten zur Novemberrevolution von 1918 und zum antifaschistischen Widerstand. Viele Jahre war er auch als ein enger Mitarbeiter des 1960 verstorbenen Präsidenten Wilhelm Pieck tätig.

Vor und nach dem Mauerbau

Meine Publikationen brachten zusätzliches Geld in unsere Familienkasse. Auch in Moskau konnte ich für die Übersetzung meines Buches »Die Geburt eines neuen Deutschland« über ein Honorar verfügen. Wir beschlossen, uns eine Kur im berühmten Herzbad Kislowodsk zu leisten. Die Moskauer Akademie der Wissenschaften besorgte einen Platz in ihrem gut ausgestatteten Sanatorium.

Wir verließen Berlin im Juli 1961 mit gemischten Gefühlen. Die Situation in der Vier-Sektoren-Stadt hatte sich, für alle spürbar, bedrohlich zugespitzt. Nirgendwo auf der Welt gab es eine Staatsgrenze, die derart unkontrolliert war.

Berlin war zugleich Tummelplatz der Geheimdienste. Nirgendwo war die Konfrontation der beiden Weltsysteme so ausgeprägt wie in Berlin. Betroffen waren die Sicherheitsinteressen vieler Staaten, vor allem der Sowjetunion und ihrer seit 1945 auf deutschem Boden stationierten Truppen.

Die Berliner selbst bewerteten ihre Lage recht unterschiedlich. Die einen zogen aus dem Währungsgefälle Nutzen und bedienten sich der Annehmlichkeiten des einen wie des anderen Systems. Das waren die Grenzgänger, die ihren Verdienst im Westen günstig umtauschten und ihre Ausgaben vornehmlich im Osten tätigten. Viele Bewohner der Westsektoren hielten es für günstiger, Gaststätten und Geschäfte im Osten aufzusuchen und dort weitere Dienstleistungen zu nutzen. All das hatte wachsende Versorgungslücken und damit eine berechtigte Unzufriedenheit zur Folge. Die Zahl jener, die sich geschädigt fühlten, dürfte größer gewesen sein als die der Nutznießer. Man erwarteten wirksame Maßnahmen zur Veränderung der Situation, unter denen jedoch die familiären Kontakte wenig leiden sollten.

Betroffen waren aber nicht nur die Berliner. Durch die offene Grenze blutete die ganze DDR aus. Die Aussicht auf rascheren wirtschaftlichen Aufstieg, Unzufriedenheit über die eigene Sitution und die politischen Verhältnisse, nicht zuletzt gezielte Abwerbung aus dem Westen ließen viele das Land verlassen.

Die DDR-Führung war daran insofern nicht unschuldig, als sie in ihrer Wirtschaftspolitik unterschiedliche Interessen einzelner Schichten nicht genügend berücksichtigt und eine vertrauensvolle Aussprache über die objektiv anstehenden Probleme vermieden hatte.

Ob bei einer anderen Politik die Krise von 1961 verhindert worden wäre, bleibt eine Frage, auf die es keine schlüssige Antwort geben dürfte. An der Zuspitzung war ja auch eine andere Seite aktiv beteiligt. Es war nicht genau zu ermessen, wie weit sie gehen würde. Politikern priesen Westberlin mit Absicht als »Pfahl im Fleisch der DDR« oder als »billigste Atombome«.

Im Juni hatten sich der sowjetische Ministerpräsident Nikita Chruschtschow und der Präsident der USA John F. Kennedy in Wien getroffen. Nach den offiziellen Verlautbarungen verständigten sich beide, das Notwendige zu tun, um den Frieden zu stabilisieren. Heute wissen wir aus archivalischen Quellen mehr. Die Gespräche verliefen in harten Tönen. Trotzdem verständigten sich beide stillschweigend darauf, daß jede Seite in ihrem Einflußbereich das tun könne, was sie für notwendig erachtete, sofern nicht die Interessen der anderen Seite darunter litten.

Chruschtschow hatte nicht nur seine Vorstellungen für einen deutschen Friedensvertrag in einem Memorandum unterbreitet, sondern auch einen Vorschlag, den ich als höchst konstruktiv empfand. Die vier Großmächte sollten an die beiden deutschen Staaten appellieren, sich über einen Friedensvertrag und eine Wiedervereinigung zu verständigen. Die vier Mächte sollten sogar erklären, daß sie jede Vereinbarung anerkennen, die von den Deutschen getroffen werde.

Anfang Juli beschloß die Volkskammer einen Deutschen Friedensplan. Er sah die Bildung einer Kommission aus Vertretern der Parlamente und Regierungen beider deutscher Staaten zur Vorbereitung eines deutschen Friedensvertrags, Verhandlungen über eine Reduzierung der Rüstungen sowie die Erweiterung des Handelsaustausch und der kulturellen Beziehungen und Erleichterungen im Reiseverkehr vor.

Aus Bonn kam darauf keine Reaktion.

Man hatte in Berlin auch kaum eine erwartet.

Stattdessen wurde am Rhein der 3. Bericht des Forschungsbeirats für Fragen der Wiedervereinigung Deutschlands veröffentlicht. Er sah detaillierte Vorschläge für einen Anschluß der DDR und eine Anpassung der Rechtsordnung, Wirtschaftspolitik und Eigentumsverhältnisse an die der Bundesrepublik vor.

In diesem Sinn waren beide Projekte mehr Propaganda als ein politisches Angebot. Die Situation blieb festgefahren.

Belastet mit diesen Ungewißheiten verbrachten wir unsere Zeit als Kurpatienten im Nordkaukasus, als wir am 13. August 1961 von der Grenzschließung in Berlin erfuhren.

Ich betrachtete diese Maßnahme als einen Schritt, der den Frieden in Europa sicherer machte.

In Kislowodsk hingegen wuchs unter den Kurgästen die Sorge, daß die Kriegsgefahr zunähme. Die Annahme war weit verbreitet, daß die Westmächte und die Bundesrepublik alle Anstrengungen unternehmen würden, um in Berlin Unruhen zu schüren, aus denen sich militärische Konflikte mit unabsehbaren Folgen ergeben könnten.

Diese Befürchtungen waren nicht ganz abwegig, aber mir schienen sie dennoch übertrieben. Alle Beteiligten mußten sich bewußt sein, daß ein militärischer Konflikt kaum zu begrenzen sein würde. Einen Weltkrieg wegen Westberlin würde niemand riskieren.

Wir kehrten am 20. August nach Berlin zurück. Die Atmosphäre war erheblich weniger angespannt, als ich erwartet hatte. Die Berliner gaben sich in der Masse gelassen. Wütend bis verärgert hingegen waren nur jene, die nicht mehr zu ihrer Arbeit nach Westberlin oder zu ihren Verwandten konnten. Nach meinem Eindruck stießen die Maßnahmen aber überwiegend auf Verständnis, weil man darauf hoffte, daß sie zeitlich begrenzt sein würden.

Am Tage nach unserer Rückkehr besuchte ich mit einem Freund eine Kampfgruppen-Einheit, die ihren Dienst hinterm Gebäude des Finanzministeriums am Stacheldrahtzaun versah. Ich fuhr mit meinem Auto in die Innenstadt. Der Verkehr war nicht so dicht wie früher. Es fehlten die PKW aus Westberlin. Ich hatte erwartet, daß zumindest an Verkehrsknotenpunkten oder sonstigen markanten Stellen Militär zu sehen wäre. Nichts.

Meine neue Dienststelle, das Deutsche Institut für Zeitgeschichte, befand sich in der Nähe der Invalidenstraße und damit nun unweit eines Grenzkontrollpunktes.

Im Pressearchiv fand ich interessante Materialien, Erklärungen von Politikern und Kommentare von Journalisten, die deutlich bestätigten, welch abenteuerliche Absichten damals im Westen geplant und öffentlich propagiert wurden.

Zwei Erklärungen fielen auf. So forderte der Sprecher des Führungsstabs der Bundeswehr, ein persönlicher Freund von Bundesverteidigungsminister Strauß, man müsse in der DDR eine »Explosion« herbeiführen. Hierfür erfordere es, wie er im »Münchner Merkur« vom 24./25. Juni 1961 verlauten ließ, »entsprechender politischer, ökonomischer, propagandistischer und nicht zuletzt organisatorischer und subversiver Vorbereitungen des Westens«. Diese »Vorbereitungen« sollten sich »von der Sabotage der Produktion und des Verkehrs über eine Streikwelle bis zum vollständigen passiven Widerstand, bis zum regelrechten Volksaufstand« erstrecken. Das war durchaus keine Privatmeinung eines abenteuerlichen Hardliners.

In der »Bonner Rundschau« hieß es am 9. Juli, notwendig sei die Bereitschaft, »alle Mittel des Krieges, des Nervenkrieges und des Schießkrieges, anzuwenden. Dazu gehören nicht nur herkömmliche Streitkräfte und Rüstungen, sondern auch die Unterwühlung, das Anheizen des inneren Widerstandes, die Arbeit im Untergrund, die Zersetzung der Ordnung, die Sabotage, die Störung von Verkehr und Wirtschaft, der Ungehorsam, der Aufruhr.« Über Rundfunk und Fernsehen kamen diese provokatorischen Aufrufe auch in die DDR.

Dagegen gab der Vorsitzende des Außenpolitischen Ausschusses des USA-Senats, Fulbright, Ende Juli in der »New York Times« eine Erklärung ab, die laut der »Süddeutschen Zeitung« und dem »Neuen

Deutschland« zu viel Aufsehen führte. Er bemerkte: »Ich verstehe nicht, warum die Ostdeutschen nicht ihre Grenze schließen, weil ich denke, daß sie ein Recht dazu haben, sie zu schließen.«

Einiges wurde mir jetzt klar.

Am 13. August wie auch in den Tagen danach fiel kein Schuß.

Ich bin auf die Medien so ausführlich eingegangen, weil diese Erklärungen – die ja die Atmosphäre verdeutlichen, in der die DDR und der Warschauer Pakt handeln mußte – heute gern ausgeblendet werden. Die Grenzschließung wurde ausschließlich als Willkür »der Kommunisten«, als barbarischer Akt besonders seit dem Fall der Mauer dargestellt. In der Stategie zur Kriminalisierung der DDR war die Attacke auf die Maßnahmen vom 13. August 1961 ein wesentlicher Baustein.

Es existieren Dokumente und andere Materialien, die sich lange Zeit in verschiedenen Archiven unter Verschluß befanden. Rolf Steiniger beispielsweise untersuchte die internationalen Einflüsse und wies nach, daß es sich dabei nicht um eine »innerdeutsche« oder »deutsch-deutsche« Angelegenheit handelte.[47]

Andere Autoren wandten sich Ursachen und Motiven zu, die sich aus der Entwicklung der DDR ergaben. Ich verweise besonders auf Beiträge von Wilfriede Otto und Jörg Roesler, die in Verbindung mit einer Veranstaltung der Rosa-Luxemburg-Stiftung anläßlich des 40. Jahrestags des sogenannten Mauerbaus erschienen.[48]

Die sich mitten in Europa 1961 anbahnende Krise muß in Dimensionen gesehen werden, die Auswirkungen auf den Weltfrieden haben konnten. Manche Befürchtungen dürften überzogen gewesen sein, doch aktenkundig liegen jetzt höchst gefährliche Planungen vor. Selbst der Abwurf von Atombomben wurden durch Militärkreise der USA nicht ausgeschlossen. Der Verteidigungsminister der BRD Franz-Josef Strauß wurde zur Auswahl der Abwurfstellen auf dem Gebiet der DDR hinzugezogen. Strauß äußerte sich gegenüber seinem amerikanischen Amtskollegen, man solle auch den Abwurf über lebenswichtigen Zielen der Sowjunion ins Auge fassen und entsprechend vorbereiten.

Dean Acheson, Außenminister unter Truman, hatte in einem für Präsident Kennedy bestimmen »Report on Berlin« neben anderen Optionen wie die Organisierung von Unruhen in der DDR und Osteuropa auch Vorbereitungen auf einen Atomkrieg vorgeschlagen. Kennedy schreckte jedoch zum Glück vor solchen Ratschlägen zurück. Er baute zurecht auf die Besonnenheit Moskaus, da er die Zusicherung erhalten hatte, daß grundsätzliche Interessen der USA als Weltmacht, die sogenannten Essentials«, nicht berührt würden.

Kennedys politischer Berater Walt Rostow hielt in einem 1972 erschienenen Buch die bemerkenswerte Schlußfolgerung fest, die der Präsident ihm in einem vertraulichen Gespräch am 31. Juli 1961 mitteilte. »Chruschtschow ist dabei, Ostdeutschland zu verlieren. Das kann er nicht zulassen, denn wenn er Ostdeutschland verliert, wird er Polen und ganz Osteuropa verlieren. Er muß etwas tun, um den Flüchtlingsstrom zu stoppen – vielleicht eine Mauer bauen. Und wir werden das nicht verhindern können. Ich kann das Bündnis zusammenhalten, um West-Berlin zu verteidigen, aber nicht, um den Zugang nach Ost-Berlin offen zu halten.«[49]

Der Ministerrat der DDR legte in seinem – in Übereinstimmung mit einer Erklärung der Warschauer Vertragsstaaten getroffenen – Beschluß fest, es werde »eine solche Kontrolle an den Grenzen der Deutschen Demokratischen Republik einschließlich der Grenze zu den Westsektoren von Groß-Berlin eingeführt, wie sie an den Grenzen jedes souveränen Staates üblich ist.«[50] Das Grenzsystem und damit auch die Kontrolle waren und blieben aber nicht solche, wie sie an der Grenze jedes souveränen Staates üblich waren. Das ergab sich nicht nur aus dem besonderen Charakter einer Grenze, die mitten durch eine Millionenstadt verlief. Das Grundübel bestand darin, daß nach der in der konkreten Situation unausweichlichen und legitimen Maßnahme nicht recht bald eine überprüfbare gesetzliche Regelung für das Verlassen der DDR getroffen wurde.

Das Grenzregime wurde zudem – in Abstimmung mit Moskau – in einer Weise gehandhabt, die der DDR selbst, aber auch dem Entspannungsprozeß schadete. Die Toten an der Mauer bleiben ein Kainsmal. Die Führung der DDR erwies sich als unfähig, die Grenze mit mehr Normalität zu gestalten. Sie war die sensibelste Trennlinie zwischen zwei hochgerüsteten Militärblöcken. Die Berliner Mauer blieb trotz aller Bestrebungen, tragische Zwischenfälle zu vermeiden, die größte Belastung für den deutschen Staat, der sich als ein antifaschistischer, demokratischer und sozialistischer bezeichnete.

Auch nach meiner heutigen Überzeugung gab es angesichts der Situation Anfang der 60er Jahre keine andere gangbare Alternative für den Warschauer Vertrag als diese Grenzsicherung und die damit verbundene rigorose Abschottung der DDR.

Der 13. August 1961 war eine Zäsur in der Nachkriegsgeschichte. Der Schritt trug zur Stabilisierung der DDR und zur Entspannung in Europa bei. Aber bei allem Respekt für die Weltpolitik: Mein Wechsel zum Deutschen Institut für Zeitgeschichte (DIZ) empfand ich im Spätsommer 1961 als einen größeren Einschnitt in meinem Leben. Mit Prof. Walter Bartel, dem Institutsdirektor, verstand ich mich von Anfang an gut. Als sein Stellvertreter war ich vor allem für die Forschungstätigkeit des Instituts verantwortlich. Sie sollte beträchtlich erweitert werden.

Nach einigen Monaten legte sich jedoch ein Schatten auf die Beziehungen zu meinem Chef. Bartel wurde vorgeworfen, daß er wegen seiner Vorlesungstätigkeit an der Humboldt-Universität die Institutsarbeit vernachlässige. Die Vorhaltung diente nur einem Zweck: Man wollte ihn als Direktor loswerden. Die eigentlichen Gründe wurden nie benannt. Später erfuhr ich lediglich, daß bereits meine Berufung an das DIZ mit der Erwartung verbunden gewesen wäre, Walter Bartel nach einer Übergangszeit von seiner Funktion als Direktor zu entbinden.

Leider entstand bei Walter zunächst der – unbegründete – Verdacht, daß ich dahinter stecken könnte. Es dauerte geraume Zeit, bis sich unser Verhältnis wieder normalisierte. Unsere aufrichtige Freundschaft, die vom gemeinsamen Streben nach einer lebensbejahenden und zukunftsorientierten sozialistischen Gesellschaft geprägt war, währte dann bis zu Walters Tode zu Beginn der 90er Jahre.

Im Deutschen Institut für Zeitgeschichte arbeiteten damals etwa 150 Mitarbeiter. Nur wenige verfügten über ein abgeschlossenes Hochschulstudium. Uns wurden Mittel bewilligt, weitere Absolventen von Universitäten zu gewinnen.

Direktor und Professor

Mit 38 Jahren berief mich der Staatssekretär für das Hochschulwesen zum Professor für Zeitgeschichte. Seit Beginn meiner wissenschaftlichen Tätigkeit war weniger als ein Jahrzehnt vergangen. Eine recht kurze Zeitspanne. Viele Naturwissenschaftler, so Mathematiker und Physiker, erreichten den Höhepunkt ihrer Leistungen eher. Doch als Historiker mußte man Wissen akkumulieren. Mit Lebenserfahrung ließ sich nicht alles kompensieren.

Ich beabsichtigte, das Deutsche Institut für Zeitgeschichte zu einer Forschungseinrichtung zu entwickeln, die sich primär der jüngsten deutschen Geschichte zuwandte. Zugleich sollte unser Augenmerk der Analyse der aktuellen weltgeschichtlichen Vorgänge gelten. Dabei würden wir uns auf Europa beschränken müssen. Diese Konzeption fand die Zustimmung der Mitarbeiter und jener Stellen, die uns die erforderlichen Mittel bewilligten

Die Auskünfte und Analysen des DIZ stießen auf großes Interesse – auch in der politischen Führung der DDR. Das erleichterte zweifellos die Bemühungen zum personellen Ausbau des Instituts und zur finanziellen Absicherung. Nach heutigem Sprachgebrauch hatten wir eine Nische im Bereich der Gesellschaftswissenschaften besetzt.

In der DDR gab es für alle Einrichtungen ein doppeltes Unterstellungsverhältnis. Über ihre finanziellen Mittel entschieden entsprechende Ministerien oder andere staatliche Behörden. Sie hatten auch in inhaltlicher Hinsicht, so zur Planung der Produktion oder der Forschungsarbeit, Weisungsrecht.

Zugleich aber übten übergeordnete Parteileitungen einen entscheidenden Einfluß aus. Bei der Auswahl der leitenden Kader, oft auch bei inhaltlichen Vorgaben, besaßen sie das letzte Wort. Das Staatssekretariat für Hochschulfragen bestätigte unser Budget und mischte sich sonst nicht in die Arbeit des Instituts ein.

Das übliche Unterstellungsverhältnis unter die Partei wies auch einige Besonderheiten auf. An uns trugen Mitglieder der Parteiführung der SED Wünsche heran. Sie erbaten Auskünfte, Dokumentationen, auch analytische Untersuchungen. Die Folge war, daß sich die Abteilung Wissenschaften im ZK in die unmittelbare Arbeit des Instituts wenig einmischte. Mit der Berliner Bezirksleitung der SED bestanden nur ganz lose Kontakte. Soviel Selbständigkeit konnte kaum eine Forschungseinrichtung in der DDR aufweisen.

Auch bei anderen Einrichtungen, die stärker einer Einflußnahme und Kontrolle übergeordneter Behörden unterlagen, handelte es sich nicht um einen Befehlsempfang, wie das heute behauptet wird. Blinder Gehorsam war nicht erwünscht. Die Losung »Arbeite mit, plane mit, regiere mit!« war auf betrieblicher Ebene, auch in den wissenschaftlichen Einrichtungen, durchaus Realität. Nicht jedoch in der große Politik. Da blieb diese Forderung Phrase.

Nach dem 13. August 1961 hatten sich nach meiner Vorstellung neue Chancen für eine Lösung der deutschen Frage ergeben. Aufmerksam verfolgten wir im DIZ alle Anzeichen für neues Denken bei Politikern in der BRD und in anderen Staaten, auch wenn unverändert ein primitiver Antikommunismus im Westen dominierte.

Die KPdSU hatte auf ihrem XXII. Parteitag im Oktober 1961 eindeutig alle grundsätzlichen Beschlüsse von 1956 bestätigt. Das galt für die Innen- wie Außenpolitik, nicht zuletzt die Kritik am Stalin-Kult und den Entartungen in den vergangenen Jahrzehnten. Es gab neue Orientierungen für die Vertiefung der sozialistischen Demokratie und für mehr Eigenständigkeit der einzelnen Regionen wie der Betriebe. Aufsehen erregte, daß im neuen Parteiprogramm für das Land der Übergang zum Kommunismus proklamiert wurde.

Damals hielt ich eine solche Proklamation für begründet und richtig. Doch schon bald begriff ich, daß sie in die Irre führte. Mehr als abenteuerlich mußte sich das Versprechen erweisen, die neue Stufe der gesellschaftlichen Entwicklung bereits in zwei Jahrzehnten zu erreichen und 1980 die USA in der Bruttoproduktion zu übertreffen.

Im Sommer 1962 nahm ich erstmals als Gast an einer Plenartagung des Zentralkomitees der SED teil. Auf ihr wurde der Entwurf eines umfänglichen Grundrisses zur Geschichte der deutschen Arbeiterbewegung verabschiedet. Ich hielt es für gerechtfertigt, wenn eine Partei, die sich zu den über hundertjährigen Traditionen der deutschen Arbeiterbewegung bekannte, ihre Sicht darauf veröffentlichte. Die Einladung zu dieser Tagung nutzte ich, um einige mich bewegende Probleme zur Diskussion zu stellen. In einem vorbereiteten Beitrag, den ich vorher niemanden gezeigt hatte, setzte ich mich für die Belange der Zeitgeschichte ein. Seit 1945 seien im Osten Deutschlands Erkenntnisse gewonnen worden, die auch international Beachtung finden dürften. Das gelte für die antifaschistisch-demokratische Umwälzung wie für den Beginn einer sozialistischen Transformation auf dem Territorium eines entwickelten kapitalistischen Industriestaates. Wir hätten damit – wie auch in unserer gesamtdeutschen Politik – manches zur internationalen Theorie und Praxis des Sozialismus beigesteuert.

So nahm ich die Gelegenheit wahr, mich vor diesem hohen Gremium für die Interessen des DIZ und seines weiteren Ausbaus einzusetzen. Dem Institut wurde Unterstützung bei seinem weiteren Ausbau zu einer aussagekräftigen Forschungseinrichtung zugesagt.

Schwierigkeiten ergaben sich dann vor allem aus dem Mangel an qualifizierten Kräften, die wir einstellen wollten. Später kamen finanzielle Engpässe hinzu. Der Stellenwert des Instituts im wissenschaftlichen Leben der DDR erhöhte sich dennoch merklich. Dazu trug auch der Ausbau unserer internationalen Kontakte bei.

Zwei private Reisen hatten auf ihre Art meinen Horizont erweitert. Gemeinsam mit meiner Mutter besuchte ich ihre Geburtsstadt Kolberg. Die Kriegszerstörungen waren noch überall sichtbar, wenn auch das Leben in Kolobrzeg, wie die Stadt jetzt hieß, wieder pulsierte. Von der Innenstadt waren nur einige Ruinen übrig geblieben. Auch vom Haus meiner Großeltern stand kein Stein mehr. Nur am Bürgersteig und der Einfassung für die Auffahrt konnten wir erkennen, wo das Haus gestanden haben könnte.

Nicht nur für mich war diese Fahrt eine Reise in eine abgeschlossene Vergangenheit. »Unser« Kolberg gab es seit Jahrzehnten nicht mehr, es lebte nur in unserem Gedächtnis weiter. Die Grenze an Oder und Neiße war die Folge des Zweiten Weltkriegs, eine Realität, an der nicht zu rütteln war. Deshalb hielt ich die Haltung der DDR zu dieser Grenze für richtig. Sie war zukunftsorientiert, während die BRD an der Vergangenheit festhielt.

Etwas später unternahmen wir eine private Auslandsreise in die Tschechoslowakei. In dieser Zeit entstanden enge herzliche Beziehungen zwischen unserer Familie und einem Ehepaar in Prag. Milan Otahal und seine Frau Ljuba waren am Historischen Institut der Akademie der Wissenschaften tätig und befaßten sich vorrangig mit zeitgeschichtlichen Problemen. Gemeinsam mit ihnen unternahmen wir mit unserem Auto eine Rundreise durch weite Teile Böhmens. Auffällig war der zur DDR höhere Lebensstandard. Die Menschen waren nach unserem Eindruck auf die Erfolge des von ihnen eigenständig und wirklich demokratisch gewählten sozialistischen Weges stolz.

Meine Gesprächspartner in Prag, von denen viele später zu den aktiven Mitstreitern von Alexander Dubcek gehörten, äußerten sich kritisch zu Problemen, die sich aus dem Festhalten der Parteiführung an alten Vorstellungen und einer inkonsequenten Haltung zu einer Übernahme der Schlußfolgerungen des XX. Parteitages der KPdSU ergaben. Einiges fiel auch mir auf. So war ich verwundert, daß hoch über der Moldau noch immer ein überdimensionales Stalin-Monument stand.

Einige Gedanken über neue Erfahrungen, die sich aus der Entwicklung in der DDR ergaben, trug ich einige Monate später auf einer Tagung in Prag vor. Die Redaktion der internationalen Zeitschrift »Probleme des Friedens und des Sozialismus« hatte zu einem Meinungsaustausch eingeladen, bei dem vor allem drei Problemkreise behandelt wurden: der Kampf um Demokratie als Bestandteil des Kampfes um den Sozialismus – Freiheit und Menschenrechte im modernen ideologischen Kampf – die sozialistische Demokratie in ihrer Realität und ihre Perspektiven.

Ich äußerte mich zum ersten und zum letzten Thema. Meine Darlegungen wurden vor allem bei den Teilnehmern aus Italien, Frankreich, Finnland und Spanien mit großem Interesse aufgenommen. Wissenschaftler aus der Sowjetunion und einigen volksdemokratischen Ländern bezeichneten sie ebenfalls als Anregung zum weiteren Nachdenken. Damit will ich diesen Beitrag nicht überschätzen. Er widerspiegelte lediglich die damalige Situation in der kommunistischen Weltbewegung. Undogmatische Diskussionen über herangereifte Fragen standen damals durchaus auf der Tagesordnung.

Zu einer wirklichen Modernisierung der Theorie und der Praxis des Sozialismus indes reichten sie nicht aus. Manche, so auch ich, waren dazu wohl nicht reif genug oder fürchteten negative Folgen, wenn sie zu rigoros in ihren Forderungen wurden. Andere waren einfach nur opportunistisch und wiederholten die jeweils herrschende Meinung, wie sie ihre Obrigkeit formuliert hatte.

Anfang 1963 nahm ich als Gast an den Beratungen des VI. Parteitages der SED teil. Er unterschied sich äußerlich wie auch in der ganzen Regie nicht von anderen Parteitagen. Es gab keine Überraschungen bei den Diskussionsbeiträgen und schon gar nicht bei den Wahlen. Die waren zwar geheim, doch die Kandidaten waren vorher von der bisherigen Parteiführung bestätigt worden. Etwas anderes hatte ich nicht erwartet. Heute meine ich, daß es bei jeder innerparteilichen Entscheidung, auch bei Wahlen, eine gesunde Mischung zwischen durchdachten Überlegungen der Leitungen und spontanen Willensäußerungen aus der Basis geben sollte.

Trotzdem hinterließ der VI. Parteitag bei mir den besten Eindruck von allen Parteitagen der SED, die ich je erlebte. Er beschloß ein neues Programm, das an die Stelle des 1946 auf dem Vereinigungsparteitag angenommenen trat. Es orientierte darauf, daß die Errichtung des Sozialismus einen längeren Zeitraum beanspruchen werde. Allein dadurch unterschied sich das SED-Programm vom Programm der KPdSU und dem realen sowjetischen Politikmodell. Darüber hinaus entwickelte Walter Ulbricht Überlegungen über die Notwendigkeit eines neuen ökonomischen Systems der Planung und Leitung der Volkswirtschaft (NÖSPL). Es sollte sich beträchtlich von dem unterscheiden, was bisher in allen sozialistischen Staaten praktiziert wurde. Alles lief auf eine Mixtur von gesamtstaatlicher Planung und marktwirtschaftlichem Wettbewerb hinaus.

Nach meinem Eindruck stellte das NÖSPL – dieses unschöne Kürzel setzte sich sehr schnell durch – ein Novum im kommunistischen Denken dar. Dabei knüpfte es in mancher Hinsicht an die von Lenin nach dem Bürgerkrieg entwickelten Grundsätze der Neuen Ökonomischen Politik (NÖP) an. Obgleich wichtige Details der gesellschaftlichen Konzeption nicht genügend durchdacht schienen, förderte deren Umsetzung die wirtschaftliche und damit auch politische Stabilität der DDR.

Einen nachhaltigen Eindruck bei mir hinterließ die Ansprache Nikita Chruschtschows auf dem VI. Parteitag. Wie immer sprach er sehr emotional, eben ganz anders, als man das von den führenden Funktionären, ob in der Sowjetunion oder in der DDR, gewöhnt war. Abweichend von seinem vorbereiteten Redetext verwies er eindringlich darauf, daß die neue sozialistische Gesellschaft ihre historische Berechtigung und ihre Volksverbundenheit nicht nur durch ihre konsequente Friedenspolitik und ihre moralischen Werte beweisen müsse, sondern auch durch die Verbesserung der Lebensumstände der Menschen. Harte Anstrengungen zu einer Steigerung der Arbeitsproduktivität seien deshalb eine unverzichtbare Anforderung an alle sozialistischen Staaten. Mancher Arbeiter fragt doch nicht grundlos: Was verdient eigentlich der Fritz in der DDR, und wie hoch ist der Lohn von Fritz, der im Westen arbeitet? Danach beurteilt er, wo es den Menschen besser und wo es ihnen schlechter geht.

Chruschtschow erhielt viel Beifall – er hatte den Nerv der Delegierten getroffen. Es galt bis dato als unschicklich, solche Vergleiche anzustellen. Selbst der Gedanke war unstatthaft, es könnte in der Bundesrepublik irgendetwas besser sein als in der DDR.

Mein langjähriger Freund Werner Eberlein, der als Sohn eines »Volksfeindes« acht Jahre in sibirischer Verbannung verbringen mußte, übersetzte als anerkannter Dolmetscher auch diese Bemerkung politisch korrekt. Angesichts der Tatsache, daß »Fritz« ein Schimpfwort für Deutsche war – analog dem »Iwan« auf deutscher Seite, machte er aus dem DDR-Arbeiter »Hans« und nur der BRD-Arbeiter hieß »Fritz«. Diese Version ging in den später gedruckten Text ein, darunter die russische Ausgabe der Reden von Chruschtschow.

Nicht alles, was Nikita Chruschtschow in seinen oft sehr langen Reden von sich gab, in denen er oft vom vorbereiteten Text abwich, war durchdacht. Das galt auch für manche praktische Entscheidung, die von ihm eigenmächtig getroffen und von der ganzen Führung ohne Widerspruch hingenommen wurde. Das konnte nicht gut gehen. Doch meine Einstellung zu Chruschtschow war damals eine andere. Ich begrüßte die Offenheit, mit der er brennende Probleme benannte. Sein burschikoser Führungsstil, auch manche ungehobelte Tirade waren bestens geeignet, Starre und Trägheit zu überwinden. Besonders deutlich wurde auf dem VI. SED-Parteitag die Forderung nach einer Vertiefung des sich zaghaft durchsetzenden Entspannungsprozesses betont. Dazu gehörte das Bekenntnis, an der Überwindung der Spaltung Deutschlands festzuhalten und zunächst eine Konföderation der beiden deutschen Staaten anzustreben.

Es sollte zunächst ein Abkommen der Vernunft und des guten Willens zwischen Berlin und Bonn abgeschlossen werden, um wirtschaftliche, kulturelle, sportliche und andere Beziehungen zwischen den Bürgern der beiden deutschen Staaten zu erleichtern und zu fördern. Die Vorschläge blieben wie alle vorangegangenen unbeantwortet. Nach wie vor lehnte die Regierung der Bundesrepublik jegliche Verhandlungen mit der DDR ab.

Der internationale Entspannungsprozeß mußte weiter Priorität haben. Wie dicht die Welt noch immer am Rand eines großen Krieges stand, hatte nachdrücklich die Kuba-Krise im Herbst des Vorjahres gezeigt. Die Entschärfung dieser Krise erfolgte buchstäblich in letzter Stunde, als Kennedy und Chruschtschow zu einem Kompromiß fanden. Die USA erkannten de facto die Unabhängigkeit eines sozialistischen Kubas an. Beide Mächte zogen ihre Atomraketen aus den Stützpunkten ab, die in der Nähe der USA bzw. der UdSSR gelegen waren. Das war eine Sternstunde des 20. Jahrhunderts, ein Triumph der Vernunft über den Kalten Krieg, wie ich das ausführlich zwei Jahrzehnte später in einer gemeinsam mit Franz Köhler verfaßten populärwissenschaftlichen Publikation beschrieb.[51]

Ein Autorenkollektiv unter Leitung von Walter Ulbricht, dem auch ich angehörte, nahm damals eine mehrbändige »Geschichte der deutschen Arbeiterbewegung« in Angriff. Da sich diese Arbeit über mehrere Jahre hinziehen sollte, kam mir der Gedanke, eine kurze Geschichte der DDR einschließlich ihrer unmittelbaren Vorgeschichte von 1945 bis 1949 vorzulegen. Das Buch wurde umfänglicher als zunächst gedacht. Es erschien am Vorabend des 15. Jahrestags der Gründung der DDR im Herbst 1964 und war trotz der durchaus nicht geringen Auflage sehr schnell vergriffen. Es ist in der damals üblichen Sprache, auch unter Verwendung gängiger Klischees, verfaßt. Manche Bewertungen besaßen Züge des auch von mir mitgetragenen Zeitgeistes, einige Aussagen hielten späteren Überprüfungen nicht stand. Trotzdem stehe ich grundsätzlich zum Inhalt des Buches, auch den Ergänzungen und Präzisierungen, die ich bei weiteren Auflagen vornahm. Die Publikation der »Kurzen Geschichte der DDR« entsprang meiner Initiative. Im Institut unterstützten mich meine Kollegen, im Dietz Verlag gute Lektoren. Mir wurden keine Bedingungen gestellt, die ich als eine Art Zensur hätte betrachten müssen. Damals war es durchaus Usus, daß man Autoren von wissenschaftlichen oder belletristischen Arbeiten Korrekturen, Streichungen oder Ergänzungen aufnötigte. Mein Manuskript erschien so, wie ich es wollte.

Damit hafte ich auch für Irrtümer, die sich aus dem damaligen Kenntnisstand erklären lassen. Das Buch fand ein positives Echo unter Rezensenten aus der DDR wie aus anderen Ländern. In Medien der Bundesrepublik wurde es als offiziöse Darstellung gewertet und verrissen. Einige Kritikaster bezeichneten mich sogar als »Chefhistoriker« der DDR, was ich nie war und auch mit meiner Darstellung der Geschichte der DDR nicht beabsichtigt hatte.

Blick über den deutschen Tellerrand

Anfang 1964 erhielt ich eine Einladung der Universität von Groningen. Ich sollte an einem Meinungsaustausch unter Wissenschaftlern zur deutschen Frage teilnehmen. Ich mußte zu diesem Zweck eine von den Besatzungsmächten der USA, Großbritanniens und Frankreich separat gegründete Behörde aufsuchen, die sich noch immer anmaßte, Deutschen aus der »Zone« eine Reise ins westliche Ausland zu gestatten oder eben nicht. Sie war in Westberlin, im Gebäude des ehemaligen Kontrollrats untergebracht. Ich füllte ein langes Formular mit ausführlichen Angaben zur Person und zum Reisezweck aus. Nach einigen Wochen sollte ich wiederkommen. Diesmal erhielt ich den lakonischen Bescheid, daß mir die Reise in die Niederlande untersagt sei. Auf meine Nachfrage, was die Behörde gegen wissenschaftliche Kontakte habe, hieß es, daß ich angeblich ein Berater Ulbrichts sei. Das wäre doch ein ausreichender Grund.

Ich bat ihn, mir dies schriftlich zu geben. Vielleicht könnte ich dann Honorar für eine nicht geleistete Tätigkeit einfordern, fügte ich hinzu. Das Ersuchen war natürlich vergebens. Der Universität in Groningen teilte ich mit, daß die Besatzungsbehörde in Westberlin, obwohl sie für Reisen von Bürgern der DDR und für die Genehmigung von Einladungen niederländischer Universitäten nicht zuständig sei, meine Teilnahme an der Tagung verhindert habe.

Anfang 1965 wurde mir vom Deutschen Friedensrat vorgeschlagen, an einer Veranstaltung des Bundes der Deutschen teilzunehmen. Dieser westdeutschen Organisation gehörten vornehmlich Vertreter des Bürgertums an, die für die demokratische Wiedervereinigung Deutschlands sowie den internationalen Entspannungsprozeß eintraten. Der Deutsche Friedensrat war 1949 auf Initiative prominenter Intellektueller in Berlin gegründet worden und genoß auch im Ausland hohes Ansehen. Dem Führungsgremium gehörten neben anderen der Rektor der Humboldt-Universität, Prof. Friedrich, die Schriftstellerin Anna Seghers und der Wirtschaftswissenschaftler Jürgen Kuczynski an. Erstmals reiste ich in die Bundesrepublik – mit einem »Interzonenpaß«, der von der Volkspolizei der DDR ausgestellt worden war. Ich besuchte Frankfurt am Main, Wiesbaden und Gießen und fand bei den Gesprächen viele Gemeinsamkeiten im Denken wie auch neue Anregungen. Deshalb bestärkte mich die Reise in der Auffassung, daß es trotz der so unterschiedlichen, ja konfrontativen Positionen beider Staaten unter den Intellektuellen nicht wenig Verbindendes gab.

Im Auftrag des Deutschen Friedensrats fuhr ich etwas später auch nach Wien. Dort hatten seit einigen Jahren der Weltfriedensrat, an dessen Spitze als Präsident zunächst der weltbekannte französische Atomforscher Frédéric Joliot-Curie stand, sowie das von der Weltfriedensbewegung gegründete Internationale Institut für den Frieden ihren Sitz. Später zog der Weltfriedensrat nach Helsinki, während das Friedensinstitut in Wien verblieb.

Ich traf Wissenschaftler aus verschiedenen Ländern, auch den englischen Physiker John D. Bernal, der die Nachfolge von Joliot-Curie angetreten hatte, sowie den Generalsekretär des Weltfriedensrats, den Inder Romesh Chandra. Bei der Beratung ging es vor allem um eine Aktivierung der Institutsarbeit, insbesondere um die Gewinnung weiterer Politologen aus europäischen Ländern.

Es wurde ein Wissenschaftlicher Beirat des Friedensinstituts gebildet, für den Vertreter von Universitäten und anderen Forschungseinrichtungen aus zahlreichen Ländern gewonnen wurden. Man wählte mich in diesen Beirat und etwas später zum Vorsitzenden. Die Leitung der organisatorischen Arbeit des Instituts lag bei Vertretern aus Österreich und einem Delegierten des Weltfriedensrats, der sich in Wien zur ständigen Mitarbeit aufhielt. Mit beiden wie auch mit anderen wissenschaftlichen und technischen Mitarbeitern pflegte ich in den kommenden Jahren ein kameradschaftliches Verhältnis.

Diese Tätigkeit erweiterte wesentlich meinen Horizont. Vor allem begriff ich besser die Denkweisen jener, die an den sogenannten westlichen Werten festhielten und deshalb die Gesellschaftsordnung in ihren Ländern einer sozialistischen vorzogen. Ich gewann mehr Verständnis für ihren Sorgen, die sie gegenüber der Politik der Sowjetunion und ihrer Verbündeten zuweilen artikulierten.

Ich versuchte diese zu entkräften, zog mich aber oft auf die Position zurück, daß gerade das gegenseitige Mißtrauen, berechtigt oder nicht, den offenen Meinungsaustausch und das konstruktive Bemühen nicht verhindern dürfte.

Österreich war ein neutraler Staat und hielt sich deshalb nicht an die merkwürdigen und völkerrechtswidrigen Vorschriften der separaten Besatzungsbehörde in Westberlin. Ich konnte mit einem normalen Reisepaß der DDR einreisen. An der Grenze gab es keine Nachfrage nach dem Reisezweck. Auch bei Gesprächen, ob im Hotel oder in Geschäften, traf ich nicht auf solche Vorbehalte, wie ich sie in Westdeutschland mitunter gespürt hatte. Natürlich erkannte man mich sofort als Nichtösterreicher. Ich war »Reichsdeutscher« oder »Preuße«. Niemand aber fragte mich mitleidig, wie es denn einem »Zonenbewohner« gehe unter der »Russenherrschaft«, wie es in Frankfurt und Wiesbaden geschehen war.

Ich beobachtete einen geringeren amerikanischen Einfluß als in der BRD. In der Regel trugen die Österreicher die Neutralität ihres Staates demonstrativ zur Schau, indem sie zu den USA und zu den UdSSR gleichermaßen auf Distanz gingen. Allerdings übersah ich auch nicht, wie stark man die eigene Vergangenheit verdrängt hatte. Die Euphorie bei der »Heimkehr der Ostmark« ins Dritte Reich war so vergessen wie die Mitwirkung bei der Judenverfolgung und den Aggressionskriegen.

Dennoch fühlte ich mich in Wien nicht so fremd wie etwa in Westdeutschland. Das lag auch an den erkennbar slawischen Einflüssen.

Für den Blick über den deutschen Tellerrand sorgte auch meine Mitarbeit in der Ständigen Kommission von Forschungseinrichtungen sozialistischer Länder zu Fragen der europäischen Sicherheit. Sie konstituierte sich auf einem Treffen von Wissenschaftlern der Sowjetunion, der Tschechoslowakei, Polens und der DDR Anfang 1962 in Prag. Später schlossen sich Vertreter entsprechender Institute in Ungarn und Bulgarien an. Federführend für die Mitarbeit von Wissenschaftlern der DDR war das Deutsche Institut für Zeitgeschichte. So wurde ich einer der Ko-Vorsitzenden dieser Kommission.

1964 hielten wir in Berlin ein von der Kommission einberufenes internationales Kolloquium ab. Es beschäftigte sich mit der von der NATO angestrebten multilateralen Atomstreitmacht und den dadurch erwachsenden Gefahren für die europäische Sicherheit. Die Bundesrepublik strebte emsig nach atomaren Waffen oder zumindest nach Verfügungsgewalt über sie. In meinem Referat auf dem Kolloquium wies ich anhand von offiziellen Veröffentlichungen der Bundesregierung darauf hin. So hatte Franz-Josef Strauß als Minister für Verteidigung bereits im November 1961 seine Forderung mit der Behauptung begründet, »daß Eigentum und Verfügungsgewalt über Kernwaffen zum Symbol, ja zum Charakteristikum, zum bestimmenden Kriterium der Souveränität zu werden, sich anschicken«.[52] Im Oktober 1964 erklärte Ludwig Erhard, der Konrad Adenauer als Bundeskanzler abgelöst hatte, bis zum Jahresende solle das Abkommen über eine multilaterale Atomstreitmacht fertiggestellt sein. Die Bundesrepublik sollte gleichberechtigt in die Verfügungsgewalt einbezogen, die Bundeswehr mit atomaren Sprengköpfen und Trägermitteln ausgerüstet werden. Mit dem Präsidenten der USA gebe es nach Erhards Darlegung hierüber eine Vereinbarung.

Die Situation war auch deshalb bedrohlich, weil die Regierung der Bundesrepublik nach wie vor sich weigerte, die Ergebnisse des Zweiten Weltkriegs anzuerkennen. Führende Militärs, aber auch Politiker vertraten zudem die Meinung, daß im Falle eines Konflikts ein nuklearer Angriff zu einem relativ frühen Zeitpunkt erfolgen müsse, da die Bundesrepublik zu einer längeren konventionellen Kriegführung nicht imstande sei. Heute klingt das alles mehr als abenteuerlich. Doch ergab sich gerade aus dem ganzen Umfeld, in dem das Pokerspiel um die Durchsetzung einer geeigneten Variante, mit der auch die BRD zu einer Atommacht werden sollte, ablief, die dringliche Notwendigkeit, die Materialien des Kolloquiums so schnell wie möglich zu veröffentlichen.[53]

Ohne die Bedeutung dieses Kolloquiums zu überschätzen, trugen die Wissenschaftler mit ihren Darlegungen mit dazu bei, daß die herrschenden Kreise der BRD ihre Ambitionen aufgaben.

Das Berliner Kolloquium war eine außergewöhnliche Veranstaltung der Kommission. Ihre jährlichen Tagungen widmeten sich ansonsten einem mehr internen Meinungsaustausch über aktuelle Probleme der internationalen Beziehungen sowie methodischen Fragen der außenpolitischen Forschung. Sie gaben stets auch die Möglichkeit mit Wissenschaftlern anderer Institute am jeweiligen Tagungsort zusammenzukommen.

Aus Köln hatte ich eine Einladung erhalten, an der dortigen Universität und vorher an der Universität Freiburg vor Studenten und

Dozenten zu aktuellen Problemen der deutschen Frage und der europäischen Sicherheit zu sprechen. Die Kenntnis der Zuhörer über die DDR und ihre Politik erwies sich als mangelhaft. Veranstaltungen in der DDR hatten mich davon überzeugt, daß man dort nicht so unwissend über die Politik wie das Leben der Menschen im anderen deutschen Staat war.

An der Kölner Universität füllten bis zu tausend Teilnehmer den großen Saal. Mit diesem großen Andrang für einen Redner aus der DDR hatte ich nicht gerechnet. Doch solche Veranstaltungen genossen damals noch Seltenheitswert. Nach meinen Ausführungen gab es viele Anfragen. Meist waren es sachliche, die es ermöglichten, detaillierter auf einige Fragen einzugehen oder Mißverständnisse auszuräumen. Es gab auch polemische Zwischenrufe. Ein nicht mehr ganz junger Student, der den meisten im Saal als aktives Mitglied der NPD bekannt war, beschuldigte mich laut der Lüge. Ich hätte erklärt, daß die Repräsentanten der Siegermächte bereits 1945 einer neuen Grenzziehung im Osten zugestimmt hätten, da im Potsdamer Abkommen von den »früher deutschen Gebieten« östlich von Oder und Neiße gesprochen werde und dieses auch einen gesonderten Abschnitt über die Ausweisung Deutscher aus Polen wie aus der Tschechoslowakei und Ungarn enthalte. Er bot mir eine Wette über 100 Mark an. Ich nahm sie an. Aus dem Saal rief es: Ostmark oder Westmark? Ich antwortete: In Köln gilt wohl nur eine Währung. (Ich hatte keine 100 DM, war mir aber sicher, die Wette zu gewinnen.) Der Herausforderer kam nach geraumer Zeit zurück und gab kleinlaut zu, daß ich das Potsdamer Abkommen richtig zitiert habe. Es stehe wörtlich so in der offiziellen Verlautbarung des Alliierten Kontrollrats.[54]

Es folgte brausender Beifall. Der Neonazi war unbeliebt.

Auf die 100 DM verzichtete ich generös. Ich hätte als Zeithistoriker keinen Zweifel an der Richtigkeit des Zitats gehabt und wolle nicht aus einer risikolosen Wette profitieren, erklärte ich.

Die Veranstaltung in Köln bekräftigte meinen Eindruck, daß damals zunehmende neonazistische Umtriebe deutlich zurückgewiesen wurden und sich zugleich ein neues Herangehen an die »deutsche Frage« abzeichnete. In der offiziellen Politik der BRD verstand man unter ihrer Lösung nach wie vor den Anschluß der DDR. In der DDR dagegen wurde die »deutsche Frage« als Element der europäischen Sicherheit betrachtet, die auch die Akzeptanz von real bestehenden zwei deutschen Staaten einschloß. Nur das wäre eine Voraussetzung für die Überwindung der Spaltung.

Die SED-Führung hatte einen Redneraustausch mit der SPD angeregt. Es war nicht der erste Versuch, das Nicht-Verhältnis zwischen den beiden Parteien zu entkrampfen und zu normalen Umgangsformen zu kommen. Die SPD reagierte positiv.

In Berlin nahm ich an einer Beratung des Politbüros mit Wissenschaftlern und Journalisten teil. Die Ausführungen Walter Ulbrichts wie auch andere Diskussionsbeiträge bestärkten mich in der Auffassung, daß das Angebot der SED-Führung an die SPD zu einem Redneraustausch im Unterschied zu vorangegangenen Offerten ernst gemeint war. Obwohl einige Bedenken anmeldeten und in üblicher Manier meinten, daß man sozialdemokratischen Politikern nicht trauen dürfe, war die Mehrheit der Anwesenden erkennbar für einen solchen Schritt.

Auf dieser Beratung äußerte sich Ulbricht auch zur Wirtschaftspolitik in der DDR. Gefragt seien Pionierleistungen, um international wettbewerbsfähig zu werden. Forschung und Industrie der DDR seien dazu auf Einzelgebieten fähig. Dabei fiel sein später so bekannt gewordener Appell »Überholen ohne einzuholen!« Das dürfe aber keine allgemeine Losung werden, da es sich ja nur um einzelne Spitzenleistungen handeln könne. Doch sofort meldeten sich einige, die diesen Ausspruch überschwenglich als kluge Formulierung lobten. Ulbricht muß das imponiert haben.

Je näher der in Aussicht genommene Redneraustausch rückte, desto kälter wurden die Füße in Berlin und Bonn. Zumal damit in beiden Parteien und Staaten bestimmte Erwartungen und Hoffnungen verbunden waren.

Auf Bitte der Redaktion des »Neuen Deutschland« nahm ich zu einigen Grundaussagen der SPD-Führung Stellung. Nachdem ich den Beitrag übergeben hatte, erhielt ich die Aufforderung, mich bei Walter Ulbricht im ZK zu melden. Der Erste Sekretär eröffnete mir, daß er »den Entwurf« meines Beitrages gelesen habe und ihn für gut halte. Er möchte mir jedoch eine Ergänzung vorschlagen. Mich beeindruckte, wie präzise dieser Einfügung formuliert worden war, die mir Ulbricht mündlich vortrug. Bei vergleichbaren »Ergänzungen« durch andere führende Funktionäre hatte ich eine solche inhaltliche Adaption an den Grundtext noch nie erlebt. Der Beitrag befaßte sich vor allem mit dem von der SED angestrebten Ziel eines blockfreien Deutschlands und dem 1960 von der SPD gefaßten Beschluß, die früher verweigerte Zustimmung zur NATO-Mitgliedschaft zu korrigieren. Die DDR hatte bereits 1955 bei ihrer Aufnahme in den Warschauer Vertrag schriftlich erklärt, daß sie nicht erst bei einer deutschen Wiedervereinigung aus dem Militärpakt austrete, sondern schon dann, wenn sich reale Chancen für die Überwindung der Spaltung ergeben sollten. Die SPD hatte ihre Haltung von 1960 nicht revidiert, entzog sich aber einer klaren Aussage zu diesem Thema.

Ulbricht erläuterte mir, weshalb der angestrebte Dialog zum gegenwärtigen Zeitpunkt nicht nur aus diesem Grund wohl kaum möglich sei. Doch die Bereitschaft sei gewachsen. Man müsse an der Idee festhalten, Kontakte zwischen SED und SPD herzustellen. Ich hatte damals den Eindruck, daß Ulbricht sich aufrichtig, wenn auch nicht bedingungslos um einen Neubeginn im Verhältnis zwischen SED und SPD bemühte.

Der Redneraustausch scheiterte schließlich mit der Begründung, daß der Bundestag ein auch von der SPD initiiertes Gesetz über die »befristete Freistellung von der deutschen Gerichtsbarkeit« angenommen hatte, mit dem die Redner aus der DDR einmalig und als Ausnahme freies Geleit erhalten sollten. Das kam einer Anerkennung der Alleinvertretungsanmaßung in ihrer wohl schlimmsten Ausdeutung gleich, bedeutete doch diese Sonderregelung, daß in der Regel jede in der DDR vollzogene politische Handlung durch Gesetze der Bundesrepublik verurteilt werden könnte. Die Redner aus der DDR galten mithin als Straftäter, denen nur ausnahmsweise freies Geleit zugestanden werden sollte. Dieses Gesetz des Bundestages war nicht hinnehmbar. Trotzdem war dieses »Handschellengesetz«, wie es zutreffend tituliert wurde, ein für beide Seiten willkommener Grund, ohne Gesichtsverlust den geplanten Redneraustausch in Hannover und Karl-Marx-Stadt abzusagen.

Im Spätherbst des gleichen Jahres trat Kanzler Ludwig Erhard zurück. Die SPD zog es statt möglicher Neuwahlen vor, als Juniorpartner in eine Große Koalition mit der CDU einzutreten.

Obwohl Willy Brandt als Außenminister einige neue Akzente setzte, blieb es bei der betont entspannungsfeindlichen Haltung der Bundesregierung, auch bei den alten Positionen zur DDR.

Das dürfte ein Grund gewesen sein, warum in Berlin – auch als adäquate Institution zum Ministerium für gesamtdeutsche Fragen in Bonn – ein *Staatssekretariat für gesamtdeutsche Fragen* gebildet wurde. Staatssekretär wurde Joachim Herrmann, sein Stellvertreter Herbert Häber. Das DIZ bekam den Auftrag, die Arbeit des neuen Regierungsorgans zu unterstützen, das dem Vorsitzenden des Staatsrates, also Ulbricht, direkt unterstellt war.

Nach etwa einem Jahr wurde es in *Staatssekretariat für westdeutsche Fragen* umbenannt. Ich empfand das als eine gewisse Degradierung. Nicht mehr gesamtdeutsche Fragen, sondern mehr Analysen über einen Nachbarstaat und die Anbahnung von Kontakten mit Institutionen und einzelnen Persönlichkeiten der BRD sollte die Aufgabe sein. Dennoch waren manche Debatten, die vom Staatssekretariat weiter organisiert wurden, für alle Teilnehmer nützlich.

Zugleich wurde auch mit dieser Umbenennung deutlich, daß die Möglichkeit einer deutschen Wiedervereinigung noch mehr in die weite Ferne gerückt war. Die Umbenennung selbst war nicht der Grund, höchstens die Folge der Veränderungen, die sich in der Politik aller europäischer Staaten langsam durchsetzte und auf die Akzeptanz eines längeren, zeitlich nicht überschaubaren Nebeneinanderbestehens von zwei deutschen Staaten hindeutete.

Europäische Sicherheit als Kardinalproblem

Mein Vorhaben, das Deutsche Institut für Zeitgeschichte zu einer Forschungseinrichtung zu machen, die sich im gesamteuropäischen Maßstab mit der Analyse und Dokumentation der Außen- wie Innenpolitik der wichtigsten Staaten befaßte, konnte nur teilweise umgesetzt werden. Es fehlten materielle wie personelle Voraussetzungen.

Es erfolgte nunmehr eine Präzisierung unseres Forschungsgegenstands: Die europäische Sicherheit, in die die »deutsche Frage« eingebettet war, sollte künftig Gegenstand unserer Arbeit sein. Diese Neuorientierung erfolgte vor dem Hintergrund der internationalen Politik: Die Warschauer Vertragsstaaten strebten eine europäische Sicherheitskonferenz an. Nach unserer Auffassung widersetzten sich besonders zwei Staaten einer solchen Konferenz: die USA und die BRD. Die USA bangten um ihre politische und ökonomische Hegemonie auf dem Kontinent. Die Bundesrepublik wollte eine Aufwertung der DDR um jeden Preis verhindern – noch galt der in der Hallsteindoktrin formuliere Alleinvertretungsanspruch.

Mit fast 5 Millionen Zeitungsausschnitten, einer Sammlung von über 600 gebundenen Exemplaren deutsch- und fremdsprachiger Zeitungen und Zeitschriften verfügten wir aber über einen einmaligen Fonds, den jährlich mehrere tausend Besucher, auch ausländischen, nutzten.

Zu den Nutzern des Pressearchivs gehörten bekannte Fernsehpublizisten wie Walter Heynowski und Gerhard Scheumann sowie Karl-

Eduard von Schnitzler, der sich in seiner Sendung »Der Schwarze Kanal« mit dem westdeutschen TV polemisch auseinandersetzte. Bei ihren Besuchen vermittelten sie mir neue Erkenntnisse, die meinen Horizont erweiterten, obwohl wir nicht selten auch stritten. Auch heute bin ich der Meinung, daß sie bei allen Zuspitzungen und peinlichen Übertreibungen ein richtiges Bild von der deutschen Vergangenheit und Gegenwart vermittelten und engagiert dazu beitrugen, die elementare Notwendigkeit einer ehrlichen Friedenspolitik deutlich zu machen. Das aber war wichtig. Kontakte pflegte ich oftmals auch mit ausländischen Besuchern. Zu ihnen gehörten Mitarbeiter der diplomatischen Vertretungen, Journalisten, Wissenschaftler und Publizisten, die zu Studienzwecken in die DDR kamen. So weit es möglich war, unterstützten wir sie. Die Gespräche mit ihnen waren auch für die Mitarbeiter des Instituts nützlich.

Ein freundschaftliches Verhältnis entstand zu Gerhart Eisler. Der einstige USA-Emigrant hatte immer seine eigene Meinung, auch wenn sie nicht mit der offiziellen Linie übereinstimmte. Mich beeindruckten immer seine treffenden Äußerungen. Selbst bei Beratungen mit Albert Norden oder anderen Mitgliedern der Parteiführung, an denen ich mitunter als Direktor des DIZ teilnahm, machte er aus seinem Herzen keine Mödergrube. Eisler war ein glühender Verfechter des Sozialismus, den er attraktiver machen wollte. Deshalb lehnte er Schönfärberei ab, die nur das Gegenteil bewirkte. Das imponierte mir, weshalb ich ihn auch oft unterstützte.

Mir fiel auf, daß in leitenden Positionen des DDR-Fernsehens und Rundfunks mehr als in anderen Führungsetagen viele Männer und Frauen mit jüdischer Herkunft tätig waren. Zu ihnen gehörten neben Gerhart Eisler der Intendant des Deutschlandsenders Kurt Goldstein.

Mich verwunderte das nicht. Auch in der Vergangenheit hatte es schon immer viele Juden gegeben, die sich zur sozialistischen Bewegung bekannten. Niemandem konnte es auch verborgen bleiben, daß die Kommunisten zu den engagiertesten antifaschistischen Widerstandskämpfern gehört hatten. Zudem war ich mir sicher, daß selbst die Mitarbeiter nicht wußten, daß ihr Chef Jude war. Mir konnte das verständlicherweise nicht entgehen.

Zu den vielen Entstellungen der deutschen Nachkriegsgeschichte, die seit 1990 umlaufen, gehört auch die Behauptung vom verordneten Antisemitismus in der DDR. Die Bundesrepublik hingegen habe die Lehren aus dem verbrecherischen Holocaust gezogen. Die Wirklichkeit sah anders aus. Der Anteil von Juden, zwar nicht streng gläubigen, an der DDR-Regierung, so Stellvertretern des Ministerpräsidenten und Ministern, an Universitätsrektoren und Institutsdirektoren, Präsidenten von Akademien und Verbänden, an Botschaftern, Juristen, Journalisten, Werkdirektoren und Generalen war hoch wie nie zuvor in der deutschen Geschichte. In der BRD blieben sie in diesen Kreisen Ausnahme.

Der Vorwurf des vermeintlichen Antisemitismus der DDR wird unter anderem mit dem Verweis auf Zahlungen an den Staat Israel begründet. Bonn habe, im Unterschied zu Berlin, Wiedergutmachung geleistet. Nach den Vereinbarungen aller Alliierten der Antihitlerkoalition war Ostdeutschland zu Reparationen und anderer Widergutmachung an die Sowjetunion und Polen, die am meisten unter dem Krieg gelitten hatten, verpflichtet, während Westdeutschland Ansprüche aller anderen Staaten erfüllen und sich an Reparationslieferungen an die Sowjetunion und Polen beteiligen sollte. So war die Rechtslage. Die BRD kam ihren Vepflichtungen gegenüber der Tschechoslowakei, Jugoslawien und anderen Ländern nicht nach.

Israel blieb Ausnahme.

Die meisten Juden in der DDR fühlten sich vor allem als Deutsche und Antifaschisten, in der Regel galt dies bereits in ihrer Jugend. Es gab keinen Grund, die jüdische Herkunft zu verleugnen. Nur fiel sie weniger ins Gewicht als ihre politische und weltanschauliche Position. So war es auch bei mir oder bei Hans Jacobus und einigen Professoren, die ich in regelmäßigen Abständen beim Professorenkollegium traf, einer beliebten Sendung, die vom Rundfunk und dann auch vom Fernsehen ausgestrahlt wurde.

Sie unterschied sich von vielen gegenwärtigen Talkshows dadurch, daß die Teilnehmer, Gesellschafts- wie Naturwissenschaftler, echt bestrebt waren, aus unterschiedlicher professioneller Sicht Fragen zu beantworten, die von den Zuschauern telefonisch oder schriftlich gestellt wurden. Sie waren aus meiner Sicht frei vom Bestreben einer Selbstdarstellung oder einer Werbung für eine Partei, Organisation oder politische Richtung. Die Antworten waren nicht immer überzeugend, aber in ihrer Tendenz ehrlich. Ich habe aus diesen Sendungen manches von meinen Kollegen gelernt.

Auch in meiner publizistischen Tätigkeit, die beträchtlich zugenommen hatte, zehrte ich von den Eindrücken, die ich bei Tagungen in Wien und bei anderen Treffen in verschiedenen Ländern gewann. So nahm ich an einem Kolloquium und weiteren Veranstaltungen teil, die in Düsseldorf und dann in Bonn anläßlich der Verleihung des Internationalen Lenin-Friedenspreis an Pastor D. Martin Niemöller stattfanden. Die weit über 500 Teilnehmer vertraten recht unterschiedliche politische Standpunkte. Trotzdem waren sie sich weitgehend in der Bewertung der internationalen Lage einig, die auf die Priorität gemeinsamer Entspannungsbemühungen drängte. Der Laureat selbst verkörperte die Kompliziertheit des sich anbahnenden Konsens schon durch sein ganzes politisches Leben.

Der Repräsentant der Bekennenden Kirche in Deutschland war in jüngeren Jahren als U-Boot-Kommandant ein zutiefst überzeugter Monarchist gewesen. Nach dem Ersten Weltkrieg wurde er ein überzeugter Demokrat. Im Dritten Reich war er Verfolgungen ausgesetzt. Nach 1949 verurteilte er scharf die Remilitarisierung der Bundesrepublik und wurde zu einer der führenden Persönlichkeiten in der westdeutschen Friedensbewegung. Großen Eindruck hinterließ bei mir auch Eugen Kogon, der sich mit seinen Enthüllungen über das NS-Regime – den SS-Staat – weltweit einen Namen gemacht hatte.

Auf dem Kolloquium forderte Kogon die Regierung der Bundesrepublik auf, endlich die Realität in Europa zu akzeptieren und eine konstruktive Konzeption für die europäische Sicherheit zu entwickeln. Zugleich äußerte er Zweifel, daß im Ergebnis der Entspannung schließlich das »kapitalistische Ruhrgebiet« und das »kommunistische Sachsen« wieder zusammenkommen würden. Einer solch klaren Absage an die Wiedervereinigung der beiden deutschen Staaten meinte ich widersprechen zu müssen. Die in Deutschland wie in ganz Europa bestehenden zwei gegensätzlichen Systeme seien darauf angewiesen, Wege zur friedlichen Koexistenz und Zusammenarbeit zu finden. Die weitere Zukunft blieb offen.

Auf Einladung des Belgrader Instituts für internationale Politik besuchte ich die Hauptstadt Jugoslawiens sowie Zagreb, Ljubljana und Novi Sad. In der Bewertung der meisten internationalen Probleme, darunter der Haltung zur Einberufung einer europäischen Sicherheitskonferenz, zeigte sich weitgehend Übereinstimmung. Das war für mich eigentlich nicht überraschend. Auch unsere Analyse der Politik der USA und der westeuropäischen Staaten lag nicht neben der Einschätzung der jugoslawischen Kollegen. Allerdings waren sie mir mindestens in einem Punkt überlegen: Sie hatten weitaus mehr Kontakte zu Wissenschaftlern und Politikern kapitalistischer Länder. So konnten sie ihre Einschätzungen besser auf Primärquellen stützen. Auch beeindruckte mich die Weltoffenheit, die dieses Land deutlich von anderen sozialistischen Ländern unterschied.

Sie war historisch gewachsen. Stalin wollte mit seinen verleumderischen Angriffen das Land isolieren, erreicht hatte er das Gegenteil. Inzwischen war zwar die Sowjetunion wieder der größte Außenhandelspartner, die Beziehungen zwischen Belgrad und Moskau wieder freundschaftlich, doch Jugoslawien war souveräner denn je und gab auch in der Bewegung der Nichtpaktgebundenen den Ton an.

Diese mehrtägige Reise nach Jugoslawien wie auch Begegnungen in anderen sozialistischen Ländern bestärkten mich in der Auffassung, daß es ein recht unterschiedliches Herangehen wie auch viele gemeinsame Grundzüge bei der Errichtung jener Gesellschaftsordnung gab, die an die Stelle des kapitalistischen Systems treten sollte.

Im Frühjahr 1967 fand im tschechischen Kurort Marienbad eine Pugwash-Konferenz statt. Jährlich einmal gab es eine Zusammenkunft von Wissenschaftlern aus verschiedenen Ländern, auf denen sie sich vornehmlich mit Abrüstungsfragen beschäftigten. Zum ersten Treffen hatten Albert Einstein, Frederic Joliot-Curie und Bertrand Russel 1957 ins kanadische Pugwash eingeladen.

Peter Klein von unserem Institut und ich waren von den Gastgebern in der CSSR eingeladen worden. Von den Begegnungen auf der Tagung ist mir besonders jene mit Henry Kissinger in Erinnerung geblieben. Er galt als einflußreicher Politologe, der sich dem offiziellen Kurs der USA verpflichtet fühlte und enge Beziehungen zu den Zentren der Macht in Washington unterhielt. Ich hatte den Eindruck, mit einem klugen Realpolitiker zu sprechen, der für ein Umdenken in der internationalen Politik plädierte, um eine nukleare Katastrophe zu verhindern. Er trat für die Entspannung zwischen den Blöcken ein, zumal er – was er aber nicht sagte – sich dadurch eine Stärkung der amerikanischen Positionen in der Welt versprach.

Später, als er Außenminister war, bestätigte er in seiner Politik nur teilweise meine Einschätzungen.

Nach Ende der Pugwash-Konferenz wurde im gleichen Hotelsaal auf Initiative der Tschechen eine neue Organisation gegründet. An der Vorbereitung waren Institute in Moskau, Paris und das Internationale Friedensinstitut in Wien beteiligt. Es sollten aus jedem Land möglichst zwei Institutionen an diesem neuen gesamteuropäischen Diskurs teilnehmen.

Aus der DDR meldeten das Deutsche Institut für Zeitgeschichte und das Institut für internationale Beziehungen in Babelsberg ihre Mitgliedschaft an. Vom letzteren waren Gerhard Hahn und Herbert Kröger, mit denen ich seit längerem eng verbunden war, angereist.

Die Gastgeber hatten bei der Gründungstagung eine alphabetische Sitzordnung festgelegt, nach der die deutschen Teilnehmer nebeneinander am Tisch Platz nehmen sollten. So saß ich neben Eberhard Schulz vom Forschungsinstitut der Deutschen Gesellschaft für Auswärtige Politik. Schulz war für mich kein Unbekannter. Mit seiner Publikation »An Ulbricht führt kein Weg vorbei« hatte er für Aufsehen gesorgt, auch wenn er darin keineswegs Sympathie für die DDR verbreitete. Doch im Unterschied zur offiziellen Bonner Politik, die die DDR noch immer nur als Phänomen bezeichnete, bewies Schulz allerdings größeren Realitätssinn.

Dennoch verkniff er sich hier die rhetorische Attacke nicht: »Halten Sie es nicht für ungewöhnlich, so hautnah neben einem Deutschen aus der Bundesrepublik zu sitzen? Müssen Sie nicht Berührungsängste verspüren? Ist das nicht merkwürdig, daß wir beide hier den gleichen Status wie sonstige Teilnehmer genießen?«

»Nichts anderes habe ich erwartet«, entgegnete ich sofort.

Berührungsängste gab es dann zwischen uns auch nicht. Für die anderen Teilnehmer schien unsere gleichberechtigte Mitwirkung an der Tagung ohnehin eine längst fällige Selbstverständlichkeit zu sein.

Sachlichen Gesprächen zum Inhalt der Beratung wich mein Nachbar jedoch aus, was ich bedauerte.

Das hinderte uns aber nicht daran, ohne Vorbehalte den Vereinbarungen über die Aufnahme von geregelten Kontakten zwischen den Forschungsinstituten aller europäischen Länder zuzustimmen. Ihre Tagungen sollten in der Regel jährlich in einem anderen Land stattfinden und vornehmlich einem Meinungsaustausch über aktuelle Fragen der europäischen Entwicklung gewidmet sein. Die Institute sollten auch über ihre Forschungsvorhaben informieren und soweit sie es für möglich hielten über Formen und Methoden der Zusammenarbeit beraten. Das war insgesamt ein Novum, ein Lichtblick für eine gesamteuropäische wissenschaftliche Begleitung des Entspannungsprozesses, der als notwendig empfunden wurde.

Dann aber erwies sich bereits die Festlegung des nächsten Tagungsortes als schwierig. Der Vorschlag, Gastgeber solle im Frühsommer 1968 ein Institut in einem Staat der NATO sein, wurde grundsätzlich befürwortet, doch niemand erklärte seine Bereitschaft. Nach einer Unterbrechung kam man zu einem Kompromiß: Genf. Wie gut, daß es auch blockfreie Staaten wie die Schweiz gab.

Auf dem Rückflug von Genf hatten mein Kollege Peter Klein und ich einen Zwischenaufenthalt in Zürich. Wir nutzten ihn zu einem

Stadtbummel, bei dem ich Peter auch das Haus zeigen wollte, in dem Lenin als Asylant gewohnt hatte. Ich hatte es bei einer früheren Dienstreise gesehen und fand es schnell. Im Erdgeschoß war eine kleine Gaststätte. Wir bestellten ein Bier und fragten die Kellnerin, ob etwas im Hause an Lenin erinnerte. Sie kam mit der Antwort zurück, daß der Herr leider nicht mehr in diesem Haus wohne. Das konnten wir ihr bestätigen, Lenin sei schon vor vielen Jahren verstorben. Das täte ihr aber leid, sagte sie uns recht höflich.

Wenig später trat der Besitzer der Gaststätte an unseren Tisch und entschuldigte sich, die Kellnerin sei nur eine Aushilfskraft. Vor einigen Wochen hätte hier ein Aufnahmeteam aus Moskau zum bevorstehenden 100. Geburtstag von Lenin gedreht. Er werde allen Mitarbeitern noch einmal deutlich machen, welche Rolle Lenin gespielt habe. Am Haus erinnere ja auch eine Gedenktafel an ihn. Seither mache die Gaststätte bessere Umsätze.

Ich war trotzdem wegen der Unwissenheit der Kellnerin verstört.

Der Prager Frühling und der ihm folgende Herbst

Die Ausarbeitung der neuen DDR-Verfassung und ihre Annahme durch einen Volksentscheid 1968 wie auch einige andere von der Volkskammer beschlossene Gesetze bestätigten meine Überzeugung, daß sich die DDR stabilisiert und die Zustimmung zur neuen Ordnung zugenommen hatte. Auch in wirtschaftlicher Hinsicht waren beträchtliche Fortschritte gemacht worden. Die proklamierten Ziele waren aber noch keineswegs erreicht. Der Abstand in der Arbeitsproduktivität gegenüber der Bundesrepublik beispielsweise hatte sich nicht verringert. Unterschiede im Warenangebot wie auch bei der Infrastruktur waren nicht zu übersehen.

Gleichwohl konnten wir auf Krisenfestigkeit verweisen, auf die Sicherung von kostenloser Bildung, medizinischer Grundversorgung, die Abwesenheit von Obdach- und Arbeitslosigkeit.

Dagegen bemerkte ich eine Vernachlässigung wichtiger sozialistischer Grundwerte. Eine Korrektur, so schien mir, konnte nur von oben erfolgen. Wissenschaftler und Journalisten, auch Kulturschaffende trugen eine besondere Verantwortung als aktive Mitgestalter des Sozialismus. Die Entwicklung in der Tschechoslowakei, die später als Prager Frühling bezeichnet werden sollte, bestärkte mich in dieser Auffassung. Die CSSR bot vielleicht die besten Voraussetzungen, eine geordnete Umgestaltung einzuleiten, die auch für andere

Länder beispielhaft sein konnte. Eine qualitative, den neuen Herausforderungen angepaßte Erneuerung des Sozialismus, die eine Renaissance aller sozialistischen Grundwerte einschloß.

In Prag hatte das Zentralkomitee der KPC mit seinen Beschlüssen die Richtung vorgegeben. Am Beginn standen Veränderungen in der Führung. Zum Ersten Sekretär des ZK wurde Anfang 1968 der Slowake Alexander Dubcek gewählt, der – obwohl er bis dahin wenig in Erscheinung getreten war – sich sehr schnell einer großen Unterstützung erfreute. In einem im April beschlossenen Aktionsprogramm wurde die Richtung des Erneuerungsprozesses verkündet. Es fand außerhalb der CSSR starke Beachtung, so in der DDR, wo es in deutscher Übersetzung veröffentlicht wurde. Ich las es mit großem Interesse, enthielt es doch viele Anregungen, die ich grundsätzlich teilte.

Zu einem intensiven Meinungsaustausch über die Entwicklung in der CSSR kam es auf einer Tagung der Ständigen Kommission von Forschungseinrichtungen sozialistischer Länder, die turnusmäßig in Moskau stattfand. Der Direktor unseres Prager Partnerinstituts, Prof. Antonin Snejdarek, fand mit seiner positiven Bewertung der Entwicklung in der CSSR die Zustimmung aller Teilnehmer. Dabei klammerte er einige negative Erscheinungen nicht aus, die sich aus einer Belebung von sozialismusfeindlichen Kräften ergeben hätten. Doch dürften sie nach seiner Meinung keinen größeren Anklang finden. Die überwiegende Mehrheit bejahe die Entscheidung für den Sozialismus, die 1948 getroffen worden war. Trotzdem könnte manches aus dem Ruder laufen, wenn die Führung den neuen Kurs aus der Hand gleiten ließe und sich Kräfte von außen einmischten.

Es stellten sich bald auch Komplikationen ein, die Gegenwirkungen provozierten. In einigen tschechische Zeitungen und Zeitschriften erschienen Beiträge, die die gesamte sozialistische Entwicklung in der Tschechoslowakei infrage stellten und für eine Restauration kapitalistischer Verhältnisse plädierten. Dazu gehörten die »Zweitausend Worte«, ein Pamphlet, welches neben berechtigter Kritik an den Mißständen vor allem als eine polemische Schmähung zu bewerten war. Demagogisch forderten die Autoren die kommunistische Partei auf, die Führung bei der Zerstörung des bestehenden Systems zu übernehmen. Diese lehnte das nicht nur ab, sondern distanzierte sich eindeutig von dieser Position. Die Parteiführung unterließ es aber, gegen die demagogischen Kampagne vorzugehen.

Auch in Westeuropa, darunter in der Bundesrepublik, löste die Entwicklung in der Tschechoslowakei Diskussionen aus. An ihr beteiligten sich sowohl eingefleischte Antikommunisten und Revanchisten, die Hoffnung schöpften, sich nicht nur in Prag einmischen zu können, als auch Menschen, die mit Sorge die Begehrlichkeiten der NATO verfolgten und sich neue Impulse für eine angestrebte Alternative zum Kapitalismus in Westeuropa versprachen.

Auf die letzteren traf ich bei einer Reise nach Frankfurt am Main. Zu ihnen gehörten Teilnehmer der Ostermarschbewegung, Studenten und Intellektuelle.

In Frankreich wie in der Bundesrepublik war einiges in Bewegung gekommen. Der Protest wurde vornehmlich von Studenten auf die Straße getragen. Die Bewegung der »68er« hatte ihre eigenen Ursachen. Sie entstand aus den Widersprüchen des kapitalistischen Gesellschaftssystem in ihren Ländern. Viele bekundeten ihre Sympathie für den Sozialismus, ganz besonders mit Anstrengungen zu seiner Erneuerung und deutlichen Hinwendung zu mehr Demokratie.

Zusammen mit Wissenschaftlern aus der DDR hatte ich die Einladung der Zeitschrift »Marxistische Blätter« zu einer Konferenz zum 150. Geburtstag von Karl Marx wahrgenommen. Zu den Teilnehmern gehörten auch Gäste aus Chile, Finnland, Frankreich, Österreich, der Sowjetunion, Spanien und Ungarn. Später bezeichneten viele von uns diese Tagung als »Null-Konferenz« der DKP, da sie gewissermaßen die theoretischen Grundlagen dieser etwas später gegründeten marxistischen Partei behandelte. Die Bundesrepublik war das einzige Land in Westeuropa, in dem die kommunistische Partei gerichtlich verboten war – sah man von Spanien und Portugal mit ihren faschistischen Regimes ab.

Zu den Hauptreferenten gehörte Lutz Maier, mit dem mich seit einigen Jahren ein kameradschaftliches Verhältnis verband. Er hatte Siegbert Kahn als Direktor des Deutschen Wirtschaftsinstituts (DWI) abgelöst und sich als Kenner des staatsmonopolistischen Kapitalismus in der Bundesrepublik profiliert. Er vermittelte ein optimistisches Bild von der Entwicklung in den sozialistischen Ländern, verschwieg aber nicht, daß gerade durch die Herausforderungen der wissenschaftlich-technischen Revolution es nicht wenige ungelöste Probleme und neue Widersprüche gebe. Er wie auch andere Redner konzentrierten sich jedoch mehr auf eine Analyse der Situation in den westeuropäischen Ländern, vor allem in der BRD. Im Vordergrund stand die gemeinsame Auffassung, daß es dem Vermächtnis von Karl Marx entspreche, undogmatisch den Diskurs über die neuen Herausforderungen in allen Gesellschaftsformationen zu führen.

Die Entwicklung in der Tschechoslowakei gehörte nicht zur Agenda dieser Konferenz, war aber in den Debatten spürbar. Noch mehr tauchte sie in den Pausengesprächen auf. Ich ging in meinem Beitrag auf das Erfordernis ein, sich stärker für ein enges Zusammenwirken aller zukunftsorientierten Kräfte einzusetzen – ob bei der Sicherung des nach wie vor bedrohten Friedens oder der Überwindung jeglicher aus der Vergangenheit übernommener Hindernisse, die einem gesellschaftlichen Fortschritt hemmten. Dabei betonte ich, daß die Vertiefung der sozialistischen Demokratie einen Prozeß darstelle, der dem Wesen des Sozialismus entspringe. Es gelte Lösungen zu finden, damit die Werktätigen umfassender an der politischen Macht mitwirken. Sowohl im Vorfeld von Entscheidungen als nicht minder bei ihrer Umsetzung und Überprüfung. Auch die Förderung konstruktiver Kritik sei im Sozialismus unentbehrlich.

Im Frühsommer nahm ich an der zweiten gesamteuropäischen Tagung von Forschungseinrichtungen teil, die in Genf stattfand. Vornehmlich ging die Diskussion um den Entspannungsprozeß. Breite Zustimmung fand eine Studie aus Paris. In ihr wurden drei Modelle oder Etappen mit der Bezeichnung »Entspannung«, »Einvernehmen« und »Kooperation« entworfen. Sie basierten auf der Anerkennung des territorialen Status quo und befand sich damit in einem Widerspruch zur offiziellen Politik vieler westeuropäischer Staaten.

Der neue Kurs der Prager Führung wurde in Genf mit unterschiedlichen Akzenten erwähnt. Mir fiel auf, daß alle Teilnehmer in ihren Wertungen zurückhaltend waren. Wesentlich stärker als beim eigentlichen Grundthema, der europäischen Sicherheit, drückten sie sich diplomatisch aus oder aber unterstrichen, daß es sich um eine innere Angelegenheit der Tschechoslowakei handle, die keine negative Wirkung auf den Entspannungsprozeß haben dürfte.

Ich flog über Prag zurück. Dabei nutzte ich den längeren Zwischenaufenthalt zu einem ausführlichen Gespräch mit meinem Freund Milan Otahal. Er gehörte zu den aktiven Verfechtern des neuen Kurses, erläuterte mir viele Details der Umgestaltung und weiterer Schritte. Ich hatte von antisowjetischen Tönen in tschechischen Medien gehörte. Milan winkte ab, das seien Ausrutscher. Die Führung um Dubcek habe die Entwicklung im Griff, es sei nichts zu befürchten.

Ich glaubte ihm, auch wenn mir die These vom »Sozialismus mit menschlichen Antlitz« mißfiel. Das hieße doch, daß das bisherige Antlitz nicht menschlich, gleichsam eine Fratze gewesen sei. Dieser Sozialismus habe immerhin 1945 den Hitlerfaschismus zerschlagen und auch die Tschechoslowakei befreit, warf ich ein. Und mit der Kritik an Stalin seien auch die Vergehen für immer Vergangenheit.

Im Sommer baute sich dann mehr und mehr ein Konflikt zwischen den Partei- und Staatsführungen der Sowjetunion und der Tschechoslowakei auf. Die Position Moskaus wurde zunehmend auch in Berlin, Warschau, Budapest und Sofia geteilt. Nur aus Rumänien und Jugoslawien hörte man keine kritische Töne gegenüber den Veränderungen in der CSSR. Nach meinem damaligen Eindruck hatte Walter Ulbricht zunächst den neuen Kurs in Prag begrüßt, entsprach er doch Vorstellungen von der Entwicklung eines effektiveren Sozialismusmodells. Dann aber verstärkten sich die Befürchtungen, daß die Erneuerer des Sozialismus die Entwicklung nicht mehr unter Kontrolle hätten, die Tschechoslowakei sogar aus dem Warschauer Pakt ausscheren könnte. Mir erschienen sie nicht ganz ohne Grund.

Nachdem der Ton schärfer geworden war, kam es Anfang August zu einer Verständigung zwischen den Führungen der Kommunistischen Parteien der Sowjetunion und der CSSR auf einer gemeinsamen Sitzung, der sich dann eine Beratung in Bratislava anschloß, an der neben Breshnew und Dubcek auch Ulbricht, Gomulka, Kadar und Shiwkow teilnahmen. Das dort vereinbarte Kommuniqué bekräftigte das Recht jeder Partei und damit auch eines jeden sozialistischen Staates, in Ausübung seiner souveränen Entscheidung selbständig über die weiteren Wege seiner gesellschaftlichen Entwicklung zu bestimmen. Alle Teilnehmer betonten, daß sie eine Destabilisierung der friedensorientierten sozialistischen Staatengemeinschaft nicht zulassen würden.

Ich hatte nicht den Eindruck, daß alle Differenzen überwunden seien. Trotzdem, so schien mir, hatte erst einmal die Vernunft gesiegt.

Wir traten nach dem Gipfel in Bratislava erleichtert die geplante Urlaubsreise nach Georgien ans Schwarze Meer an. Unsere Tochter Swetlana war nach erfolgreichem Studium an der Karl-Marx-Universität Leipzig als Forschungsstudentin in Berlin immatrikuliert worden und sollte an der Humboldt-Universität promovieren. Unser Sohn hatte eine Aufnahmeprüfung an der Heinrich-Hertz-Oberschule, einer Mathematik-Spezialschule, bestanden.

Wir verbrachten schöne Tage in Pizunda, einem neu angelegten modernen Badeort südlich von Sotschi. Zwei oder drei Tage vor unserem Rückflug hörte ich im Rundfunk beim Morgenspaziergang die Eilmeldung, daß Truppen der Warschauer Pakt-Staaten in die Tschechoslowakei einmarschiert seien. Wenig später trafen auch die Zeitungen mit ausführlichen Berichten ein. Aus ihnen ging hervor, daß eine Gruppe tschechoslowakischer Kommunisten die Verbündeten darum gebeten habe, den Schutz der sozialistischen Errungenschaften in ihrem Land zu übernehmen. Die Regierungen der Sowjetunion und anderer Mitgliedsstaaten des Warschauer Vertrages hätten sich entschlossen, hieß es, dieser Bitte nachzukommen und ihre »internationalistische Pflicht« zu erfüllen.

Merkwürdig erschien mir, daß dieser lange Brief zwar im Wortlaut veröffentlicht wurde, jedoch keine Unterschriften aufwies. Das sowie Inhalt und Stil, in dem das Schreiben abgefaßt war, trugen nicht zu seiner Glaubwürdigkeit bei.

Dann meldeten die Nachrichten, daß die Besetzung Prags wie anderer Städte insgesamt friedlich erfolgt sei.

Beim Rückflug hatten wir einen Zwischenaufenthalt in Moskau. Ich nutzte ihn, um mich mit Wladimir Rasmerow zu treffen, einem Mitarbeiter der Akademie der Wissenschaften, mit dem ich schon lange befreundet war. Der angebliche Hilferuf habe niemanden überzeugt, seine Echtheit werde angezweifelt, meinte er. Trotzdem stimmten wir darin überein, daß eine wohl drohende Veränderung des geopolitischen Kräfteverhältnis hingenommen werden könnte.

Doch damit war eine militärische Besetzung der Tschechoslowakei keineswegs gerechtfertigt. Sie widersprach nicht nur allen Grundprinzipien einer sozialistischen Außenpolitik, sondern mußte das Gegenteil einer angeblich angestrebten Schadensbegrenzung bewirken.

Wir fürchteten nicht nur eine Belastung der Beziehungen zwischen Tschechen und Slowaken zum slawischen Brudervolk im Osten, sondern Irritationen weltweit: auch bei den Kommunisten und Sozialisten, bei unseren Sympathisanten.

Die Motive für diese Aktion blieben mir weiterhin unklar. Die Präzision des Einmarsches deutete auf seine längere Vorbereitung bei strengster Geheimhaltung hin. Trotzdem hatte ich den Eindruck von einer Kurzschlußhandlung, einer Überreaktion. In dieser Auffassung wurde ich in Berlin bestärkt, als ich von einem Parteitag der KPC erfuhr, der für später geplant, dann aber kurzfristig für Ende August einberufen worden war. Fürchtete man, daß dieser die Abmachungen von Bratislava aufkündigte, und wollte man dem zuvorkommen? Da ein Parteitag nach gängigem Verständnis als das höchste Gremium galt, das völlig souverän Entscheidungen traf, sollte eben er verhindert werden. War das der tiefere Grund, das die Vereinbarungen von Bratislava so schnell nicht mehr galten? Eine gültige Antwort, warum es für viele so überraschend nach der Vereinbarung von Bratislava an diesem 21. August zum militärischen Einmarsch kam, habe ich bis heute nicht gefunden. Nach wie vor dürfte es eine andere Alternative gegeben haben, um die CSSR als sozialistischen Staat zu erhalten. Eine Alternative mit weltweit positiven Wirkungen.

Die Ereignisse aber nahmen einen anderen Lauf.

Der Parteitag fand illegal in Prag statt und wählte einen unbekannten Arbeiter zum Ersten Sekretär des Zentralkomitees. Der bisherige Erste Sekretär, Alexander Dubcek, war bereits am 21. August mit dem Flugzeug nach Moskau gebracht worden. Es war eigentlich für die Situation bezeichnend, daß die sowjetische Besatzung zwar ohne größere Zwischenfälle in kürzester Zeit das ganze Land einschließlich aller Behörden unter Kontrolle hatte, die Durchführung eines geheimen Parteitages aber nicht verhindern konnte.

Inzwischen verhandelten Breshnew und weitere sowjetische Spitzenpolitiker mit der nach Moskau verbrachten bzw. beorderten Führung der CSSR. An den Gesprächen nahm auch der Präsident Ludwig Svoboda teil. Als General, der an der Seite der Roten Armee während des Kriegs gegen die faschistischen Aggressoren das tschechoslowakische Armeekorps befehligt hatte, genoß er hohes Ansehen.

Die als Schutzmaßnahme erklärte Anwesenheit sowjetischer Truppen in der CSSR mußte von der Prager Führung akzeptiert werden, doch ihr wurde uneingeschränkte Souveränität der Tschechoslowakei zugesichert. Der Erste Sekretär des Zentralkomitees der Kommunistischen Partei wie der Ministerpräsident der CSSR blieben im Amt. Die Vereinbarung enthielt weder kritische Töne zur bisherigen Politik der KPC noch Hinweise auf irgendwelche Veränderungen, denen Prag zugestimmt hätte.

Damit unterschied sich die Situation sehr deutlich von früheren Ereignissen. Es schien, daß man in Moskau bestimmte Schlußfolgerungen gezogen hatte. Die sowjetischen Truppen verschwanden bald aus dem Straßenbild Prags wie anderer Städte. Polnische, ungarische und bulgarische Truppen – ihre Zahl war von Anfang an begrenzt – wurden völlig abgezogen. Die NVA war nicht beteiligt, sie hatte nur logistische Aufgaben in der DDR übernommen. Das war eine richtige Entscheidung. Nie wieder sollten deutsche Truppen dort in Erscheinung treten, wo einst die Stiefel deutscher Wehrmachtsoldaten schlimme Spuren hinterlassen hatten.

Im Oktober reiste ich nach Budapest zur turnusmäßigen Tagung sozialistischer Partnerinstitute und machte in Prag kurz Station. An manchen Häuserwänden waren noch Proteste gegen den Einmarsch zu entdecken, doch das Leben lief erkennbar ruhig weiter. Es schien, als hätte sich das Leben nach kurzzeitiger Aufregung um den 21. August wieder voll beruhigt. Dem war nicht so. Die Invasion, nichts anderes war es, hatte zu einem tiefen Bruch geführt, vor allem im Denken fast aller Tschechen und Slowaken. Er war irreparabel.

Auf der Tagung in Budapest kam es zu keinem Meinungsaustausch über die jüngsten Ereignisse. Die Kollegen aus Prag beteiligten sich aktiv an der Diskussion über die gesamteuropäische Situation und gaben sich allenfalls in ihren Bewertungen ein wenig zurückhaltender als sonst. In privaten Gesprächen machten sie dagegen aus ihrer ablehnenden Haltung zur Invasion keinen Hehl. Dabei betonten sie, daß der Einmarsch für alle Tschechen und Slowaken unerwartet kam und unverständlich war. Möglicherweise beruhte die Entscheidung auf Desinformationen und Mißverständnissen, meinten sie. Eine wirkliche Gefahr für den Sozialismus habe nicht bestanden, auch wenn Anhänger einer Restauration wieder aktiv geworden wären. Bestimmte negative Erscheinungen, die die Entwicklung ebenfalls begleitet hätten, wären ohne Einmischung von außen sogar schneller korrigiert worden. Die Mehrheit aller Tschechen und Slowaken hätte 1948 eine Entscheidung getroffen, stünde nach wie vor zu ihr, sie wollte unverändert einen attraktiven Sozialismus.

Allerdings merkten die Prager auch kritisch an, daß ihnen bestimmte Töne in der Presse der Verbündeten nicht gefielen. Es gebe erkennbare Tendenzen der Besserwisserei und Bevormundung. Sie fragten auch unverblümt, ob nicht Beiträge in DDR-Blättern, die fälschlich von einer Konterrevolution schrieben, den propagandistischen Vorhang liefern sollten für ein härteres Vorgehen gegen eigene Oppositionelle.

Diese Frage war nicht aus der Luft gegriffen. Es gab Maßregelungen und Gerichtsverfahren gegen Bürger der DDR, nur weil sie um den 21. August Solidarität mit dem Nachbarvolk bekundet hatten.

Aufmerksam verfolgten wir im DIZ das Echo in der Bundesrepublik, in westeuropäischen Staaten und den USA auf die Ereignisse in der CSSR. In der Presse dominierten scharfe Töne, die offizielle Reaktion war dagegen eher zurückhaltend. In den Medien kam der Begriff einer »Breshnew-Doktrin« auf. Damit bezeichnete man jetzt die Politik der sowjetischen Führung, Abweichungen von der Moskauer Linie mit allen Mittel, notfalls militärischen, zu verhindern. Die These erinnerte mich an die »Truman-Doktrin« von 1947, mit der ein vermeintliches Abdriften einiger Staaten aus der westlichen Wertegemeinschaft verhindert werden sollte.

In Moskau wurde die Existenz einer solchen Doktrin bestritten.

Für mich war kein Paradigmenwechsel in der Außenpolitik, auch nicht sonst zu erkennen. Die Maßnahmen vom 21. August wertete ich mehr als einmalige Notlösung, wenn auch keine konstruktive.

Die 1961 in Wien zwischen Kennedy und Chruschtschow getroffene Vereinbarung galt weiter. Beide Weltmächte respektierten, was jeder in seinem Einflußgebiet unternahm, solange nicht die eigenen Interessen berührt wurden. Das war 1968 ja nicht passiert.

Ich kam sogar zu der nicht falschen Auffassung, daß der 21. August 1968 die Bemühungen um internationale Entspannung nicht gehemmt, sondern eher noch befördert habe, auch wenn es bis zur Einberufung einer europäischen Sicherheitskonferenz noch länger dauern sollte, als ich damals annahm.

Im Dezember 1968 trafen in Wien – auf Initiative angesehener belgischer und französischer Persönlichkeiten – honorige Personen aus 19 Staaten West- und Osteuropas zu einem Meinungsaustausch zusammen. Ich reiste ebenfalls in die österreichische Hauptstadt und hatte eine Reihe sehr anregender Begegnungen.

Beiderseits des »Eisernen Vorhangs« war erkennbar der Wunsch gewachsen, die Schützengräben des Kalten Krieges zu verlassen. Die Invasion in der CSSR spielte allenfalls in den Pausengesprächen eine Rolle. Das Bedauern konnte ich nicht überhören.

Im April 1969 nahm ich an einem weiteren Treffen in Wien teil. Diesmal zusammen mit dem Völkerrechtler Peter-Alfons Steiniger, einem angesehenen Professor der Berliner Humboldt-Universität, der sich einen Namen vor allem mit der Herausgabe von Dokumentationen zum Internationalen Militärtribunal (IMT) in Nürnberg gemacht hatte. Ihm verdankte ich viele Erkenntnisse zum Völkerrecht.

Das zweite Wiener Treffen bekräftigte die Absicht, eine pluralistisch vorbereitete größere Konferenz von Vertretern der europäischen Öffentlichkeit so bald wie möglich ebenfalls nach Wien einzuberufen, so weit die Regierung Österreichs ihre Zustimmung dazu gebe. Österreich war als neutraler Staat dazu besonders prädestiniert.

Auf dieser Tagung in Wien spielten die Ereignisse in der CSSR ebenfalls keine große Rolle. Es dürfte vor allem die Meinung vorgeherrscht haben, daß die Chancen für eine Fortsetzung des Entspannungsprozesses in Europa weiterhin gut standen, obwohl es noch viele Hemmnisse gab, die überwunden werden mußten.

Etwa zur gleichen Zeit ergab sich aber eine Veränderung in Prag, die ich nicht erwartet hatte. Alexander Dubcek wurde als Erster Sekretär des Zentralkomitees abgelöst, etwas später wurde auch der Ministerpräsident seines Amtes enthoben, und es kam zu weiteren personellen Konsequenzen in der Führung. Niemandem konnte es verborgen bleiben, daß es sich hierbei nicht in erster Linie um innere Auseinandersetzungen in der Parteiführung der Kommunisten der Tschechoslowakei handelte, sondern daß von außen erheblicher Druck ausgeübt worden war. All das, was ich mit der Vereinbarung von Bratislava und dann mit der Ende August in Moskau gefundenen Lösung erhofft hatte – die »Verständigung« zwischen Breshnew und Dubcek war zwar unter unzulässigen Druck, dann aber in einer für die damalige Situation doch manierlichen Form erfolgt – erwies sich als Illusion. Anhänger von dogmatischen Auffassungen, die selbst den geringer gewordenen Spielraum für eine kreative Politik nicht nutzten, setzten sich wieder, wie schon zu Beginn der 60er Jahre, in der Tschechoslowakei durch. Daran konnte auch Gustav Husak nichts ändern, der zum neuen Ersten Sekretär des Zentralkomitees gewählt worden war. Er hatte 1944 zu den führenden Kräften des Slowakischen Aufstands gehört, wurde aber später Opfer unbegründeter Anschuldigungen und schlimmer Repressalien. Vollständig rehabilitiert wurde er erst Anfang 1968. In gewisser Hinsicht war sein Schicksal mit dem von Janos Kadar vergleichbar, der seit 1956 an der Spitze der ungarischen Partei stand. Doch Husak erwies sich nicht konsequent genug gegenüber den dogmatischen Kräften, obwohl er trotz mancher Behinderungen aus Moskau aus meiner Sicht dafür durchaus Spielraum hatte.

Die Entwicklung in der Tschechoslowakei erweckte nach wie vor meine Aufmerksamkeit. Ein neuerlicher Besuch in Prag trug dazu bei. In unserem Partnerinstitut hatte es zwar gewisse Veränderungen gegeben, doch traf ich viele alte Bekannte, und die Gastfreundschaft wie unser kameradschaftliches Verhältnis waren wie eh und je.

Die Ereignisse von 1968 bewegten mich wie kaum ein anderes Ereignis der internationalen Politik. Sie hatten folgenschwere Auswirkungen, stärkere, als ich damals annahm. Meine seinerzeitige Bewertung war unvollständig, nicht kritisch genug. Außerdem mußten erst Jahrzehnte später erschlossene Quellen zu wichtigen neuen Erkenntnissen führen.

Die Ursprünge des Prager Frühlings lagen, wie ich zutreffend einschätzte, in den Mängeln des bisher praktizierten Sozialismusmodells. Eine Erneuerung war objektiv erforderlich. Für eine erfolgreiche Reform fehlten ausgereifte Konzepte, ganz besonders auch die Bereitschaft und Fähigkeit der Führungen in allen sozialistischen Ländern, einen konstruktiven Diskurs über die weitere Erneuerung des Sozialismus zuzulassen. Auch hier zeigte sich, wie unheilvoll das Demokratiedefizit war, das in der ersten Hälfte des 20. Jahrhunderts den Sozialismus – zugegeben: unter Bedingungen seiner feindlichen kapitalistischen Umwelt – deformiert hatte. Das mußte nicht so sein, war aber der Hauptgrund für eine Politik mit nicht gewollten, aber so unheilvollen Folgen.

Der Einmarsch in die CSSR wurde mit der Sorge begründet, daß eine Intervention der NATO drohe. Auch wenn dies überzogen war: Das Motiv der Friedenserhaltung sollte nicht geringgeschätzt werden. Der Kalte Krieg dauerte noch an, er konnte schon bei einem geringen Anlaß außer Kontrolle geraten und selbst zu einem atomaren Vernichtungskrieg auswuchern. Das darf man nicht übersehen. Dennoch ist das weniger als die halbe Wahrheit.

Nicht minder groß war die Furcht in Moskau und in anderen Hauptstädten vor einer bisher unüblichen politischen wie wirtschaftlichen Reformierung des Sozialismus, die auf die Entwicklung in den eigenen Ländern einwirken könnte. Verbunden war das offensichtlich mit primitivem Machtbeharren, den Gewohnheiten, die sich aus dem scheinbar bewährten administrativ-bürokratischen System in den letzten Jahren ergeben hatten. Auch darin zeigten sich die unheilvollen Folgen des Demokratiedefizits, für dessen notwendige Überwindung im Interesse des Sozialismus in Prag neue Wege proklamiert worden waren. Sie waren bestimmt nicht genügend durchdacht, konnten aber ein Impuls für neues Denken und Handeln in der ganzen sozialistischen Gemeinschaft sein. Hier erwies sich insbesondere die nach der Ablösung Chruschtschows von Breshnew umgestaltete Moskauer Führung als kontraproduktiv. Statt die Erkenntnisse des XX. Parteitags zu vertiefen, griff man auf bereits verurteilte und dem Sozialismus artfremde Vorrechte eines Hegemon zurück.

Die Besetzung der Tschechoslowakei verstieß gegen das Völkerrecht. Daran änderte die nachträgliche Zustimmung durch den Präsidenten und die Regierung der CSSR nichts. Die Außenpolitik der UdSSR behielt ihren friedliebenden Charakter, trug unmittelbar nach 1968 sogar erfolgreicher zum Entspannungsprozeß bei, hatte aber trotzdem an Glaubwürdigkeit eingebüßt.

Die Tschechoslowakei blieb ein souveräner Staat. Sie erhielt von der Sowjetunion mehr wirtschaftliche Unterstützung als manch anderer. In der Innenpolitik wurde das Klima wieder rauher.

Niemand kann heute schlüssig deuten, wie die Entwicklung verlaufen wäre, hätte es die Invasion nicht gegeben und wäre durch ein konstruktives Zusammenwirken aller sozialistischer Staaten der in Prag begonnene Prozeß der Erneuerung zum Erfolg geführt und zugleich von den negativen, für den Sozialismus destruktiven Begleiterscheinungen bewahrt worden.

Die Entwicklung verlief anders. Die Invasion beförderte mit ihren Auswirkungen den weiteren Niedergang und die spätere Implosion des europäischen Sozialismus. Die eigentliche Ursache war sie aber nicht.

Siegt endlich die Vernunft?

Für das DIZ hatte sich erneut eine wesentliche Umstellung angebahnt. Die wissenschaftlich-technische Revolution hatte in bisher ungekannter Weise die Nutzung der elektronischen Datenverarbeitung auf die Tagesordnung gesetzt. Wir planten das Pressearchiv, damit die Auskunftsfähigkeit und auch die Analysetätigkeit auf die Anwendung von Computern umzustellen. Sie waren in ihrem Ausmaß mit heutigen PC nicht vergleichbar und auch sehr kostspielig. Die materiellen Mittel, die zunächst zugesagt wurden, standen dann nicht zur Verfügung. Die DDR konnte auch in anderen Bereichen bei diesem wirklich revolutionären Prozeß mit entwickelten Industriestaaten nicht mithalten. Trotzdem sammelten wir wichtige Erfahrungen, konnten manches in der Arbeit modernisieren.

Im Juni 1969 schloß ich die Vorbereitungen an der vierten erweiterten Ausgabe meiner »Kurzen Geschichte der DDR« ab. Sie hatte nunmehr einen Umfang von 750 Druckseiten erreicht, übertraf damit die erste Ausgabe um fast die Hälfte. Es waren Ergänzungen, aber auch einige Präzisierungen erforderlich, bei denen mir wieder Helga Schirrmeister viel geholfen hatte. Sie war seit einigen Jahren als meine Assistentin tätig und arbeitete an ihrer eigenen Dissertationsschrift.

Die 4. Ausgabe hatte wieder eine hohe Auflage. Ich bewertete das als Billigung meiner Konzeption. Zu ihr gehörte auch die folgende These aus dem neuen Vorwort, die meine damalige Sicht exakt reflektierte: »Es gibt mit Sicherheit keinen anderen Abschnitt in der jahrhundertealten deutschen Geschichte, der so reich an Ereignissen, so vielschichtig, so entscheidend, so bewegt und zugleich so diffizil ist wie die Geschichte des letzten Vierteljahrhunderts. Diese Zeit, die Geschichte der größten deutschen Revolution, mit der eine neue Epoche im Leben des deutschen Volkes begann, einzufangen, den bleibenden Wert der Ereignisse einzuschätzen und das Schöpfertum der revolutionären Kräfte unseres Volkes, aber auch die Handlungen ihrer Widersacher, die das Rad der Geschichte aufhalten oder noch lieber zurückdrehen wollen, nachzugestalten und zu werten, war reizvoll und schwierig zugleich.«[55]

In der DDR wurde offiziell zunehmend von einem umfassenden oder entwickelten Sozialismus gesprochen. Gemeint war damit, daß die Gesellschaftsordnung nicht einfach eine antikapitalistische war, sondern sich im Vergleich zu den 50er Jahren bereits weitgehend gefestigt hatte. Zweifellos war ein beträchtlicher Grad der Stabilität erreicht, die Erfolge sollten auch aus heutiger Sicht nicht unterbewertet werden. Die DDR hatte trotz ungünstiger Startbedingungen, die durch die Folgen der deutschen Spaltung sich weiter verschärfen mußten, hinsichtlich des Volkswohlstands und nicht nur darin eine Spitzenposition unter den sozialistischen Ländern. Dennoch war die DDR eher ein Land des *sich entwickelnden* Sozialismus, wobei diese Entwicklung leider auch nicht geradlinig in die Zukunft wies.

Spürbare negative Erscheinungen sah ich mehr als Überbleibsel der Vergangenheit oder Reaktionen auf von außen erfolgende Diversionshandlungen an. Dabei führte die autoritäre Ausrichtung der gesamten Politik, die eine demokratischen Entscheidungsfindung ausschloß, mehr und mehr zu den hausgemachten Fehlern. Hinzu kam eine wachsende Entfremdung zwischen der Führung und dem Volk, eine gerade für den Sozialismus so höchst gefährliche Entwicklung. Die dem sozialistischen Neuaufbau anhaftenden Unzulänglichkeiten waren nicht nur Wachstumsschwierigkeiten, jedoch revidierbar.

Mich beschäftigte zur gleichen Zeit die Mitarbeit an zwei weiteren wichtigen Vorhaben. Maßgeblich hatte ich Anteil an der Herausgabe eines Lehrbuchs zur Geschichte der neuesten Zeit für die Oberschulen, während ich bei der Fertigstellung einer dreibändigen Geschichte des deutschen Volkes nur einer der vielen Autoren war.

Im Sommer 1970 nahm ich am Internationalen Historikerkongreß teil, der diesmal in Moskau und damit erstmalig in einem sozialistischen Staat stattfand. Zeitgleich erfolgte die Unterzeichnung des Moskauer Vertrages zwischen der UdSSR und der BRD. Im Vorjahr hatte in Bonn eine sozialliberale Koalition die Regierungsgeschäfte übernommen. Mit dem Sozialdemokraten Willy Brandt stand erstmals ein ausgewiesener Antifaschist an der Spitze der Bundesregierung. Unter seiner Federführung wurde eine neue Ostpolitik formuliert. Bereits bei seiner Regierungserklärung hatte er von »zwei Staaten in Deutschland« gesprochen, was insofern sensationell war, als damit erstmals in Bonn die DDR als Staat akzeptiert wurde. Doch versäumte es Brandt, auch nur Andeutungen zu machen, wie er sich eine Normalisierung der Beziehungen zwischen den real bestehenden zwei deutschen Staaten vorstellte.

Der Moskauer Vertrag war das erste Abkommen, mit dem die neue Bundesregierung für die BRD die Bereitschaft bekundete, die Ergebnisse des Zweiten Weltkriegs anzuerkennen und an der internationalen Entspannung mitzuwirken. Das begrüßte ich.

Die Vereinbarungen mit der Sowjetunion enthielten auch das Versprechen Bonns, ein geregeltes Verhältnis zur DDR einzugehen und dabei ihre Staatsgrenze so wie alle übrigen Staatsgrenzen in Europa zu akzeptieren. Das war schon sehr viel.

Mit dem Moskauer Vertrag ein auch wesentliches Hemmnis auf dem Weg zur Einberufung der Konferenz über die europäische Sicherheit ausgeräumt. Frei war er jedoch noch nicht.

Der Mißklang zwischen (Ost-)Berlin und Moskau dürfte 1970 größer gewesen sein, als ich damals annahm. Er gesellte sich zu anderen Meinungsverschiedenheiten. Entgegen heute vorherrschenden Wertungen gehörte Walter Ulbricht durchaus nicht zu den dogmatischen »Betonköpfen«. Er hatte die These begründet, daß der Sozialismus nicht eine Übergangsphase beim Aufbau des Kommunismus sei, sondern eine längere Periode in der Entwicklung der menschlichen Zivilisation darstelle. Er sprach von einer »relativ selbständigen« neuen Gesellschaftsformation. Das mußte in anderen Ländern, vor allem in der Sowjetunion, auf Widerspruch stoßen. In der DDR sollten das einige seiner engsten Gefährten ausnutzen.

Von all dem merkte ich nichts, als mich Walter Ulbricht zu sich bestellte. Er eröffnete mir, daß in der DDR die Gründung eines Ausschusses bevorstehe, der sich für eine gesamteuropäische Sicherheitskonferenz engagieren solle. Dem Gremium sollten namhafte Vertreter des öffentlichen Lebens angehören. Ich sollte neben meiner Arbeit als Direktor des DIZ ehrenamtlich die Aufgaben eines Sekretärs übernehmen. Zunächst erwarte er von mir Vorschläge für die Mitglieder und die Arbeit des Ausschusses. In Belgien, so sagte Ulbricht, hätten sich Sozialisten, Kommunisten und Vertreter christlich-demokratischer Kreise für ein solches nichtstaatliches Gremium in ihrem Lande ausgesprochen. Auch in anderen Ländern gebe es ähnliche Bestrebungen. Die Idee war für mich nicht neu, hatte ich doch an den zwei Treffen in Wien teilgenommen, auf denen eine stärkere Mitwirkung der Öffentlichkeit des Kontinents gefordert worden war. Ohne Bedenken stimmte ich dem neuen Auftrag zu.

Die Konstituierung erfolgte im Frühjahr 1970 in der Berliner Humboldt-Universität. Wissenschaftler, Schriftsteller, Künstler, Kirchenvertreter, Parlamentarier, Sportler und Journalisten wählten den Vorsitzenden des Forschungsrates der DDR, Prof. Dr. Max Steenbeck, zum Präsidenten des Komitees. Steenbeck war ein international anerkannter Physiker, der einst in Berlin zu den technischen Leitern des Siemens-Konzerns gehört hatte und von 1945 bis 1956 an der Entwicklung der sowjetischen Atomindustrie mitwirkte.

Steenbeck nahm von Anfang an erheblichen Einfluß auf die konzeptionelle Arbeit des Komitees. Eigentlich bestand meine Aufgabe darin, die Vorstellungen der SED über Friedens- und Entspannungspolitik ins Komitee zu tragen. Das tat ich gern und es war nicht schwer. Am Friedenswillen der SED zweifelte niemand.

Unser Institut konzentrierte sich insgesamt noch stärker auf die Vorbereitung einer europäischen Sicherheitskonferenz. Die Regierung Finnlands signalisierte ihre Bereitschaft als nichtpaktgebundener Staat, Gastgeber für eine solche Konferenz sein zu wollen.

Auch in der Bundesrepublik waren die Fürsprecher eines Entspannungsprozesses wesentlich aktiver geworden. Das bemerkte ich, als der Leiter des »Haus Rissen«, einer angesehenen Bildungs- und Begegnungsstätte in Hamburg, bei mir zu einem längeren Gespräch aufkreuzte. Frühere Berührungsängste hatte er nicht mehr. Dabei war seine Einrichtung eher als eine konservative einzustufen. Doch er pflegte jetzt mit der sozialdemokratischen Regierung unter Brandt genau so gute Beziehungen wie vordem mit den CDU-Regierungen. Entspannungs- und Friedenspolitik schien für die Mitarbeiter von »Haus Rissen« ein neues Gebiet zu sein.

Ich nahm eine Einladung zum Gegenbesuch an.

Das »Haus Rissen« lag in einem der schönen Vororte Hamburgs an der unteren Elbe. An der Zusammenkunft nahmen Beamte aus verschiedenen Einrichtungen, einschließlich Bundeswehr, sowie Publizisten und Wirtschaftsmanager teil. Für sie war es die erste Begegnung mit der »anderen Seite«. Die Atmosphäre war sachlich und weniger polemisch als erwartet. Wir verabredeten, die Kontakte fortzusetzen und sie vielleicht zu einer Zusammenarbeit auszubauen.

Das geschah dann auch in den folgenden Jahren. Die Treffen im »Haus Rissen« begleiteten den weiteren Prozeß einer Normalisierung der deutsch-deutschen Beziehungen, die Überwindung der immer wieder auftauchenden Unebenheiten.

Eine andere Einladung aus Hamburg kam vom »Bergedorfer Gesprächskreis«, wo vor allem Angehörige der Eliten ungezwungen über aktuelle Fragen debattierten. Die von der Körber-Stiftung ins Leben gerufene und finanzierte Einrichtung hatte bundesweit Gewicht.

Die Zusammenkunft fand im Juni 1970 nicht in Hamburg, sondern in Leningrad mit Unterstützung des Sowjetischen Friedenskomitees statt. An den Debatten nahmen Wissenschaftler und Publizisten aus insgesamt 15 Ländern teil. Auffallend war, daß die Teilnehmer aus der DDR von den alteingesessenen »Bergedorfern« zunächst wie Deutschsprechende aus einer anderen Welt betrachtet wurden. Das Klima erwärmte sich dann aber beiderseits schnell.

Die Konfrontation in den Jahren des Kalten Krieges hatte Mauern im Denken und Verhalten errichtet, die nur schwer abzubauen waren.

Dennoch wurde es insgesamt zu einem vom Streben nach gegenseitigen Verständnis getragener Diskurs.

Wirklich souverän und eindrucksvoll in der Debatte war Marion Gräfin von Dönhoff, die sich neben Eugen Kogon deutlich für den europäischen Entspannungsprozeß aussprach, bei dem die Bundesrepublik eine aktive Rolle spielen sollte. Sie verschwieg dabei keineswegs ihre Vorbehalte zur Politik der Sowjetunion und der DDR.

Enttäuscht hingegen war ich vom Herausgeber des »Spiegel«. Rudolf Augstein hielt sich in der Debatte erkennbar zurück und betrachtete seine Reise in die Sowjetunion mehr als touristischen Ausflug, wie mir schien. Mit Günter Grass und Theo Sommer gab es trotz einiger Differenzen ebenfalls mehr Übereinstimmung in der Haltung zu den anstehenden Grundfragen.

Gegen ein längerfristiges, aber geregeltes Nebeneinanderbestehen von zwei deutschen Staaten gab es bei diesem Treffen von niemanden Einwände. Irgendwie angeheizt aber war die Diskussion über das weitere deutsch-deutsche Verhältnis durch die damals in der DDR umlaufenden Überlegungen über die Entwicklung der deutschen Nation. In der Verfassung von 1968 hieß es, daß die DDR ein »sozialistischer Staat deutscher Nation« sei. Jetzt meinten einige in der DDR, daß sich angeblich zwei Nationen auf deutschem Boden herausbildeten. Die Pseudotheorie von einer sozialistischen Nation sollte die angebliche Notwendigkeit einer politischen Kehrtwendung rechtfertigen. Von einer nationalen Wiedervereinigung sollte nicht mehr die Rede sein. Der Appell zu »Deuschland, einig Vaterland« aus der

Nationalhymne der DDR wurde suspekt. »Abgrenzung vom Imperialsimus« war dafür das Modewort.

In Leningrad lieferte Jürgen Kuczynski hierzu eine Anmerkung, mit der er Aufsehen erregte. Nach seiner Auffassung existiere in der Bundesrepublik eine deutsche »Restnation«, während in der DDR eine neue deutsche Nation entstanden sei. Wörtlich erklärte er den erstaunten Zuhörern laut Protokoll: »In der DDR hat sich die Arbeiterklasse (im Einklang mit einer Aufforderung von Marx) als Nation konstituiert. Wir sind selbstverständlich der Ansicht, daß die Bundesrepublik ebenfalls eine Art Nation darstellt – nun, nennen wir es einmal: ein Restnation, nämlich in Kontinuität des alten Deutschland, in dem die Arbeiterklasse noch nicht die Macht hatte, sondern die Großbourgeoisie oder, spezifischer, die Monopole.«[56]

Wie oft bei meinem Freund Jürgen, den ich seit langem hoch achtete, wenn ich ihm auch mitunter widersprach, hatte er eine undurchsichtige, ja recht unterschiedlich auslegbare Definition gewählt. Das zeigte sich in der anschließenden Debatte wie auch später im Presseecho – in der DDR wie in der BRD. Die einen wollten Kuczynskis Bemerkung so auslegen, daß in Westdeutschland nur noch Reste einer alten historisch abgewirtschafteten Nation, die in der Vergangenheit so viel Unheil über Europa und auch das deutsche Volk gebracht habe, weiter existierten. Andere wiederum hielten seine Formulierung für ein verklausuliertes Eingeständnis, daß sich die DDR aus der deutschen Nation verabschieden wollte und eben deshalb die BRD den eigentlichen Rest der in Jahrhunderten entstandenen deutschen Nation mit all ihren Zügen, ihren positiven wie negativen, darstelle, aber vielleicht auch deshalb die Zukunft der deutschen Nation verkörpere. In Leningrad hatte JK einer peinlichen Diskussion die Schärfe genommen. Das Problem selbst blieb aber und hatte, wie manches andere, 1989 folgenschwere Auswirkungen.

Ich äußerte mich in Leningrad bewußt nicht zu diesem umstrittenen Begriff der Nation, vertrat dagegen die Meinung, daß es Demagogie sei, die Anerkennung der DDR entsprechend den allgemeinen Prinzipien des Völkerrechts damit zu verweigern, daß sich so die beiden deutschen Staaten gegenseitig als Ausland behandeln müßten. Die DDR und die BRD müßten sich schon deshalb strikt an das Völkerrecht halten, weil ihre Grenze zugleich die Grenze zwischen den beiden politischen, wirtschaftlichen und militärischen Systemen in Europa sei. Deshalb sei die Anerkennung der Realitäten nicht als Maximalforderung anzusehen, wie das Günter Grass formuliert habe.

Auf Vorschlag von Eugen Kogon wurde zum Abschluß eine Pressenotiz angenommen, in der es u. a. hieß: »Volle Einmütigkeit bestand in der Auffassung als dem obersten Prinzip, daß zwischen den Staaten Europas und von Europa aus Konflikte nie mehr durch Krieg ausgetragen werden dürfen.«[57]

In Leningrad gab der Stadtsowjet einen Empfang. Günter Grass erklärte, als Deutscher verstünde er gerade in dieser Stadt sehr gut, wie wichtig es sei, tolerant zu sein. Die Gastgeber konnten diese Bemerkung aus naheliegenden Gründen nicht verstehen: Während der faschistischen Blockade waren fast eine Millionen Menschen in der Stadt verhungert. Bei diesem Massenmord mußten sich nach meiner Meinung für einen Deutschen Vokabeln wie »Toleranz« verbieten.

Ich hielt es darum für angezeigt, dem mißverständlichen Trinkspruch von Grass eine Erklärung nachzuschieben. Der Schriftsteller nahm mir das nicht übel. Er erklärte, daß er damit mehr an jene Landsleute appelliert habe, die meinten, daß primär ihnen 1945 Unrecht angetan worden sei, und dabei das Leid anderer übersehen würden, das zuvor in deutschem Namen anderen Völkern angetan wurde. So konnten das die Gastgeber wohl kaum deuten.

Dieser kleine Zwischenfall bestätigte meinen Eindruck, daß wir wirklich aus zwei verschiedenen Welten kamen. Für Grass blieben selbst in Leningrad die Deutschen die eigentlichen Kriegsopfer.

Ein Jahr später lud der Bergedorfer Gesprächskreis nach Hamburg ein. Die Teilnehmer vermittelten diesmal noch stärker den Eindruck, daß dieses Forum zu den Wegbereitern der neuen Entwicklung gehörte. Die Diskussion war deshalb auch nicht so zugespitzt. Sie brachte nach meinem Eindruck weniger Neuwert, bewies aber, daß sich in so kurzer Zeit ein weitgehender Konsens durchgesetzt hatte. Das Bekenntnis zur Entspannung und die Akzeptanz von zwei Gesellschaftssystemen in Europa, auch von zwei deutschen Staaten, hatte sich weitgehend durchgesetzt.

Bei anderen Begegnungen spürte ich ebenfalls, wie sich das internationale Klima veränderte. Gradmesser waren die Tagungen, die das Wiener Institut für den Frieden abhielt. Als Vorsitzender des Wissenschaftlichen Beirats des Instituts war ich maßgeblich an der Vorbereitung und Realisierung der Zusammenkünfte beteiligt.

Zeichen mit anregenden Beiträgen setzten Johan Galtung aus Oslo, Gerhard Kade aus Darmstadt, Dieter Senghaas aus Frankfurt am Main, Georg Fuchs und Rudolf Weiler aus Wien, Daniel Frei aus Zürich, Grigorij Morosow und Witali Shurkin aus Moskau und Maciej Perczynski aus Warschau. Obgleich die Dispute sehr sachlich waren, blieb auf beiden Seiten immer ein Rest Mißtrauen. Nach meinem Eindruck war es bei den Vertretern der westlichen Institute größer als bei den Teilnehmern aus dem Osten. Möglicherweise lag das an unserer Überzeugung, mit dem Marxismus-Leninismus den einzig richtigen Schlüssel zur Erkenntnis der Welt zu haben.

Die Dispute zwischen den Wissenschaftlern aus Ost und West nahmen an Sachlichkeit zu, wenn auch auf beiden Seiten immer noch ein Rest von Mißtrauen blieb. Im Frühjahr 1970 rangen sich die Pariser Institute zu dem bis dahin verzögerten Entschluß durch, eine Tagung des seit 1967 bestehenden gesamteuropäischen Arbeitskreises politologischer Institute nach Frankreich einzuberufen. Das französische Außenministerium hatte nach längerem Zögern seine Zustimmung gegeben, auch für eine Teilnahme von Wissenschaftlern aus der DDR.

Mit der Einladung aus Paris wurden Gerhard Hahn, Direktor des Instituts für internationale Beziehungen Potsdam-Babelsberg, und ich beim französischen Konsulat in Westberlin zwecks eines Visums vorstellig. Wir füllten einen langen Fragebogen aus. Das Reisebüro der DDR könnte rechtzeitig das Visum abholen, wurde uns gesagt. Auf Nachfragen hieß es stets, Paris hätte noch nicht zugestimmt.

Unsere Partner in Paris erklärten uns dagegen, daß vom Außenministerium die Einreise genehmigt sei. Ein abgekartetes Spiel? Für das Reisebüro nichts Ungewöhnliches. Die alliierten Dienststellen in Westberlin handelten noch stärker im Ungeist des Kalten Krieges als selbst die Regierungen der NATO-Staaten. Nur zu oft kamen Delegationen der DDR viel zu spät oder gar nicht zu Tagungen oder Verhandlungen. Endlich kam der Bescheid, die Visa könnten abgeholt werden. Die Behörde in Westberlin ließ aber – Kenntnis der Flugpläne – die Abgesandten des Reisebüros warten.

Unser Außenministerium hatte in Schönefeld gebeten, den Start der LOT-Maschine nach Paris zu verzögern. Die Mitarbeiterin des Reisebüros reichte am Grenzübergang unsere Pässe über den Zaun. Bis zum planmäßigen Abflug blieben nur noch 15 Minuten. Wir sprangen in meinen Dienstwagen. Mein Fahrer schaltete die Scheinwerfer ein, drückte ständig auf die Hupe und brauste mit erheblich überhöhter Geschwindigkeit zum Flughafen. Die weißen Mäuse auf den Kreuzungen gaben den Weg in der Annahme frei, es handle sich um ein Fahrzeug in Sondermission. Vergeblich. Kurz vor Schönefeld sahen wir, wie die polnische Maschine abhob. Der Abflug konnte nicht noch länger hinausgezögert werden. Für die Benutzung der Luftkorridore zwischen Berlin und der Bundesrepublik gab es strenge Vorschriften.

Wir telefonierten mit dem Außenministerium. Das Interesse an der Tagung, einer ersten dieser Art, war schon groß. Unbürokratisch wurde die wesentlich teurere Route über Kopenhagen genehmigt.

Gemeinsam mit Gerhard Hahn, Direktor des Instituts für internationale Beziehungen Potsdam-Babelsberg, reiste ich auf Umwegen und damit verspätet nach Chartres. Die französischen Gastgeber hatten die Tagung in diese malerische Stadt verlegt. Vielleicht war dadurch die ganze Atmosphäre kollegialer. Wir wurden mehr als freudig begrüßt. Bis zu unserer Ankunft war ungewiß, ob die Konferenz überhaupt stattfinden werde. Die Teilnehmer aus den sozialistischen Ländern beharrten darauf, bis zu unserem Eintreffen zu warten.

Am späten Nachmittag trafen wir in Paris ein. Der Leiter unserer Handelsvertretung empfing uns erfreut. Er brachte uns durch den dichten Verkehr in die Stadt und setzte uns in den Zug nach Chartres. Die französischen Gastgeber hatten die Tagung in diese malerische Stadt verlegt. Vielleicht war dadurch die ganze Atmosphäre kollegialer. Wir wurden mehr als freudig in Chartres begrüßt. Bis zu unserer Ankunft war ungewiß, ob die Konferenz überhaupt stattfinden würde. Die Teilnehmer aus den sozialistischen Ländern hatten jedoch darauf beharrt, bis zu unserem Eintreffen zu warten.

Die Tagung veränderte das Klima der Zusammenarbeit zwischen den Instituten. Der Realitätssinn aller Teilnehmer widerstand allen Intrigen und Vorhaltungen. Auch mit den Wissenschaftlern aus Bonn waren wir uns einig, daß die Anbahnung bilateraler Kontakte herangereift sei. Es wurden keine Dokumente beschlossen, das war nicht vorgesehen. Wir gingen jedoch in der Überzeugung auseinander, daß eine Konferenz über Sicherheit und Zusammenarbeit, an der neben allen europäischen Staaten auch die USA und Kanada teilnehmen sollten, auf die Tagesordnung gerückt war.

Die Beratung in der Nähe von Paris erwies sich als Auftakt für weitere Treffen, die in zweijährigen Rhythmus stattfanden. In Erinnerung sind mir sachliche, mitunter auch heiße Debatten in Brüssel und Moskau, in Oslo und Warschau wie auch in Berlin. Für über zwei Jahrzehnte wurden diese Treffen zu einem Mechanismus des konstruktiven Dialogs, der dem Entspannungsprozeß und dem Erkenntnisgewinn aller diente.

Die Teilnehmer vertraten nicht selten Positionen, die mit denen der offiziellen Politik nicht übereinstimmten. Es gab auch keine Verlautbarungen in der Presse. Doch war es ein offenes Geheimnis, daß die Institutsvertreter intern die jeweiligen Regierungsstellen informierten. Der Dialog sollte dadurch positive Folge haben. Im bestimmten Umfang ist das wohl auch gelungen.

Bei unserem Frankreichbesuch ergab sich nach der Konferenz zu unserer Freude die Möglichkeit, noch einige Tage Paris zu besuchen. Wir bezogen Quartier in einem bescheidenen kleinen Hotel, besorgten uns einen Stadtführer und kreuzten mit der Metro und vor allem auch zu Fuß von früh bis spät abends durch diese lebendige Stadt. Es war wie ein Marsch durch die Geschichte. Auch später, nach Besuchen in London, Rom, Brüssel, Amsterdam oder Stockholm habe ich keine andere Stadt so in mein Herz geschlossen wie Paris.

Die Reise hatte sich trotz aller Schwierigkeiten in jeder Hinsicht gelohnt. Schon deshalb, weil endgültig die außenpolitische Forschung der DDR im gesamteuropäischen Rahmen als gleichberechtigter Partner anerkannt worden war. Wir hatten das erwartet, fanden bestätigt, daß alle anderen Institute ebenfalls mit Wasser kochten. Nur das große Moskauer Akademieinstitut hatte einen qualifizierteren Weltblick und auch mehr Einfluß auf die große Politik.

Führungswechsel im »Großen Haus« und seine Folgen

Nach der Ankunft auf dem Flughafen in Berlin-Schönefeld wurden wir von der Nachricht überrascht, daß Walter Ulbricht zurückgetreten und Erich Honecker zum neuen Ersten Sekretär des Zentralkomitees der SED gewählt worden sei. In der offiziellen Mitteilung hieß es, Ulbricht habe aus Altersgründen von seiner bisherigen Funktion entbunden werden wollen. Er blieb Vorsitzender des Staatsrates und wurde in Ehrung seiner Verdienste Vorsitzender der SED. Mir leuchtete die Begründung ein. Mit weit über 75 Jahren sollte man nicht mehr an der Spitze der Partei und damit auch des von ihr geführten Staates stehen. In diesem Alter ließen objektiv Belastbarkeit und Leistungsvermögen nach. Oft war das gepaart mit Altersstarsinn. Ich dachte an Stalin und Adenauer, auch an Chruschtschow und Mao Tse-tung und wußte um die unheilvollen Konsequenzen.

Es erfüllte mich mit Genugtuung, daß man in Berlin eine Lösung gefunden zu haben schien, die sich positiv von anderen Machtwechseln unterschied. Ulbricht wurde in Würde verabschiedet. Zudem wurde der Staatsrat deutlicher als kollektives Staatsoberhaupt herausgestellt, dem mehr repräsentative Aufgaben zukamen.

Im Fernsehen fiel mir jedoch eine Szene unangenehm auf: Erich Honecker drängte demonstrativ seinen Ziehvater zur Seite, statt dem Älteren, der überdies Parteivorsitzender und Staatsoberhaupt war, in gebotener Höflichkeit den Vortritt zu gewähren.

Erich Honecker war für mich weitgehend ein unbeschriebenes Blatt. Während ich mit anderen Mitgliedern des Politbüros bei verschiedenen Anlässen zusammengetroffen war, konnte ich mich nur an eine Begegnung mit Honecker erinnern, bei der er mir aber nicht gerade positiv aufgefallen war. Mitte der 60er Jahre hatte ich an der Ausarbeitung eines Dokuments mitgewirkt, das vom Politbüro bestätigt werden sollte. Nach meiner Erinnerung handelte es sich um Thesen zum Tag der Befreiung vom Hitlerfaschismus. Da der Leiter unseres Kollektivs, Kurt Hager, erkrankt war, sollte ich das Dokument vorstellen bzw. begründen. Wir hatten das Thema zum Anlaß genommen, um auch das 1944 gescheiterte Attentat auf Hitler eindeutiger in die Widerstandsbewegung einzuordnen und damit etwas anders zu bewerten, als es bis dahin in der DDR geschah.

An dieser Passage entfachte sich eine Diskussion, bei der die Meinungen beträchtlich auseinandergingen. Walter Ulbricht mußte wegen eines anderen Termins die Beratung vorzeitig verlassen und wies lediglich darauf hin, daß man die historische Bedeutung des versuchten Umsturzes weder überbewerten noch unterschätzen dürfe. Da er gescheitert sei, könne niemand gültig erklären, zu welchen Folgen die mutige Tat und der geplante Putsch geführt hätten. Geschichte sei in ihrem Verlauf immer offen.

Genau so verhielt es sich nach seinen Worten mit dem Angebot an die SPD zu einem Redneraustausch. Noch könne niemand sagen, welche Folgen sich aus der Initiative der SED ergeben könnten.

Honecker übernahm nach Ulbrichts Weggang die Leitung der Beratung und sprach sich dafür aus, bei der Endredaktion Ulbrichts Einschätzungen getreu und in voller Länge zu übernehmen. Er wiederholte sie fast wörtlich und das in einem Ton der Unterwürfigkeit, der mir mißfiel. Hager stimmte meinem Vorschlag zu, bei einem anderen Anlaß den 20. Juli und seine Einordnung in den Widerstand zu behandeln – hier würde es den Rahmen sprengen. Es ging schließlich um die Bedeutung des Sieges der Antihitlerkoalition.

Nach der Wahl Erich Honeckers erinnerte ich mich dieser Beratung. Und mich beschlichen unangenehme Gefühle.Ich merkte bald, daß er nur ungenügendes Verständnis für theoretische Fragen besaß, schon gar nicht für solche, die sich aus der Geschichte ergaben. Er entwickelte auch nur selten neue Ideen zu aktuellen Problemen.

Er schien aber kontaktfreudig zu sein und verdiente allein schon deshalb Respekt, weil er derjenige im Politbüro war, der am längsten im faschistischen Kerker gesessen hatte. Zehn Jahre! Damit verkörperte er wie kein anderer die antifaschistische Grundhaltung der DDR.

Im Juli 1971 nahm ich als Gast am VIII. Parteitag der SED teil. Er verlief in traditioneller Weise. Später hieß es, er habe eine Wende vollzogen und den Menschen ins Zentrum des Sozialismus gerückt. Die »Einheit von Wirtschafts- und Sozialpolitik« wurde zur Hauptaufgabe erklärt. So neu fand ich das nicht. Der Sinn der Wirtschaftspolitik sollte in einem sozialistischen Staat grundsätzlich immer darin bestehen, die Lebensbedürfnisse der Menschen stets besser zu befriedigen. Das war ja der kardinale Unterschied zur kapitalistischen Wirtschaftsweise, die primär der Profitmaximierung diente. Jürgen Kuczynski nahm ebenfalls am Parteitag als Gast teil. Ich sprach ihn wegen eines Artikels an, den er unlängst in der »Weltbühne« unter dem Titel »Mein Genosse Erich Honecker« veröffentlicht hatte. Er strotzte von Lobeshymnen auf den neuen ersten Mann, was ich peinlich empfand. Doch er hatte auch eine merkwürdige Passage. Mein Freund Jürgen vermerkte, daß Honecker an viele Probleme sehr engagiert herangehe und sich in der Einschätzung des Kapitalismus strikt an das halte, was eben er, Jürgen, ihm erläuterte oder publizierte. Deshalb fragte ich meinen Freund: »War das der eigentliche Sinn des Artikels? Du lobst Honecker überschwenglich, um ihn als theoretisch ungebildet hinzustellen?«

»Meinst du wirklich, daß man den Artikel so deuten kann?«

Diese Frage war wohl eine Antwort. Schlitzohrig und sympathisch.

Vom VIII. Parteitag gingen zweifellos Impulse aus. Die 70er Jahre wurden insgesamt zu jener Zeit, in der die DDR bemerkenswerte Erfolge bei der Entwicklung der Volkswirtschaft wie des Wohlstands der Menschen erzielte. Das stärkte auch die Verbundenheit der Bürger zu ihrem Staat, nicht zuletzt ihr Bekenntnis zum Sozialismus. Dennoch blieben nicht wenige Unstimmigkeiten, die man kritisch analysieren mußte. Sie ergaben sich sowohl aus mehr historisch begründeten Ursachen, vor allem auch jenen, die mit der deutschen Spaltung zusammenhingen, wie aus subjektiven Fehlentscheidungen bzw. einer wachsenden Entfremdung der sogenannten Partei- und Staatsführung von den eigentlichen Erbauern der neuen Gesellschaftsordnung, wie auch den humanistischen und emanzipatorischen Werten des Sozialismus.

Für mich brachte der Führungswechsel eine nicht erwartete Entscheidung. Sie wurde von mir zunächst voll gebilligt, erwies sich dann aber doch als ein Einschnitt, der nicht nur positive Auswirkungen hatte. Unerhofft wurden die Mitarbeiter des Deutschen Instituts für Zeitgeschichte informiert, daß sich unser Institut zusammen mit dem Deutschen Wirtschaftsinstitut und dem Staatssekretariat für westdeutsche Fragen zu einem neuen Institut zusammenschließen sollte. Die Gründung dieses neuen Instituts für internationale Politik und Wirtschaft (IPW) erfolgte im Schnelltempo. Selbstverständlich wurde damals in der DDR bei dieser Neugründung niemand arbeitslos, keinem entstanden finanzielle Nachteile. Durch den Zusammenschluß zum Großinstituts mit etwa 500 Mitarbeitern und einer besseren Ausstattung ergaben sich Vorteile, die jeder sah.

Der eigentliche Nachteil bestand darin, daß das IPW weitaus stärker an die Weisungen der Obrigkeit gebunden war. Die relative Eigenständigkeit war dahin.

Zum Direktor des IPW wurde Herbert Häber, der bisherige Stellvertreter des Staatssekretärs für westdeutsche Fragen, berufen. Der Direktor des DWI, Lutz Meyer, und ich wurden seine Stellvertreter. Wir beide waren mit dieser Entscheidung schon deshalb zufrieden, weil diese Funktion uns von manch unangenehmer Last befreite. Jetzt mußte sie der Direktor tragen. Nachteilig war: Ich hatte fortan weniger Einfluß auf die Grundrichtung der zeitgeschichtlichen Forschung oder des politologischen Denkens.

Die Zusammenarbeit in unserem Leitungskollektiv gestaltete sich gut. Häber hatte zwar kaum Erfahrungen in der gesellschaftswissenschaftlichen Forschung, brachte aber allen Bereichen des Instituts großes Verständnis entgegen. Als Max Schmidt 1973 zum Direktor des IPW berufen wurde, erhöhte sich die Qualität der Leitungstätigkeit weiter. Gerade Schmidt hatte großen Anteil daran, daß sich das IPW weit über die Grenzen der DDR hohes Ansehen erwarb und zu einem geachteten Partner des Dialogs zwischen wissenschaftlichen Einrichtungen vieler Länder, nicht zuletzt auch mit Politologen und Ökonomen der BRD wurde.

Der Wechsel in der Institutsleitung 1973 wurde, so merkwürdig das klingen mag, als Folge des Ablebens von Walter Ulbricht bezeichnet. Die von Albert Norden gegenüber den wissenschaftlichen Mitarbeitern gegebene Begründung klang etwas spaßig, war aber aufschlußreich. Das Politbüro habe sich zu der Notwendigkeit des Wechsels entschlossen, weil nach dem Tode Ulbrichts der bisherige Ministerpräsident Stoph zum Vorsitzenden des Staatsrats nominiert worden sei. Als Folge davon sollte Sindermann Ministerpräsident werden, dessen Platz als Stellvertreter des Ministerpräsidenten werde Werner Krolikowski einnehmen, bis dahin 1. Sekretär der SED-Bezirksleitung Dresden. Ihm solle Modrow nachfolgen, dessen bisherige Funktion – Leiter der Abteilung Agitation im ZK – Geggel übernehmen, dadurch werde die Stelle des Leiters der Westabteilung frei – die Herbert Häber übernehmen solle.

Das Politbüro habe sich also zu einer Kaderrochade entschlossen, so Albert Norden, die sich auch auf das IPW auswirke.

»Ganz wie in einer Obstplantage«, rief einer. »Jemand klatscht in die Hände – alle Vögel fliegen hoch und lassen sich auf einem anderen Ast nieder.« Norden lächelte wissend.

Besonders verwundert war wohl kaum jemand in der Runde. Eigentlich war es ja nur ein Lehrbeispiel, wenn auch ein besonders krasses, wie »sozialistische Demokratie« auf allen Ebenen gehandhabt wurde. Man hatte sich daran gewöhnt. Mitunter gab es auch besser durchdachte Kaderentscheidungen. Dabei standen auch sie meist im Widerspruch zu den offiziell proklamierten Prinzipien des demokratischen Zentralismus. Diese Erkenntnis hatte sich bei mir seit längerem durchgesetzt. Es war ein offenes Geheimnis, daß Kandidaten bei jeglichen Wahlen, ob in der Partei selbst oder zu den Volksvertretungen, im voraus von der übergeordneten alten Leitung nominiert wurden. Das galt für alle Mitglieder des Zentralkomitees und dessen Politbüro wie für die Minister und Abgeordneten der Volkskammer. Unter diesen Bedingungen war eine demokratische Erneuerung, die diese Bezeichnung verdiente, unmöglich. In diesem Sinn gab es, wenn man von der Demokratie am Arbeitsplatz einmal absah, in der DDR weniger Demokratie als in den bürgerlich-parlamentarischen Staaten, obwohl es auch dort keine Volksherrschaft gab, weil das eigentlich herrschende Kapital sehr subtil seine Diktatur ausübt.

Trotzdem hegte ich weiterhin Hoffnung, daß wir in der DDR mehr Demokratie wagen würden.

Das IPW pflegte von Anfang Kontakte zu Forschungseinrichtungen anderer Länder. Besonders intensiv waren sie mit Instituten sozialistischer Staaten. Im Vordergrund stand die Zusammenarbeit bei der Analyse politologischer und ökonomischer Probleme. Es entstanden gemeinsam Publikationen wie interne Analysen, die vornehmlich den Parteiführungen zur Kenntnis gegeben wurden. In beiden Fällen ging es darum, Entscheidungen voranzutreiben und auf diese Einfluß zu nehmen. Gelungen ist das nur zum Teil. Die Meinung der Wissenschaftler war zwar gefragt, um so mehr, wenn es sich um die von Forschern anderer Länder handelte. Doch hielt sich die Parteiführung insofern für klüger, als sie erklärte, über andere Informationen zu verfügen und deshalb auch größere Weitsicht zu haben.

Die ständige Kommission zu Fragen der europäischen Sicherheit hatte die Herausgabe einer Broschüre geplant, in der die neuen Herausforderungen an die gesamteuropäische Entwicklung analysiert wurden. Wir betonten darin, daß schon deshalb übergeordnete gemeinsame Interessen aller Staaten des Kontinents heranwüchsen, weil es in einem modernen, also Atom-Krieg keinen Sieger mehr geben werde. Das Streben nach militärischer Überlegenheit sei nicht nur teuer, sondern auch sinnlos. Es genüge die Aufrechterhaltung des erreichten militärstrategischen Gleichgewichts auf dem niedrigstmöglichen Niveau. Einen Gegner könne man nur einmal vernichten. Was also solle die theoretische Fähigkeit, dieses 50 oder 100 Mal zu können? Die Idee des sogenannten Overkill sei absurd und Ausdruck überlebten Denkens. Darum käme der Rüstungskontrolle, noch mehr der Abrüstung höchste Priorität zu.

Die Broschüre sollte in mehreren Sprachen erscheinen, natürlich auch in Deutsch. Sie kam in Moskau und in Warschau, nicht aber in Berlin heraus. Erich Honecker hatte öffentlich dafür plädiert, daß die sozialistischen Staaten in jeder Hinsicht, auch in militärischer, den kapitalistischen überlegen sein müßten.

Die Publikation wurde in der DDR gestoppt. Bezeichnenderweise erklärte kurz danach Breshnew, daß es in einem großen Krieg keine Sieger geben würde. Und er mußte es wohl wissen.

Auf dem Parkett der Volksdiplomatie und die KSZE

Meine Funktion nach der Gründung des IPW hatte einen weiteren Vorteil: Ich hatte mehr Möglichkeiten, mich um das DDR-Komitee für europäische Sicherheit und Zusammenarbeit und dessen internationale Aktivitäten zu kümmern. Die ehrenamtliche Tätigkeit als Generalssekretärs des Komitees verlangte viel Zeit. Sie hielt aber auch Erfolgserlebnisse bereit, da die sogenannte Volksdiplomatie bei der Durchsetzung des Entspannungsprozesses durchaus effektiv war. Mit Prof. Max Steenbeck, dem Präsidenten des Komitees und Vorsitzenden des Forschungsrates der DDR, verband mich bald eine enge Freundschaft. Ich empfand es als Ehre, als er mir, dem wesentlich jüngern, das »Du« anbot. Mir gegenüber bezeichnete er sich als parteilosen Sozialisten, der mit der Vergangenheit gebrochen hatte. Er akzeptierte meine Ideen oft auch, wenn sie zunächst nicht mit seiner Position übereinstimmten. Natürlich war es nicht selten auch umgekehrt. Mir gefiel, daß er als Forscher nie seine Zweifel leugnete, auch nicht in Gesprächen mit führenden Politikern.

Max Steenbeck und ich waren bemüht, ein möglichst breites Spektrum der Öffentlichkeit in der DDR in unsere Arbeit einzubeziehen. Wir unterhielten auch gute Beziehungen zur Kirche, darunter dem Bund der Evangelischen Kirchen und seinem Vorsitzenden, Bischoff Albrecht Schönherr, sowie anderen Repräsentanten der »Kirche im Sozialismus«, die die Friedenspolitik der DDR guthießen und unsere Bemühungen um die Entspannung unterstützten.

In fast allen europäischen Staaten entstanden Ausschüsse, in denen Aktivisten der Öffentlichkeit gemeinsam für den blockübergreifenden Entspannungsprozeß wirkten. Sie setzten, wenn notwendig, die offizielle Politik unter Druck. Diese Bewegung war im besten Sinn pluralistisch. Koordiniert wurde sie von einem in Brüssel ansässigen internationalen Komitee, an dessen laufender Arbeit vor allem belgische Politiker unterschiedlicher Couleur teilnahmen. Nach mehreren Vorbereitungstreffen kamen im Juni 1972 über 800 Delegierte aus 28 Ländern in die belgische Hauptstadt. Sie vertraten fast alle maßgeblichen Parteien des Kontinents, Gewerkschaften, Kirchen und großen Organisationen. Ein zweites nicht minder repräsentatives Forum fand in Brüssel und Lüttich im April 1975 statt.

Zu den Teilnehmern der beiden Konferenzen gehörten solch angesehene Repräsentanten der europäischen Öffentlichkeit wie der spätere Präsident Finnlands Mauno Koivisto, der nachmalige Premierminister Rußlands, Jewgeni Primakow, der Friedensnobelpreisträger von 1974 Sean Mc Bride, Pastor Martin Niemöller, die Schriftsteller Hans-Magnus Enzensberger und Konstantin Simonow, die erste Kosmonautin Valentina Tereschkowa und der Filmregisseur Konrad Wolf.

Zusammen mit Steenbeck nahm auch ich an diesen Tagungen teil.

Die weitgehende Übereinstimmung im Grundsätzlichen war auffällig. Den gleichen ermutigenden Eindruck hinterließen auch andere Begegnungen, sowohl bilaterale wie multilaterale in verschiedenen Ländern sowie das große Weltfriedenstreffen in Moskau im Herbst 1973. Auf diesem gab es neben Plenarsitzungen auch einen gut besuchten Arbeitskreis zur europäischen Sicherheit. Ich gehörte zu dessen Leitung und konnte meine Sicht in der angeregten Diskussion darlegen.

Das Friedensengagement eines breiten Teils der Öffentlichkeit erinnerte mich an die Jahre 1949/50. Damals drohte der Kalte Krieg zu einem heißen zu werden, in welchem auch Atomwaffen eingesetzt werden würden. Jetzt ging es um das Überleben der Zivilisation.

Die Vorstellungen von der Zukunft waren recht unterschiedlich, doch es wurde weder die Legitimität der einen oder anderen Gesellschaftsordnung bestritten. Entscheidend war, daß der Wettstreit der Systeme ausschließlich friedlich erfolgte und ein Konsens über die Sicherheit erzielt wurde. Von der Volksdiplomatie ging ein bestimmter Druck auf die offizielle Politik aus, die sich nicht immer als konstruktiv und elastisch darstellte. Die beiden Foren leisteten nach meinem Eindruck einen wichtiger Beitrag für den KSZE-Prozeß, der in die Unterzeichnung der Schlußakte in Helsinki 1975 mündete. Dennoch will ich den Einfluß jener Öffentlichkeit nicht überbewerten. Die Zeichen standen objektiv in Richtung Normalisierung, der Wechsel von der Konfrontation zur Kooperation war ein Gebot der Stunde.

Das von den höchsten Repräsentanten der 35 Teilnehmerstaaten in Helsinki unterzeichnete Dokument orientierte insgesamt auf eine Überwindung der Blockkonfrontation bei einem weiteren Bestehen von Staaten antagonistischer Systeme.

Die fortbestehenden Aktivitäten der erfolgreichen Volksdiplomatie, nicht zuletzt Vorschläge des Internationalen Komitees für europäische Sicherheit und Zusammenarbeit konzentrierten sich auf eine effektive Umsetzung der KSZE-Schlußakte. Sie berührten alle Aspekte oder »Körbe«, wie sich die Sortierung und Strukturierung der verschiedenen Vorschläge nach einer Empfehlung des Schweizer Botschafters eingebürgert hatte. Als primär wurde von unserem Komitee wie auch vom Internationalen Komitee die Abrüstung angesehen. Dazu wurden sehr konkrete Vorschläge unterbreitet, die auf einen ausgewogenen Kompromiß zielten. Hierzu fand im Herbst 1979 im beldischen Ostende ein weiteres großes Forum statt. Die Vorrangigkeit der Abrüstung, der atomaren wie konventionellen, ergab sich um so mehr, da von beiden Blöcken gefährliche Schritte zu einer neuen Runde des Wettrüstens eingeleitet wurden.

Beide Blöcke waren mit ihrer Politik nicht selten kontraproduktiv. Bei den sozialistischen Staaten herrschte weiter die Furcht, für die eigene Sicherheit, auch die militärische, nicht genügend zu tun. Das waren die Nachwirkungen des Schocks, den der 22. Juni 1941 hinterlassen hatte. Dahinter steckte aber auch die nie eingestandene Tatsache, daß die Sowjetunion und ihre Verbündeten eigentlich nur militärisch auf gleicher Augenhöhe mit dem anderen System verkehren konnten. Unsere Überlegenheit in moralischen und in ethischen Fragen hingegen vermochten wir leider nicht erfolgreich zu vermitteln.

Meine Tätigkeit im DDR-Komitee brachte es auch mit sich, daß ich wiederholt an Veranstaltungen in der BRD teilnahm. Die Bundesrepublik gehörte zu den wenigen europäischen Ländern, in denen es keinen pluralistisch zusammengesetzten Ausschuß von Repräsentanten der Öffentlichkeit gab und demzufolge auch die Beteiligung an den beiden großen gesamteuropäischen Foren wie ihrer Vorbereitung geringer und weniger aussagekräftig war. Nach meiner Erkenntnis hing das damit zusammen, daß in keinem anderen Land der Antikommunismus so tief verwurzelt war wie in der BRD. Es gab sowohl Berührungsängste wie auch eine unkritische Gefolgschaft der USA, die nur halbherzig der Einberufung der KSZE zugestimmt hatten.

Dennoch gab es in der westdeutschen Öffentlichkeit Zustimmung zur Entspannungspolitik, nicht zuletzt in der SPD. Viel Übereinstimmung fand ich ich bei mehreren Treffen, die eine SPD-Bildungsstätte in Bochum einberufen hatte. Neben namhaften Politikern aus Bonn waren Gäste aus der DDR und weiteren Ländern eingeladen.

Bei einem dieser Treffen organisierten unsere Gastgeber einen Besuch des Bundestages. Wir wurden von der amtierenden Bundestagspräsidentin Annemarie Renger freundlich empfangen. Im Gespräch kamen wir auf die Last der faschistischen Vergangenheit zu sprechen. Frau Renger wandte ein, in Deutschland habe es keinen Faschismus, sondern einen Nationalsozialismus gegeben. Als ich mein Unverständnis äußerte, meinte sie, dieser wäre viel schlimmer gewesen als der Faschismus – schon wegen des Antisemitismus und Judenmords.

Als Sozialdemokratin und Schumachers engste Vertraute müsse sie doch wissen, warf ich ein, wie demagogisch allein der Name der Hitlerpartei gewesen sei. Ich verstünde nicht, daß es noch immer Menschen gebe, die diesen irreführenden Begriff vorzögen – vermutlich in der Absicht, damit die Idee des Sozialismus zu verunglimpfen.

Der heutige Zeitgeist bestätigt die Neigung, den Begriff des Faschismus zu verdrängen und lieber vom »Nationalsozialismus« zu sprechen. Seine Verwendung erleichterte es auch, ein verlogenes Gleichheitszeichen zwischen »Nationalsozialismus« und »Realsozialismus« zu setzen.

Der Begriff Realsozialismus kam in den 70er Jahren in Mode. Er zielte offensichtlich darauf, daß der gewaltige Transformationsprozeß in ganz Osteuropa bisher nur zu einem noch unterentwickelten Sozialismus geführt habe. Die vielen aus der Vergangenheit rührenden Lasten waren zu groß. Der erreichte Stand unterschied sich auch deshalb von jener sozialistischen Ordnung, nach der die progressiven Kräfte in den Industrieländern des Westens strebten. So wurde das Schlagwort auch in der Diskussion mit Anhängern des Eurokommunismus in Frankreich, Italien und anderen Ländern verwandt, die objektive wie auch subjektiv verschuldete Mängel und andere negative Erscheinungen in den sozialistischen Ländern kritisierten.

Mehr als unterschwellig beherrschte die Diskussion über diese Frage auch die Beratungen von 29 kommunistischen und Arbeiterparteien Europas in Berlin im Sommer 1976. Die Divergenz zwischen den Repräsentanten des Realsozialismus und des Eurokommunismus lag jedoch tiefer. Ich wurde als Konsultant zu der Beratung herangezogen, nahm jedoch an vielen Aussprachen, vor allem an den internen zweiseitigen nicht teil, und wurde erst im Nachhinein und wohl auch nicht erschöpfend informiert. Dennoch gewann ich wichtige Eindrücke. Erstmals erlebte ich Josef Broz Tito, den FKP-Chef Georges Marchais, den IKP-Vorsitzen Enrico Berlinguer, Janos Kadar, Edward Gierek und Leonid Breshnew, der trotz seines angegriffenen Gesundheitszustandes aus Moskau gekommen war.

Erich Honecker machte als Gastgeber der mehrtägigen Konferenz, die im Hotel am Alexanderplatz stattfand, eine gute Figur. Man merkte, daß er von den Teilnehmern nicht zuletzt deshalb geschätzt wurde, weil die SED großen Anteil am guten Konferenzklima hatte. Und oft fungierte sie als geschickter Vermittler bei Differenzen.

Diese waren tiefer, als ich angenommen hatte, und sie blieben auch weiter bestehen, auch wenn am Ende ein ausgewogenes und, wie ich auch heute meine, vorwärtsorientierendes Dokument entstand.

Kein leichtes Brot in Babelsberg

Ende 1976 wurde mir der Vorschlag gemacht, Direktor des Instituts für internationale Beziehungen in Potsdam-Babelsberg zu werden. Ich nahm nach einigen Bedenken das Angebot an. Die auswärtige Politik hatte wesentlich an Bedeutung gewonnen – es würden sich interessante Aufgaben bei der Ausbildung von Kadern und in der Forschung ergeben. Der Vorschlag kam, wie in der DDR üblich, nicht von der Regierung, sondern aus dem »Großen Haus«. Mit dem für uns zuständigen Leiter der Abteilung Internationale Verbindungen im ZK, Paul Markowski, und einigen seiner Mitarbeiter verband mich bald ein vertrauensvolles, kameradschaftliches Verhältnis. Sie hatten nach meinem Eindruck meist einen besseren Überblick als viele unserer Berufsdiplomaten, waren aufgeschlossener für neue Ideen. Markowski wollte das Institut nach Berlin verlegen, auch, um es aus der Babelsberger Akademie für Staats- und Rechtswissenschaften zu lösen und ihm Eigenständigkleit zu geben. Die Idee scheiterte angeblich an den fehlenden Mitteln.

1978 starb Paul Markowski in Libyen. Er saß mit Werner Lamberz im Hubschrauber Ghaddafis, der kurz nach dem Start abstürzte. Sein Nachfolger, Egon Winkelmann, besaß nicht sein Format. Er war kein Kenner der Weltpolitik und weniger entscheidungsfreudig. Dagegen hatte er einen Vorteil, der ihm später in seiner Tätigkeit als Botschafter in Moskau zugute kam: Er beherrschte Stenographie perfekt. Allerdings erfaßte er nicht alle Feinheiten der russischen Sprache, was sich auch in seinen Erinnerungen bemerkbar macht.

Die Zusammenarbeit mit dem Außenministerium erwies sich als nicht immer einfach. Mit dem Leiter der Grundsatzabteilung Siegfried Bock und seinem Nachfolger Ernst Krabbatsch kam ich gut zurecht, mit der Abteilung Aus- und Weiterbildung, die für den Lehrbetrieb und die Arbeit mit den Studenten zuständig war, hingegen nicht. Ich traf dort typische Beamte an, die alle dieser Zunft nachgesagten Charaktereigenschaften – den positiven wie den negativen – in sich vereinten.

Auch in Babelsberg verlief nicht alles glatt. Zu meinen Stellvertretern Horst Klett, Werner Hänisch und Helmuth Mathes sowie anderen Professoren und Dozenten entwickelte sich ein kollegiales Verhältnis. Dennoch spürte ich, daß ich von vielen als ein Fremdkörper wahrgenommen wurde. Ich war von außen gekommen und besaß zwangsläufig nicht den Stallgeruch dieser Institution, die sich auf ihre Sonderstellung in der DDR-Hochschullandschaft viel zugute hielt. Erst allmählich verlor sich der Argwohn.

Für eigene Forschungsarbeit blieb kaum Zeit. Deshalb war ich mehr publizistisch tätig oder übernahm die Funktion eines Herausgebers bzw. Leiters eines Redaktionskollektivs. Das hatte auch seine Vorteile, da es dazu beitrug, gemeinsam mit anderen neue Erkenntnisse zu gewinnen. Ich wurde zu einem engagierten Fürsprecher für Kollektivarbeiten, widmete zwei umfangreichen Publikationen über alle Bereiche und Aspekte der Außenpolitik der DDR, die 1979 bzw. 1982 erschienen, nicht wenig Zeit.

Die fünfjährige Ausbildung der Studenten wie auch die Weiterbildungslehrgänge für Diplomaten brachten ebenfalls neue Anforderungen für mich. Für alle Lehrenden war es ein ständiger Lernprozeß. Bis zum Anfang der 70er Jahre unterhielt die DDR diplomatische Beziehungen zu rund einem Dutzend Staaten. Dann wurden es sehr schnell weit über 120. Im Herbst 1973 wurde die DDR Mitglied der UNO. Weltweit mußten weitere Botschaften eingerichtet werden. Das hatte Konsequenzen für unser Haus. Wir vermittelten z. B. Grundlagenkenntnisse im Völkerrecht, in Geschichte und Theorie der internationalen Beziehungen und bei der Weltwirtschaft. Nach unserer Überzeugung war es aber auch erforderlich, die Studenten zu eigenständigem Denken zu erziehen. Das sah man im Außenministerium offenkundig nicht ganz so. Die Erziehung zu Disziplin und Einsatzbereitschaft bei der Erfüllung jeglicher Aufgabe, die einem DDR-Diplomaten übertragen wurde, sollte im Vordergrund stehen.

Ich bezweifelte nicht, daß auch dies von einem DDR-Repräsentanten im Ausland gefordert werden mußte, sah allerdings keinen Gegensatz zwischen Diszipliniertheit und Flexibilität.

Hilfreich waren die Kontakte, die das Babelsberger Institut mit dem Moskauer Institut für internationale Beziehungen unterhielt. Mir gelang es, diese weiter auszubauen und einer intensiven Zusammenarbeit mit der Diplomatischen Akademie in Moskau den Weg zu ebnen. Das war für eine Auswertung der reichen Erfahrungen der beiden sowjetischen Einrichtungen nützlich, an denen mit Erfolg auch Studenten aus der DDR ausgebildet wurden. Mit der Diplomatischen Akademie gaben wir gemeinsame Publikationen mit Ergebnissen unserer Forschung heraus.

Bei meinen Aufenthalten in Moskau wie auch bei Tagungen in weiteren sozialistischen Ländern registrierte ich bemerkenswerte Veränderungen. Überall wuchs das Bestreben zu einer qualitativen Erneuerung, die sich grundsätzlich auf die erreichten positiven Erfahrungen stützte, zugleich die Herausforderungen der wissenschaftlich-technischen Revolution mit ihren Folgen bewältigt. Ich hatte intensive Gespräche mit den Moskauer Akademiemitgliedern Inosemzew und Arbatow, zwei Beratern Breshnews, mit einigen leitenden Funktionären der Internationalen Abteilung des ZK und der Diplomatischen Akademie. Die aufgestauten Probleme mußten in Angriff genommen werden. Darin waren wir uns einig. Alle meine Gesprächspartner gingen davon aus, daß sie im Rahmen einer Weiterentwicklung und ständigen Erneuerung des Sozialismus gelöst werden könnten. Sie hatten umfangreiche Vorstellungen von den Widersprüchen wie auch Errungenschaften der modernen kapitalistischen Ordnung und zogen Vergleiche. Nach meinem Eindruck fielen sie grundsätzlich zum Vorteil des Sozialismus aus. Bei manchen meiner Gesprächspartner kann ich mich geirrt haben – in ihren später veröffentlichten Erinnerungen zeichneten sie ein anderes Bild, als sie mir damals vermittelten.

Den Zuwachs an kritischem Denken begrüßte ich, weil es mit Überlegungen verbunden war, wie die Potenzen des Sozialismus weiter entwickelt und seine Vorzüge noch besser genutzt werden könnten. In dieser Überzeugung wurde ich auch bei Treffen mit Wissenschaftlern aus Westeuropa und den USA bestärkt. Sie fanden an verschiedenen Orten statt. Gemeinsame Tagungen von Politologen und Forschern über Fragen der internationalen Beziehungen waren inzwischen üblich geworden. Auch darin spiegelten sich die weltweiten Veränderungen. Trotz unterschiedlicher politischer Überzeugungen einte uns das Verständnis, daß die Fortexistenz der menschlichen Zivilisation gefährdet ist und darum gesichert werden müsse.

In Erinnerung ist mir ganz besonders eine Tagung im Aspen-Instituts. Diese angesehene Einrichtung hatte eine Niederlassung in Westberlin auf der dortigen Insel Schwanenwerder. An der Tagung nahm auch George Kennan teil. Der US-Diplomat hatte 1947 mit einem Aufsatz, den er mit Mr. X gezeichnet hatte, weltweit Aufsehen erregt. Darin hatte Kennan die Notwendigkeit einer harten Konfrontationspolitik begründet. Später hatte der damals in Moskau tätige Diplomat eingeräumt, er habe mit diesem Beitrag nur einen Auftrag des State Departements erfüllt. Ende der 70er Jahre jedoch gehörte Kennan zu den Wortführern der internationalen Entspannung. Er äußerte sich grundsätzlich positiv zu den sowjetischen Bemühungen und wesentlich kritischer zur Außenpolitik der USA als seine Kollegen. Er imponierte mir mit seiner realistischen Haltung, auch seiner selbstkritischen Bewertung.

Für die aufwendige Tätigkeit als Generalsekretär unseres Helsinki-Komitees, wie wir es nannten, verblieb nicht mehr genügend Zeit. Diese Aufgabe übernahm Klaus Gysi, der bisher Botschafter der DDR in Italien war. Ich pflegte mit ihm engen Kontakt. Er war in vieler Hinsicht ganz anders als ich und hatte einen weiten kulturpolitischen Horizont. In unseren grundsätzlichen Einschätzungen der europäischen wie auch der inneren Situation in der DDR stimmten wir aber weitgehend überein. Die Tätigkeit des Generalsekretärs konnte Klaus Gysi nicht lange ausüben, da er zum Staatssekretär für Kirchenfragen berufen wurde. Wir blieben jedoch im Kontakt.

Im Komitee wurde ich zum Vizepräsidenten gewählt und traf mich weiter oft mit Steenbeck. Ich nahm an der konzeptionellen Arbeit des Komitees wie auch an vielen Begegnungen teil. Auf meine Empfehlung übernahm Christa Großmann die Funktion des Generalsekretärs. Sie hatte sich in der Vergangenheit große Verdienste bei der Erfüllung der anfallenden Aufgaben erworben, zudem im Selbststudium Französisch gelernt und ihre Fähigkeit bewiesen, auch mit schwierigen Partnern konstruktive Gespräche führen zu können.

An der Wende von den 70er zu den 80er Jahren erfuhr der Entspannungsprozeß einige Rückschläge. Der Westen wollte eine »Raketenlücke« entdeckt haben und faßte einen sogenannten Nachrüstungsbeschluß, was die UdSSR zu vermeintlich notwendigen Gegenmaßnahmen provozierte. Eine neue Runde des Wettrüstens begann. Dabei spielte der subjektive Faktor wieder eine negative Rolle. Breshnew war nicht zuletzt durch seine anhaltende, wenn auch weitgehend vertuschte Krankheit zur Belastung der Außen- wie Innenpolitik der Sowjetunion geworden. Doch so lange der »erste Mann« im Amt war, führte kein Weg an ihm vorbei. Ein verhängnisvoller Fehler des Systems! Der seit Jahren andauernde Prozeß der Stagnation setzte sich in einer Zeit dramatisch fort, wo aktives, kreatives Handeln in allen Bereichen der Politik dringend nötig war.

In den USA war Ronald Reagan 1980 zum Präsidenten gewählt worden. Seine Administration forcierte die Rückkehr zu den Zielen und Gepflogenheiten des Kalten Krieges, die überwunden schienen.

Der Verlauf der Geschichte ergibt sich immer aus dem Zusammenwirken von objektiven und subjektiven Faktoren. Nach marxistischer Auffassung setzen sich längerfristig die objektiv herangereiften Herausforderungen durch. In diesem Sinn kann man von Gesetzmäßigkeiten sprechen, die auch dem Geschichtsprozeß zu Grunde liegen. Nur wird er im Unterschied von den Naturprozessen stark von den Menschen als denkende und handelnde Subjekte bestimmt.

Immer mehr kam ich zum Schluß, daß dieser subjektive Faktor eher zu negativen als zu positiven Folgen führt. Staatsmänner können vorwärtsweisende Impulse auslösen, mehr nicht. Gesellschaftliche Prozesse vollziehen sich nur, wenn dafür objektive Voraussetzungen existieren. Sie können weder hervorgerufen noch beschleunigt, wohl aber behindert werden. Sie können leider erheblich dazu beitragen, daß historische Chancen verpaßt werden.

Ende 1979 weilten wir im Weihnachtsurlaub in der Sächsischen Schweiz. Dort erfuhren wir vom sowjetischen Einmarsch in Afghanistan und den merkwürdigen Umständen, unter denen die Invasion erfolgte. So verblüffte es, daß die Regierung in Kabul den Wunsch nach der Entsendung sowjetischer Truppen geäußert hatte, um sich gegen Terroranschläge und die Einmischung ausländischer Mächte zu behaupten – doch gerade der Regierungschef kam schon am ersten Tag um. In unserem Erholungsheim befand sich auch ein leitender Diplomat der sowjetischen Botschaft. Ich trug ihm meine Bedenken vor. Dabei wies ich auch darauf hin, daß es sich keineswegs um ein kurzes Unternehmen handeln werde. Die Afghanen seien für ihren Freiheitswillen und die Fähigkeit bekannt, in dem unwirtlichen, bergigen Land einen Partisanenkampf führen zu können. Eine schnelle Lösung im Sinne der Widerherstellung friedlicher und gutnachbarlicher Beziehungen werde es wohl nicht geben.

Der Diplomat konnte mir natürlich nicht zustimmen und berief sich auf berechtigte Sicherheitsinteressen und die geopolitische Lage. Zweifellos traf das für die Sowjetunion am Hindukusch zu, war sie doch anders als spätere Okkupanten ein unmittelbarer Nachbar. Sie konnte die dortigen Intrigen der USA nicht einfach hinnehmen. Gleichwohl war durch diese Aktion der Entspannungsprozeß belastet worden – und sei es nur dadurch, daß sie vom Westen propagandistisch ausgeschlachtet werden würde.

Noch deprimierender waren die Ereignisse in Polen. Im Sommer 1980 nahm die Unzufriedenheit infolge wirtschaftlicher und anderer Mißstände zu. Wochenlange Streiks und Arbeiterdemonstrationen lähmten das Land. Zu jener Zeit fand in Weimar eine Tagung der Internationalen Gesellschaft für politische Wissenschaften statt, zu der ich eingeladen war. Zur Leitung der Tagung gehörte auch Georgi Schachnasarow als Vizepräsident der Gesellschaft, ein leitender Funktionär des ZK der KPdSU. Wir waren uns bald einig, daß es sich in Polen um ein neues Phänomen, und zwar ein besonders gefährliches handelte. Die Bildung der unabhängigen Gewerkschaft »Solidarnocs« hatte das deutlich gemacht. Erstmals war es in einem sozialistischen Land zu einer Massenerhebung der Arbeiterklasse gekommen, die weder von außen gesteuert wurde oder sich vornehmlich an einer vorübergehenden Unzufriedenheit entzündet hatte. Das war anders als vor zehn Jahren in der Tschechoslowakei, ganz zu schweigen von den Ereignissen in Ungarn 1956 oder in der DDR 1953. Darin stimmten wir überein.

Doch erkannten wir beide damals nicht, daß es sich in Polen nur um das Symptom eines Prozesses handelte, der auch in anderen sozialistischen Ländern bereits gärte. Spezifische Bedingungen in Polen, darunter der starke Einfluß der katholischen Kirche und ausgeprägte Fehler der Staatsführung hatten die Situation befördert und zugespitzt. Dennoch erinnere ich mich daran, daß Schachnasarow, später einer der engsten Berater von Gorbatschow, mir in der Auffassung zustimmte, daß wir *alle* Schlußfolgerungen ziehen müßten, um den vom XX. KPdSU-Parteitag eingeleiteten Prozeß einer umfassenden Erneuerung und Festigung des Sozialismus voranzutreiben. Vor allem die Entfremdung zwischen Macht und Volk mußte überwunden werden. Es dürfe auch kein Nachlassen in der Friedensoffensive geben.

Die Krise in Polen konnte überwunden werden, wenn es auch weit über ein Jahr dauerte. Die Ausrufung des Ausnahmezustandes durch den neuen Präsidenten, den im Volk hoch geachteten General Jaruzelski, verhinderte Schlimmeres. Die Situation blieb angespannt.

Als Direktor des Instituts für internationale Beziehungen gehörte ich der Außenpolitischen Kommission des ZK der SED an. Entscheidungen hatte sie nicht zu treffen. Sie war ein beratendes Gremium, besaß aber einen gewissen Einfluß auf die Außenpolitik des Landes und die internationalen Beziehungen der Partei. Die Beratungen vermittelten mir zusätzliche Informationen bzw. Erkenntnisse. Sie fanden in einer freimütigen Atmosphäre statt, die es erlaubte, kritische Hinweise vorzutragen, obwohl diese bei Hermann Axen, dem Kommissions-Leiter, nicht gerade beliebt waren. Doch er ließ sie bedenkenlos zu.

In Vorbereitung des X. Parteitags wurde die Kommission im Herbst 1980 beauftragt, eine interne Situationsanalyse über die Weltentwicklung und die internationale Politik anzufertigen. Wir sollten ein umfassendes Hintergrundmaterial für die Parteiführung liefern, alle Probleme kritisch durchleuchten und nicht zuletzt Herausforderungen benennen, denen sich auch die DDR in der Perspektive zu stellen hätte. Unser Institut sollte einen erheblichen Teil dieser Analyse als Entwurf liefern. Dazu zog ich mehrere Professoren und Dozenten heran. Eines Tages aber kam der Hinweis, daß die Analyse nicht gewünscht sei – die Außenpolitische Kommission sollte lediglich den Entwurf für einen Abschnitt im Rechenschaftsbericht des Generalsekretärs liefern. Das aber wäre nicht mehr Aufgabe des Instituts.

Diese Entscheidung bedauerte ich nicht, hielt es aber für angebracht und nützlich, wenn einige Mitglieder des Politbüros wie auch der Außenminister unsere Ausarbeitung zur Kenntnis erhielten. Weil das Material auch unangenehme Tatsachen erhielt, die ansonsten verschwiegen wurden, versandte ich es mit dem Zusatz »streng vertraulich«. Das betraf den wieder wachsenden wirtschaftlichen Rückstand der sozialistischen Länder, ihre mangelnde Fähigkeit, die Errungenschaften der wissenschaftlich-technischen Revolution zur Hebung des Lebensniveaus zu nutzen und Antworten auf andere neue Herausforderungen zu finden. Wir wiesen auf weitere ungelöste Probleme in sozialistischen Ländern wie in der Dritten Welt hin.

Meine wohlgemeinte Initiative löste Ärger aus. Auf Veranlassung von Axen wurde die Studie von allen Empfängern zurückgeholt. Mit welcher Begründung das geschah, erfuhr ich nicht. Ich bekam einen Rüffel wegen der Eigenmächtigkeit.

Botschafter in Helsinki

Im Sommer 1982 wurde mir angetragen, als Botschafter nach Finnland zu gehen. Es sei zweckmäßig, die theoretischen durch praktische Erfahrungen auf dem Gebiet der Außenpolitik zu ergänzen. Außerdem wäre es gut, im nichtpaktgebundenen Finnland, das eine exponierte Rolle im KSZE-Prozeß spiele, einen Botschafter zu haben, der sich in der Weltpolitik auskenne und in der Friedensbewegung aktiv gewirkt habe.

Ich vermutete auch andere Gründe für die Versetzung nach Helsinki. Meine Eigenmächtigkeit, für die ich unlängst Kritik einstecken mußte, war wohl nicht vergessen. Das Angebot hatte dennoch seinen Reiz. Die Tätigkeit eines Botschafters würde sich dort von der in allen anderen Ländern erheblich unterscheiden. Finnland war ein kapitalistischer Staat, der wie kein anderer wohlwollend zur DDR stand.

Gerade hatten wir uns in Berlin in unserer neuen Wohnung eingelebt. Es war die beste und komfortabelste, in der wir je gewohnt hatten. Dabei handelte es sich bei dem 14geschossigen Haus um einen »Plattenbau«, wie die modernen Bauen mitunter abfällig benannt werden. In unserem Haus lebten Tür an Tür Künstler wie Heiner Müller und Veronika Fischer, Wissenschaftler und Ingenieure, Arbeiter und Journalisten, Lehrer und Angestellte, Offiziere der NVA, auch Mitarbeiter der Staatssicherheit. Man traf sich im Fahrstuhl, als Nachbarn und bei gemeinsamen Gartenarbeiten, bei der Pflege der

Aufgänge und Zusammenkünften der Hausgemeinschaft. Ich hielt eine solche Mischung für normal. Heute ist manches anders, trotzdem hat sich das Klima einer guten Nachbarschaft in unserem Haus weitgehend erhalten.

Auch die Trennung von der Mutter, die ihren 90. Geburtstag begangen hatte, den Kindern und unseren Enkeln fiel nicht leicht. Bei der mir gewährten Bedenkzeit ging uns manches durch den Kopf. War es nicht auch etwas zu spät für diese Umstellung? Wie dem auch sei: Ich stimmte dem Angebot zu und habe es später nie bereut.

Für die Vorbereitung auf die neue Tätigkeit hatte ich nicht sehr viel Zeit. Meine Akkreditierung beim Präsidenten Finnlands, Mauno Koivisto, erfolgte Anfang Januar 1983. Sie verlief streng nach Protokoll. Es schloß sich ein längeres Gespräch an, was etwas ungewöhnlich war. Dabei ging es nicht nur um die Beziehungen zwischen unseren beiden Staaten, sondern auch um andere Probleme der Weltpolitik. Nicht zuletzt spürte ich, daß man in Finnland eine neue Eiszeit zwischen den Blöcken befürchtete. Der Präsident war an meiner Meinung über die Weltlage interessiert. Das freute mich, ergaben sich dadurch sicherlich auch bessere Voraussetzungen für die Arbeit.

An der Aussprache hatte auch der außenpolitische Berater des Präsidenten, Kavela, teilgenommen. Ich war ihm als Mitarbeiter eines finnischen Forschungsinstituts schon vorher begegnet. Während der ganzen Zeit meines Aufenthalts in Helsinki sollte ich mit ihm regelmäßig sehr konstruktive Gespräche führen. Sie dienten nicht vordergründig der Vermittlung des jeweiligen offiziellen Standpunktes, sondern waren auch ein Meinungsaustausch über aktuelle Probleme der internationalen Politik und Aussichten zu ihrer Bewältigung.

Das Pflaster vor dem Präsidentenpalast war an jenem Vormittag mit einer glatten Eisschicht bedeckt. Ich wäre fast gestürzt, zumal ich unerwartet mit einer Operettenmelodie begrüßt wurde. Gespielt wurde Paul Linckes »Denkste denn, denkste denn, du Berliner Pflanze, denkste denn ick liebe dir, weil ick mit dir tanze?« Man hatte mich nicht vorgewarnt, daß dieses Stück nicht mir als Berliner persönlich galt, sondern traditionell bei Akkreditierungen gespielt wurde.

Finnland machte keinen Unterschied zwischen der DDR und der BRD und achtete strikt darauf, daß keiner der beiden Staaten bevorzugt wurde. Dennoch konnte ich bald einen kleinen, aber nicht unwichtigen Unterschied feststellen. In gewisser Hinsicht hatte die DDR doch ein Plus. Sie war kleiner und schon deshalb für Finnland eher ein gleichrangiger Partner. Ihre Vertreter, auch jene, die sich um die Handels- und Wirtschaftsbeziehungen kümmerten, traten bescheiden und nicht fordernd auf.

In der Botschaft konnte ich mich auf ein qualifiziertes Kollektiv von Mitarbeitern stützen. Nach meinem Eindruck war der Anteil der Diplomaten, die sich in der Landessprache frei verständigen konnten, größer als in anderen Botschaften. Sie kannten Finnland und seine Geschichte besser als ich, auf ihr Urteil konnte ich mich verlassen. Eine besondere Hilfe war mein Stellvertreter Gerd Schulze, der mir bei der Einarbeitung in das neue Amt half und auch bei den finnischen Partnern hoch angesehen war.

Die finanziellen Mittel der Botschaft waren vor meinem Eintreffen bedeutend gekürzt worden. Alle Botschaften der DDR waren davon betroffen, Valuta waren knapp. Doch nicht nur aus Kostengründen zog ich kleine Treffen großen Empfängen vor. Sie waren inhaltsreicher. Größere Abendessen, zu denen vorwiegend andere Botschafter und finnische Ehrengäste mit Ehefrauen eingeladen wurden, hielt ich für Geldvergeudung. Die Folge meiner Sparsamkeit war, daß wir selten zu ähnlichen Veranstaltungen in anderen Botschaften geladen wurden. Doch das konnte ich verkraften.

Die finnische Sitte, auch zu Sauna-Abenden einzuladen, griff ich gern auf. Dort war die Atmosphäre besonders ungezwungen. Im Garten unserer Botschaft, an einer Bucht des Finninischen Meerbusens, stand eine kleine aus Holz gezimmerte Sauna, die sich großer Beliebtheit bei allen finnischen Gästen erfreute. Man ging sofort zum »Du« über – draußen, wenn es offiziell wurde, redete man sich wieder mit »Sie« an. Bald hatte ich enge Kontakte zu allen Parteien, zu den Gewerkschaften und anderen Verbänden, zur Führung der Streitkräfte und zur Kirche. Das Interesse an der DDR war beachtlich. Es gab traditionelle Beziehungen zu Deutschland und zur deutschen Kultur. Doch man hatte auch die deutsche Expansionspolitik von 1918 und zwischen 1941 und 1944 nicht vergessen. Die Grundzüge der DDR-Politik korrespondierten mit Finnlands Außenpolitik. Die Innenpolitik der DDR erschien vielen meiner Partner flexibler als die der Sowjetunion. Damit hatten sie aber wohl nur teilweise recht.

Im Sommer 1984 besuchte Erich Honecker Finnland. Es war – nach der Staatsvisite in Österreich – der zweite Staatsbesuch in einem kapitalistischen Land. Die Vorbereitung gehörte zu meinen wichtigsten Aufgaben als Botschafter.

Meine Sondierungen wurden höflich zur Kenntnis genommen,

riefen jedoch zunächst eine zurückhaltende Reaktion hervor. Dann begriff ich den Grund. Getreu den finnischen Prinzipien müßte eine Einladung an Honecker eine an das BRD-Staatsoberhaupt nach sich ziehen. Und offenkundig hatte man an einem Besuch aus Bonn aus verschiedenen außenpolitischen Erwägungen kein Interesse.

Daher entschloß ich mich zu einem Schritt, den ich nicht mit Berlin abstimmte. Bei einem Treffen mit dem sowjetischen Botschafter in Helsinki informierten wir uns gegenseitig wie üblich über unsere Aktivitäten und Eindrücke. Ich erwähnte die Vorbereitungen auf einen Staatsbesuch und bat meinen guten Freund, bei passender Gelegenheit zu erwähnen, daß er davon gehört habe. Vielleicht könnte er noch hinzufügen, daß aus seiner Sicht solch ein Treffen auf höchster Ebene sicher für Finnland nur von Vorteil sein dürfte. Damit, so hoffte ich, würde die finnische Regierung ermutigt werden.

Es funktionierte.

Schließlich traf Honecker mit einer Minute Verspätung auf dem Flugplatz in Helsinki ein. Diese Minute lieferte allen Ernstes Gesprächsstoff. Etwas verschmitzt fragten meine finnischen Partner an, ob das neue Deutschland die deutsche Präzision und Perfektion gegen die russische Unverbindlichkeit und Schlamperei getauscht habe.

Die Gespräche selbst verliefen in voller Harmonie. Zur Entspannungspolitik und einer zügigen Verwirklichung der KSZE-Akte, auch zu den Bemühungen, dem ins Stocken geratenen Abrüstungsprozeß wieder neuen Atem zu verleihen, gab es volle Übereinstimmung.

Die finnischen Gastgeber wollten den Besuch ganz nach den Wünschen des Staatsoberhauptes der DDR gestalten. Das Präsidentenamt schlug vor, eine Elchjagd organisieren zu wollen. Man habe gehört, daß Erich Honecker ein leidenschaftlicher Jäger sei. Präsident Koivisto selbst sei kein Jäger, würde aber gern eine Ausnahme machen.

Die Jagd verlief nicht ganz so, wie man das in der DDR gewöhnt war. Die Elche suchten angesichts des Pulks von Journalisten und finnischen Sicherheitsbeamten irritiert das Weite. Erst nach einer nicht vorgesehenen fünften Treibjagd brachte Honecker einen stattlichen Elch zur Strecke. Als er aus dem Wald heraus kam, wurde mir bewußt, welche Bedeutung der Abschuß für ihn besaß. Er baute sich vor mir in strammer Haltung auf, salutierte und meldete: »Genosse Botschafter, melde: ein Elch mit gezielten Schuß getroffen!«

Ich wollte schon »Rühren!« antworten, verkniff mir das aber.

Noch im Wald fand eine Pressekonferenz statt. Die Fragen stellten in der Mehrzahl Journalisten westdeutscher Blätter. Sie wollten wissen, wann denn Honecker nach Bonn käme. Seine stoische Antwort lautete: »Aufgeschoben ist nicht aufgehoben.«

Mehr war aus ihm nicht herauszuholen.

Hintergrund für diese Auskunft war die Tatsache, daß die 1980 von Bundeskanzler Schmidt ausgesprochene Einladung zu einem Gegenbesuch in der Bundesrepublik von dessen Nachfolger erneuert und von Honecker angenommen worden war. Die beiden hatten sich 1984 in Moskau am Rande der Beisetzung von Andropow getroffen. Honecker warb für eine »Koalition der Vernunft«, wollte so schnell wie möglich dazu Bonn besuchen. Aus den Medien war bekannt geworden, daß es zwischen Moskau und Berlin über die Frage ernste Differenzen gegeben habe, ob zu diesem Zeitpunkt ein Staatsbesuch in der BRD angebracht sei. Ich war dazu wiederholt von unterschiedlichen Gesprächspartnern befragt worden. Aus Berlin waren – wie leider üblich – keine Informationen ergangen. So mußte ich meinen eigenen Standpunkt vertreten. Er deckte sich nicht ganz mit der Position Honeckers. Das Bemühen der DDR-Führung, auch weiterhin die Bundesrepublik zu mehr Besonnenheit zu bewegen, hielt ich für richtig. Auch in Finnland wurde mit Genugtuung vermerkt, daß Erich Honecker und Helmut Kohl in einer gemeinsamen Erklärung betont hatten, daß von deutschem Boden nie wieder Krieg ausgehen darf und sie sich für den weiteren Ausbau der Beziehungen zwischen den beiden deutschen Staaten bei Respektierung ihrer territorialen Integrität aussprechen.

Dennoch machte ich in meinen Gesprächen keinen Hehl daraus, daß unter den gegenwärtigen Bedingungen, da die BRD weiterhin ohne Abstrich die gefährliche Politik Reagans unterstützte, von einem günstigen Klima für ein offizielles deutsch-deutsches Gipfeltreffen leider nicht die Rede sein könne.

Ich war aber überzeugt, daß man in Berlin einen Ausweg aus dieser mißlichen Lage finden würde. Die Reaktion Honeckers auf die beharrlichen Fragen, wann er denn nun nach Bonn kommen würde, schien das zu beweisen. Sie machte mir aber auch seine Verärgerung deutlich. Er sollte sie nie völlig überwinden.

Die Details der Differenzen zwischen Berlin und Moskau kannte ich nicht. Nichts wußte ich über das peinliche Klima, das am 17. August in Moskau zwischen Honecker und Tschernenko wie den anderen sowjetischen Politikern, darunter Gorbatschow, geherrscht hatte. Die Niederschrift über dieses Geheimtreffen wurde erst viele Jahre später publik. Honecker war zurückgepfiffen worden. Das hatte ihn in seiner Eitelkeit getroffen, wirkte sich auch weiterhin negativ auf das Verhältnis zwischen der DDR und der UdSSR aus.

Am Morgen nach der Jagd brachte eine finnische Zeitung eine Karikatur, auf der Honecker vor einem Elch kniete. Darunter stand sein auch in Helsinki geäußerter Ausspruch »Lieber hundertmal verhandeln, als einmal schießen.« Meine Mitarbeiter meinten, ich sollte diese Karikatur Honecker besser nicht zeigen. Ich tat es dennoch. Er nahm sie ohne mit der Wimper zu zucken auf.

Das Vier-Augen-Gespräch mit Honecker beim Frühstück im Hotel, an dem nur seine Sekretärin und ein weiterer Mitarbeiter schweigend teilnahmen, nutzte ich, um Honecker über einige kritische Ansichten zu informieren, die mir gegenüber in Helsinki oft geäußert würden. Im Grunde handelte es sich um meine kritischen Fragen zur Innen- und Wirtschaftspolitik und einigen Vorgängen. Bald merkte ich, daß ich auf Granit biß. Er wies jede Kritik als unbegründet ziemlich brüsk zurück.

Das Gespräch hinterließ bei mir einen noch schlechteren Eindruck, als ich befürchtet hatte. Trotzdem gab ich die Hoffnung nicht auf, daß sich bei Honecker Einsicht einstellen würde. Er war doch am Wohl der DDR und ihrer Bürger, an einem erfolgreichen »Sozialismus in den Farben der DDR« interessiert.

In den Jahren meiner Botschaftertätigkeit in Helsinki hatte ich mehr Begegnungen mit Mitgliedern des Politbüros, Ministern und Vorsitzenden von Blockparteien als je zuvor. Die Vier-Augen-Gespräche waren recht aufschlußreich und vermittelten ein zwiespältiges Bild. Auf der einen Seite erklärten sich die meisten offen und ehrlich, kritische Anmerkungen nahmen sie ohne Widerrede und nachdenklich entgegen. Überheblichkeit war kaum festzustellen. Es war zu spüren, daß die DDR und deren Schicksal ihnen Herzenssache war. Auf der anderen Seite war eine gewisse Ferne zu den tatsächlichen Problemen der Menschen nicht zu übersehen. Es war das, was man mit Entfremdung bezeichnet. Sie wußten ungenügend, was die Menschen bewegte, hatten keine Vorstellung, wie neue Herausforderungen zu beantworten waren.

Offen gestanden: Das intellektuelle Niveau erschreckte mich. In Helsinki verlor ich mehr Illusionen als in den Jahrzehnten zuvor.

Mein Bild von der DDR war dennoch weitaus freundlicher als es nach heutigen Kenntnissen hätte sein dürfen. Das lag wohl an der Ferne. Genährt wurde diese positive Sicht nicht zuletzt aus der Reputation, die die DDR in Finnland genoß. Ich freute mich darüber, daß viele finnische Minister an Treffen mit ihren Amtskollegen interessiert waren und nicht selten erklärten, Erfahrungen der DDR würden in geeigneter Form auch in Finnland genutzt werden.

Das bestätigte auch der Besuch Margot Honeckers. Die Volksbildungsministerin der DDR wirkte sowohl durch ihre Bescheidenheit als auch durch ihre Sachkenntnis. Es ergaben sich viele gemeinsame Auffassungen, auch ähnliche Erfahrungen in der Bildungspolitik. Dagegen traf ich bei der Bewertung anderer Aspekte der DDR-Politik, ihrem Herangehen an neue Herausforderungen auf eine Haltung, der ich meinte widersprechen zu müssen. Margot Honecker nahm meinen Widerspruch zur Kenntnis, beharrte aber auf ihrer Position.

Alle Parteien des Demokratischen Blocks hatten mit Hilfe der Botschaft Beziehungen zu Partnern in Finnland aufgenommen. Es gab Treffen auf höchster Ebene. Eine Ausnahme bildete die CDU, für die sich kein analoger Partner fand. Dafür unterhielt die SED freundschaftliche Beziehungen gleich mit drei Parteien – mit zwei verfeindeten kommunistischen, nachdem sich die bisher einflußreiche KP gespalten hatte, und mit der Sozialdemokratischen Partei.

Der Besuch des finnischen Ministerpräsidenten Sorsa, Vorsitzender der Sozialdemokratischen Partei, in der DDR gehörte zu den Höhepunkten in meiner Amtszeit. Ich hatte den Auftrag erhalten, ihn an der Grenze zur CSSR, wo er vorher weilte, in Oberwiesenthal abzuholen und nach Berlin zu begleiten. Unterwegs machten wir in Dresden halt, wo Sorsa von Hans Modrow empfangen wurde.

Die mehrstündige Autofahrt nutzte ich, um Sorsa ausführlich über verschiedene Aspekte der Situation in der DDR zu informieren. Ich verschwieg dabei nicht, daß es nach wie vor offene Probleme gebe. Er dankte für die ehrliche Information, meinte aber, daß er froh wäre, wenn es einige dieser Probleme in Finnland geben würde, da er sie als eine kreative Herausforderung betrachte.

Das Gespräch mit Honecker dürfte ihn nicht ganz befriedigt haben. Der Staatsratsvorsitzende verlas ein längeres Schriftstück, das viele Zahlen über Produktionserfolge der DDR und Gemeinplätze enthielt. Ministerpräsident Sorsa war enttäuscht, daß er mit seinem Amtskollegen Stoph nur kurz beim abendlichen Empfang zusammentraf. In Finnland trug der Präsident im Einklang mit der Verfassung die unmittelbare Verantwortung für die Außenpolitik und auch die Streitkräfte. Dennoch unterstanden beide dem Ministerpräsidenten. In der DDR waren alle Ministerien laut Verfassung nur dem Ministerpräsidenten untergeordnet.

Die Praxis war anders. Stoph hatte auf viele Bereiche kaum Einfluß. Für Sorsa war es trotzdem unverständlich, daß es selbst über Probleme der Handelsbeziehungen und der Zusammenarbeit auf anderen Feldern nicht zu einem Meinungsaustausch mit Stoph kam. Als Entschuldigung wurden unverhofft eingetretene Umstände genannt, als Sorsa nachfragte, warum Honecker allein als Gastgeber fungiere, was auch protokollarisch ungewöhnlich war.

Zu meinen Kollegen im Diplomatischen Korps hatte ich insgesamt gute Beziehungen. Auch das war ein Beweis dafür, daß die DDR weltweit wie die meisten anderen als ein normaler Staat und zudem als ein vertrauenswürdiger Partner anerkannt wurde. Das galt auch für das Verhältnis zum Botschafter der BRD, obwohl es durchaus etwas unterkühlter war als die Beziehungen zu den Vertretern der USA, Großbritanniens und Frankreichs, von anderen Staaten ganz zu schweigen.

Nach dem Staatsbesuch Honeckers wurde auch der Bundespräsident, wie erwartet, nach Finnland eingeladen. Der Botschafter der BRD bat mich um sachkundige Empfehlungen, was bei der Vorbereitung zu beachten sei. Ich tat das gern, holte mir dazu auch nicht erst die Genehmigung aus Berlin ein. Weizsäckers Visite fand in der finnischen Presse nicht die gleiche Beachtung wie der Besuch aus der DDR. Dem Bundespräsident wurde wie in Helsinki üblich das diplomatische Korps vorgestellt. Dabei wünschte Richard von Weizsäcker ein Gespräch mit mir. Mich erstaunte seine realistische Analyse der internationalen Situation und die durchaus kritische Sicht auf Reagan und die Falken in den USA, der ich zustimmen konnte.

Im August 1985 erinnerte man an die Unterzeichnung der Schlußakte von Helsinki vor zehn Jahren. Dazu waren die Außenminister aller 35 Signatarstaaten angereist. Sie würdigten die Schlußakte als Beginn einer neuen Zeitrechnung in der europäischen Politik. Auffallend war, daß nur der Außenminister der USA einen anderen Ton anschlug und sich über Verletzungen der Menschenrechte ausließ, die es nach seiner Meinung nur in den sozialistischen Staaten gebe. Die DDR nannte er nicht, die UdSSR dagegen schon. Nach meiner Wahrnehmung wurde sein schroffer Ton von den meisten Teilnehmern des Treffens als deplaciert empfunden.

Am Rande dieser Jubiläumsveranstaltung waren bilaterale Treffen geplant. Mit dem BRD-Botschafter vereinbarte ich eine Begegnung Fischers mit Genscher in der DDR-Botschaft. Genscher hatte es bisher bewußt vermieden, seinen Fuß auf das Territorium des anderen deutschen Staates zu setzen, was ja eine DDR-Botschaft darstellte.

Wie ich später hörte, soll Hans-Dietrich Genscher von der Einladung überrascht gewesen sein, habe aber – da er kurzfristig von diesem Termin erfuhr – dem Arbeitstreffen in der Botschaft der DDR zugestimmt. Das Gespräch beim Frühstück verlief sehr sachlich und ließ nicht wenige Gemeinsamkeiten bei der Einschätzung der europäischen Situation und anderer Weltprobleme erkennen. Ich würde die Atmosphäre nicht unbedingt als freundschaftlich bezeichnen wollen, kritische Töne oder Vorhaltungen kamen aber von keiner Seite.

Mit wachsender Sorge verfolgte ich in Helsinki die Entwicklung in der Sowjetunion. Wir empfingen das sowjetische Fernsehen, die »Prawda« traf bei mir eher ein als das »Neue Deutschland«. Der regelmäßige Kontakt zum sowjetischen Botschafter verhalf mir zu mehr Informationen, als ich in Berlin erhalten hätte. Wir pflegten ein wirklich freundschaftliches Verhältnis, das auch nicht durch diplomatische Formalitäten oder Übungen getrübt war. Wladimir Sobolew war ein durchaus kritischer Botschafter, wenn er auch sicher geheime Informationen, soweit er über diese verfügte, oder Gerüchte, die an sein Ohr gedrungen waren, nicht weitergab.

Die Wahl Andropows zum Ersten Sekretär des ZK der KPdSU nach dem Tod Breshnews im Herbst 1982 hatte ich begrüßt. Seine ersten Amthandlungen vermittelten den Eindruck, daß die Stagnationserscheinungen überwunden werden könnten und auch konzeptionell vorwärts weisenden Neuerungen der Weg geebnet würde. So beeindruckte mich ein Artikel von Andropow zum Karl-Marx-Jahr 1983. Er blieb jedoch nicht lange im Amt, er verstarb bereits im Frühjahr 1984. Ihm folgte der farblose und zudem altersschwache Tschernenko nach, der nur ein Jahr amtierte. Das Land versank noch mehr in Stagnation, die Lage wurde zunehmend unberechenbar. Da mußte man besorgt sein. Trotzdem ging ich davon aus, daß die mit der Oktoberrevolution eröffnete Entwicklung unumkehrbar, der Sozialismus gerade in der Sowjetunion nicht zu erschüttern sei. Die Erklärungen von Michail Gorbatschow, der im Frühjahr 1985 an die Spitze der KPdSU berufen wurde, bestärkten mich in dieser Überzeugung. Neue Akzente wurden in der Außen- und in der Innenpolitik gesetzt. Man sprach von einem Neuen Denken – es sah auch so aus, als würde man es tun. Die Reserviertheit, die ich bald bei der SED-Führung wahrnahm, erklärte ich mir aus einem Mangel an theoretischen Kenntnissen. Man reagierte dogmatisch auf die neuen Herausforderungen. Das spürte ich auch auf dem XI. Parteitag, zu dem ich 1986 wie einige andere Botschafter als Gast eingeladen worden war. Nach der Ansprache von Gorbatschow suchte ich Kontakt mit einem seiner engen Mitarbeiter. Ich unterbreitete den Vorschlag, Gorbatschow möge doch in geeigneter Form, vielleicht bei einem der vorgesehenen Besuche in einem Betrieb, etwas detaillierter darauf eingehen, warum der Sozialismus als Gesellschaftssystem einer umfassenden Erneuerung bedarf. Die Führung der SED sehe die Umgestaltung als ausschließlich russisches Problem. Ich habe, erklärte ich, volles Verständnis dafür, wenn Gorbatschow nicht als Lehrmeister auftreten möchte. Doch ich wäre davon überzeugt, daß er die richtige Form finden werde, um das Thema vorzutragen. Zu einer offenen und sachlichen Diskussion zwischen den führenden Politikern ist es weder damals noch später gekommen. Wahrscheinlich auch deshalb nicht, weil weder Gorbatschow noch ein anderer ein Konzept besaß. Außerdem schien auf beiden Seiten die Bereitschaft zu fehlen, durch kollegiale Diskussion ein solches Konzept zu finden.

Meine vorrangige Pflicht bestand darin, die Beziehungen zwischen der DDR und Finnland zu entwickeln. Offenkundig ist mir das gelungen. Zu meiner Verabschiedung im Januar 1987 kamen fast 1.000 Gäste in die Botschaft. Viele Finnen meinten, mir persönlich für meine Arbeit zu danken. Nach meiner Überzeugung habe ich beiden Ländern einen guten Dienst erwiesen.

Präsident auf Abruf

Meine Rückkehr nach Berlin erfolgte auf eigenen Wunsch. Ich hatte nicht die Absicht, mein Berufsleben als Diplomat abzuschließen und wollte zur wissenschaftlichen Tätigkeit zurückkehren. Nach einigen Bemühungen erhielt mein Ersuchen, das in der Zentrale in Berlin als etwas Ungewöhnliches betrachtet wurde, die notwendige Zustimmung. Als Botschafter hatte ich meinen eigentlichen Beruf nicht ganz aufgegeben. In der Freizeit bereitete ich Publikationen vor, u. a. widmete ich mich einer populärwissenschaftlichen Darstellung von wichtigen Ereignissen, die weltweit auf das Geschehen nach 1945 einwirkten. Sie erschien unter dem Titel »Sturmglocken der Weltgeschichte«.

Mit erheblichen Kraftaufwand war die Herausgabe der Erinnerungen von Sergej Tjulpanow verbunden. Noch vor meiner Tätigkeit in Helsinki hatte ich ihn zu diesem Buch angeregt, da niemand besser als er sich authentisch zur Besatzungspolitik eines sozialistischen Staates äußern konnte. Sie war etwas Einmaliges in der gesamten Geschichte. Bei der Abfassung der Erinnerungen unterstützte ich ihn so gut ich konnte. Ich traf mich mehrmals mit ihm in Leningrad, zuletzt Ende 1983. Wenige Monate später verstarb er. Ich hielt es für meine Pflicht, die deutsche Übersetzung zu überprüfen und dafür zu sorgen, daß seine letzten Bemerkungen berücksichtigt wurden.

Schließlich hatte ich ein Konzept für ein Projekt entworfen, das aus den Rahmen einer historischen Forschung herausfiel und eher als Utopie oder Blick in die Zukunft bezeichnet werden konnte. Einem fiktiven Bericht aus dem Jahr 3000 hatte ich den Titel »Wege in die Zukunft« gegeben. Vier Vertreter von vier verschiedenen Zivilisationen sollten auf einem entfernten Planeten einen Diskurs über die Wege führen, die auf ihrem Herkunftsplaneten beschritten wurden. Auf dem Planeten A war es zu einer Selbstvernichtung der menschlichen Zivilisation durch eine thermonukleare Katastrophe gekommen. Auf dem Planeten B siegte ein Gesellschaftssystem, das sich als Sozialismus bezeichnete. Auf dem Planeten C dagegen triumphierte der Kapitalismus. Auf dem Planeten D schließlich entstand aus der Koexistenz von zwei antagonistischen Systemen eine Formation mit Konvergenzelementen, die in sich positive Eigenschaften beider bisher unversöhnlichen Ordnungen aufnahm. Den fiktiven Diskurs beschrieb ich nur in seinen Grundzügen. Ich beabsichtigte damit einen Beitrag zur Debatte zu leisten, die nach meiner Auffassung als Folge des KSZE-Prozesses bevorstand. In Berlin hoffte ich einen Koautor zu finden, der helfen könnte, diese Ideenskizze literarisch umzusetzen.

Doch weder daraus noch aus dem Wunsch, mich wieder der Zeitgeschichte zuzuwenden, wurde etwas. Ich konnte an der Lehr- und Forschungstätigkeit des Instituts für internationale Beziehungen wie der Berliner Universität teilnehmen, empfand es wohltuend, kollegial mit anderen Forschern verbunden zu sein. Allerdings wurde ich zum Präsidenten des DDR-Komitees für europäische Sicherheit und Zusammenarbeit gewählt. Das neue Amt kostete mehr Zeit, als befürchtet, wenn auch Christa Großmann, die seit bald zehn Jahren Generalsekretärin des Komitees war, die laufenden Aufgaben engagiert und professionell erledigte.

Wiederholt flog oder fuhr ich zu Tagungen des Internationalen Komitees nach Brüssel. Längere Aufenthalte ergaben sich aus Reisen nach Wien, wohin Beobachterdelegationen zu den Folgetreffen der KSZE entsandt wurden. Wir ließen uns von den offiziellen Delegationen verschiedener Staaten über den Stand der Verhandlungen informieren. Nachdrücklich betonten wir die Notwendigkeit, zügig zu effektiven Abrüstungsvereinbarungen wie auch anderen Beschlüssen zur Implementierung aller Aspekte der KSZE-Schlußakte zu gelangen. Leider mußte ich feststellen, daß die DDR-Delegation nicht selten Weisung aus Berlin erhielt, zurückhaltend zu agieren. Auch in Wien zeigten sich die Mißklänge in den Beziehungen zur Sowjetunion. Vor allem bei den im gesamteuropäischen Rahmen herangereiften Maßnahmen zur Vertiefung der Zusammenarbeit und bei humanitären Fragen erwies sich die DDR neben Rumänien als Hauptbremser. Dennoch bewiesen die Begegnungen in Wien mit Delegierten, Journalisten, Vertretern anderer NGOs wie auch mit Wissenschaftlern, daß der Entspannungsprozeß insgesamt in eine neue Phase eingetreten war. Nicht zuletzt gewann ich diesen Eindruck bei Gesprächen mit Diplomaten aus Frankreich, Großbritannien und der Bundesrepublik, selbst aus den USA.

Auch bei meinem heutigen Rückblick halte ich daran fest, daß 1987/88 wie im folgenden Halbjahr durchgängig von einer lang anhaltenden Koexistenz als Voraussetzung für einen dauerhaften Frieden ausgegangen wurde. Verständlicherweise wollten die Politiker die jeweiligen konkreten Schritte nach Möglichkeit so beeinflussen, daß auch nationale Sonderinteressen befriedigt würden. Dennoch war das Streben vorherrschend, ohne Vorbedingungen einen gemeinsamen Nenner für mehr Sicherheit und Zusammenarbeit zu finden.

Besonders aktiven Anteil an der Tätigkeit des Internationalen Komitees für europäische Sicherheit und Zusammenarbeit hatte von Anfang an ein Ausschuß in Frankreich, in dem Vertreter aller großen Parteien, der Gewerkschaften wie angesehene Wissenschaftler mitwirkten. Dieser Ausschuß lud eine Delegation unseres Komitees zu einem Meinungsaustausch nach Paris ein. Dabei zeigte sich, daß in Frankreich die DDR als ein wichtiger Partner im Entspannungsprozeß angesehen wurde. Beeindruckend für uns war, daß diese Auffassung auch in Institutionen geteilt wurde, die der Regierung nahe standen und mit ihren Analysen die Formulierung der Sicherheitspolitik, darunter die Rüstungskontrolle, beeinflußten. Vereinbart wurde die Fortsetzung des Dialogs in Berlin, wozu es im Herbst 1989 kam.

Einen ähnlichen guten Eindruck gewann ich in Rom bei einer Tagung, auf der Teilnehmer aus vielen europäischen Ländern speziell über die konventionelle Abrüstung einen mehrtägigen Diskurs führten. Bei allen Unterschieden in den Vorstellungen von der Zukunft Europas wie den möglichen Schritten zur Forcierung der Abrüstung herrschte auch hier das Streben nach Übereinstimmung, nach einem vorwärtsweisenden Konsens vor, wobei alle Seiten von einem langjährigen friedlichen Nebeneinander zweier unterschiedlicher Gesellschaftsordnungen in Europa ausgingen. Vertreter der italienischen Regierung gaben zu verstehen, daß auch sie sich zu den Prinzipien der friedlichen Koexistenz bekannten.

Treffen in der Bundesrepublik, in den Niederlanden, in der Sowjetunion und in der Tschechoslowakei artikulierten nichts anderes.

Neu waren für uns Begegnungen mit Vertretern der Öffentlichkeit in Westberlin, darunter mit Abgeordneten aller Parteien, die wir im Rathaus Schöneberg trafen. Zu einem mehrtägigen Treffen hatte uns auch die Evangelische Akademie an den Wannsee eingeladen. Auch wenn sich zunächst die Diskutanten spürbar abtasteten, schwand bald die argwöhnische Distanz. Die Folgen des Kalten Krieges sollten endlich abgebaut und überwunden werden. Darin waren sich alle einig.

Die Ergänzung der politischen Entspannung durch die militärische wurde zur Schlüsselfrage. Der damals entstandene Begriff vom »gemeinsamen Haus Europa« fand meine Zustimmung. Mir kam es jedoch darauf an, von einer Mietergemeinschaft zu sprechen, die sich an eine von allen Parteien vereinbarte Hausordnung hielt, wobei jeder Mieter souverän darüber entscheiden sollte, wie er seine Wohnung möblierte und das Zusammenleben in seiner Wohnung gestaltete.

Unser Komitee wie auch das Internationale Komitee widmete den Abrüstungsfragen erhöhte Aufmerksamkeit. Dazu wurden Empfehlungen und Vorschläge ausgearbeitet. Es ging auch um Schritte zur Eliminierung des militärischen Faktors. Die Teilnehmerstaaten der KSZE sollten die Produktion und die Entwicklung neuer Waffensysteme wie auch die Modernisierung bestehender beenden. Eine solche Abmachung könnte leicht kontrolliert werden. Den Mut, sich für diese Idee einzusetzen, hatte kein Staat.

Meine neue Tätigkeit verschaffte mir einen guten Überblick über die Veränderungen in allen europäischen Ländern. Den Sinneswandel hielt ich für positiv, obwohl ich auch bemerkte, daß er durchaus nicht eindeutig war. Die früher weitgehend vorherrschende Tendenz, das jeweils andere System und dessen Politiker für alles Unheil verantwortlich zu machen und selbst als Kompromiß gedachte Vorschläge mit einigen Maximalforderungen zu versehen, schien aber überwunden. Nicht zuletzt die Sowjetunion galt als Friedensstifter. Ihr Ansehen hatte sich auch durch das lautstark verkündete Konzept einer Erneuerung des Sozialismus erhöht. Die russischen Begriffe von »Perestroika« und »Glasnost« als Metaphern für weitreichende Reformen und Demokratisierung gingen in die Lexika fast aller Sprachen ein. Verbunden war das mit einer gewissen Reduzierung des unverhüllten Antikommunismus. Vor allem Gorbatschow erwarb sich im Ausland hohes Ansehen.

In der Sowjetunion schwand dagegen die Zustimmung zum Kurs von Gorbatschow deutlich. Viele nannten ihn einen Phrasendrescher, der sich vordringlich um den Ausbau der eigenen Macht kümmerte und zu oft ins Ausland reiste, die Interessen des Volkes aber vernachlässigte. Die Wirtschaft stagnierte weiter, zu bekannten Engpässen bei der Versorgung der Bevölkerung kamen neue hinzu. Die Richtung der Reformen seien nicht erkennbar und ihre Folgen nicht absehbar, hieß es nicht nur in Moskau.

Ich hielt diese Sorgen für etwas übertrieben und meinte, die Reformen würden zu einer wahren Renaissance des Sozialismus und seiner Grundwerte führen. Dabei überschätzte ich das Vermögen der Moskauer Führung. Ich wähnte, sie handelte nach einem Konzept bzw. sei entschieden dabei, ein solches zu entwickeln.

Außerdem hatte ich übersehen, daß gerade Politiker dieses Landes, das so lange von der Umwelt abgeschottet war, leichter Fiktionen unterlagen. Auch solchen, die sie dann selbst, vielleicht sogar gegen ihren Willen, zu Revisionisten machen konnten. Oberflächlich betrachtet boten die entwickelten kapitalistischen Länder ein ganz anderes Bild, als sie bisher angenommen hatten. Und warum sollte man nicht selbst nach einem Leben in Luxus streben? In Moskau fiel mir auf, daß eine kleine Schicht von Nutznießern der neuen Entwicklung entstanden war, die mit ihrem erkennbaren Profitstreben nicht in das Bild des Landes paßten. Ich wollte jedoch nicht glauben, daß gerade in der Sowjetunion die Wiedergeburt einer Bourgeoisie geduldet oder sogar gefördert werden würde. Meine Gesprächspartner bei verschiedenen Tagungen, darunter kompetente Wissenschaftler und auch solche, die als enge Berater der Parteiführung tätig waren, beschwichtigten. Es handle sich um Anlaufschwierigkeiten im Reformprozeß. Auch heute glaube ich noch, daß dies ihre ehrliche Auffassung war, selbst wenn einige sich später anpaßten. Damals war es einfach nicht vorstellbar, daß es zu einer Implosion des Sozialismus, noch dazu in der Sowjetunion, kommen könnte und sie von oben mitverschuldet und gefördert werden sollte.

Meine positive Haltung zur Politik von »Perestroika« und »Glasnost« verheimlichte ich nicht, obwohl mir zunehmend bewußt wurde, daß nicht nur Honecker und fast alle aus der Partei- und Staatsführung die Veränderungen in der Sowjetunion mit Argwohn beobachteten und einen Kurswechsel ablehnten. Die Reaktionen auf meine meist demonstrativ vorgetragene Position waren verschieden. Viele unterstützten mich, andere – einige, aber nicht alle aus dem »Großen Haus« – widersprachen mir strikt, wenn ich die Notwendigkeit von Reformen in der DDR anmahnte. Immer wieder kam als Argument, daß sich bei allen Schwierigkeiten die Wirtschaftslage der DDR und ihr Lebensstandard positiv von der Situation in der UdSSR und anderen sozialistischen Ländern unterscheide. Das stimmte. Dafür gab es unterschiedliche Gründe, nicht zuletzt historisch gewachsene.

Sowohl in großen Kreisen der Bevölkerung, leider aber auch im Parteiapparat der SED, keimte neuer Antisowjetismus, der – wie auch schon in der Vergangenheit – mit einer gefährlichen Tendenz zur Selbstüberhebung verbunden war. Gorbatschow hatte mit seinen unkalkulierbaren »Neuerungen« zweifellos daran eine Mitschuld. Trotzdem mußte ich selbst bei Gesprächen mit Funktionären an einen alten Satz denken: »Am deutschen Wesen soll die Welt genesen.«

Saß nicht manches Ressentiment doch tiefer, als ich immer angenommen hatte?

Im Mai 1989 war in Budapest eine Tagung geplant, auf der Vertreter der meisten großen politischen Parteien aus ganz Europa ihre Vorstellungen über den Entspannungsprozeß und seine Perspektiven austauschen sollten. In Berlin hatte man zunächst Vorbehalte. Die SED-Führung entschied sich erst zu einer Teilnahme, als sie besonders nachdrücklich aus Moskau dazu aufgefordert wurde. Im Unterschied zu anderen Parteien entsandte man jedoch weder Mitglieder der Parteiführung noch Abgeordnete. So wurden Rolf Reißig, Professor an der Akademie für Gesellschaftswissenschaften, und ich als Delegierte benannt. Vor unserem Abflug hatten wir die Weisung erhalten, in der Diskussion unverbindlich aufzutreten, nur Angriffe auf die SED klar zurückzuweisen. Auf jeden Fall sollten wir einer möglichen Schlußerklärung die Zustimmung mit dem Hinweis versagen, daß darüber erst das Zentralkomitee in Berlin entscheiden müsse.

Mit Rolf Reißig verständigte ich mich, nicht nach dieser merkwürdigen Direktive zu handeln und konstruktiv an der Diskussion teilzunehmen. Da ich als Präsident des DDR-Komitees auf der Tagung auftreten würde, konnte ich die Vorstellungen der DDR-Öffentlichkeit, nicht nur einer Partei darlegen. Ein Schlußdokument gab es nicht, jedoch erteilten alle Teilnehmern den Gastgebern Zustimmung, in absehbarer Zeit eine weitere Konferenz abzuhalten.

Aus der Bundesrepublik waren Repräsentanten der CDU wie der

SPD und der FDP gekommen, aus Italien und Frankreich nahmen Vertreter aller Parlamentsparteien, auch der kommunistischen, teil. An der Spitze der Delegation der KPdSU stand Valentin Falin als Sekretär des Zentralkomitees. Da ich ihn aus früheren Begegnungen kannte, nutzte ich die Gelegenheit zu einem internen Meinungsaustausch über Probleme, die mich bewegten. Er war etwas zurückhaltend bei der Bewertung der inneren Vorgänge in der Sowjetunion, was mich etwas stutzig machte. Doch nahm ich mehr an, daß die Umgebung unseres Gespräches ihn ein wenig hemmte.

In Ungarn bahnte sich spürbar eine Krise an, wofür die deutlich verschlechterte Wirtschafts- und Versorgungslage als auch der schwindende Einfluß der ungarischen Kommunisten sprach. Manche Vertreter aus der Bundesrepublik bezeichneten Ungarn als erwünschten Modellfall für nach ihrer Meinung herangereifte Veränderungen in allen Staaten des Ostblocks. Das ließ aufhorchen. Spätere Ereignisse haben mich deshalb nicht ganz so überrascht, obwohl ich sie in dieser Form auch nicht erwartet hatte.

Insgesamt kam ich mit einem guten Eindruck von der Budapester Tagung nach Berlin zurück. Sie war schon ein Ereignis von unikaler Bedeutung. Ein solch wahrhaft pluralistisches Treffen hatte es bis dahin in der europäischen Geschichte nicht gegeben. Es war auch aus einem anderen Grund ein Novum. Trotz unterschiedlicher Positionen stimmten alle Teilnehmer darin überein, daß die immer noch bestehende Konfrontation zwischen Ost und West überwunden und durch einen friedlichen Wettstreit, die vielfältige Kooperation zwischen allen in Europa bestehenden Parteien abgelöst werden müsse. In einem Beitrag für die außenpolitische DDR-Wochenzeitschrift »Horizont« nannten Reißig und ich als Fazit des gesamteuropäischen Parteientreffen: Ein »gemeinsames Haus Europa« ist eine langfristige Aufgabenstellung. Für seine Schaffung gibt es noch keinen fertigen Bauplan, aber mit dem KSZE-Prozeß ein reales und ausbaufähiges Fundament. Bereits nach einem halben Jahr war es dann klar, daß wir eine Fehleinschätzung getroffen hatten.

In der Anfangsphase jenes Prozesses, der nach der Wachablösung in der SED-Zentrale als »Wende« proklamiert wurde (nach meiner Erinnerung prägte Egon Krenz diesen auch heute gängigen Begriff), hoffte auch ich, daß in der DDR eine wirkliche Erneuerung und Modernisierung des Sozialismus in Gang gesetzt werden könnte. Das DDR-Komitee wollte seinen Beitrag dazu leisten, intensivierte seine Tätigkeit auch dann noch, als die Entwicklung bereits in eine ganz andere Richtung lief. Unser Ausschuß wurde in »Deutsches Komitee für europäische Sicherheit und Zusammenarbeit« umbenannt und in seiner Zusammensetzung erweitert. In ihm wirkten jetzt auch Repräsentanten weiterer Parteien mit. 1991 kandidierte ich nicht mehr bei der Wahl des Präsidenten, nahm aber weiterhin an der Tätigkeit des Komitees teil. Mehr und mehr wurde jedoch deutlich, daß es für ein solches Komitee im geeinten Deutschland keinen Platz gab. Mit großem Bedauern zog das neue Präsidium des Komitees nach einigen Jahren die Konsequenzen aus dieser Feststellung.

Lange vorher war klar geworden, daß das angestrebte und von mir unterstützte Projekt einer nachhaltigen Wende nach vorwärts in eine Rückwende in die Vergangenheit umgeschlagen war. Zweifellos in eine modernisierte Vergangenheit. In mancher Hinsicht positiv, in anderer eher negativ. In Europa herrscht wieder das gleiche System mit seinen Grundwerten und unversöhnlichen Widersprüchen, der Dominanz des Großkapitals und der wachsenden Kluft zwischen arm und reich wie vor 1917.

Zu den Ereignissen im Herbst 1989, die in eine Zäsur der deutschen Geschichte und dann auch der europäischen mündeten, habe ich mich unter dem unmittelbaren Eindruck in verschiedenen Presseorganen geäußert. Es sind Wertungen eines Zeitzeugen, der tiefgreifende Einschnitte wünschte, aber den weiteren Verlauf der Geschichte höchstens ahnen, aber nicht voraussagen konnte. In einem längeren Interview für die in Prag erscheinende Zeitschrift »Probleme des Friedens und des Sozialismus« gab ich im Januar 1990 folgende Wertung: Die Hauptforderung der aktiven Teilnehmer der zweiten deutschen Novemberrevolution, wie ich die Ereignisse in der DDR nannte, lief auf eine völlige Beseitigung all des Negativen hinaus, das für die administrativ-bürokratischen Strukturen, den »Stalinismus in den Farben der DDR« kennzeichnend war. »Der Sozialismus kann nur dann einen zweiten Atem erhalten, wenn eine organische Verbindung von Sozialismus und Demokratie hergestellt wird, Deformationen restlos überwunden und auf Positivem aus der Vergangenheit aufgebaut wird.«

Bei der sich anbahnenden Option für eine Überwindung der deutschen Spaltung plädierte ich vor allem dafür, daß dies zur Stabilisierung des Friedens in Europa beitragen müsse und ein geeintes Deutschland, auch eine Konföderation als Vorstufe, mit dem Status eines paktfreien Staates die Rolle eines Schrittmachers übernehmen könnte. Zu diesem Zeitpunkt hatte ich noch die Hoffnung, daß es sich um eine Wende zum Guten handeln würde und eine langfristig angelegte verantwortungsbewußte Politik – nicht nur in der DDR – die notwendige Unterstützung der Mehrheit des Volkes findet. Meine Skepsis wollte ich aber nicht verheimlichen. »Leider kann ich durchaus nicht davon überzeugt sein, daß die demokratische Revolution in der DDR, die im November vorigen Jahres solch vielfältige Hoffnungen geweckt hat, nicht noch ihre Schattenseiten zeigen kann. Die Geschichte kennt nicht wenige solche Beispiele.«[59]

An der Jahreswende 1989/90 sprach noch viel dafür, daß die Bürger der DDR mehrheitlich für einen demokratisch erneuerten sozialistischen Staat votieren würden. Nicht nur die Unterstützung für den von Stefan Heym und Christa Wolf initiierten Aufruf »Für unser Land« bezeugte das. In einem Brief an Stefan Heym habe ich mich unmittelbar nach seiner Veröffentlichung zu diesem von Vernunft getragenen Appell bekannt.

Im Vorfeld der Wahlen zu einer Volkskammer kam dann der unüberhörbare Umschwung. Entgegen der Prognose ging nicht die SPD, sondern die »Allianz für Deutschland«, in der die CDU das Sagen hatte, als deutlicher Sieger aus den Wahlen hervor. Von Bundeskanzler Kohl (CDU) erwarteten die Menschen eine rasche Überwindung der tiefen politischen und wirtschaftlichen Krise in der DDR. Nicht zuletzt glaubten allzu viele seiner Propaganda, daß sich die DDR nach ihrer Übernahme schon bald in »blühende Landschaften« verwandeln werde. Natürlich sprach niemand von Anschluß, sondern von Wiedervereinigung. Es war aber keine Vereinigung oder ein Zusammenschluß von zwei gleichberechtigten Staaten unter Wahrung entsprechender rechtlicher Normen und bei Berücksichtigung der in vier Jahrzehnten entstandenen Realitäten. Die aus den Wahlen hervorgegangene neue Regierung der DDR war von Anfang an kein souveräner Partner in den Verhandlungen mit der BRD. Sie wurde durch Berater und auf andere Weise von Bonn ferngesteuert, wenn auch einige Minister und selbst der Ministerpräsident sich dagegen zu wehren versuchten.

Ich warnte davor, eine von Bonn gewünschte Vereinigung nach dem Artikel 23 des Grundgesetzes zu vollziehen, also durch den Beitritt der sogenannten fünf neuen Länder zum Geltungsbereich der Verfassung und aller Gesetze der Bundesrepublik. »Der Weg über Artikel 23 wäre ein Irrweg, ein Anschluß, bei dem die BRD und ihre Regierung das alleinige Machtwort hätten. Das neue einige Deutschland braucht eine eigene Verfassung, in der viele Grundsätze und

Ideen des Grundgesetzes der BRD wie der Verfassungen der DDR von 1949 und 1968 sich wiederfinden müssen. Sie soll das gemeinsame Werk aller Deutschen sein.«[60]

Soweit es in meinen Kräften stand, hatte ich mich für eine qualitative Erneuerung des Sozialismus eingesetzt. Ich hate meine harte Kritik an seinen Unzulänglichkeiten, den Fehlern und dogmatischen Entstellungen mit Vorstellungen verbunden, wie eine Anpassung an die neuen Herausforderungen und damit eine Renaissance dieser lebensnotwendigen antikapitalistischen Alternative in Anlehnung an die reale Situation am Ausgang des 20. Jahrhunderts schrittweise erfolgen könnte. Meine Anstrengungen waren unvollständig, manche Gedanken, die ich an verschiedenen Stellen äußerte, bestimmt unausgereift. Vor allem aber gab es keine Zeitreserven, die Ereignisse überstürzten sich. Weder in der DDR noch in der Sowjetunion oder in anderen sozialistischen Ländern war eine Kraft zu erkennen, die sich auf einen theoretischen Vorlauf stützte und die Fähigkeit besaß, diesen in praktische Politik umzusetzen und die Mehrheit des Volkes von der Richtigkeit einer grundlegend erneuerten Politik, aber eben einer sozialistischen, zu überzeugen. Die Verkrustungen und Deformationen des Sozialismus erwiesen sich als zu groß. Das Vermögen jener Politiker, die auf sozialistischen Positionen beharrten und sie weiterentwickeln wollten, war zu gering. Ihre theoretischen Kenntnisse wie praktischen Erfahrungen reichten nicht aus. Das von der Oktoberrevolution 1917 aufgestoßene Fenster schloß sich wieder.

Die Entwicklung 1989/91 war aber nicht alternativlos.

Was 1917 begann, mußte nicht so enden. Eine Rückkehr in die Vergangenheit kann es nicht geben, darf es auch nicht geben. Nicht Nostalgie ist gefragt. Jedoch eine unvoreingenommene Analyse der wichtigsten Neuerungen im 20. Jahrhundert und damit der positiven Erfahrungen des sozialistischen Projekts. Die DDR wird nicht nur als Fußnote in die deutsche Geschichte eingehen.

Die 1990 getroffene Entscheidung für einen Beitritt der DDR zur BRD gilt es zu akzeptieren. Unabhängig davon, wie sie zustande gekommen war, stand sie im Einklang mit dem erklärten Willen einer Mehrheit der DDR-Bürger. Sie hatten sich damit von jenem Sozialismus verabschiedet, den sie erlebten.

Ihnen war vermutlich nicht bewußt, daß diese Entscheidung nicht korrigierbar war, und sie ahnten nicht die Folgen, wenn der Kapitalismus pur dem Osten übergestülpt würde.

Wie zu jedem Ereignis und jedem Kapitel der Geschichte gibt es auch zu 1989/91 viele Deutungen, diesmal auch mehr dokumentarisch belegte als in der Vergangenheit. Dennoch bleibt weiterhin manches über Ursachen, Verlauf und Folgen der Ereignisse der »Wende« im unklaren.

Auf wenigen Seiten ist es unmöglich, der Flut dieser Publikationen Neues hinzuzufügen. Es sollte sich aber lohnen …

Anmerkungen

1 Im Bunde mit dem Feind. Deutsche auf alliierter Seite, Herausgegeben von Stefan Doernberg, Berlin 1995

2 Bundesarchiv, Stiftung Archiv der Parteien und Massenorganisationen der DDR (SAPMO) Berlin, RY 1/I 2/3, Aktenband 82, Blatt. 290

3 Das Nationalkomitee »Freies Deutschland« und der Bund Deutscher Offiziere, Herausgegeben von Gerd R. Ueberschau, Frankfurt am Main 1995, S. 228-238

4 Zit. nach: Das Potsdamer Abkommen. Dokumentensammlung, Berlin 1984, S.20

5 »Russisches Archiv«, Bd.15, Teil 4(5), Der Kampf um Berlin, Moskau 1995, S. 68ff. (russ.)

6 Richard Lakowski: Seelow 1945. Die Entscheidungsschlacht an der Oder, Berlin 1994. Heinz Koschan: Der Hölle entronnen, Schkeuditz 2001. Siehe auch: »Russisches Archiv«, Band 15, Teil 4(5), a. a. O.

7 Vgl. »Russisches Archiv«, Band 15, a. a. O., S. 270f.

8 Kriegstagebuch des Oberkommandos der Wehrmacht, Bd. IV, 2. Hb. Frankfurt am Main 1961, S. 1589/1590

9 Siehe Richard Lakowski, a. a. O.

10 »Russisches Archiv«, a. a. O., S. 220

11 Ebenda, S. 220 f.

12 »Russisches Archiv«, a. a. O., S. 387 ff.

13 Kriegstagebuch, a. a. O., S. 1590/1591

14 Zit. nach »Die Niederlage des deutschen Imperialismus im Zweiten Weltkrieg«, Moskau 1960, S. 266/267 (russ.)

15 »Russisches Archiv«, a. a. O., S.277-279

16 Zit. nach: W. I. Tschuikow: Das Ende des Dritten Reiches, Moskau 1973, S. 273 (russ.)

17 Zit. nach »Die Niederlage«, a. a. O., S. 268

18 »Russisches Archiv«, a. a. O., S. 280

19 Ebenda

20 Vgl. Stefan Doernberg, »Die Geburt eines neuen Deutschland«, Berlin 1959, S. 27. In bisher in der BRD erschienenen Darstellungen wurde der Befehl Weidlings, soweit er erwähnt wurde, nicht nach dem Originaltext, sondern nach einer Rückübersetzung – wahrscheinlich aus dem Englischen – zitiert.

21 Vgl. Abschlußbericht des Stabschefs der 1. Belorussischen Front vom 15.5.1945, in: »Russisches Archiv«, a. a. O., S.137f.

22 Vgl. »Der Große Vaterländische Krieg. Zahlen und Fakten«, Moskau 1995, (russ.), S. 95; »Russisches Archiv«, a. a. O., Bände 13 und 15; »Fragen der Geschichte, Moskau«, S. 116ff. (russ.); Andreas Hilger: Deutsche Kriegsgefangene in der Sowjetunion 1945-1956, Essen 2000; »Prawda«, Moskau, 28. April 2000 (russ.)

23 Zit. nach »Russisches Archiv«, a.a.O. S.324f.

24 Zit. nach A. S. Jerussalimski. Der deutsche Imperialismus. Geschichte und Gegenwart, Berlin 1968, S. 654ff.

25 Nach N. Vosnessenski, Kriegswirtschaft der UdSSR während des Vaterländischen Krieges, Moskau 1948, S. 38, 74

26 Zit. nach: Sherwood, R. E., »Roosevelt and Hopkins. And intimate History«, New York, 1948, S.306

27 Zit. nach: Schriftwechsel des Vorsitzenden des Ministerrates der UdSSR mit den Präsidenten der USA und den Ministerpräsidenten Großbritanniens in den Jahren des Großen Vaterländischen Krieges 1941-1945, Moskau 1957 (russ.), Band 1, S. 260, 310

28 Vgl. Stefan Doernberg. Zur Deutschlandpolitik der Sowjetunion, in: Utopie kreativ, H. 96, Berlin 1998

29 »Die UdSSR und die deutsche Frage«, Band II, Moskau 2000 (russ.). Aus den Dokumenten geht hervor, daß es von Mai bis Juli 1945 zur Deutschlandpolitik keine bemerkenswerte Differenzen zwischen den vier alliierten Mächten gab. Die sowjetische Führung in Moskau wie auch die SMAD räumten lediglich der Reparationsfrage eine vordergründige Bedeutung ein, hielten die Absicherung ihrer Reparationswünsche für nicht weniger wichtig als eine umfassende Entnazifizierung. Die britischen, noch mehr die amerikanischen Vertreter betrachteten dagegen aus ihrer Interessenlage das Reparationsproblem nicht als vorrangig.

30 »Um ein antifaschistisch-demokratisches Deutschland«, herausgegeben vom Ministerium für Auswärtige Angelegenheiten der DDR und vom Ministerium für Auswärtige Angelegenheiten der UdSSR, Berlin, 1968, S. 54.
31 ebenda, S. 60
32 Vgl. ebenda S. 82f.
33 Vgl. ebenda S. 94f.
34 Vgl. »Deutsche Volkszeitung«, Berlin, 21. 7. 1945
35 Vgl. »Um ein antifaschistisch-demokratisches Deutschland«, a. a. O., S. 756 ff.
36 Dokumente zur Außenpolitik der Deutschen Demokratischen Republik, Bd. II, Berlin 1955, S. 584
37 Stefan Doernberg, Zur Legitimität der beiden deutschen Wege nach 1945. In: Ansichten zur Geschichte der DDR, Band IV, Bonn /Berlin 1994, S. 131 ff.
38 Machtpoker um die deutsche Einheit. Strategien und verpaßte Chancen im ersten Jahrzehnt nach Kriegsende, Hefte zur ddr-geschichte 54, Berlin 1999, S. 41f, 44, 46
39 Zitiert nach »Berliner Zeitung« vom 15./16. September 2001
40 Siehe Rechenschaftsbericht des Zentralkomitees der KPdSU an den XX. Parteitag, Berlin 1956, S. 175
41 In der UdSSR wurde der volle Wortlaut erstmals 1989 veröffentlicht. Deutsche Übersetzung in: »SED und Stalinismus. Dokumente aus dem Jahr 1956«, Berlin 1990, S. 8ff..
42 Sergej Chruschtschow, Die Geburt einer Supermacht. Ein Buch über meinen Vater. Klitzschen 2003, S.83f.
43 Vgl. Zu Fragen des XX. Parteitages der KPdSU, Berlin 1956, S. 17
44 Stefan Doernberg, Kurze Geschichte der DDR, 3., überarbeitete und erweiterte Auflage, Berlin 1968, S. 299
45 Dokumente der Sozialistischen Einheitspartei Deutschlands, Bd. VI, Berlin 1958 S. 365 f 46 W. I. Lenin, Über »linke« Kindereien und über Kleinbürgerlichkeit, Berlin1957, S.21
47 Rolf Steiniger, Der Mauerbau. Die Westmächte und Adenauer in der Berlinkrise 1958-1963, München 2001
48 In: Der Mauerbau. Krisenverlauf – Weichenstellung – Resultate, Berlin 2001 S. 6ff., 74ff.
49 Walt Rostow, The Diffusion of Power, S. 231, Zit. hier nach Rolf Steiniger, Der Mauerbau, a. a. O., S. 233
50 Voller Wortlaut in »Neues Deutschland«, Berlin vom 14. August 1961
51 Sturmglocken der Weltgeschichte, Leipzig-Jena-Berlin 1984, S.201-239. Eine dokumentarisch belegte aufschlußreiche Darstellung der Kuba-Krise legte der Sohn Nikita Chruschtschows vor. Sergej Chruschtschow, Die Geburt einer Supermacht, Klitzschen 2003
52 Bulletin des Presse- und Informationsamtes der Bundesregierung, Bonn, Nr. 224, S.2100
53 Bonn greift nach Atomwaffen, Berlin 1965. Mit den Referaten von S. Doernberg (DDR), W. Chwostow (UdSSR), F. Dobias (CSSR) und A. Kruckowski (VR Polen) sowie den Diskussionsbeiträgen auf dem Kolloquium.
54 Vgl. Amtsblatt des Kontrollrats in Deutschland, Ergänzungsblatt Nr. 1, Berlin 1946, S. 18ff.
55 Stefan Doernberg, Kurze Geschichte der DDR, 4. durchgesehene und ergänzte Auflage, Berlin 1969, S. 7.
56 Bergedorfer Gesprächskreis zu Fragen der freien industriellen Gesellschaft, Protokoll Nr.36, 1970, o. O., S. 25
57 Ebenda, S. 93
58 Die Häber-Protokolle. Schlaglichter der SED-Westpolitik 1973 – 1985, Herausgegeben von Detlef Nakath und Gerd-Rüdiger Stephan, Berlin 1999, S. 398 ff. (nach Bundesarchiv SAPMO DY 30/IV 2/2039/280)
59 Probleme des Friedens und des Sozialismus, Heft 4, 1990, S. 513
60 Neues Deutschland, 9.3.1990

Personenregister

Acheson, Dean 203
Ackermann, Anton 44, 109 f.,
Adenauer, Konrad 144, 151, 153, 169 f., 195 f., 215, 244,
Andropow, Juri 264, 268
Angarowa, Hilde 123 ff., 161, 168,
Alexander, Gertrud 43, 161
Alexander, Susanne 43 f.
Allilujewa, Swetlana 164
Arbatow 255 f.
Augstein, Rudolf 240
Axen, Hermann 259 f.

Bartel, Walter 199, 205
Bauer, Hanna 55
Berg, Lene 53, 184, 188, 196
Berija, L. P. 35, 50, 178 f.
Berlinguer, Enrico 253
Bernal, John D. 213
Bersarin, N. E. 65, 73, 78, 103, 113,
Bock, Siegfried 254
Bormann, Martin 80 ff.
Brandenburg, Auguste 9, 17 f.
Brandenburg, Heinrich 9, 17 f.
Brandt, Willy 218, 237, 239
Braun, Otto 168
Brecht, Bertolt 12, 177, 177 f.
Bredel, Willi 128
Breshnew, L. I. 229, 234 f., 253, 256,
Buchwitz, Otto 111
Bürger, Kurt 127
Burzew, General 74 f.
Busse, Hans 103

Chandra, Romesh 213
Charisius, Eberhard 58
Chruschtschow, N. S. 165, 187 f., 190 f., 200 f., 210 f., 233, 235, 244,
Churchill, Winston 58, 67, 85, 106, 147, 175,

Dahlem, Franz 53
Dahlem, Robert 53
Dahrendorf, Gustav 132
Dieckmann, Johannes 153
Dimitroff, Georgi 29 f., 32, 51 ff.
Doernberg, Adolf 9
Doernberg, Eva 11 ff., 16, 19 f., 24f.
Doernberg, Frieda 9
Doernberg, Otto 9, 14
Doernberg, Rosel 8 ff., 16, 19 f., 24 f., 27 f., 31 ff., 35, 43, 48, 52, 93, 124 ff., 160, 182, 207, 261
Doernberg, Soja 93, 125 f., 143, 161
Doernberg, Stefan sr. 8 ff., 14, 19 f., 25, 27 f., 30 ff., 35, 43, 48, 52, 93, 124 ff., 138, 160, 182,
Doernberg, Swetlana 137 f.
Doernberg, Viktor 182
Dönhoff, Marion Gräfin v. 240
Dönitz, Karl 80 f., 84, 100
Dubcek, Alexander 208, 229, 231, 234,
Dufving, Theodor v. 79, 86

Eberlein, Werner 210
Ehrenburg, Ilja 73
Einstein, Albert 223
Eisenhower, Dwight D. 99 f., 175
Eisler, Gerhard 220
Engelberg, Ernst 184
Enzensberger, Hans-M. 250
Epstein, Major 141, 149
Erhard, Ludwig 215, 218

Fechner, Max 132
Feuchtwanger, Lion 28 ff.
Fischer, Kurt 109
Fischer, Oskar 268
Fischer, Veronika 260
France, Anatole 8
Franzen, Eva 13
Frei, Daniel 242
Friedeburg, Hans-Georg 100
Friedrichs, Rudolf 109, 111, 113, 136
Fuchs, Georg 242
Fulbright 202

Galtung, Johan 242
Geggel, Hein 248
Genscher, Hans-Dietrich 268
Ghaddafi, M. 254
Gierek, Edward 253
Girnus, Wilhelm 183
Gladkich, Oberstleutnant 80
Goebbels, Josef 80 ff.
Göring, Herrmann 79
Goldstein, Kurt 220
Gomulka, Wladislaw 229
Gorbatow, Generaloberst 113
Gorbatschow, Michail 172, 259, 268 f., 273 f.
Grass, Günter 240, 242
Großmann, Christa 257, 270
Grotewohl, Otto 120, 132 ff., 145 f., 153 ff., 176, 188, 196 ff.
Guderian, Heinz 103
Gysi, Klaus 256 f.

Häber, Herbert 218, 247 f.
Hänisch, Werner 254
Hager, Kurt 183, 185, 245
Hahn, Gerhard 223, 243
Herrmann, Joachim 218
Heß, Rudolf 29, 45
Heuß, Theodor 140 f.
Heynowski, Walter 219
Heym, Stefan 177, 277
Himmler, Heinrich 79
Hindenburg, Paul von 12
Hitler, Adolf 40, 80, 82, 93, 106
Hobsbawm, Eric 6
Höcker, Wilhelm 113, 118, 127, 136,
Honecker, Erich 244 ff., 249, 253, 262 ff., 274
Honecker, Margot 266
Hübener, Erhard 114, 136
Huppert, Hugo 168
Husak, Gustav 234

Ibarruri, Dolores 54
Inosemzew 255 f.

Jacobus, Hans 221
Jakowlew 172
Jaruzelski, W. 259
Jelzin, Boris 172
Jerussalimski, Arkadi 101, 194

Jeshow, N. I. 35
Jodl, Alfred 78, 99
Joliot-Curie, Frédéric 213, 223

Kadar, Janos 190, 229, 234, 253
Kade, Gerhard 242
Kahn, Siegbert 227
Kalinin, Michail 32
Kant, Hermann 21
Karl, Xaver 127
Katharina II. 50
Kavela 261
Kegel, Gerhard 198
Kehler, Ernst 59
Keitel, Wilhelm 78, 100 f.
Kennan, George 256
Kennedy, John F. 200, 203 f., 211, 233
Kirssanow, Alexander 141, 150, 155, 159 f.
Kissinger, Henry 223
Klein, Matthäus 59, 184
Klein, Peter 224
Kleinschmidt, Karl 128 f.
Klett, Horst 254
Köhler, Franz 211
Koenen, Bernhard 52 f.
Koenen, Frieda 52
Kogon, Eugen 240, 242
Kohl, Helmut 264, 277
Koivisto, Mauno 250, 261, 263
Kotikow, Alexander 133
Krabbatsch, Ernst 254
Krebs, Hans 79 ff., 93 f., 103
Krenz, Egon 275
Kröger, Herbert 223
Krolikowski, Werner 248
Krupskaja, Nadeshda 23, 33
Kruschke, Dieter 13
Kuczynski, Jürgen 184, 213, 241, 246
Külz, Wilhelm 140 f.
Kundermann, Änne 127
Kurella, Alfred 55, 168
Kurella, Gregor 55
Kuusinen, Otto 41

Lamberz, Werner 254
Lattre-Tassigny, Jean de 100
Lenin, W. I. 23, 174, 179, 192 ff., 197, 209 f., 225
Leonhard, Wolfgang 53

Maier, Lutz 227
Majakowski, Wladimir 168
Mao Tse-tung 244
Marchais, Georges 253
Markowski, Paul 254
Matern, Hermann 109, 111, 180, 183, 185,
Mathes, Helmuth 254
Mattern, Generalmajor 65
McBride, Sean 250
Meyer, Lutz 247
Meusel, Albert 184
Michoels, Solomon 28
Modrow, Hans 248, 266
Möller, Herbert 59
Möller, Otto 127
Molotow, W. M. 45 f., 174
Moltmann, Carl 127
Morosow, Grigorij 243
Mühsam, Erich 63
Müller, Heiner 260
Niemöller, Martin 222, 250
Norden, Albert 247 f.

Obermann, Karl 184, 195
Oelßner, Fred 183, 185
Ollenhauer, Erich 196
Otahal, Ljuba 208
Otahal, Milan 208
Otto, Wilfriede 203
Ossietzky, Carl v. 63

Paul, Rudolf 114, 116 f., 136
Petras 31, 43
Perczynski, Maciej 243
Pieck, Arthur 103
Pieck, Eleonore 127
Pieck, Wilhelm 12, 32, 51 ff., 103, 109f., 119f., 121, 127, 132, 135, 145f., 153ff, 188, 195
Pöllmann, Xaver 59
Pohlmeyer, 128
Popow, Major 56, 58, 96 ff.
Primakow, Jewgeni 250

Raab, Karl 128
Radek, Karl 29
Rasmerow, Wladimir 230
Reagan, Ronald 257, 267
Reed, John 23
Reißig, Rolf 274
Renger, Annemarie 252
Roesler, Jörg 203
Roosevelt, Theodore 58, 67, 106
Rostow, Walt 204
Russell, Bertrand 223

Schachnasarow, Georgi 258 f.
Scheljubski, Oberstleutnant 90
Scheumann, Gerhard 219
Schewardnadse, Eduard 172
Schilfert, Gerhard 192
Schmidt, Helmut 264
Schmidt, Max 247
Schneider, Georg 117
Schneller, Ernst 78
Schnitzler, Karl-Eduard v. 219 f.
Schönherr, Albrecht 250
Schreiner, Albert 184, 192
Schulz, Eberhard 224
Schulze, Gerd 262
Schumacher, Ernst 177
Schumacher, Kurt 132 f., 144, 252
Schwartze 129
Schwennicke 140
Seehof, Tanja 55
Seghers, Anna 139, 213
Sementschow, Wolodja 45, 166
Semirjaga, Michail 142
Semjonow, Wladimir 107, 148, 155
Senghaas, Dieter 242
Seydlitz, General 59 f.
Shiwkow, Todor 229
Shukow, Georgi 59, 62, 68 ff., 72, 74, 99 ff., 109 ff., 113 f., 119, 137, 184
Shurkin, Witali 243
Simonow, Konstantin 101, 250
Skossyrew, 93 ff., 111, 117 f., 120 ff., 138
Sneydarek, Antonin 226
Sobolew, Wladimir 268
Sobottka, Gustav 109, 127
Sokolnikow 29
Sokolowski, Marschall 137
Sommer, Theo 240
Sorsa 266 f.
Spaatz, Carl 100
Spiru Basil 167, 184

Stalin, J. W. 36 ff., 41, 45, 51, 60, 62, 67, 80 ff., 99 f., 104, 108, 134, 137, 145, 154 ff., 164 ff., 173 ff., 179, 185, 187, 189, 191, 244,
Steenbeck, Max 239, 249 f., 257
Steinhoff, Karl 113, 136
Steiniger, Peter-Alfons 233
Stern, Leo 55, 184
Stoph, Willi 248, 266 f.
Straube, Fritz 65
Strauß, F. J. 203, 215
Stumpff, Hans-Jürgen 100
Svoboda, Ludwig 231

Tedder, Arthur 100
Tennenbaum, Edda 21
Tennenbaum, Herr 21
Tereschkowa, Valentina 250
Thälmann, Ernst 12 f., 26
Tito, Josip Broz 54, 151, 253
Tjuchtin, Viktor 166
Tjulpanow, Sergej 107, 137, 139, 142, 269 f.
Togliatti, Palmiro 189
Tolmatschow 164
Trotzki, Leo 29
Truman, Harry S. 175, 203
Tschernenko, Konstantin 268
Tschuikow, Wassili 55, 65, 79 ff.

Ulbricht, Lotte 198
Ulbricht, Walter 44, 102, 109 f., 146, 176, 188, 193, 196 ff., 209, 211 f., 217 f., 224, 229, 238, 244 f., 244 f., 248
Vogeler, Jan 53
Voß, Vizeadmiral 85

Wandel, Paul 53, 119, 183
Warnke, Hans 127
Weidling, Helmut 86 f., 93 f.
Weiler, Rudolf 242
Weinert, Erich 55, 65
Weinert, Marianne 53, 65 f.
Weizsäcker, Richard v. 267
Wenk, General 79
Werner, Arthur 113, 133
Wilhelm II., Kaiser 11
Winkelmann, Egon 254
Winzer, Otto 44, 192
Wischnewski, Wsewolod 80
Wolf, Christa 277
Wolf, Friedrich 33, 55, 65
Wolf, Konrad 65 f., 250
Wolf, Markus 53
Woroschilow 174

Zetkin, Clara 43

Inhalt

Vorwort 5

Prägende Jugendjahre
Kindheit in Deutschland 8
Erlebnis Sowjetunion 20
Unvorstellbare Tragik 31
Abitur in Moskau 38

1418 Tage und Nächte des Schreckens
Krieg! 45
Erneuter Fronteinsatz 54
Erste Schritte auf deutschem Boden 62
Auf zum letzten Gefecht! 68
Auf den Straßen Berlins 74
Kapitulationsverhandlungen in Berlin 79
Mein letzter Kriegstag 85
Der 8. Mai 1945 und die ersten Tage des Friedens 93
Eine Stunde »Null« in der Geschichte? 103

Der Zukunft zugewandt
Unterwegs in Sachsen und Thüringen 109
Zwischen Schwerin und Berlin im Sommer 1945 118
Kurzreise in den Ural 122
Zwänge zur Einheit 131
Unerwartete neue Aufgaben in Thüringen 137
Als Journalist in der »Täglichen Rundschau« 141
Kalter Krieg in Berlin 147
Auf dem Weg zur deutschen Zweistaatlichkeit 151
Die DDR zu Beginn ihrer Gründerzeit 158

Rückruf in die zweite Heimat
Wiedersehen mit der Sowjetunion 161
Grübeln zwischen Moskau und Berlin 166
Stalins Tod 173

Tauwetter, doch kein Frühling
Neuanfang in Berlin 182
Ein wahrhaft historischer Parteitag 185
Erste Schritte als Historiker 191
Mit dem Doktorhut vor neuen Ungewißheiten 196
Vor und nach dem Mauerbau 199
Direktor und Professor 205
Blick über den deutschen Tellerrand 212
Europäische Sicherheit als Kardinalproblem 219
Der Prager Frühling und der ihm folgende Herbst 225
Siegt endlich die Vernunft? 236
Führungswechsel im Großen Haus und seine Folgen 244
Auf dem Parkett der Volksdiplomatie und die KSZE 250
Kein leichtes Brot in Babelsberg 254
Botschafter in Helsinki 261
Präsident auf Abruf 270

Anmerkungen 280
Personenregister 282
Inhaltsverzeichnis 287